本书系国家社科基金重大招标项目多卷本《西方城市史》（17ZDA229）阶段性成果

都市文化研究
Urban Cultural Studies

City and Society in the
Transformation of the World

第**18**辑
中文社会科学引文索引 (CSSCI) 来源集刊

世界转型中的
城市与社会

上海三联书店

CONTENTS | 目

录

城市与社会

艺术中的都市文化

光启学术

城市史与城市研究

南宋交聘行记中的北方城市映像

田　峰

摘　要：北宋北方的城市发展已经到了很高的水平，尤其是汴京、洛阳等中心城市在政治、经济、文化诸方面都达到新的高度。但是，靖康之难后，这些城市群落悉数落入金人手中，呈现出了前所未有的衰败。随宋室南渡的宋人对这些城市深怀眷恋，虽身居南方，但心中繁华的中原城市图景未曾离去。南宋出使金国使臣有机会亲眼目睹了繁华散尽后的中原城市，眼前的景观与先辈们的陈述大相径庭，令他们唏嘘不已。其中楼钥、范成大、周辉、程卓等为数不多的使者在他们的行记中记录了这些城市的残破与萧条，这些城市映像对于研究宋人的文化心态以及金人统治下的中原城市弥足珍贵。学术界对北宋城市的研究已相当深入，但对金人统治下的中原城市却鲜有研究，南宋使者的交聘行记所呈现的北方城市群落恰可弥补这种不足。同时，在宋金对峙的政治局势下，南宋的交聘行记直观地呈现了久居南方的南宋使臣在面对金人铁骑下的北方城市时复杂的文化心态。

关键词：南宋　交聘行记　北方城市　汴京

怀古，是人之常情，在历代的行记中怀古也是常见的，看到眼前一景一物，自然会想起往日的景象，南宋的使者自不例外。他们出使金国，路过北方，对当下现实极为伤悼，曾经的故土为异族所统治，一些文化遗迹在这样的环境下总有一种陌生的熟悉感。所陌生者，久居南方，一些景象长期疏远，造成了一定的隔阂；所熟悉者，这些景观又深深印在他们的记忆和知识谱系中，是他们文化认同重要的组成部分。对于北宋的使者而言，疆界在燕云一带，燕云之地久为异族所有,所以他们到了燕云并没有十分强烈的怀古之情,倒是偏安东南一隅的南宋,曾经的帝都在别人的铁骑之下,怎能没有强烈的感伤呢? 南宋的使者渡过淮河,进入了金人统治区,所看到的诸多景象都令他们伤感悲怀。这些地方一直以来都是文化中心,是国家重器所在的地方,现在却在夷狄的手中,眼前的一草一木不能不令人动容。当然,最令南宋使者痛心的并不是这些,而是沿途的城市景观,这些城市是北宋文明的缩影和精华,代表区别于蛮夷的核心文化。相反,宋人对辽、金统治下的城市就表现出了不屑的态度,如《许亢宗奉使行程录》中对契丹城市的评价:"所谓州者,当契丹全盛时,但土城数十里,民居百家,及官舍三数椽,不及中朝一小镇,强名为州。经兵火之后,愈更萧然。自兹以东,类皆如此。"①契丹即使在全盛时期也没有一个像样的城市,而这些所谓的城市也是一贯的萧条。

北宋的城市发展水平很高,中原地区的很多城市在某一区域都是商业和文化中心,这些城市共同构筑了一个文明的聚落。金人统治中原地区以后,由于战争的破坏,城市遭到严重的打击,不仅人口稀少,而且城市的运作也显得比较混乱,这些城市在宋代的文献中似乎被逐渐遗忘。然而,在这些城市陷入金人之手许多年后,重新又回到宋人的视野当中。南宋使者亲眼目睹了这些城市的当下,他们在自己的行记中记录了这些城市。这些记录虽不是很多,但是作为一名使者在曾经属于他们的城市旅行,总是会有复杂的感情,尤其是这些城市现在被文明程度很低的夷狄所统治,确实是一种隐痛。对这些城市进行书写的最主要文献是南宋时期使金的四位使者楼钥、范成大、周煇与程卓,他们在自己的行记中记录了中原城市的残破与萧条。这些城市映像对于研究宋人的文化心态以及金人统治下的中原城市弥足珍贵。

一、南宋交聘行记中的北方城市群

宋代主要有州、县两级地方行政,金代统治中原地区后,基本保留了宋代的行政建制,在中原形成了州、县两级的城市群,这些城市主要分布在南宋使金的交通干道上,如虹县、灵璧、宿州、永城县、拱州、雍丘、陈留、开封、汤阴、相州、邯郸、邢州、赵州、真定、新乐、保州等。使者们除了对异族统治下的这些城市的文化变迁做记录外,这里的遗迹也是他们记录的重点所在,我们且列

---

① 贾敬颜:《五代宋金元边疆行记十三种疏证稿》,中华书局 2004 年,第 235 页。

几条：

> （虹县）市井多在城外，驿之西有古寺，大屋二层，瓦以琉璃，柱以石。闻其上多米元章诸公遗刻。①

> 入南京城，市井益繁……大楼曰睢阳，制作雄古，倾圮已甚。……此地即高辛氏子阏伯所居商丘也。武王封微子启，是为宋国。后唐以为归德军节度，本朝以王业所基，景德四年，升应天府，祥符七年升南京。金改曰归德府，汉梁孝王所都兔园、平台、雁鹜池、蓼堤皆在此，春秋陨石五犹存。②

> 丙寅，过雍丘县。二十里过空桑，世传伊尹生于此。一里，过伊尹墓。道左有砖堠石刻云："汤相伊尹公之墓"。过陈留县，县有留侯庙。③

> 甲戌，过台城镇，故城延袤数十里。城中有灵台，坡陁。邯郸人春时，倾城出祭赵王，歌舞其上。城旁有廉颇、蔺相如墓。④

> 十八里至南京，入阳熙门，市楼榜曰"睢阳"，夹道甲兵甚盛。张巡、许远庙在西门外，谓之"双忠庙"，其旁则宋玉台。此地高辛氏子阏伯所居，商丘是也。武王封微子杞为宋国。⑤

> 四十五里至南京，今改为归德州。未入城，过雷万春墓，环以小桥，榜曰"忠勇雷公之墓"。入阳熙门，至睢阳驿，左有隆兴寺，乃高宗皇帝即位之所。⑥

楼钥、范成大、周煇、程卓等经过中原的一些城市，这些历史的遗迹给他们留下了很深的印象。作为一种具有延续性的文化，一连串的历史记忆是这种文化脉络的重要组成部分，楼钥等人在行记中对历史的钩沉所反映正是对自我文化的认证。但是，在异族的统治下，这些文化遗迹始终游离在人们的生活之外，实实在在变成了一种怀旧，怀旧背后所反映的是文化延续断裂的焦虑。凝

---

① （南宋）楼钥：《攻媿集》卷一百一十一《北行日录》，《武英殿聚珍版丛书》本。
② 《攻媿集》卷一百一十一《北行日录》。
③ （南宋）范成大：《揽辔录》，《范成大笔记六种》，中华书局 2002 年，第 11 页。
④ 《揽辔录》，《范成大笔记六种》，第 14 页。
⑤ （明）陶宗仪等编：《说郛一百卷》卷五十四《北辕录》，《说郛三种》，上海古籍出版社 2012 年，第 836 页。
⑥ （宋）程卓：《使金录》，《续修四库全书》第 423 册，上海古籍出版社 2002 年，第 443 页。

聚着南宋汉人历史记忆的遗迹与现实生活中的胡虏文化交织在一起,使中原的这些城市具有了"另一面"。

　　黄河两岸的中原城市,在金人的统治下也呈现出不同的发展面貌。总体来讲,河北的城市与河南的城市有一些差距,河北的城市普遍发展要好,河南的城市,则因处在金人的"极边",反而不及河北。楼钥等人的行记中,不止一次表达了这样的感受。尤其是楼钥,这样的感受更为强烈。如他在《北行日录》中对河南一些城市的观察,"淮北荒凉特甚,灵璧两岸,人家皆瓦屋,亦有小城,始成县道,有粉壁,云准南京都转运帖,理会买扑坊场,递铺皆筑小坞,四角插皁旗,遇贺正人使先排两马南去。"①"十八日己巳……饭封丘,短墙为城,人烟牢落,便远不及河北。"②黄河以南,淮河以北的一些地区,是宋金两国的交界地带,这里的城市在楼钥的眼中显得比较荒凉。相反,黄河以北的城市人口较多,经济发展也较好,楼钥在《北行日录》多有记录,如"及所过丰乐镇,居民颇多,皆筑小坞以自卫,各有城楼。"③"入汤阴县,县有重城,自此州县有城壁,市井繁盛,大胜河南。"河北的丰乐和汤阴两地,不仅人口颇多,而且商业也很繁盛。这样的体验不仅体现在观感上,而且还表现在日常的生活饮食当中,到了黄河以北,楼钥的饮食比他在黄河以南的饮食好了很多,他说:"自南京以来,饮食日胜,河北尤佳,可以知其民物之盛否。"④河南河北的差异感受,不仅仅是楼钥一人所感受到的,另外两位使者也有同样的感受,相州就可作为一个观察点,如范成大《揽辔录》载:"过相州市,有秦楼、翠楼、康乐楼、月白风清楼,皆旗亭也。秦楼有胡妇,衣金缕鹅红大袖袍,金缕紫勒帛,褰帘,吴语。云是宗室女、郡守家也。……画锦堂尚存,虏尝更修饰之。"⑤这里依然有繁华的街市,但是操着吴语的宗室女却穿着胡装,繁盛尚在,文化却已然不同。周煇《北辕录》:"十五日,至相州,阛阓繁盛,观者如堵。二楼曰'康乐',曰'月白风清'。又有二楼,曰'翠楼',曰'秦楼'。时方买酒其上,牌书'十洲春色',酒名也。"⑥周煇行记中所反映的是相州商业的繁荣。三十多年后程卓使金时,河北一带

---

① 《攻媿集》卷一百一十一。
② 《攻媿集》卷一百一十二。
③ 《攻媿集》卷一百一十一。
④ 《攻媿集》卷一百一十一。
⑤ 《揽辔录》,《范成大笔记六种》,第13页。
⑥ 《说郛一百卷》卷五十四《北辕录》,第836页。

常遭受蒙古人的侵扰,但相州还是比其他地方繁盛,他在《使金录》中记载:"早顿相州,市中纸灯,差胜磁州。"①他通过对相州和磁州纸灯的对比,让我们知道了相州在河北诸州中还是比较繁盛的。他又在《使金录》中说:"晚至保州,方见保之人烟繁盛。"②像这样的描写,在他黄河以南的行程中绝不见。

二、楼钥与范成大所记汴京映像及其文化心态

在中原众多的城市中,最令使者们无法释怀的无疑是曾经北宋的都城汴京。城市与乡村作为对立面,集政治、经济、文化发展于一体,不仅占据众多资源,而且也是吸引资源的重要场所。宋人引以为豪的京城开封,人口众多,商业繁荣,是全国政治文化中心,这里对很多人都有巨大的吸引力。但是,城市的发展是动态的,一些重要的历史事件往往成了城市发展的转捩点。我们习惯了城市的辉煌,然而繁华散尽后的萧条也是城市文化的重要部分。金人占领东京之后,这座染尽铅华的城市逐渐沉沦,不再有往日的荣耀。她以另一种方式存在,北宋南迁的文人墨客对东京的繁华久久不能忘怀,他们在专门的著作或者文学作品中不断追忆昔日的都市,甚至南宋的都城临安也深深烙上了东京的印迹。但是,这种集体的构想只是存在于人们的脑海中,当下的东京到底如何,似乎很少有人留意或者有机会留意。宋人的使金行记,恰巧为我们了解残破的东京提供了最好的材料。当然这些材料最主要的意义并不在研究使者眼中的汴京,而是他们对这座曾经繁华一时城市的文化追忆。这种追忆所反映的是历史变迁中一个族群的文化认同感。关于这一点国外的学者已经撰文讨论过。③

曾经作为帝都的汴京是北宋的政治、经济、文化中心,极尽繁华,承载了很多人的梦想。很多人以生活在这座城市为荣,靖康之难后这座盛极一时的城市突然间好像在世间消失一样,对于常人来讲已经很难觅其踪迹,只能出现在模糊不清的梦里。像孟元老的《东京梦华录》一类的著作就是北宋南迁的文人对汴京的一种追溯,这种追溯背后更多的是一种历史的无奈和感伤。北宋南

① 《使金录》,《续修四库全书》第 423 册,第 448—449 页。
② 同上书,第 448 页。
③ Ari Daniel Levine(李瑞),Welcome to the Occupation:Collective Memory, Displaced Nostalgia, and Dislocated Knowledge in Southern Song Ambassadors' Travel Records of Jin-dynasty Kaifeng,T'oung Pao 99,(2013)379 - 444.

迁的人尚能借助记忆回想起往日的繁华,但是对于南迁后出生的人来讲,他们
只能从老人的回忆和一些文献中去追寻北宋汴京的繁华。南渡以后,很少有
人知道汴京在金人统治下的状况,使者借助出使的机会成为了一小部分能够
直观观察这个梦中城市的群体。尽管很多使者并没有在这里生活过,他们对
这里的记忆都是间接所得,但是目下的开封还是能引起他们的许多伤感,毕竟
先辈们耕植在他们脑海中有关这座城市的意象太深刻了。在这些南宋使者当
中,楼钥和范成大对东京的观察最为细致。楼钥在《北行日录》中记载:

> 九日庚寅……入东京城,改曰南京。新宋门旧曰朝阳,今曰弘仁,城
> 楼雄伟,楼橹壕堑,壮且整。夹壕植柳,如引绳然。先入瓮城,上设敌楼,
> 次一瓮城,有楼三间。次方入大城,下列三门,冠以大楼。由南门以入,内
> 城相去尚远。城外人物极稀疏,有粉壁曰信陵坊,盖无忌之遗迹。城里亦
> 凋残,街南有圣仓,屋甚多。望见婆台寺塔,云"城破之所",街比望见景德
> 开宝寺二塔,并七宝阁寺,上清、储祥官颓毁已甚,金榜犹在。皮场庙甚
> 饰,虽在深处,有望柱在路侧,各挂一牌,左曰皮场仪门,右曰灵应之观。
> 又有栾将军庙,颓垣满目,皆大家遗址。入旧宋门,旧曰丽景,今曰宾曜,
> 亦列三门,由北门入,尤壮丽华好。门外有庙曰灵护,两门里之左右皆有
> 阙亭,门之南即汴河也。故街南无巷,街北即甜水巷,过郑太宰宅西南角
> 有小楼,……相国寺如故,每月亦以三八日开寺,两塔相对,相轮上铜珠
> 尖,左暗右明。横过大内前。逆亮时,大内以遗火殆尽,新造一如旧制,而
> 基址并州桥稍移向东,大约宣德楼下有五门,两傍朵楼尤奇,御廊不知几
> 间,二楼特起,其中浮屋买卖者甚众,过西御廊数十步,过交钞所,入都亭驿。
> 五代上元驿基,本朝以待辽使,犹是故屋,但西偏已废为瓦子矣。……五更
> 出驿,穿御街,循东御廊,过宣德楼。侧东角楼下潘楼,街头东过左掖门,出
> 马行街头,北过东华门。出旧封丘门。金改曰玄武。新封丘门,旧曰安远,
> 金改曰顺常。河中有乱石,万岁山所弃也。北郊方坛在路西,青城在路东。
> 西南,中间三门,左右开掖门,西开一门以通坛,皆荒墟也。①

楼钥从外城新宋门入城,通过内城的旧宋门,沿着汴河到都亭驿,再穿过

---

① 《攻媿集》卷一百一十。

御街到达宣德门,然后顺着大内东行一段
距离后,北折出玄武门。楼钥实际所走的
路线与他在行记中所记的路线并不相同,
行记中掺杂了很多历史的记忆,所以造成
了一些误解。范成大在他的行记中所行的
路线与楼钥基本相同,但是在记录的时候
同样存在误解。关于这一点张劲先生有专
门的讨论。他指出楼钥、范成大"所述的路
线与他们描述的一些亲眼目睹的景观之间
存在着矛盾。对于这种游记式的行文而
言,所描述的亲眼目睹的景观是最可信的,
而一般性的对所经过路线流水账似的介
绍,则往往会因为作者的先入为主或道听
途说而产生误解"。① 为了更为明确地看
到范成大和楼钥在东京所行的路线,我们
可以参看张劲先生所绘二人在东京城的行
程图(见图1)。

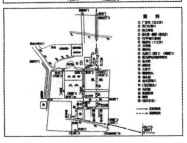

图1 上图为楼钥、范成大北过开
封路线图,下图为楼钥南过
开封路线图。引自《楼钥、
范成大使金过开封城内路
线考证——兼论北宋末年
开封城内宫苑分布》,《中国
历史地理论丛》2004 年第 4
期,第 49 页。

　　东京给楼钥的最直观感受是"城外人
物稀疏",而"城里亦凋敝",他对一些具体的遗迹,也用"颓毁已甚""颓垣满目"
"荒墟"等词来形容。不仅这些历史遗迹显得残破,而且由于金人的统治城中
无疑增加了很多让人伤感的遗迹,其中最典型的就是"城破之所",对没有亲身
经历靖康之难的南宋使者而言,这是他们重新构想那段历史的伤痛之迹。楼
钥在东京城看到的残破景象居多,但是也有一些保存完好的。如旧宋门依然
壮丽华好,相国寺在兵火中也没有遭到太大的破坏,依然如故,而且保存了三
月八日开寺的习惯。总体来讲,先前脑中所形成的记忆与眼前的景象还是有
很大的反差,当下两种图景的交互就是政治军事形势之下新愁旧恨的情感体
验。范成大在《揽辔录》中同样对东京城着笔很多:

---

① 《楼钥、范成大使金过开封城内路线考证——兼论北宋末年开封城内宫苑分布》,《中国历史地理
论丛》2004 年第 4 期,第 48 页。

丁卯,过东御园,即宜春苑也。颓垣荒草而已。二里,至东京,金改为南京。入新宋门,即朝阳门也,虏改曰弘仁门。弥望悉荒墟。入新宋门,即丽景门也,金改为宾曜门。过大相国寺,倾檐缺吻,无复旧观。横入东御廊门绝穿桥北驰道。出西御廊门过交钞。……旧京自城破后创痍不复。炀王亮徙居燕山,始以为南都,独崇饰宫阙,比旧加壮丽。民间荒残自若。新城内大抵皆墟,至有犁为田处。旧城内粗布肆皆苟活而已。四望时见楼阁峥嵘,皆旧宫观、寺宇,无不颓毁。……庚午,出驿,循东御廊百七十馀间,有面西棂星门,大街直东,出旧景灵,东宫也。过棂星门,侧望端门,旧宣德楼也。虏改为承天门,五门如画。两傍左右升龙门。东至西角楼,转东钥匙头街,御廊对皇城。俱东,出廊可二百间许,过左掖门,至皇城东角楼,廊亦如画。出樊楼街,转土市马行街,出旧封丘门,即安远门也。虏改为玄武门,门西金水河,旧夹城曲江之处,河中卧石礧硊,皆艮岳所遗。过药市桥街、蕃衍宅、龙德宫,撷芳、撷景二园,楼观俱存,撷芳中喜春堂尤岿然,所谓八滴水阁者。使属官吏望者皆陨涕不自胜。金今则以为上林所。过清辉桥,出新封丘门,旧景阳门也,虏改为柔远馆。①

范成大所行进路线与楼钥一致,但是范成大所描写的东京城更加残败。城外也是"颓垣荒草",进入新宋门,更是满目的荒墟。城内荒凉不堪,甚至有些地方已为耕地,城内为数不多保存较为完好的遗迹是撷芳、撷景二园,看到此处的景象,范成大一行表现出强烈的感情,竟抑制不住眼泪纵横。他的《壶春堂》诗道:"松漠丹成去不归,龙髯无复有攀时。芳园留得觚棱在,长与都人作泪垂。"②所表现的正是这种感情。范成大在他的诗歌中将看到东京城遗迹的感情表达得更为强烈,如到城外的宜春苑,诗云:"狐冢獾蹊满路隅,行人犹作御园呼。连昌尚有花临砌,肠断宜春寸草无。"③虽曰是"御园",但寸草不生,兽迹交错,哪里有皇家园林的景象。范成大对大相国寺的观察完全不同于楼钥,楼钥看到的大相国寺"如故",而范成大看到的相国寺"倾檐缺吻,无复旧观"。楼钥于乾道五年(1069)十二月到达东京城,范成大于乾道六年(1070)八月到

---

① 《揽辔录》,《范成大笔记六种》,第11—13页。此处所引"入新宋门,即丽景门也"应为"入旧宋门,即丽景门也"。
② (南宋)范成大:《范石湖集》卷十二,中华书局1962年,第148页。
③ 《范石湖集》卷十二《宜春苑》,第147页。

达东京城,前后距离时间不到一年,但是对大相国寺的观察竟如此不同。范成大在《相国寺》一诗中写道:"倾檐缺吻护奎文,金碧浮图暗古尘。闻说今朝恰开寺,羊裘狼帽趁时新。"①宋代东京最为著名的古寺中现在却充斥着"羊裘狼帽"景象,他表现出了强烈的民族对立情绪。范成大有时候甚至觉得皇宫当中到处都沾满了"犬羊"之味,难以洗清。这种极端厌恶的情绪充斥在他的内心,如他在《宣德楼》中写道:"峣阙丛霄旧玉京,御床忽有犬羊鸣。他年若作清宫使,不挽天河洗不清。"②范成大觉得金人的到来玷污了东京城的一切,这些宫苑市街胡虏是不配有的。金海陵王迁都燕京后,改北宋东京城为南京,大力营缮,准备迁都于此,为伐宋做准备。贞元三年(1155),开封发生了一场大火,宫廷遭到了严重的破坏。后又花费巨资进行了营建。楼钥、范成大使金时,东京城经过修缮,已经不是那么残破了,但在他们眼中所有的一切皆"不复旧观",这恐怕与他们知识系统中牢固的东京繁盛图景有关。

三、周辉与程卓所记汴京映像及其文化心态

周辉与程卓使金约晚于楼钥与范成大一百年左右,他们对东京的体验并没有前辈那么深刻,他们久居南方,已植根于南方,北方的东京距离他们已然遥远。他们面对东京,再也没有那么强烈的体验,心态已渐趋平复。晚辈的这种感觉是先辈使金者所担心的,这种担心正在变成现实。

淳熙三年(1176)使金的周辉对东京城也有记载:

> 九日,至东京,虏改曰南京,未到城,先过皇城寺,宜春苑,使副易朝服,三节更衣带从,跨马入新宋门。旧曰朝阳,虏名洪仁。楼橹濠堑甚设。次入瓮城,次入大城,人烟极凋残。至会同馆,旧贡院也。接伴所得私觌,尽货于此。③

周辉对东京城描写较少,只简单记载了皇城寺、宜春苑、新宋门、会同馆等地,具体行进的路线很难厘清,他对东京城总体的感觉是"凋残"。程卓于嘉定四

---

① 《范石湖集》卷十二,第 147 页。
② 同上书,第 148 页。
③ 《说郛一百卷》卷五十四《北辕录》,第 836 页。

年(1211)十二月八日丙戌到达东京,他有如此的记载:

> 八日,丙戌,晴。黎明之至东京门外。卓等率三节官属,皆朝服,同接
> 律李希道等并马入安利门,过储祥宫,入宾曜门,过大相国寺,寺旁乃祐陵
> 御书。路南转,有市井美盛,耄稚聚观,以手加额,宿会通馆。①

程卓一行是从安利门入城的,安利门在文献中记录不多,如《金史》在介绍京城
门收支器物使时,就列有管理安利门的职官,②但是没有具体说出此门的位
置③。从程卓“过储祥宫,入宾曜门”的行程路线来看,安利门应该是新宋门,
即朝阳门(弘仁门),这是宋使入东京城的传统路线。程卓的行记中没有写东
京的凋敝,他倒是用“市井美盛”来形容看到的景象。程卓使金返回时所记他
在东京城行进的路线要比去金时的记载略详一点:

> 至城外更衣亭,卓等率三节官属,朝服乘马,与李希道等并马入顺义
> 门,即俗名固子门也,循龙德宫墙,入五虎门,经建隆观,鷄鷞桥,望见丹凤
> 门,过蔡河桥、太学、武学,在馆驿,行路左右入会通馆。④

使金返回时,程卓从西北的固子门入城,他行进的目的地是金人接待使节的会
通馆,按理说行到鷄鷞桥就应该北折,但是不知道为什么他又记录了“过蔡河
桥、太学、武学”等地,因为这三处都在鷄鷞桥之南,不在行进的路线上。李瑞
(Ari Daniel Levine)以为这是程卓听闻、记忆的错误造成的,他有两幅图专门
说明程卓行记所载路线和他实际所行进的路线(见图2、图3)。

　　周辉和程卓的行记中,对东京的观察远不及楼钥和范成大详细。不管是
周辉还是程卓,他们对东京的感情似乎都在淡化。完全没有楼钥和范成大那
样强烈的感触,甚至在程卓的行记中还直接使用了金人对旧宋门重新的命名

---

① 《使金录》,《续修四库全书》第 423 册,第 444 页。
② (元)脱脱等:《金史》卷五十七《百官志》,中华书局 1975 年,第 1306 页。
③ 刘迎春以为西墙北门的闾阖门“亦称梁门,金元时称安利门”,以程卓的描述来看,此门绝不在西,
　而应在东,即新宋门。因为他进城后,紧接着过了储祥宫和旧宋门,使者从新宋门入城是顺理成
　章的,断无从西门再绕到东边进城的道理。
④ 《使金录》,《续修四库全书》第 423 册,第 449 页。

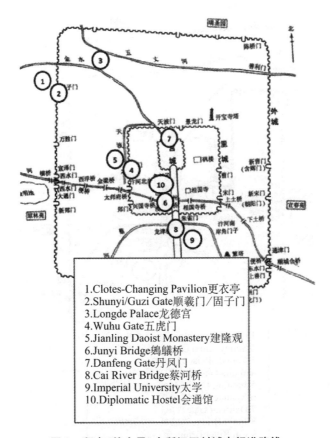

图 2　程卓《使金录》中所记开封城内行进路线。

（引自 Ari Daniel Levine（李瑞），*Welcome to the Occupation：Collective Memory，Displaced Nostalgia，and Dislocated Knowledge in Southern Song Ambassadors' Travel Records of Jin-dynasty Kaifeng*，T'oung Pao 99，(2013)，pp. 434)

"宾曜门"。楼钥和范成大绝不会直接使用金人的命名，他们全用宋人的命名，只用"虏曰某某"做补充的说明。我们前面在讨论金人统治下东京的遗民情况时，引用过楼钥和范成大对东京遗民的一些观感，他们看到这里的百姓胡装盛行，感到非常担心，对这些遗民的遭遇也深表同情，而且这些遗民也对宋使表现出了很深的感情。但是，周煇和程卓的行记在这方面已经没有太多的感触。随着时间的推移，他们对东京城的感情和收复失地的愿望都在变淡，尤其是到了程卓使金时，多数遗民已经去世，他们的下一辈不会像他们一样表现出那种无法为宋人的强烈遗憾，况且程卓使金时，蒙古人对金的骚扰已然为甚，宋使

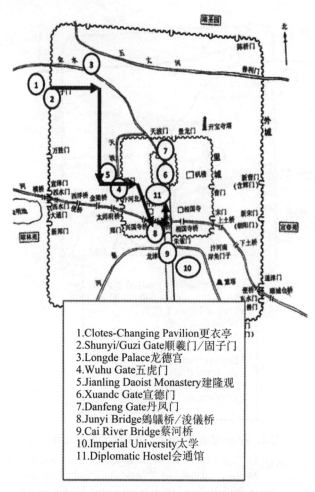

图 3　程卓在开封城内的实际行进路线。

（引自 Ari Daniel Levine（李瑞），*Welcome to the Occupation：Collective Memory，Displaced Nostalgia，and Dislocated Knowledge in Southern Song Ambassadors'Travel Records of Jin-dynasty Kaifeng*，T'oung Pao 99，(2013)，pp. 437)

已经嗅到了金灭亡的讯息。

　　新一代的使者在行记中所绘构的图景与先辈们的记述重叠在一起,在他们的头脑中形成了两个错位的景象。他们并没有经历东京市井的繁华,也没有体验"万国衣冠拜冕旒"的东京宫廷场面,但是已有文本和图像关于北宋东京繁华的记忆牢固定位在他们的脑海中,先辈给他们诉说东京辉煌的同时将那种繁华不再的伤痛也传了下来。孟元老的《东京梦华录》就是这种繁华与伤痛交织在一起而形成的一个文本。他在书序中说:"太平日久,人物繁阜。……举目则青楼画阁,绣户珠帘。雕车竞驻于天街,宝马争驰于御路,金翠耀目,罗绮飘香。新声巧笑于柳陌花衢,按管调弦于茶坊酒肆。八荒争凑,万国咸通。集四海之珍奇,皆归市易;会寰区之异味,悉在庖厨。花光满路,何限春游,箫鼓喧空,几家夜宴。伎巧则惊人耳目,侈奢则长人精神。瞻天表则元夕教池,拜郊孟享。……修造则创建明堂,冶铸则立成鼎鼐。仆数十年烂赏叠游,莫知厌足。一旦兵火,靖康丙午之明年,出京南来,避地江左,情绪牢落,渐入桑榆。暗想当年,节物风流,人情和美,但成怅恨。近与亲戚会面,谈及曩昔,后生往往妄生不然。"①曾经的繁华令那些在东京生活过的南渡者血脉偾张,但繁华散尽后更多的是牢落。当孟元老向后辈谈起这些繁华的时候,他们往往不以为然,这令孟元老更加失落。这说明,没有经历过东京繁盛的下一代对这座盛极一时的城市并没有太多的感情,那里只是先辈们梦开始的地方,与他们关系不大。当这些使金的使者经过先辈们不厌其烦诉说的东京时,他们回想起了先辈们的叙述,这一次他们与先辈达成了默契,因为金人统治下的东京与先辈所述及的繁华实在相去甚远。看到满城残破的景象,他们似乎回到了那个繁华的帝都,强烈的失落感与先辈的那种怅恨重叠在了一起,延续了一个时代的记忆。金人统治下的东京确实无法与北宋相提并论,这些游猎民族南下中原,对宋人而言本身就是极大的耻辱,现在却占据了他们的城市,在他们的意识中这些还未完全开化的夷狄绝不会经营好一座城市,所以南宋使者的行记中时不时地表现出一种轻蔑。对于辽金来讲,他们总是想把繁华的部分展示给宋人,这种情况在宋人的行记中也有所提及,如北宋路振的《乘轺录》记载:"自通天馆东北行,至契丹国三十里,山远路平,奚汉民杂居益众。里民言:汉使岁至,虏必尽驱山中奚民就道而居,欲其人烟相接也。"②每当宋代使者经过,在一些没有人烟的地方,契丹会把山中的奚民临时驱赶到这里,让宋使感到契丹统治下的繁盛。程卓《使金录》:"再由墟墓以行,乃闻旧路近西南门外,方遭残破,修葺未就,恐本朝人使见之,迂迴以避之也。"③城市的残破是他们不愿意让宋人看到的,所以遇到一些凋敝的地方,他们多会引导宋人绕

---

① (宋)孟元老著,伊永文笺注:《东京梦华录笺注》之《梦华录序》,中华书局 2006 年,第 1 页。
② 《五代宋金元边疆行记十三种疏证稿》,第 59 页。
③ 《使金录》,《续修四库全书》第 423 册,第 448 页。

道而行。程卓又在同书中说:"其李希道等往还,绝不交一谈,无可纪述,彼意盖欲掩匿国中扰攘,故默默云。"①陪伴程卓等人的使者也保持着一定的警惕,想掩盖其管辖范围内不好的一面。即便是这样,宋使所看到的不好的一面更多,他们在行记中特别留意辽金统治下不和谐的一面。这主要是文化心态不一样所致,宋使站在宋人的立场上,始终认为这些夷狄不会管理好一个国家。

南宋使者经过中原的城市,确实是一种特别的旅行体验。不管是唐代的交聘行记还是北宋的交聘行记都是从文化中心逐渐走向边缘,城市文明在逐渐远离使者们的视野,但是南宋的使者却不同,他们越过宋金的交界淮河之后所面对的是中原的城市群落,这些在金人统治下尽显寥落的城市,曾经是多么的繁盛辉煌,尤其像帝都东京这样的大城市,承载了一代又一代人的梦想。南宋使者行走在这些城市,到处感受到的是文明的凋落,他们觉得这些茹毛饮血的游猎民族统治这些城市,本身就是一种讽刺。这样的体验,致使他们对夷狄再不会像唐代那样抱着宽容的态度,赶走这些夷狄,恢复中原是当务之急,不然文明还会继续滑落。

余论

宋初,北方诸族渐次强大,契丹占据燕云十六州,西北方向西夏蠢蠢欲动,外部所形成的压迫之势是任何一个统一王朝未曾面临的。南宋时这种压迫之势有增无减,已不复唐代那种"天下即是大唐,大唐即是天下"的气度。这种政治军事形势的变化对宋人的思想、文化、心态都产生了重大的影响。在此背景下,宋代有关正统论的讨论成为热点。北宋关于正统的讨论主要集中在澶渊之盟后不久,欧阳修、章望之、司马光、苏轼、张方平、陈师道都是仁宗、神宗朝的人,他们都有正统论方面的论说,这些讨论受到了时代形势的刺激,陈芳明先生说:"就当时的时代环境来看,宋代的民族地位非常低落,从外患的频繁纳币议和等事实来看,就可知道,正统论的形成恐怕也是当时民族自卑感的表现。"②柴德赓先生说:"量正统思想影响中国历史者,厥有二端,一曰谋国家之

---

① 《使金录》,《续修四库全书》第 423 册,第 449 页。

② 陈芳明:《宋代正统论的形成背景及其内容》,《宋史研究集》第 8 辑,1971 年,第 38 页。原载《食货》月刊第一卷第 8 期。

统一,一曰严夷夏之大防。"①其实,夷夏之辨始终是宋代正统论的一个核心话题,他关系着一个以儒家文化为核心的国家如何维持统治的持续性。唐代北方的突厥、西南方向的吐蕃虽然也对唐构成了极大的威胁,但是唐总是能通过强大的军事实力和文化气魄保持疆土的稳定,唐人始终没有像宋人那样对异族如此警惕。欧阳修的《正统论》与石介的《中国论》是宋初两篇非常重要的文章。细加分析,他们关于正统性问题的讨论,其实质就是严防夷夏。欧阳修在《正统论》中说:"正者,所以正天下之不正也;统者,所以合天下之不一也。"②他又说:"凡为正统之论者,皆欲相承而不绝。至其断而不属,则狠以假人而续之,是以其论曲而不通也。夫居天下之正,合天下于一,斯正统矣,尧、舜、夏、商、周、秦、汉、唐是也。"③欧阳修认为正统论的核心主要有两点:一是维持自古以来的"统续",即文化的延续性;一是"居天下之正",在占据中原的同时保持天下统一,即作为一个汉族国家疆土的完整性。前者是排斥异族文化渗透的问题,后者则是防止异族通过军事占领疆土的问题。不管是内在的文化还是外在的疆土,都要求严防夷夏。石介在《中国论》中说:"夫天处乎上,地处乎下,居天地之中者曰中国,居天地之偏者曰四夷。四夷外也,中国内也。天地为之乎内外,所以限也。夫中国者,君臣所自立也,礼乐所自作也。"④他也是从两个方面来看问题的:一是中国理所当然应该处在"天下"的中心,将四夷限制在边缘地带,形成藩辅之势;一是要维持"礼乐"的运作。这二者也是疆土和文化的问题。南宋进一步深化这种观念,夷夏之防更为严格,甚至升级为一种严重的民族对立情绪,如南宋末年的郑思肖说:"臣行君事,夷狄行中国事,古今天下之不祥,莫大于是。夷狄行中国事,非夷狄之福,实夷狄之妖孽。譬如牛马,一旦忽解人语,衣其毛尾,裳其四蹄,三尺之童见之,但曰:'牛马之妖'不敢称之曰'人',实大怪也。"⑤面对宋代几百年来夷狄南下的现实,夷夏之间已不可调和。

宋代的域外行记,十之八九都是涉及辽、金的,辽、金政权的存在使宋人颇感压力,有时甚至慢慢摧残他们的自信。他们交聘行记中看似客观的叙述,往

---

① 《四库提要之正统观念》,《史学丛考》,中华书局 1982 年,第 199 页。
② (宋)欧阳修著,洪本健校笺:《居士集》卷十六,《欧阳修诗文集校笺》,上海古籍出版社 2009 年,第 496—497 页。
③ 《居士集》卷十六,《欧阳修诗文集校笺》,第 500 页。
④ (宋)石介:《徂徕石先生文集》卷十,中华书局 1984 年,第 116 页。
⑤ (宋)郑思肖:《郑思肖集》,上海古籍出版社 1991 年,第 132—133 页。

往包含着很多主观的成分,我们以南宋交聘行记中的城市景观为观察点,欲通过这些描写勾勒出南宋使者眼中的"夷"及其关于夷夏的文化观念。与那些在朝堂之上和书斋中大谈夷夏之辨的人有所不同,他们直面了"夷"文化所带来的冲突,自然有更多的发言权。他们的文化背景与旅行观感之间形成了强烈的反差。南宋行记中有关北方城市的记录并不同于一般的旅行记,而是反映了社会转型期一个民族对他们自身处境的文化反思。

A Study on the Reflection of Northern Cities of the Diplomatic Travel Records in the Southern Sung Dynasty

Tian Feng

Abstract: The north cities development level was very high in the Northern Sung dynasty, especially the leading cities such as Bianjing and Luoyang, the political, economic and cultural center have attained a new level. After the Humiliation of Jingkang, these cities fell into Jin people hands and they have gone downhill. People to leave beloved these cities after the Court of Sung drifted southward. They lived in south but thought about the north cities and felt strangely heartened by it. The diplomatic ambassadors of the Southern Sung to the State Jin were able to catch sight of these once-thriving cities. These cities were far from the description by ancestors. They signed with deep feelings. Among them, Lou Yue, Fan Chengda, Zhou Hui and Chen Zhuo documented ruined and slack cities. These documents have special significance for students of the people cultural psychology in Song Dynasty. Academic circles have full study about cities in the North Song dynasty. But the north cities under Jin people have not been intensively studied. The Diplomatic travel records can complement the defect of current research. These documents represent directly the complicated mentality of the people while they faced the north cities under Jin people.

Keywords: the Southern Sung Dynasty, the Diplomatic travel records, the north cities, Bianjing

作者:田峰,天水师范学院文学与文化传播学院副教授

都市化背景下的"文""商"之对立与共生

郤　晶

摘　要: 本文以扬州作为研究对象,并以董伟业的《扬州竹枝词》作为主要参照对象,探究都市化背景下的文化、文学与商业、商人之间的辩证关系。都市化的趋势为文学的发展提供了创作土壤和新鲜血液,商业的发展带来的社会阶层的两极分化加速了文学创作热情的喷发,商品化思潮对于"儒"与"文"的地位形成了一定的冲击,文化市场化的倾向刺激了文学创作目的的多元化与载道传统在某种程度上的回归。

关键词: 都市化　董伟业　对立共生　载道传统

扬州是两淮盐业经济中心,盐业经济是扬州城市经济的基础。清代学者汪中在《广陵对》中称:"广陵……鬻海为盐,使万民食其业,上翰少府,以宽农亩之力;及川渠所转,百货通焉,利尽四海。"①盐业资本大量积聚,商业资本逐渐渗透食盐之外的生产、贸易领域,商品经济日益繁荣,都市化进程不断推进,因此本文以扬州作为研究对象,并以董伟业的《扬州竹枝词》作为主要参照对象,希望藉此能够探究都市化背景下的文化、文学与商业、商人之间的辩证关系。

竹枝词起源于巴渝民歌,入乐演唱,伴舞和声。至中唐,以刘禹锡为代表的诗人对此进行拟作,此后,文人对竹枝词的创作实践从未间断,尤其是清代竹枝词的创作达到了相当惊人的数量,七言四句为主的形式与较少的题材限

---

① (清)李斗:《扬州画舫录》,周光培点校,江苏广陵古籍刻印社 1984 年,卷六城北录,第 147 页。

制使得这一体裁成为最方便适宜记录社会变化的文体。

董伟业,生于康熙三十三年(1694),卒年当在乾隆三十二年(1767)之后,字耻夫,一字爱江,自号"董竹枝",沈阳人,寄籍扬州。乾隆五年(1740),作《扬州竹枝词》九十九首。自《扬州竹枝词》付梓,便以其鲜明的写实风格及嘲讽态度标立于世,自成一家,影响甚广。继董伟业而作"扬州竹枝词"的甚多,知名的就有程梦星、金焜、程宗洛、黄慎、悟因氏等。嘉庆间六对山人的《锦城竹枝词》、林苏门的《续扬州竹枝词》、成都杨燮的《锦城竹枝词》,道光年间姚燮《红桥舫歌》,咸同间藏谷《续扬州竹枝词》,冶春后社诗人孔庆镕的《扬州竹枝词》等纷纷在诗文或序文中表达对董子的敬仰之情。时至今时,余热不减,近年出版的《清代北京竹枝词》《西湖竹枝词》及《历代竹枝词选》的前言、引言中,都对《扬州竹枝词》作了较高评价。今人路工在其编选的《清代北京竹枝词十三种》前言中说:"到了乾隆年间……董竹枝的《扬州竹枝词》……影响最大。"①

董伟业的《扬州竹枝词》之所以能够成为竹枝词发展史上的一面旗帜,与其对于时代脉搏的把握是密切相关的,其《扬州竹枝词》对位于变革时期的城市发展的记录,反映出清代中期城市化的诸多元素,不断扩大的商业贸易,层出不穷的商业形式,为文学的发展提供了创作土壤和新鲜血液,社会阶层的两极分化又加速了文学创作热情的喷发,商品化思潮影响下的城市发展对于"儒"与"文"的传统地位形成了一定的冲击,文化市场化的倾向刺激了文学创作目的的多元化与载道传统在某种程度上的回归。

商业繁荣与题材之变

都市化的兴起带来了商业的繁荣,在城市中形成了市民阶层,表现出新的生活方式和审美情趣,为文学创作提供了新的视域。以往的竹枝词创作多集中在风土女儿等传统采风题材方面,都市化的不断发展,商品种类日益繁多,贸易活动愈加频繁,并渗透到市民日常生活的方方面面,行业大量增加,社会分工更为细密,进而影响了整个社会的消费观念和生活方式,消费活动增加,享受型的生活方式得以蔓延,休闲生活娱乐化倾向进一步加强,社会的变化为文学行为的发生提供了新鲜的土壤和养分,市民题材的发展为传统诗歌及竹枝词的创作注入了革新的活力。

---

① (清)杨米人:《清代北京竹枝词十三种》,路工编选,北京古籍出版社1982年,《前言》第1页。

在董伟业的《扬州竹枝词》中，对于商业贸易的描写最为直接，并且涉及到了极为广泛的领域，尤其是与生活息息相关的日用贸易：

清明节过便晴和，滥贱刀鱼入市多。最是酒杯禁不得，菜花天气卖泥螺。①

驼酒驼茶未息肩，又驼皮货又驼毡。饥餐白滚安江杜，饱吃干烘玉峡泉。②

庆誉典旁沽戴酒，樱桃市上买鲥鱼。③

布袜青鞋懒自真，何因奔走累闲身？通河一例衣冠盛，莫认阍人是主人。④

茯苓糕卖午茶风，茉莉花篮走市中。⑤

小东门接大东门，旧县西街早肆喧。面长大鱼周大脚，过桥汤不亚桥园。⑥

运司门口查原当，旧帽新翻缎子街。伍少西家绒袜贵，戴美和店看毡鞋。⑦

可以看出，与民生息息相关的日常贸易的繁荣反映出城市商业发展的真实情况，商品流通已形成完整的供应链，对应不同的市场需求形成了不同规模的商业形式，不同的商品还形成专门的贸易区，一些有口皆碑的老字号店铺的经营也得到公众的认可，这些迹象可以看作扬州城市商业化发展较为成熟的标志。

另外，城市商业的发展使行业的专业度得到提升，社会分工日益细密，生活在城市中的普通民众脱离了传统农业社会自给自足的生产模式，接受并习惯了钱货交换所带来的便利，随着这种交换涉及范围的不断扩大，市民生活用品的商品化程度也不断提高，对于商业和市场产生越来越强的依赖性，进而引起城市居民消费观念、生活方式的变化。

---

① (清)董伟业：《邗江三百吟等三种》，广陵书社 2005 年，《扬州竹枝词》第 7 首，第 1 页。
② 同上书，第 12 首，第 2 页。
③ 同上书，第 19 首，第 3 页。
④ 同上书，第 20 首，第 3 页。
⑤ 同上书，第 39 首，第 5 页。
⑥ 同上书，第 84 首，第 10 页。
⑦ 同上书，第 90 首，第 11 页。

保障河中晚唱船，徐宁门外蚤春天。只栽杨柳莲花埂，不种桑麻芍药田。①

听箫馆取吹箫句，大士堂题百子堂。怪底扬州二三月，男人歌唱女烧香。②

白板青油户半开，倚门人戴紫玫瑰。③

求条签去修双脚，唼袋烟来剃个头。等戏开台先坐凳，看汪班内老名优。④

茯苓糕卖午茶风，茉莉花篮走市中。猛听一声尖入耳，长腰健妇喊牙虫。⑤

香闺指爪玉纤纤，针线原来不自拈。三寸弓鞋红一搦，工夫费尽是芽檐。⑥

问他家本是苏州，开过茶坊又酒楼。手种奇花供客赏，三春一直到三秋。⑦

霜花满地少人行，牛肉汤锅趁五更。蟋蟀势穷何处使？鹌鹑场上看输赢。⑧

扬州花木之盛，历来有之。宋王观《扬州芍药谱》云："扬之人与西洛不异，无贵贱皆喜戴花，故开明桥之间，方春之月，拂旦有花市焉。"⑨花市的繁荣展示的是都市化影响下，市井精神生活的丰富化和多样性的一个侧面。农田不再种植桑麻等经济作物，"十里栽花算种田"⑩——改为种植经济效益更高、和与景观营造有关的花卉绿植等，日常生活听箫、看戏、歌唱、求签、簪花、烧香、修脚、剃头、烟馆、戏班、午茶、修牙、下馆子、斗蟋蟀，闺中少女不通女红，这种一连串的与消费相关的行为所组成的日常活动，似乎同今日的城市生活并没有什么

---

① 《邗江三百吟等三种》，第1首，第1页。

② 同上书，第8首，第2页。

③ 同上书，第21首，第3页。

④ 同上书，第24首，第3页。

⑤ 同上书，第39首，第5页。

⑥ 同上书，第45首，第6页。

⑦ 同上书，第64首，第8页。

⑧ 同上书，第86首，第10页。

⑨ （宋）王观：《扬州芍药谱》，中华书局1985年，第2页。

⑩ （清）郑板桥：《郑板桥诗词选析》，赵慧文析，广东人民出版社1989年，第131页。

大的不同,商业服务业的兴起和发展改变了普通人的一天,每个参与其中的人都利用城市生活的便利,在力所能及的范围内尽情地享受生活,对于生活情调和生活质量的追求不再只属于士大夫,不再局限于"文人化"的方式,而是延伸到市井平民阶层的真实琐碎的衣食住行之中并多了几分俗世的烟火气息,使得记述民生的作品有了更广阔的描写领域。

节令出游古已有之,扬州气候适宜,名胜密布,各具特色的亭阁楼泉,为百姓提供了大量的冶游场所,不仅丰富了生活内容,也带来了社会风气和社交形式的改变。董伟业在《扬州竹枝词》中对于扬州名胜和市民出游城郊的记录多是同节气时令联系在一起的,从中可以窥见都市化对于传统节俗活动的影响:

> 城河五月浅于沟,水上红裙艳石榴。手把素纨遮半面,撩人眼不看龙舟。①
>
> 五月才过六月忙,观音山上礼空王。夜归船点琉璃热,裸臂人歌烧肉香。②
>
> 盘香烧尽代蚊烟,当被袈裟没半边。破鼓缺铙忙六月,大家酒醒化茶缘。③
>
> 八月中秋秋气新,满街锣鼓闹闲身。光明宝塔光明月,便益男人看女人。④
>
> 菊花时候雨销魂,晓霁园田净草根。过小红桥叶公墓,看飞来鹤傍花村。⑤
>
> 车马登高九月凉,有人散步只奚囊。观音阁上司徒庙,冷眼西风看醉乡。⑥

节日原本所代表的对于颂铭先贤、祈福祝祷的意义似乎被忽略了,人们的注意力更多地集中在美景、美人、美酒、美食、歌舞之上,传统节日之外还有各种宗

---

① (清)董伟业:《邗江三百吟等三种》,广陵书社 2005 年,《扬州竹枝词》第 28 首,第 4 页。

② 同上书,第 36 首,第 5 页。

③ 同上书,第 38 首,第 5 页。

④ 同上书,第 63 首,第 8 页。

⑤ 同上书,第 80 首,第 10 页。

⑥ 同上书,第 83 首,第 10 页。

教、民俗的节日，似乎日日都可是节日，李斗《扬州画舫录》记载：

> 每岁正月，必有盛集。二月二日祀土神，以虹桥灵土地庙为最，谓之
> "增福财神会"。……画舫有市有会，春为梅花、桃花二市，夏为牡丹、芍
> 药、荷花三市，秋为桂花、芙蓉二市；又正月财神会市，三月清明市，五月龙
> 船市，六月观音香市，七月盂兰市，九月重阳市。①
>
> 土俗以二月、六月、九月之十九日为观音圣诞，结会上山，盛于四乡，
> 城内坊铺街巷次之。……日夜阗间，寝以成市，莫可易也。②

无论是空间——风景、名胜、园林，还是时间——名目繁多、全年无休的节令，
抑或条件——服务型行业的兴盛及商品物资的繁荣，都市化的进行使城市似
乎准备好了一切来随时满足休闲生活的娱乐化需求。

　　在这种背景需求下，扬州城市旅游及相关的诸多服务业、娱乐业，如画舫
业、饮食业、彩灯制作、戏剧、杂耍、说唱等行业因此而得以兴盛。董伟业的《扬
州竹枝词》对此着墨最多的便是对于说书的描绘记录：

> 书词到处说《隋唐》，好汉英雄各一方。诸葛花园疏理道，弥陀寺巷斗
> 鸡场。③
>
> 一声盘古分天地，五字开门进万金。何异东涂西抹者，不惊人句也
> 高吟。④
>
> 衣穿永字口谈文，扇面行书句不分。德政冤单牢记取，太翁门下说
> 新文。⑤
>
> 空心筋斗会腾挪，吃饭穿衣此辈多。倒树寻根邹必显，当场何苦说
> 《飞跎》。⑥
>
> 太仓弦子擅东吴，醒木黄杨制作殊。顾汉章书听不厌，《玉蜻蜓》记说

---

① （清）李斗：《扬州画舫录》，周光培点校，江苏广陵古籍刻印社 1984 年，卷十一虹桥录下，第 241
　页。
② 同上书，卷十六蜀冈录，第 347 页。
③ （清）董伟业：《邗江三百吟等三种》，广陵书社 2005 年，《扬州竹枝词》第 26 首，第 4 页。
④ 同上书，第 56 首，第 7 页。
⑤ 同上书，第 62 首，第 8 页。
⑥ 同上书，第 65 首，第 8 页。

尼姑。①

据《扬州曲艺志》记载，在扬州一带，明末清初的柳敬亭②"技艺高超，影响巨大，他说的《隋唐》、《水浒》等书，成为后世评话艺人一直讲述的传统节目"，③"单是东关街到彩衣街一线地带，就有诸葛花园、疏理道、弥陀巷、斗鸡场四处地点有书场演出"④，李斗《扬州画舫录》记载："评话盛于江南，如柳敬亭……诸人，屡为陈其年、余淡心、杜茶村、朱竹垞所赏鉴。……王建明……工弦词，成名师。顾翰章次之。……郡中称绝技者……房山年《玉蜻蜓》……邹必显《飞驼传》……皆独步一时。"⑤上述的扬州在清代中期的说书艺人的情况，不仅是对于扬州市井娱乐形态的记述，还为民俗学、地方文艺史、城市发展史等人文学科的研究提供了资料。地方史研究文献的引用，说明这种记载是可贵而稀少的，的确，这些奇技淫巧、三教九流在以往是难入传统诗歌法眼的，能够被竹枝词记录下来，一方面固然有竹枝词的文体形式比较适合采风的因素，另一方面，是与娱乐方式的多样化、曲艺盛行的规模空前以及都市化影响下文人心态所发生的变化相关的。

贫富差距与不平之鸣

虽然城市商业经济的繁荣给日常生活带来更多的便利和乐趣，但社会阶层的贫富两极分化也较传统农业经济社会更为严重，两极之间强烈的阶层落差与冲击使得文学创作者的创作激情不断喷发，他们作为都市化生活中豪奢一面的旁观者，用一种相对清醒的眼光"冷眼西风看醉乡"⑥，将既得利益者的挥霍无度刻画得入木三分，另一方面，满怀代入感地记录着生活在都市中下层的同类们，这种形象的刻画在文学创作中表达出的是一种获得其认可和推崇

① 《邗江三百吟等三种》，第67首，第8页。
② 柳敬亭(1587—1670?)，名逢春，号敬亭，人称"柳麻子"，原姓曹，名永昌，字葵宇，祖籍南通余西场，生于泰州，明末清初著名评话艺术家，所说之书多为长篇选段，从艺60年，南达绍兴，西到武昌，北到北京，名重一时，技艺高超，影响巨大，他说的《隋唐》《水浒》等书，成为后世评话艺人一直讲述的传统节目。
③ 扬州曲艺志编委会：《扬州曲艺志》，江苏文艺出版社1993年，《综述》第2页。
④ 同上书，《志略》第28页。
⑤ (清)李斗：《扬州画舫录》，周光培点校，江苏广陵古籍刻印社1984年，卷十一虹桥录下，第246页。
⑥ (清)董伟业：《邗江三百吟等三种》，广陵书社2005年，《扬州竹枝词》第83首，第10页。

的、在不尽如人意的境遇中所应秉持的人生态度和人生境界。

在董伟业的《扬州竹枝词》中,奢靡浮华阶层的代表是扬州盐商,家资雄厚的盐商们对于开建园林别业有着异乎寻常的热情:

> 红桥迟日莺儿懒,古渡香泥燕子肥。多少迷楼楼畔客,不思归去怕春归。①
>
> 万树松栽费万钱,万松亭在万松巅。更添胜景超前辈,另凿平山第五泉。②
>
> 平山堂左栖灵寺,寺左新营百尺楼。楼下烟云楼上看,看无分晓是扬州。③

大量盐商的聚集,互相攀比,争奇斗艳,为私家园林的发展提供了契机,《扬州画舫录》载盐商江春的江园:"左靠山仿效西洋人制法,前设栏,构深屋,望之如数什百千层,一旋一折,目炫足惧,惟闻钟声,令人依声而转。盖室之中设自鸣钟,屋一折则钟一鸣,关捩与折相应。外画山河海屿,海洋道路。对面设影灯,用玻璃镜取屋内所画影,上开天窗盈尺,令天光云影相摩荡,兼以日月之光射之,晶耀绝伦。"④自鸣钟、影灯、玻璃镜一应俱全,中西合璧的样式在当时十分少见,其奢靡可见一斑。另据《扬州画舫录》卷六载,盐商"竞尚奢丽,一婚嫁丧葬,堂室饮食,衣服舆马,动辄数十万"⑤,盐商们在吃穿用度方面具有强烈的高消费欲望,不断追逐时尚新式,亭台楼阁、歌伎舞女、戏曲表演,无所不备,举办宴会,几无虚日。董伟业的记录是细致而精妙的:

> 效力商门有俸薪,也随骑马出寻春。马前马后皆奴辈,得意中间第二人。⑥
>
> 不惜黄金买姣童,口含烟送主人翁。看他呼吸关情甚,步步相随云

---

① 《邗江三百吟等三种》,第15首,第2页。

② 同上书,第21首,第3页。

③ 同上书,第23首,第3页。

④ (清)李斗:《扬州画舫录》,周光培点校,江苏广陵古籍刻印社1984年,卷十二桥东录,第257页。

⑤ 同上书,卷六城北录,第142页。

⑥ (清)董伟业:《邗江三百吟等三种》,广陵书社2005年,《扬州竹枝词》第13首,第2页。

雾中。①

　　夜归船点琉璃热，裸臂人歌烧肉香。②

　　磨砖宅地赛比邻，乳母年轻看不瞋。深巷重门能引人，一声声鼓说书人。③

虽然"效力商门"并非最高行政长官，但因其实际影响力，纵使职位高者位居马前，也不过是奴辈而已。相对于政府官员或许受到规章制度的约束，商人的奢侈程度和享受水准是不受限制的，他们发明出各种享乐方式，奢华程度在他们的眼中，似乎等同于实力的证明和身份的象征，在这种水涨船高般的层层攀比中，创造了都市同时也似乎成为都市的捕获品的商人们在丰富的物质包围之中沉迷于无尽的欲望追逐中无法自拔。

与侈靡豪奢的盐商相对的是挣扎在社会底层的普通劳动者，董伟业以知识分子的社会责任感和自身的敏感性，用文人的笔触记录下了众多身边之人的人生与苦难，令人印象最深的首先是对于底层文人的描写刻画：

　　确斋老人眼失明，谈诗说字气纵横。十年三度移家去，处处堂名署晚耕。④

　　城隍宫近杀人场，和尚奇穷不点香。有客读书无客至，诗成且共鬼商量。⑤

　　铁佛禅林松树阴，果然铁佛铁为心。枯僧古水粮频绝，忍饿寒天抱膝吟。⑥

　　卫荣斋自有天真，南北东西走此身。冷着布袍泥着屐，不辞风雪找诗人。⑦

虽说也有"眼失明"却"气纵横"的确斋老人，但作者主要是通过对环境的恶劣

---

① 《邗江三百吟等三种》，第25首，第3页。
② 同上书，第36首，第5页。
③ 同上书，第44首，第6页。
④ 同上书，第31首，第4页。
⑤ 同上书，第41首，第5页。
⑥ 同上书，第94首，第11页。
⑦ 同上书，第95首，第11页。

以及文人的心酸、窘迫与忍耐的展现揭示其内心对于自身信念的坚守的——"粮频绝"却仍然"忍饿寒天抱膝吟",外界条件的困苦也不能抵挡寻求知音与提高的决心——"诗成且共鬼商量""不辞风雪找诗人",对其深陷困境的感同身受,对其矢志不渝的致意和赞叹,可以感受到,董对笔下的读书人的记录是充满感情。

> 丁大生存怕寂寥,一双聋耳赋闻箫。黄泉另是销魂地,莫认人间廿四桥。①
>
> 问他家本是苏州,开过茶坊又酒楼。手种奇花供客赏,三春一直到三秋。②
>
> 可怜穷死杨胡子,撅笛吹箫气莽苍。最爱酒酣歌首曲,老回回与醉刘唐。③
>
> 刘鲁瞻吹笛著名,精神闲雅气和平。问渠强作知音者,解弄《梅花》第几声。④

将黄泉看做另外的"销魂地",即使将要"穷死"却仍然"气莽桑",四处流浪的花农在作者笔下甚至流露出一种从春到秋一路鲜花相伴的幸福感。作者将江湖艺人的艰辛求生用了一种近似于浪漫主义的手法进行了艺术加工,展现在读者面前的流浪艺人的形象多了些江湖儿女的潇洒豁达,甚至快意恩仇、及时享乐、视死如归的人生态度及豪迈气概。对这些靠自己的才艺及技能生存于世的江湖儿女,董不仅将其写入诗中,并多有激叹赞赏之意,参照其终身未仕、飘零半生的人生经历,这些磊落洒脱的江湖儿女不啻其生命形式的另一种演绎和解读,影射出其人格的另一面。

除了上述两类人物,董伟业笔下冲击最为强烈的是富者与贫者的对比刻画:

---

① 《邗江三百吟等三种》,第34首,第4页。
② 同上书,第64首,第8页。
③ 同上书,第68首,第8页。
④ 同上书,第69首,第8页。

> 鹅毛雪片利于刀,酒店齐行酒价高。何物市儿无赖甚,冷冰冰手劈蝤蛑。[1]

> 忠臣祠外雪风加,孝子坟边噪暮鸦。最是乞儿归路苦,玲珑古月照梅花。[2]

风雪交加的严冬,酒店行业抬高了物价,对于诸多视金钱为数字的富者来说或许是不值一提的,厨下却有佣工在冷水中徒手处理海鲜,孝子先人坟前的祭品引来群鸦相争,路边的乞丐却忍饥挨饿、归家不得。这种"哀民生之多艰"的视角是士大夫所独有的,镜头式的剪辑和切换充满着冲击力,也暗含了作者的愤懑、质问、哀怜和无奈,唯有将一腔的不平之气付诸笔端以警示世人。

以上各种人物的名姓生平如今已不可查证,更多的是典型化的形象与符号化的意义,这种表现力是与一批有据可查的穷困潦倒的知识分子形象难以匹敌的,如其中的以下三首:

> 李三潦倒瓜洲寓,铁笛闲吹幼妇词。请客送柴忘乞米,苦心枵腹断肠诗。[3]

> 清宵破屋掩倾欹,冷雨酸风酒罄时。一点灯昏疑鬼哭,不堪还读老鲍诗。[4]

> 避客年来高凤冈,叩门从不出书堂。想因误读香山句,纸阁芦帘对孟光。[5]

李葂,字啸村,安徽怀宁人,久客扬州,以诗画擅长,与"扬州八怪"的李蝉同称"二李",一生落拓,晚年寄食瓜洲,郁郁以没,死后子女无依,其女为丐。老鲍,即朱冕,工诗善画,诗多凄楚之音,与蔡嘉、高翔、汪士慎、高凤翰时称"五君子",老年贫病而死,阮元《淮海英灵集》称其"江都布衣,素好苦吟,兼以穷老,故语多瘦削,

---

[1] 《邗江三百吟等三种》,第 89 首,第 11 页。

[2] 同上书,第 92 首,第 11 页。

[3] 同上书,第 53 首,第 7 页。

[4] 同上书,第 30 首,第 4 页。

[5] 同上书,第 93 首,第 11 页。

寒韵逼人"。① 高凤岗,"扬州八怪"之一,家境清寒,居陋巷之中,傲世不俗,自称其书斋为"五岳草堂"②。《扬州画舫录》记载:高翔,字凤岗,号西唐,江都人。工诗画,与僧石涛为友。石涛死,西唐每岁春扫其墓,至死弗辍。③

内在的才华以及坚毅的品质并不一定能够转化为对都市化日益明显的俗世生活的适应,董虽然身为旁观的记录者,写出的却是由人度己、物伤其类的悲戚与叹惋。以上可查的文人可以说是颇有一些才华的,在当时也有一定的名气,然而其境遇之凄凉、晚景之惨淡还是令人唏嘘不已。联想到董伟业本人的晚年生平也是查无可据,甚至不知春秋几何身死何处,以及他们所代表的诸多毫无声息地湮灭于历史中的城市下层文人,这种记录仿佛是一种类似于"千红一哭""万艳同悲"的谶语。

喷薄的创作热情、鲜明的感情色彩是董伟业及其《扬州竹枝词》令人印象深刻、影响深远的原因所在,而这一点同都市化愈演愈烈之后所造成的社会阶层的两极分化是紧密联系在一起的。在扬州竹枝词中,奢靡与贫苦两极对立的表现堪称淋漓尽致,裹挟在两极之间的夹缝中,对于自身社会身份与角色的认知焦虑促使包括董伟业在内的知识分子前所未有地开始思索自身在商品社会所应承担的社会责任与价值功用,思索或者践行载道传统的回归。

地位之变与载道回归

如前文所述,都市化的发展使得商品物资大量丰富,行业分工进一步细致化和专业化,城市中的各个阶层都不可避免地对商品经济产生依赖,"一心只读圣贤书"的文人也必须要考虑生计问题,另一方面,商人地位不断提高,传统的价值评判标准受到冲击,无论是出于自身修养的精神需求,或是由于附庸风雅的现实需求,资本的实力对于文人和文化的影响日益显著,商人与文人的关系随之发生变化,这种地位的落差影响了文人的创作心态,内心期望与现实之间的差距促使文学现实性和载道传统的回归。

都市化背景下,商品经济的发展使城市产生了前所未有的消费文化,在显性层面上,影响了行业的丰富和专精,引起了社会主体生活方式的改变,隐性层面上,也是影响最为深远的是,改变了社会主体的思维方式和价值评判标

---

① (清)阮元:《淮海英灵集》,中华书局 1985 年,乙集卷四,第 270 页。

② 韦明铧:《董伟业与〈扬州竹枝词〉》,《扬州师院学报(社会科学版)》1989 年第 1 期。

③ (清)李斗:《扬州画舫录》,周光培点校,江苏广陵古籍刻印社 1984 年,卷四新城北录中,第 88 页。

准。比如伴随着经济发展而来的人心的浮躁,根据李斗《扬州画舫录》的记载,扬州自崇家湾至天宁寺行宫六十二里,再至高旻寺行宫十六里的南巡御道上就有竹林寺、香阜寺、天宁寺、文峰寺、上方寺、高旻寺六处寺庙,另外北外门大街上岸①有建隆寺、铁佛寺、龙光寺、寿安寺、灵鹫寺、碧天观,此外还有莲性寺、石塔寺、兴教寺、东隐庵、三贤寺、桃花庵、法净寺、慧因寺、法云寺、重宁寺、永明寺、报恩寺、金沙寺、梵觉禅寺、智珠寺、福缘庵、五里茶庵、法海寺、文峰寺、静慧寺、秋雨庵、拈花庵、观音寺、城隍庙、禹王庙、石塔寺、旌忠寺、仁寿庵、二郎庙、准提庵、小关帝庙、昙花庵、弥陀寺、琼花观、财神庙、三祝庵、厨子庵、都天庙、东岳庙、火星庙、乐善庵、静慧寺、净慈寺等,寺庙密集说明香火充足,董伟业的《扬州竹枝词》中记录了不少与求神拜佛有关的场景:

> 香舆出郭绣帘开,夫婿前行仆后继。永保平安无病疾,都城隍庙舍身来。②
>
> 土地灯完二月中,年年思想做财翁。借银又上邗沟庙,到底人穷鬼不穷。③

商品社会对人心的刺激是全方位的,诗中所描述的市民心态和今日某些富人求神拜佛保平安、穷人沉迷于一夜暴富的彩票梦的情景并没有什么差别,当商品经济的大潮席卷而至,社会各个阶层的不同浮沉,原有秩序的破坏,之前可能几代人、甚至数千年所积累的人生经验和信条不再适用,每个被裹挟其中的人内心都充满着不真实感、失衡感和不安全感,也就较之以往更容易将希望寄托于虚无缥缈的运气或者神佛的眷顾。

商品社会中自给自足的可能性化为泡影,日常所需对于金钱的需求越来越大,甚至资本可以影响官员,无可避免地带来了商人地位的提升,进而对整个社会的精神信仰标杆产生了冲击:

> 谁家年少好儿郎,岸上青骢水上航。犹恐千金挥不尽,又抬飞轿学

---

① 旧俗以靠近河道一侧为下岸。
② (清)董伟业:《邗江三百吟等三种》,广陵书社 2005 年,《扬州竹枝词》第 27 首,第 4 页。
③ 同上书,第 4 首,第 1 页。

盐商。①

      章句吾儒转见疏,梨园一曲重璠玙。为裁子弟缠头锦,不买儿孙满腹书。②

经济实力与社会地位之间较之农业社会在都市化背景下有了更为密切的关联性,使得一些心智未开的少年子弟滋生出拜金、享乐的心态,盲目模仿富绅巨贾的行事作风,圣贤学问被抛之脑后,感官的刺激享受、外在的修饰需求重过内在的人格修养,"儒"与"文"地位收到了"金钱至上"观念的冲击。

盐商中也不乏有一定真才实学、目光长远的儒商,积极地结交文人雅士,与之往来唱和,李斗《扬州画舫录》记载:"扬州诗文之会,以马氏(马曰璐、马曰琯)小玲珑山馆、程氏(梦星)筱园及郑氏(侠如)休园为最盛。"③马曰琯"好学博古,考校文艺,评骘史传,旁逮金石文字","所与游皆当世名家";④马曰璐"工诗,与兄齐名,称扬州二马",⑤程梦星本人更是进士出身,曾任翰林院编修,⑥郑侠如曾任明朝工部司务,入清不仕,归扬州建休园,家族数代书香,多人为官。⑦ 以上所提到的诸家俱为扬州盐商或盐商后代,此外,乔氏(国祯、国彦)兄弟的东村书屋、江春的康山草堂、⑧汪氏(玉枢)的南园、九峰园⑨的文学聚会也都享有盛名。董伟业在《扬州竹枝词》中"何处书灯烂若云?英才樽酒醉评文。墙门雨露都春色,白李红桃夜不分。"⑩描述的就是这样的场景,书灯连绵,灿似祥云,色若春晓,夜如白昼,英才满堂,把酒评文,宾主尽兴,举座皆欢。

清代中期,扬州四通八达的交通和充满生机的文化环境吸引了大量的文人汇聚于此。《扬州画舫录》载:"扬州为南北之冲,四方贤士大夫无不至此。……

---

① 《邗江三百吟等三种》,第5首,第1页。
② 同上书,第40首,第5页。
③ (清)李斗:《扬州画舫录》,周光培点校,江苏广陵古籍刻印社1984年,卷八城西录,第172页。
④ 同上书,卷四新城北录中,第83页。
⑤ 同上。
⑥ 王娟娟:《程梦星研究》,安徽大学硕士学位论文,2010年。
⑦ 周晓兰:《扬州休园考》,北京林业大学硕士学位论文,2012年。
⑧ 张丽丽:《清代前中期扬州徽商园林与文学》,安徽大学硕士学位论文,2014年。
⑨ 明光:《从葭湄园到九峰园——扬州盐商诗人汪玉枢父子考略》,扬州大学学报(人文社会科学版),2010(04).
⑩ (清)董伟业:《邗江三百吟等三种》,广陵书社2005年,《扬州竹枝词》第9首,第2页。

有游迹数至而无专主之家,以虹桥为文酒聚会之地。"①正如董伟业诗中所描绘的:"六一堂前车马路,两两三三说辞赋。扬州满地是诗人,顾万峰来留不住。"②薛寿③《读画舫录书后》中说:"吾乡素称沃壤,国朝以来,翠华六幸,江淮繁富为天下冠。士有负宏才硕学者,不远千里百里,往来于其间,巨商大族,每以宾客争至为宠荣。兼有师儒之爱才,提唱风雅,以故人文荟萃,甲于他郡。"④

无论是出于自身社会形象的重建与文化形象的打造,或是内在的精神需求,这些具有较高文化修养的商人在同文人的交流往来中,不但为文学活动的发生提供活动场所,还积极热情地出资支持学术工作的开展、文集丛书的编撰出版,甚至不惜为其丧葬成家、饥寒温饱等个人私事慷慨解囊:

> 安麓村……以好士称,江淮间文士之贫而不遇者,多依以为生,麓村始终礼遇之,不稍懈也。⑤
>
> 马主政曰琯……归里以诗自娱,所与游皆当世名家,四方之士过之,适馆授餐,终身无倦色。……尝为朱竹垞(朱彝尊)刻《经义考》,费千金为蒋衡装潢所写《十三经》。又刻许氏《说文》、《玉篇》、《广韵》、《字鉴》等书,谓之"马板"。⑥ 厉鹗……年六十无子,主政为之割宅蓄婢。后死于乡,讣至,为位于行庵⑦祭之。⑧ 全祖望,……在扬州与主政友善,寓小玲珑山馆,得恶疾,主政出千金为之励医师。⑨ 姚世钰,……以贫困授徒江都……后世钰客死扬州,马氏为之经纪其丧,刻其《莲花庄集》。楼锜,字于湘,浙江名诸生,工于诗,年长未婚,马氏为之择配完家。⑩

---

① (清)李斗:《扬州画舫录》,周光培点校,江苏广陵古籍刻印社1984年,卷十虹桥录上,第230—231页。

② (清)董伟业:《邗江三百吟等三种》,广陵书社2005年,《扬州竹枝词》第96首,第11页。

③ 薛寿(1812—1871),江苏江都人。字介伯。诸生。于音韵有深造,诗以声情为宗。张之洞督学湖北,聘主经心学院。有《续文选》《读经札记》《学诂斋诗文集》。

④ 任访秋:《中国近代文学大系1840—1919》(第3集第10卷散文集1),上海书店出版社1991年,第844页。

⑤ (清)徐珂:《清稗类钞》,中华书局1986年,第五册农商类,第2323页。

⑥ (清)李斗:《扬州画舫录》,周光培点校,江苏广陵古籍刻印社1984年,卷四新城北录中,第83页。

⑦ 盐商马曰琯家庵。

⑧ (清)李斗:《扬州画舫录》,周光培点校,江苏广陵古籍刻印社1984年,卷四新城北录中,第87页。

⑨ 同上书,第88页。

⑩ 同上书,第90页。

> 朱彝尊……归过扬州,安麓村赠以千金。著《经义考》,马秋玉①为之刊于扬州。②

> 方贞观,……寓秋声馆二十年,论诗多补益。有小行楷唐诗十二帙,方伯③刊于石。④ 林道源……居是园⑤十年……尝落魄,冬无裘衣,或以数十金赠。吴献可……梅村之孙……方伯延于家二十年。⑥

类似的例子还有很多,正如一些学者认为的那样,这种商人与文人之间的互动对于双方来说都是有利的。⑦ 一方面,借助举办和主持文化活动,资助文人及文化事业,商人这一身份从人们固有的刻板印象中得以部分的解脱,提高了自身的文化形象和文化地位,得到了更为广泛的社会认同:

> 乾隆三十八年奉旨采访遗书,……(马曰琯)子振伯恭进藏书,可备采择者七百七十六种。三十九年奉上谕:"……今阅进到各家书目,其最多者如浙江之鲍士恭、范懋柱、汪启淑,两淮之马裕四家,为数至五六七百种,皆其累世弄藏,子孙克守其业,甚可嘉尚。……着赏《古今图书集成》各一部,以为好古之劝。"⑧

> ……继又赐平定伊犁御制诗三十二韵、平定金川御制诗十六韵,并得胜图三十二幅。又御题《冠子》诗云:"器原归厚德将,杂刑匪独老和黄。朱评陆注同因显,柳谤韩誉两不妨。完帙幸存书著楚,失篇却胜代称唐。帝常师处王友处,戒合书绅识弗忘。"⑨

另一方面,借助商人丰富的藏书及物资的供给,一些不善生计的文人能够专注

---

① 马曰琯,字秋玉。
② (清)李斗:《扬州画舫录》,周光培点校,江苏广陵古籍刻印社1984年,卷十虹桥录上,第231页。
③ 方伯即清乾隆时期两淮八大总商之首的盐商江春。
④ (清)李斗:《扬州画舫录》,周光培点校,江苏广陵古籍刻印社1984年,卷十二桥东录,第264页。
⑤ 疑为退园或康山草堂,与前文"秋声馆"俱为江春私家园林。
⑥ (清)李斗:《扬州画舫录》,周光培点校,江苏广陵古籍刻印社1984年,卷十二桥东录,第265页。
⑦ 何炳棣、巫仁恕:《扬州盐商:十八世纪中国商业资本的研究》,《中国社会经济史研究》1999年第2期。
⑧ (清)李斗:《扬州画舫录》,周光培点校,江苏广陵古籍刻印社1984年,卷四新城北录中,第84页。
⑨ 同上书,第86页。

于自己的艺术或学术创作理想,促进了文人文化生命的延长,更好地实现人生价值,这一点也在某种程度上促成了扬州文化、扬州学术在清代中期的繁荣。盐商们喜好收藏书画,不但给大批书画家解决了生计问题,而且造就了"扬州八怪"作品不断创新,在一定程度上影响了当时扬州社会的文艺审美观与价值评判标准。张舜徽曾在《扬州学记》中指出:"余尝考论清代学术,以为吴学最专,徽学最精,扬州之学最通,无吴、皖之专精,则清学不能盛;无扬州之通学,则清学不能大。……至于乾隆之季,其隘已甚,微扬州诸儒起而恢廓之,则终清之世,士子疲老尽气以从事者,杂猥而已耳,破碎而已耳。"①

然而,在其乐融融、一片和谐的"双赢"局势的背面,是文人面对席卷而至的商业浪潮与商人群体的矛盾心态,昔日居于士农工商最末的商人变为如今的"衣食父母"甚至"金主",一些拙于直接创造社会价值的文人只能依附于其羽翼之下,这种地位的变化使得二者在互动时表现出一种矛盾的行为状态。袁枚在过扬州凭吊马曰琯诗曰:山馆玲珑水石清,邗江此处最知名。横陈图史常千架,供养文人过一生。客散兰亭碑尚在,草荒金谷鸟空鸣。我来难忍风前泪,曾识当年顾阿瑛。② 另一面,《清类稗抄》记载了他同另一位盐商安岐的交往轶事:乾隆时,鹾贾安麓村重刻孙过庭《书谱》数石,以袁子才主持风雅,馈二千金求袁题跋。袁仅书"乾隆五十七年某月某日,随园袁某印可,时年七十有七"二十二字归之,安已喜出望外矣。③ 结合前文所举材料中安岐对于文人的诸多资助与本则轶事中的"喜出望外",袁枚的这种回应称之为毫无诚意的戏弄也不为过,而这恰恰反映出一种矛盾的心理。

具体而言,这种矛盾心理的内涵是,随着商品经济的发展,文人社会影响力的下降,与相伴而生的文艺创作主体构成的改变、创作目的的改变所带来的心态上的落差,从而使文人心理上产生一种对自身文化身份独立性方面的焦虑④,以及对于文人身份所应承担的社会责任的忧思,基于这种焦虑和忧思,进而能够在文化面对资本的冲击的时候保持一份相对的清醒。郑板桥曾经感慨:"我辈读书人,入则孝,出则弟,守先待后,得志泽加于民,不得志修身见于世。今则不然,一捧书本,便想中举、中进士、做官,如何攫取金钱、造大房屋、

---

① 张舜徽:《清代扬州学记》,广陵书社 2004 年,第 2—3 页。
② 朱宗宙:《嘉惠士林的清代扬州盐商》,《中国文化遗产》2010 年第 3 期。
③ (清)徐珂:《清稗类钞》,中华书局 1986 年,第九册鉴赏类,第 4301 页。
④ 石艳艳:《论边缘化生存与女性意识的崛起》,《宁夏大学学报(人文社会科学版)》2010 年第 1 期。

置多田产。"①董伟业《扬州竹枝词》中的一首"金寿门称老客星,肩书怀砚短童青。苦心文字多情事,春雨桃根《瘗狗铭》"②所刻画的主人公金农说:"今人涂抹一山一水,一草一木,便悬之于市肆,以易斗米。"③与此相一致的便是以扬州八怪为代表的文人所秉持的艺术观,重视个性表现,提倡风格独创,同时主张"自立门户",一方面公然宣布自己的作品是为了卖钱谋取生活,另一方面却尽力保持独立性,谨慎而坚定地在维持着"雅士"与"俗物"之间的平衡。即迎合多样的市民趣味,又独辟蹊径,不落窠臼。

董伟业在《扬州竹枝词》中有数首以文化产物作为交易对象的相关心理的描述和生活画面的截取:

> 丙丁甲乙酌时宜,只要文章中运司。到得开徵标第一,通河纸价贵桑皮。④
> 画有标题砚有铭,新鲜册页整围屏。书房半日天平响,客坐家奴侧耳听。⑤

在这种社会整体氛围的背景下,董伟业的另外一首"奇书卖尽不能贫,金屋银灯自苦辛。怪煞穷酸奔鬼国,偷来冷字骗商人。"⑥就恰如其分地反映了文学创作目的在市场和对象的娱乐性、目的性的要求面前的悄然转变与自身无法响应对于知识分子清高自持品性的内在要求的自嘲与无奈。这种现象在郑板桥那里表露得更为直白,郑板桥曾于书房外悬贴手书润格一幅,按尺寸明码标价,规定凡求其书画者,应先付定金,并作润例,这种做法,不啻是掩盖在表面上对于现实的"顺从"之下的一种反叛,放诞不经的背后是"难得胡涂"的无奈与对于现实和自身的双重失望。

当这种内心的冲突与外界的矛盾发展到一定程度之后,文学创作者结合对于自身境遇和社会责任的反思、对于社会现状和社会关系的观察,文学本身

---

① (清)郑板桥:《板桥家书》,学林出版社 2002 年,第 67 页。
② (清)董伟业:《邗江三百吟等三种》,广陵书社 2005 年,《扬州竹枝词》第 18 首,第 3 页。
③ 张郁明:《扬州八怪诗文集·金农诗文集·冬心先生随笔》,江苏美术出版社 1996 年,第 231 页。
④ (清)董伟业:《邗江三百吟等三种》,广陵书社 2005 年,《扬州竹枝词》第 6 首,第 1 页。
⑤ 同上书,第 60 首,第 7 页。
⑥ 同上书,第 2 首,第 1 页。

所承载的现实性就直接表现为一种批判性,因此竹枝词的社会功用从市民社会形成初期的"纪风土"到商品经济大发展背景下的"娱乐化"之外,又回归到对于现实的批判性,虽"有失平和中正之旨",却是重拾"载道"传统,董伟业"讽时俗"的意义也正在于此,这也是董对后世竹枝词的发展意义最为重大之处。

结语

"文学"作为一种"人学",与社会的发展是密切相关的,思考都市化进程的每一个阶段,即使或许处于不同的历史环境之中,但文学与社会发展之间的关系仍于当下有着十分重大的现实意义,尤其是同样在面临商品化大潮冲击的当代,文化如何与资本互惠互利的同时保持独立性并焕发新的生机是一个十分值得思考的问题,希望能够借古鉴今,思考在都市化的大背景下,如何更好地将文化与文学传承并发展到更好的境地,这应该是我辈生于此时代的责无旁贷的历史使命吧。

Opposition and Symbiosis of Culture and Commerce under the Background of Urbanization

Gao Jing

Abstract: This paper will take Yangzhou as the research object, and take Dong Weiye's "Yangzhou zhuzhi poems" as the main reference object to explore the dialectical relationship between culture, literature and commerce, and businessmen under the background of urbanization. The trend of urbanization provided the creative soil and fresh blood for the development of literature. The polarization of social strata brought by the development of commerce accelerated the eruption of enthusiasm for literary creation. The trend of commercialization has had a certain impact on the status of "Confucianism" and "Civilization". The tendency of marketization of culture and literature has stimulated the pluralism of literary creation and the return of the traditional Confucian ethic to some extent.

Keywords: Urbanization, Dong Weiye, Opposition and symbiosis, Confucian ethic

作者:郜晶,上海师范大学人文与传播学院中国古典文献学博士生

1950 年代洛阳城市的两幅肖像

丁一平

摘　要：农耕时代的城池与工业时代的城区是两种不同的城市形态。两者在空间形态、空间结构、建筑形式和空间伦理方面皆有不同诉说。1950 年代，撇开老城建新城的模式使洛阳在同一时代具有两种截然不同的城市空间。比较两种城市空间及其折射出的文化、社会内含，探讨城市空间结构的社会转型。

关键词：城市史　城市空间　城市文化　洛阳

　　1950 年代，6 项"156 项目"和 4 项规模以上项目落户洛阳，洛阳成为新中国重点建设的 8 个城市之一。由于旧洛阳城地下有 5 个古都遗址，且布满古墓，故 1950 年代厂址选在距离旧洛阳城 8 公里以外、不涉及遗址保护、古墓较少的涧河西岸。如此，洛阳形成了两个城区，一个新建的工业城区，一个基本保留明清风貌的老城区。虽然此后两个城区向中间靠拢整合为一个城市，但在 1950 年代，两个城区及其形成的截然不同的城市风貌，成为研究工业城市与传统城市的范本。从林奇（Kevin Lynch）城市肖像，即"概括的城市外在物理世界的意象"（包含道路、边界、街区、节点、地标五要素）的视角，①我们来勾画洛阳这两个城区的城市肖像并探讨其文化内含。

一、洛阳老城肖像

　　洛阳老城是明清洛阳城的空间遗产，历经战火，至 1950 年代，经济社会发

---

① ［美］约翰·J. 马休尼斯、文森特·N. 帕里罗：《城市社会学》，姚伟、王佳译，中国人民大学出版社 2016 年，第 175 页。

生巨大变化,但在空间形态与结构上,却无根本改变。"一五"期间国家十大重点工程都建在距离旧城市几公里以外的地方,对旧城池的外科手术远未进行,虽官署、寺庙等空间的功能发生变化,但街道空间结构、城池景观及其市民居住空间依旧。

1. 老城区肖像

勾画洛阳老城的肖像,首先画一个边长约 1.5 公里的正方形。这个正方形是洛阳老城的轮廓。其物化标志是城墙。城墙的

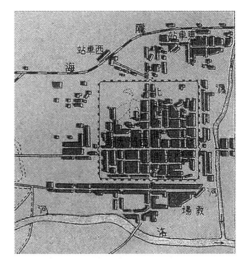

图 1　民国时期洛阳城图①

四边有四门,北门与南门靠近城垣正中,东门与西门则在城垣偏南约三分之二处。在南北门和东西门之间分别画一直线,两线相交形成"十"字。"十"字交汇处称十字街,是宋代城市革命后产生的典型的中心式街区,为洛阳老城的商业中心。作为洛阳老城城市肖像的第二笔,"十"字把城区分成四个方块。有了这个正方形和十字,我们就可以在其中涂抹色彩、填写地标了。

2. 老城区地标

首先要勾画的是政治地标:府衙和县衙。洛阳在明清时期是河南府治和洛阳县治治所。民国时期府治变成道伊,后为第十专区,下辖孟津、偃师、登封、巩县、新安、渑池、伊川、嵩县及洛阳等县。府治位于城池中心偏左的位置,明代为福王府。县衙位于城池东北角的民主街(县前街)。抗日战争时期,府治所被日军炸毁。新中国建立后,作为老城特有的地标,这里成为青年宫,建有电影院和会堂,为民众消遣场所。县治所在地——民主街一带,则成为政府的办公地。

政治的空间需要安全防护,城墙和城楼即地标。城墙使得这块地界所以为城。② 政治的空间需要安全防护。1950 年代,洛阳的城墙已是残垣断壁。

---

① 丁文江、翁世浊、曾世英纂编:《中国分省新图》,申报馆发行,1934 年第二版。
② 傅筑夫:《中国经济史论丛》(上),生活·读书·新知三联书店 1980 年,第 323 页。

作为战略要地,抗日战争期间,民国第一战区司令部将城墙拆毁。解放战争期间,为防御解放军,旧城垣又得到一定恢复。相对于新中国成立后许多城市的破墙开路,洛阳已先行一步。尽管城墙已经不复存在,但城墙的空间痕迹及护城的沟壕还在,甚至城门吊桥还存在了一段时间。

政治之后,我们需要添加经济的颜色。老城的经济以传统手工业和商业为主。其核心在交通便利的十字街及其放射出的东、南、西、北四条大街。所谓大街,实不过六七米宽,因沟通城门、交通便利,两侧布满店铺,形成街市。南大街和北大街多为京广杂货铺、绸缎布匹店铺;东大街以古玩文物商店为多,西大街古称木植市街,集中了较大的饭店、旅栈、果盘、浴池行业。中心的十字街是商业最为繁华的地段。老城最大的商场就在十字街附近的东大街。十字街偏西北、旧府门外的北广场,每天早上开粮食市,称老集,是老城商业较集中的区域之一。[①]

四关亦商业繁华区域之一,尤其东西南三关。明清以降,洛阳城市商业的发展,使城墙周围如墨入纸般"晕"出,城市的溃散主要集中在东西南三门关口和火车站附近。由于地望及文化心理等因素,北关过吊桥不远,麦田坟冢一望可见。西关是通往豫西的通道,山货、棉花、土布土产云集。东关是进入洛阳的东大门,骡马行、车行、铁器杂货等行业聚集。东关大街是回族聚集区,餐饮业久负盛名。南关最为繁华。因濒临洛河码头,舟楫之利使南关一带成为商业和下层商民的聚集地。南关同时又是陆路交通要道。按政俗,来往车马不能穿城而过,必须绕道城南。过往的船只、车马多在南关打尖住宿,形成豫陕间的大码头。城墙下的贴廓巷,巨商大店、栉比相连,金字大招牌,耀眼发亮连接南门口、马市街、炉坊、钱铺、绸缎布匹、锦货、杂货等商店,应有尽有,成为豫西一带的"超级市场"。[②] 1909 年开洛铁路的开通,使得城垣北部一向荒凉冷清的地方也围绕火车站建起了旅店、服务场所与商铺。商业的发展使四门关口成为中心式溃散街市的场所。这类街市多为专业市场相对集中的行肆式。如马市街、盐店口街、炮坊街等等。中国传统商业手工业,虽同行是冤家,却有同行聚居的风尚,这是传统城市的特点。

明清以降,晋帮控制了北方大部分地区的盐铁酒三大生活必需品的经销

---

① 《洛阳市志商业志》,中州古籍出版社 1998 年,第 18 页。
② 董纯熙:《近代洛阳漫谈》,政协洛阳文史委编,《洛阳文史资料第一辑》,1985 年,第 36 页。

权。以盐而论,清政府规定,"山西潞盐东不过巩县,南不越宛、襄,豫西南、鄂
西北均属其销售区。"①晋帮不仅控制了生活必需品,而且还控制了金融,掌握
了资本雄厚的东、西当铺,左右市场经济的炉房、控制物资的绸布杂货行庄。
潞泽商人和山陕商人的门面店铺随处可见。城外东南新街旁的潞泽会馆和南
关的山陕会馆正是这一历史的见证。抗战爆发后,包括晋商在内的外地商人
纷纷将资产变卖,撤离洛阳。

　　新中国成立前后,老城的商业发生巨变。1948 年 5 月,洛阳第一个全民
所有制商业企业——洛阳国营贸易公司成立。11 月,组成 32 个消费合作社。
1950 年代,合作社合并为 11 个,相继成立了合作总社、百货公司、百货采购供
应站等国营商业企业,并对国营商业和私营的范围进行了调整,国营商业以批
发为主,零售为辅。零售以居民生活必需品为主。尽管老城商业模式和属性
发生了变化,但商业在空间形态、空间结构上并没有根本变化。

　　商业之外需描绘精神信仰与文
化元素——城池内外的庙宇。洛阳
老城大大小小的各类寺庙分布城市
的各个角落,构成街巷中的主要建
筑。我们以十字街为坐标,十字街
西西城门附近,是旧时的府城隍庙。
县城隍庙位于城外西关一带的豫通
街。城隍是城市的保护神,"城"即
城墙,"隍"原指无水的护城壕。人
们对安全的寄托使这些建筑被神
化,成为剪除凶恶、保国护邦、管领
阴间亡魂之神。随着城隍崇拜的深

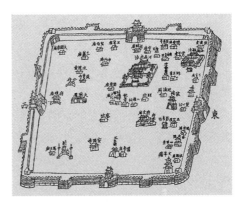

图 2　清代洛阳城池图②,图中除府衙、县衙
外庙宇成为主要地标,反映当时的城
市审美与伦理

入,城隍人格化,许多为国家民族立下汗马功劳的功臣名将或为地方百姓造福
一方的廉吏贤哲,被奉为城隍神。城隍既是人间正义的主持者,又是生死祸福
的主宰者。民国初年,城隍庙被废,新中国成立后成为三十中和六中校址。十
字街附近,有火神庙。火神是民间俗神信仰中的神祇之一。庙会历来是公共

①《近代洛阳漫谈》,第 36 页。
② 来源:《洛阳建筑志》,中州古籍出版社 2003 年。

场所，尤其是处在热闹的街区，因此，火神庙后为老城最大的商场。十字街东南，与火神庙、钟鼓楼构成三角形的是文庙。文庙也称孔庙，为祭孔场所。自汉武帝独尊儒术开始，中国的皇帝每年均会祭孔。上行下效，建制以上的城市都要建文庙。文庙南有文峰塔。

在城东北角、北门、南门、东门附近及城中有多处关帝庙。关帝庙供奉关羽。关羽不仅被神化为武圣人，而且是道德楷模、忠义化身和精神寄托；关公圣像就是一个感天动地的忠义教案。由于不爱钱，关羽后来兼职财神。财神是中国民间普遍供奉的一种主管财富的神明。中国人敬奉财神，希冀财神保佑以求大吉大利。吉，象征平安；利，象征财富。人生在世既平安又有财富，求财纳福的集体心理与追求，使得关帝庙在数量和影响力上甚至超过了孔庙。城池外还有周公庙。洛阳人认为，周公是洛阳城的奠基者。

除上述标配的庙宇外，洛阳老城还有安国寺、董公祠、马王庙、玉皇庙、岳王庙、三官庙等大大小数十处庙宇。城东作为回族聚集区，东大街的清真寺久负盛名。大约在1890年，基督教的内地会传到洛阳。1920年在北大街修盖北大街教堂。同时还成立了教会学校，男学堂起名"习真"，女学堂起名"培德"。一直到解放初期结束。①

神庙不仅占据了较大的空间、上好的风水宝地，同时也是城池中最为主要的建筑。由于其空间的特殊性，形成当今城市所谓的地标，也构成了城池的基本框架。到1950年代，这些庙宇大部分都已改变了功能，或作为学校、办公场所，或作为住宅、商店、军营或监狱。新社会致力于谋求这些空间语言的改变，但这种空间语言在其形态打破之前，仍然会产生某种影响。

文化元素之外，有生活的味道。这就是街道与四合院。平面的大屋顶的四合院及其交通形成的街巷构成老城的特色。在传统城市，街巷的间隔取决于四合院的进深及其构成的形态，洛阳的四合院院落较深，有所谓九街十八巷七十二胡同之称。据1949年前调查，洛阳有138条道路。② 这些街巷胡同已经完全没有北魏、隋唐洛阳城里坊制下那种空间形态的严谨、规范，显得自然、

① 洛阳市基督教协会：《基督教传入洛阳的历史概况》，政协洛阳文史委编：《洛阳文史资料第一辑》，1985年，第121页。
② 洛阳市地方史志编纂委员会：《洛阳历代城池建设》，洛阳市地方史志编纂委员会1985年，第45页。

图3 老城区鸟瞰(1970年代)①平面的低矮的大屋顶、街巷是其特色

生动,有生活情趣。

最后,是老城的文化符号。老城地名与街道的命名有其特色,一些同上述地标或官衙寺庙有关,如高明街(明代修有玉皇庙)、同化街(旧有同王庙)、义勇街(相传,街端旧有大关帝庙一座,街名取关羽之封号)、华章街(街侧原有华藏寺)。一些与名人有关,如吴家街(相传汉洛阳吴太守居住该街)、丁家街(相传清代有一丁氏朝官居住该街)。一些与价值观念有关,如敬事街(该街原有"周南书院")。一些与地标特征有关,如马胡同(为清代"河南营"拴马处)、

图4 1960年代老城街道②

饮马街(旧有马市街,去洛河饮马多经该街)、马道街(明清时期,该街规定为通马车之道)、四眼井街(因街中有四眼古井)、校场街(旧时紧邻校场)。居民用的语言是当地的方言,遵守的是长期固守的传统习俗。生活方式上没有很大的改变。

---

① 来源:《洛阳建筑志》,中州古籍出版社2003年。
② 根据2009年10月建国六十周年洛阳图片展旅游局提供的图片翻拍。

二、老城肖像的学术刻画

第一，以方形为特征。

方形的空间体现了传统的宇宙观、天下观与政治观。"对中国人来说，方形空间意味着某个文明化了的区域，所以是社会化的区域，被四海环绕着，四海代表四种夷族居住的不确定的边疆。由诸侯环绕天子而构成的方形象征中国的政治空间，四方交会于独一无二的中心点，即天子。"①在中国的宇宙中，天圆地方。中国人的建筑和意象空间，圆形代表天，方形代表地。故天坛为圆，地坛为方。城市作为人居环境，必为方形或类方形，而天人合一的观念又赋予此类方形城市空间强烈的社会与政治属性。方形的城市空间既是人居的、社会的，也是政治的。此即哲学意义上的皇权至上与天人合一宇宙观、自然观的结合。传统政治性城市基本上是根据仿古主义、天人感应、皇权中心主义和伦理本位等宇宙观建立起来的。

第二，以城墙为标志。

城墙是中国传统城市最重要的标志与建筑，没有城墙的城池在传统中国是不可想象的。它的心理学意义是安全。它的军事意义是防卫。它的社会学意义是社会控制。它的政治学意义是权威。因此，城池的政治军事地位越高，其防御的意义越大，城墙也修建得更高大坚固。中国城市的防御，以山川水系、地形障碍构成第一道防线，而第二道人工的防线就是城墙。在冷兵器时代，以坚固、高大、厚实的城墙领衔的包括硬楼、团楼、角楼和护城河、堑壕、吊桥、城门等系统的防御体系是十分有效的，是形成易守难攻、以弱胜强、以逸待劳的重要手段与法宝。筑城以卫君是因为筑城能卫君。因而，城墙成为重要的军事设施。为配合城墙的防御，在城门相交的十字路口附近，即城市的中心附近，建立敌楼或钟鼓楼。击鼓报警，击钟报时，高高的钟、鼓楼增强了城市预警和防御力量的调配能力，既是民用设施，也是军用设施。城墙的周围还有沟壕或护城河，城门处有可收放之吊桥，与城墙一起构成完备的防御体系。雄伟的城门和城墙使城市象征的皇权、政权愈发神圣、庞大、威严而不可侵犯。

---

① ［法］程艾蓝（Anne CHENG）：《中国传统思想中的空间观念》（3—11），林惠娥（Esther LIN）译，见《法国汉学（人居环境建设号）》，中华书局 2004 年。

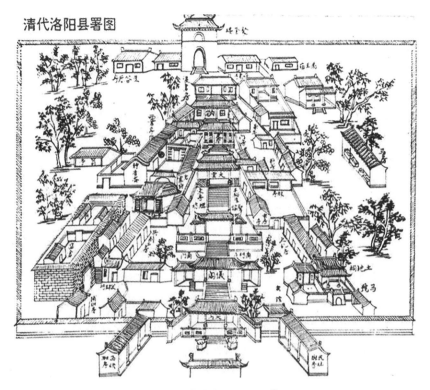

图 5　清代洛阳县署图①

第三,以宫殿、府衙或县衙等权力机构为中心。

虽然城墙是城市的标志,但城市合法性来源于政权机构。因而权力机构是城市的核心。筑城以卫君。城墙最为主要的功能和存在的依据,是护卫宫殿、府衙或县衙。洛阳老城中,河南府治与洛阳县治占据了最大的地盘,县治必须小于府治,并且居于府治的边上,形成大带小、老携幼的态势。洛阳人早就是这种礼仪的承载和传播者,洛阳水席中连上菜也有规矩,所谓主菜与副菜,一大带二小,一个主菜要配二个副菜,而不用管宾客们的喜爱。县治小于府治,却是仅次于府治的标志性的建筑空间,是官府所在。

第四,以庙宇为精神寄托、为灵魂。

庙宇不仅占据了较大的空间、上好的风水宝地,同时也是城池中最为主要的建筑。城池是官方精神文化的建立和传播者。它的物化形态就是庙宇。清

———————————————

① 来源:《洛阳老城区志》,河南人民出版社 1989 年。

以降,在府县级城市,一般必须具备城隍庙、文庙、武庙、火神庙、财神庙等建筑,这五大建筑是一朝规定的,是按礼制的标准来建设的。[①] 城隍是城市的保护神。文庙是祭孔的场所,尊孔崇文。关帝庙供奉关羽,道德楷模、忠义化身。火神庙是祭火的地方。火在促进人类的发展上,起到了重要作用。火是纯洁的象征,神灵的化身,能赐给人类幸福和财富,使人丁兴旺,红红火火。财神庙则是中国民间敬奉财神的地方,反映民间希冀财神保佑以求大吉大利的良好愿望。传统城池总是寺庙文化的建立者、传播者、示范者和强化者。这种特殊的空间被神化,成为居民心灵的根据地和灵魂的归宿与寄托。城隍庙、文庙、各类的庙塔寺观,通过城市这个载体,才能更好地将所宣扬的精神理念发扬光大。寺庙的类型与种类及其集中程度甚至也成为城市与乡村的区别之一。

第五,以封建等级为空间伦理。空间成为培育人们等级观念与礼制的教科书。

山川地理本来只有自然属性,但一旦被纳入了城池的范围就具有了社会属性。中国封建社会是一个等级社会,等级社会通过礼乐制度强化,于是自然空间被纳入礼制的社会范畴,被城墙框定的那部分自然空间就有了社会属性,用来反映封建伦理的空间秩序和内在逻辑。

首先,空间的等级通过空间区位表现。所谓上风上阳上水的好地段往往被掌权者控制,成为高等级的空间。美国芝加哥城市生态学派曾引用生物学理论,将城市空间的形成纳入自然生态的解释圈。如自然界通过自由竞争形成高大的树木、灌木、杂草、苔藓等等级层次的生态结构一样,城市空间通过自由竞争形成大型零售业、专卖店、批发商等空间占有秩序。中国封建的城市是规划的,在营建之初,就已经将最好的空间区位,即阳光充足、藏风聚气、地势优越、能避免水患的地方划给了城市的统治者,并以此为中心将整个城池的空间纳入它的统辖之下。

其次,城池占有空间的大小是等级的结果。历代统治者都按照城市的地位对城市进行规划、建设和治理。城市的行政地位越高,越受到统治者的重视,规划建设投入的资金、人力、物力也越大。[②] 自然所占有的空间也越大。城市是权力的象征,既是权力机构的所在地,也是权力自身的表现。一方面,城池的大小与其行政级别存在着联系,国都、省会、府城、县治在空间上由大到

---

① 张驭寰:《中国城池史》,百花文艺出版社 2003 年,第 487 页。
② 何一民:《农业时代中国城市的特征》,《社会科学研究》2003 第五期。

小。另一方面,在城市中,占用空间的规模与其政治地位密切相关。地位越高的人所享有的地理空间便越广大。① 空间的规模反映的是等级森严的封建伦礼,绝不可逾越。特权之人享有特定空间。宽宅大院是官宦的,密集的空间往往是地位不高的商人贫民的。空间的政治伦理必须反映上贵下贱的社会秩序。"城市规划既反映了儒家思想居主导地位的民族意识形态,也反映了国家的政治制度体系。儒家思想支持贵贱尊卑井然有序的国家结构。……在其城市布局中便包含了这么一种上下贵贱的社会秩序观念。"②不仅居住空间的大小有等级,其道路、门进等空间建筑都有等级的差别,以此形成空间的主从关系。"经涂九轨,环涂七轨,野涂五轨"。这种分级不是后世所谓交通的需要,而是封建等级的区别,因此,"环涂以为诸侯经涂,野涂以为都经涂。"主城宽,环城窄,城郊更窄。道路以物化的语言诉说封建的伦理。

复次,建筑物的高低大小是等级的外化。"追求官方建筑体形的高大应该是官方树立形象最早使用的方法。"因此,建筑物台基的高低、大小和建筑物本身的高低大小成为衡量使用者社会地位、等级的一个手段。表面看,传统中国的城市是平面的。实际上,中国传统的城市不仅在空间的占有方面具有等级规定,在高度方面也有不同的约束。城市的制高点总是宫殿、官衙或反映封建礼制、文化的寺庙建筑。早在商代,洛阳商城遗址的宫殿不仅"择中而立",而且处在遗址中较高的位置,并且通过抬高宫殿的台基进一步强化这种空间的象征意义。以后历代,宫殿、官衙的建筑总是处在高处或建在高台基之上。在传统城池,地位低的主人,其建筑不能高于地位高于自己的,有钱人更不敢僭越。

再次,利用中轴线塑造空间核心感。宫殿、官府不仅通过空间的中心、建筑的高大来突出其空间感的至高无上,而且通过中轴线的运用塑造空间核心感和轴心向心力,扩大中心空间水平方向的控制力、统治力。并进一步强化了宫殿、官府空间核心的地位和空间的等级结构。多数情况下,离轴心、核心越远的建筑空间其建筑地位越低。轴线由此成为城池的屋脊。围绕着核心,顺延轴线,派生出方格网,形成官衙、庙社、宅第、市坊等等空间序列。宫殿或官府通过建筑物的高大、上好的风水,特殊的建筑形象,不许民间使用的色彩以及中轴对称的组合关系,将建筑所形成的空间塑造成中心或核心。城市空间

---

① [美]史明正:《走向近代化的北京城》,北京大学出版社 1995 年,第 131 页。
② 同上书,第 130—131 页。

建筑元素的等级形态、空间秩序格局油然而生。整个城市就是封建礼制的空间表现形式,是遵守礼制的楷模和教科书。

三、工业区肖像

1. 工业区的肖像

勾勒工业区的城市肖像要先画四笔东西向开放的线条。

第一笔从西略偏北向东略偏南画一直线,长约 5600 米。这条线最初称纬一路,是串联工厂区的道路。它的北面约 1.5—2 公里,是蜿蜒的涧河,河的北面不远是大动脉陇海铁路,铁路的北面是渐渐隆起的邙岭。最初落户洛阳的五家重点项目选址在此,由西向东依次是洛阳矿山厂、洛阳拖拉机厂(洛阳热电厂在其后)、洛阳轴承厂、洛阳铜加工厂。由于工业区与旧城区有几公里的距离,因此,晚于五厂建设的河南柴油机厂、洛阳耐火材料厂设在了城区最西部矿山厂的南部,在空间上对西部形成关闭之势。路的南边是宽约 200 米、长约 5.6 公里的防护林带。林带中有一排污渠,工厂废水由此注入涧河。

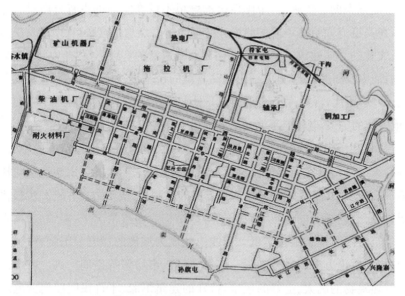

图 6　涧西区结构图①厂区构成一隶书的"厂"字,甚至出现蝉头雁尾,商业生活区的棋盘式格局,道路顺直。

---

① 来源:《涧西区志》,海潮出版社 1984 年。

在纬1路南200米,平行画上第二笔直线。这条线就是贯穿整个洛阳城的中州路。中州路是贯通洛阳城区与乡村的大动脉,视觉上最为开阔,绿化、美化、照明也很好。长约15公里,在涧西段称中州西路。涧西人将之称之为1路(因为它是1路公交车的运营线路,同样原因,纬三路称2路、纬四路称8路)。路的北侧是前面所说的林带,林带后被侵占,建了宾馆、学校、体育场馆、办公楼等设施。路的南侧是整齐划一、天际线非常规整的由二三十个街坊组成的住宅区。

中州路南约450米,平行再画第三条直线,称纬3路(俗称2路)。这条线串联生活区,为区域内最繁华、人气最旺的主干道路。它是很多街坊的北界,也是少数街坊的南界。在路两侧除住宅街坊外,依次建有医院、影院、文化宫等设施。区域内最大的两个商业中心,广州市场和上海市场就在这条路的南侧。区域内最好的照相馆、理发店、饭店(大新酒楼、广州酒家)都在这条路上。时尚新颖的工人文化宫在这个路的中段,是很多人的生活和记忆。

纬3路再向南大约450米又画一条直线是纬4路(俗称8路)。这条路长约3.5公里,串联区内科研院所、大专院校。纬4路有两个特征:一是此路由

图7　洛阳矿山机器厂厂房一角①

———————

① 来源:《洛阳矿山机器厂志》,洛阳市图书馆藏。

上下行两条路组成,间有花坛。这在当时的中国较少见。上下行两条路的两边分别种植了梧桐树,遮天蔽日的绿树形成两条绿色长廊。二是这条路的文化味道。路的南边从西向东依次是耐火材料研究所,洛阳工学院,拖拉机研究,七二五所,第四设计院,第十设计院,有色金属研究院等文化科研单位。

2. 工业区的地标

在完成四条开放式的东西向的道路后,我们需要再勾画与之垂直的 8 条经线形成四路五带之间的交通。四纬八经勾画出了工业区的基本结构,我们可以依据这个结构填写地标、涂抹色彩。

第一,高耸的烟囱和巨大的厂房——工业区最显著的地标。

高大密集的厂房群是工业化的产物,它同产业工人、机器、组织化专业化生产相关联,是工业化、城市化的重要标志。仅一拖、矿山厂两厂分别有 36 个和 26 个分厂组成。[①] 城市为工厂而建,工业、工厂是城市的支柱,因此,厂房代替传统的街市与宫殿成为景观城市化的重要标志之一。

第二,工厂大门——厂房之外最显著的工业符号。

勾画城区的基本轮廓,着重于四条纬路。而在勾画工业地标时,我们要着重于五条经路。在区域正中偏西,有一南北通道,称长安路。长安路直通一拖广场和大门。长安路东约 1600 米,是天津路,直通轴承厂大门。在长安路西约 1600 米,有重庆路,路北端是矿山机器厂大门和门前广场。路南端是河南柴油机厂大门。在长安路与重庆路之间有武汉路,路南端西侧是洛阳耐火厂大门和广场。在天津路的东边 1200 米,位于区域东有一较短的南北路,称长春路,通往铜加工厂大门。工厂大门与城门不同,一个是政治化、军事化的区域,进则有安全保障、生活秩序,出则为郊野。另一个是经济化区域,里是高大

图 8　1950 年代的一拖厂门[②]与苏联最大的哈巴罗夫拖拉机厂厂门区用的是同一图纸

———————————

① 洛阳统计局编:《辉煌的四十年》,洛阳市图书馆藏,1989 年。
②《一拖厂志》,洛阳市图书馆藏,1985 年。

的厂房、高耸的烟囱、车床、机组、流水线,意味着强大的生产力;外则意味着生活化的空间。工厂大门和行政机构的大门同样是两个概念。一个象征政治权威,一个象征经济能力。

第三,上海市场、广州市场——工业区的商业空间。

工厂的聚集导致人口的聚集,庞大的人口聚集,催生了百货商场等新型现代的商业机构。1956 年为支援国家重点工程建设,国家从上海、广州调入 88 家商店。[1] 这些商店与几家国营商店合并,建立了上海市场和广州市场。上海市场位于青岛路旁,其核心是上海市场百货商店。由于基础建设的压缩,这个市场最初没有建成大厦,但大跨度的平房,3 万平方米的占地,140 人的职工队伍,加之周围饮食、服装、五金、纺织、手工业修理、各种服务行业等 60 多家大大小小的商店,使其成为完全不同于旧城区的商业设施。广州市场与上海市场同时建设,两地相距 1500 米,其景观特征与上海市场基本相同。由大型百货商场和大大小小的商店聚集而成。商业机构不仅扩大了商业活动,也扩大了购物者的社会交往,为妇女提供了就业机会并介入到新的经济活动中来,同时,乐于购物的妇女们在购物中获得乐趣、开阔了眼界。

第四,统一规划、整齐划一的工人住宅——洛阳涧西工业区空间非常典型的特色之一。

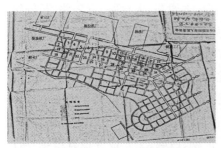
图 9 洛阳涧西区工厂与住宅区域图[2]

图 10 1970 年代涧西区街坊鸟瞰[3]

工厂的集中导致产业工人生活区的集中。一期建设的 38 个街坊,红砖红

---

① 《河南省"一五"计划和国家重点工程建设》,河南人民出版社 2002 年,第 113 页。
② 来源:洛阳第一档案馆,全宗 3,第 268 卷,街坊号码及厂名是笔者根据档案中另一张图(由于手绘很粗糙)填上的。
③ 来源:《洛阳建筑志》,中州古籍出版社 2003 年。

瓦、形式统一,楼高三层,间有四层。这种空间结构、建筑一致的街坊成为一种社会识别和话语体系,既为工业区所特有,又由此而产生产业工人的归属感、认同感。在整个涧西区,人们以1路、2路、8路来标识横向的道路,以街坊来确定空间位置。由于居住不是以贫富或社会、政治、经济地位区分,而以所属工厂的位置划分,因此,以阿拉伯数字标注的街坊又有了社会区分,人们通过其居住的街坊,即可了解了其所属工厂。空间位置成为一种社会识别。这种社会识别更加强化了其工业区的认同感与内聚力,整个城区20多万人,以这种统一、集中整齐的方式居住。空间、社会、经济、文化因素的混合,构成工业区的生活面貌。

第五,工厂、住宅区、商场之外,科研院所、高校大院、工人文化宫、公园也是工业区地标性空间。

第六,时代特色。

一是前苏联工业文化的印迹。工业区6个156项目是前苏联援建的。故洛阳工业区的城市建设、工厂建设都有前苏联的印迹。一拖等项目的图纸由苏联提供,一拖的大门用的是前苏联哈巴罗夫拖拉机厂的图纸,工业区住宅的街坊也有苏联模式的痕迹。这些厂房、大门、住宅成为前苏联援建物化的历史。二是五湖四海大中国的标记。与老城区传统文化符号不同,工业区街道名称彰显五湖四海大中国概念。四条东西向主干道分别以纬一、纬二、纬三、纬四命名;[1]八条南北向主干道则以长春路、太原路、天津路、青岛路、长安路、郑州路、武汉路、重庆路命名,其他干道如南昌路、江西路、辽宁路、河南路、康滇路、湖北路、湖南路、延安路、华山路、嵩山路、衡山路、泰山路、黄河路、珠江路、长江路等等,反映的是全国各地援建国家重点项目的故事。由于1956年从上海、广州等地调来大批小型商业企业,因此,区内最大的两个商业中心,亦以“上海市场”“广州市场”称谓,居住的街坊也以阿拉伯数字标定。在日常生活方面,这里不仅流行豫剧,京剧、越剧、沪剧、吕剧、二人传等也有市场,居民普遍讲普通话,移民使得这里没有地方的传统习俗。生活趋向简单快捷。

四、工业区肖像的学术刻画

第一,开放、不规则的长方形态形成对传统城市空间的革命。

---

[1] 纬一、三、四路后改为建设路、景华路、西苑路。含有时代与古都地域信息。当地人则沿用1路、2路、8路的称呼。

工业区由开放的道路形成不规则的形态。笔者在绘制城区示意图时,发现厂区竟形成了一"厂"字形,对照地图,则更像汉隶,甚至形成蝉头雁尾。这种巧合或有着特殊意味——汉隶在中国书体成型中具有奠基的地位。此后洛阳在空间形态上虽发生变化,传统的力量使得城市在后续的发展中有着拉方变圆的张力,但在空间形态与结构上已完成了对传统城市空间的革命。方形城市形态的打破,意味着传统宇宙观的颠覆。洛阳 3000 多年建城史上,第一次有了没有城墙、不以方形为形态、不以政府机构为核心、没有市中心的城市。它是农耕文明腹地的第一次工业化浪潮在城市形态上的体现。

第二,以工厂为核心形成对传统城市以宫殿府衙为中心的转型。

以工厂为核心是第二产业城市典型的特点。城市的空间结构取决于城市功能。重要的城市功能会优先使用城市的土地空间,不重要的功能只能在余下的空间中选择。我国古代,政治统治与军事防御是城市最重要的功能,因此,与此有关的社会活动优先安排,占据城市理想的空间。商业社会,高度分化的商品交换是首要功能,因此,商品销售活动优先占据市内的黄金地段。1950 年代,中国城市的首要任务是为社会主义工业服务。作为工业基地,洛阳涧西区自然以工厂为中心进行建设。"工厂成了新的城市有机体的核心,生活的其他每一细部都附属于它。"[2]

图 11 涧西区空间肌理[1]

首先,城市规划的编制是以有利于工业发展为依据。"城市建设应为工业

---

① 来源:《当代中国城市建设》,中国社会科学出版社 1990 年。
② 芒福德:《城市发展史》,宋俊岭、倪文彦译,中国建筑出版社 2005 年,第 517 页。

生产服务,并应考虑到它的整体统一性。"①"先确定工厂,规划就有依据,应当工厂在先,规划在后,规划应服从工业、满足工业的要求。"②"建厂不确定,就根本谈不到城市建设,建厂确定后,城市建设才能考虑"。③ 虽然工厂位置位于城区的北部,不居空间中心,但这正是为了方便工厂建设,因为沿河靠铁路,方便工业原料与产品的运输和工业用水、污水排放,并避免因工厂造成城区的分割,方便工人生活。其次,城区的位置与规划由工厂一锤定音。与传统城市以政府机构和宗教社祭场所为核心不同,涧西区以工厂为营建的核心,厂建到哪里,路修到那里,仓储、铁路编组网要围绕工厂进行,住宅围绕工厂,商业围绕住宅。因工厂厂门位置变化而导致生活区、特别是道路规划的改变并不鲜见。④ 再次,就占地面积而言,工厂用地占 5 平方公里,⑤占全区 15 平方公里总面积的三分之一。而建筑面积占全区各种房屋总面积的 42.%,⑥工业建筑达 3041623 平方米。

第三,以道路为命脉形成对封闭的城墙系统的革命。

传统空间重视墙的作用,追求封闭与安全。工业区重视道路的作用,追求快捷畅通。机器化、专业化的工业生产,造成工厂与住宅的分离,职工投入生产活动需要通勤。重工业生产,其原料来源、产品消费面对全国,原料、产品与劳动力都离不开交通运输,因此,快捷有效的路网体系成为必须。路网亦成为城市的命脉。而以汽车为载体的公路交通完全颠覆了传统城市街巷以人和马车为主体,城市道路与建筑之间的比例低到了西方人认为不正常的程度的道路交通体系。传统城市往往以城门之间或城门与宫门、府门之间的联络为主轴,道路的依据主要是行人与车马,道路的功能主要是城内联络,不仅对外封闭,且城内道路亦只求达,不求通,断头路很多。工业区则更强调机动车的交通,道路是开放的。它使得工业城区的道路宽阔、平整、顺直、开放,往往要达

---

① 洛阳市第一档案馆,全宗 3,"洛阳市建委工作 1954 年总结",第 18 页.
② 洛阳市第一档案馆,全宗 67,第 10 卷,"关于城市建设问题",第 225 页。
③ 洛阳市第一档案馆,全宗 67,第 11 卷,"洛阳市城市规划修改计划"。
④ 在洛阳市第一档案馆总甲方办公室卷中,多处记载有关厂门的变更,引起市区道路、街坊住宅区变更的记录。
⑤ 工业用地 4.68 平方公里,居住用地 10 平方公里,长宽比为 7.5∶1。洛阳第一档案馆,全宗 67 卷,第 1 卷,"洛阳市涧西区总体规划说明书",洛阳市人民政府建筑委员会,1954 年 10 月 25 日,110、112 页。
⑥ 《洛阳市涧西区志》,海潮出版社 1990 年,第 29 页。

到 60 米的宽度,①并形成以四纬八经为骨架,横平竖直,经纬分明、纵横交错的路网。道路分为人行道、非机动车道和机动车道。道路司职交通,且有诸多功能,一是绿化,路两侧街道树 42400 株。② 二是供电线路,沿路间隔约 30—50 米矗立有电线杆。三是排水,路两边是雨水、污水的排放渠道。四是划分城市空间。将电路、排水、通讯、绿化、照明等纳入路网,使路网体系有了全新的内容。传统城市向现代的城市的转型必须完成路对城的逆袭。

第四,以工业伦理为尺度的空间功能划分挑战了传统封建等级伦理的空间结构。

传统城市空间所谓"左祖右社,面朝后市",反映的是政治宗教的属性。西方中世纪城市以工商业行会为其特色。③ 进入工业革命以后,土地资源、空间成为竞争对象。表面看,城市空间结构是自由竞争形成的,实则是资本最大化的结果。最不利的空间给予社会最低层的群体和最不利的行业或产业。伯吉斯(Ernest W. Burgess)"同心圆"、霍伊特(Homer Hoyt)的"扇形"和哈里斯(Chauncy Harris)与厄尔曼(Edward Ullman)的"多核心"等模型就是这种逻辑的体现。与之相比,洛阳涧西工业区城区功能区分彰显科学理性。整个区域通过四条道路由北向南把区域分成了工厂、绿化、居住、商业、科研五个功能带,八条经路及密集的街坊道路则将区内的各带沟通。厂区设在区域北端,顺山沿河靠铁路形成一线,工业用水、排污集中在一条河流上,铁路编组和专用线及供热供气管道线统一使用,节约资源。科研院所区设在区域南端,立意于动静分离,给科研院所一个合适的环境。住宅区紧靠厂区方便工人的通勤,高大的树木形成的林带减小了工厂对住宅区造成的环境影响。商业文化娱乐区设在住宅区的南面,既方便生活,又分流交通,形成生活往南、生产向北的交通流向。职工无论是上班通勤,还是购物娱乐,都处在最优的位置。不同的街坊对应不同的工厂,通过空间设计节省工人路途的时间和体力,减轻城市交通流量。与此同时,道路进行了合理明确的分工。四条东西向的主干路中,纬一路是货运路。纬二路是强调与区外联系、发挥综合功能的主干路。纬三路是客

① 华揽洪:《重建中国》,李颖译,生活·读者·新知三联书店 2006 年,第 18 页。
② 洛阳市人民政府建筑委员会,"洛阳市涧西区总体规划说明书",1954 年 10 月 25 日,洛阳第一档案馆,全宗 67 卷,第 1 卷,131 页。
③ 胡如雷:《中国封建社会的经济形态研究》,生活·读者·新知三联书店 1979 年,第 249—255 页。

运路。纬四路称艺术路,强调绿化、美化、兼具审美,联贯高校、设计院。作为南北向骨干的径路中,长春路、天津路、长安路、重庆路、武汉路通往厂门,最为宽阔。住宅区中的路网与骨干路相通,深入骨干路的体系之中。货运走北,职工通勤走南,厂与厂之间及与其他城区联系走东西,道路分工明确,许多年以来,涧西的交通事故、交通拥挤与堵塞情况少,交通噪声对生活区影响小,保证了生活区的幽静、卫生和安全。

第五,公共、绿化空间的强调则意味着社会的变革。

中国传统城市缺乏公共广场与公共园林,因为不需要,居民有私家庭院,小却开阔朝阳,他们也更喜欢自家的庭院。工业生产的组织性与社会化大生产改变了产业工人的生活方式,也塑造了不同的社会空间。社会化的生产与生活使得社会接触越来越广泛,公共空间迅速扩展,私人空间则随之变得狭小。由于中国的工业化是在资本积累不足的条件下进行的,为保证生产建设,工人的生活设施被迫压缩,居住面积人均仅 4 平方米。[①] 而公用空间却相对宽敞,居民楼楼距 50 米以上,各大厂门前广场,一拖达 4.85 公顷,轴承厂 2.05 公顷,矿山机器厂为 1.5 公顷。区中心广场 13.25 公顷。[②] 虽然实际的公共建筑由规划的人均 11.36 平方米降到了 7.1 平方米,但人均 10 平方米的绿化空间、人均 15.56 平方米的道路广场使得工业区的公共空间占据绝对的优势。除街坊外,道路广场、绿化、公共建筑等公共空间占据 57.4%。

工业生产对环境的破坏严重。西方工业化初期对环境的重要性无足够认识,正如芒福德所说,那时,怕尘怕烟受不了噪声,是一种娇气,并且认为这是工业的必然代价,理所当然。另一方面,资本家对利润的追求,使得他们根本不关心,也不愿花费金钱与精力去考虑环境问题,以减少其利润。对环境的关心是学者们的事,因此,工厂环境十分糟糕。在拥挤的城市,许多人住在狭窄、潮湿、阴冷、空气不畅的地下室。"晚上,鸡宿在床柱上,狗,甚至马也和人挤在一间屋子里面"。[③] 无章法、混乱、肮脏,到处是垃圾和工业废料,贫民窟是那时工业城市的写照。正是在此状态下,西方人才反思工业给城市环境带来的

---

① 洛阳市第一档案馆,全宗 67,第 1 卷,"洛阳市涧西总体规划说明书",第 103 页;全宗号 67,第 13 卷,"涧西规划修改说明书","洛阳市城市规划修改计划";全宗 4,第 83 卷,"洛阳市涧西区职工住宅的调查材料"。

② "洛阳市涧西总体规划说明书"(1954),洛阳市第一档案馆,全宗 67,第 1 卷,第 76—132 页。

③ 恩格斯:《英国工人阶级状况》,人民出版社,1956 年,第 71—72 页。

危害,进而采取环保措施。作为晚发的工业化国家,新政权进行工业化时,即将环境保护提到意识日程。排污沟渠、绿带,以及沿路、沿渠、沿河、沿山、街坊、广场、公园的绿化,构建芒福德所称道的"绿带城镇"。① 公、私空间的转型与改变与绿化空间的设计耐人寻味,而空间对人社会性的影响是可感知和显而易见的。

Two portraits of Luoyang city in the 1950s
Ding Yiping

Abstract:The urban areas in the agricultural era and the urban areas in the industrial era are two different urban forms. Both have different opinions on the space shape, space structure, architectural form and space ethics. In the 1950s, aside from the model of the metropolis built in the old city, Luoyang had these two distinctly urban spaces in the same era. Compare the two kinds of urban space and its reflections of the cultural and social implications, and explore the social transformation of urban spatial structure.

Keywords:city history; city space; city culture; Luoyang

作者:丁一平,河南大学马克思主义学院近代中国问题研究所副教授,博士,研究方向:现当代城市史

---

① 芒福德:《城市发展史》,宋俊岭、倪文彦译,中国建筑出版社 2005 年,第 528 页。

政治公共性与城市空间的再分配

——广州东山口历史记忆的阐发潜能

丁文俊

摘　要: 东山口地区的开发历史包含了 20 世纪早期广州的现代性起源,塑造了以现代教育、文明的生活方式为特征的区域身份认同,并通过城市的公共性建设与个体现代素养培育之间的互动,表达了政治公共性的诉求。在今天资本对城市空间的重构过程中,东山的文化传统在怀旧的名义下存在着过度商业化与失真化的弊端,沦为景观符号。以老东山区的具体地段为例,该区域体现了个体权利与资本力量之间的互利与斗争,需要重申东山历史记忆蕴含的政治公共性诉求,引入建基于生命政治基础上的共同性作为政治公共性的内在基础,寻求建立一种非同质化、共同享有的城市空间。由此,广州东山口的空间状况将为中国城市现代性问题提供了一种有别于经典大都市模式的新城市模式。

关键词: 东山口　政治公共性　景观　城市权利　城市契约

从近代中外历史进程看,自 18 世纪开始,无论是西方著名的大都市巴黎、伦敦,又或是我国的代表性都市上海、香港,东西方的城市在近代的发展,很大程度上与该地区现代性的兴起、发展情况紧密关联,传统城市的改造、扩容,新城市的规划与建设,均直观地展现了现代性的巨大力量。从国内的城市文化的研究现状看,相比于上海,以广州作为研究对象的论著在数量与深度上均有所欠缺,尽管徐俊忠、涂成林等学者提出了"广州学"的研究构想,但是已有研究更多集中在区域经济、城市规划、历史文化等方面,以现代性视角为核心的都市空间研究尚有待深化。[①] 本文通过对东山口开发历史的溯源，着力发掘隐匿于"东山少爷"等传说中的历史记忆，并结合当下东山口区域生活空间与资本空间之间既对立又互利的独特现状，尝试在左翼城市理论的视野下探讨中国城市发展模式的新可能性。

一、城市的都市化与现代性问题

现代城市的兴起，并不仅仅是一个区域建筑变更的事件，而是伴随着资本主义生产方式在空间的出现与普遍化，二者是相互促进、互为因果的关系，一方面城市拥有较完备的贸易市场制度，城市居民具备相对理想的经济状况与可供商品化的文化品位，有助于扩充商品的范围；另一方面，商品交易进一步走向发达，资本家得以将更多的资本投入到再生产的过程，因此推动了城市空间的改造与更新，部分区域被开辟为以咖啡厅、电影院、书店为代表的具有公共参与性质的商业空间，由此开启了城市的现代化进程。因此，现代城市的形成，导致了公共空间的产生、知识的广泛传播等现象，并且与现代性思潮构成了双向互动的关系，城市的现代化不仅象征启蒙现代性思潮的确立与传播，而且又以自身导致的资本乱象为审美现代性思潮提供了反思的现实例证。然而，我们需要意识到，中国的城市问题与西方既具有共同的特点，但是也因为晚清、民国时期的独特时代背景，而具有迥异的特色，而且在中国内部不同城市在现代都市化的过程中也存在着诸多区别，广州东山口地区的城市现代化进程中的复杂特征，需要借助地区之间的对比才能得以清晰展示。

首先，以法国巴黎的现代化历程为例，在 18 世纪至 20 世纪的历史时期，"巴黎的而非凡尔赛的新现代性是：思想、沙龙、哲学家的现代性，以及在政治上表现完全不同的审美现代性。"[②]帕特里斯·伊戈内揭示了现代性的两面，即政治层面的启蒙现代性和以现代主义为代表思潮的审美现代性，在巴黎的现代化进程中均发挥了作用。从启蒙现代性的范畴看，巴黎的城市现代进程的显要现象是一系列咖啡馆、报刊阅览室以及公共沙龙的大规模出现，区别于当时另一个政治中心凡尔赛所展现的等级意识，巴黎的公众场所出现了精英

---

① 参徐俊忠、涂成林（编）：当代广州学评论（第 1 辑），社会科学文献出版社 2015 年。
② 帕特里斯·伊戈内：《巴黎神话：从启蒙运动到超现实主义》，喇卫国译，商务印书馆 2014 年，第42 页。

言论与大众舆论并置的图景,市民阶层普遍热衷在类似公共沙龙、咖啡厅等聚会场所对社会政治、文化艺术等问题上发表见解,个体思想走向公共性成为了巴黎城市现代化进程最引人瞩目的特征。同时,再从审美现代性的范畴看,最初发生在公共空间的自由讨论在此后一定程度上退入艺术领域,以审美现代性思潮的形式介入政治,其缘由在于资本对公众讨论场所的侵蚀与渗透。以波德莱尔为代表的知识分子意识到,建立在启蒙现代性基础上政治和文化的组织形式,存在着被强势资本替代的危险,因而现代主义者往往以审美自主性的立场表达隐含的政治诉求,企图恢复思想在公共空间曾经具有的敏锐力。由此,我们可以发现,巴黎作为一个现代都市的兴起阶段,展现了启蒙现代性与审美现代性之间的张力性互动,对思想公共性的追求始终贯穿于现代性的两种价值取向,并且与政治参与紧密结合在一起,由此推动了巴黎城市空间的动态再建构。

再将视角转回 20 世纪早期的上海,这是一个享有"东方巴黎"美誉的城市,其都市化进程与被动接受外国资本的介入的历史情境密切相关,我们可以从外滩的建筑看到源自欧美、俄罗斯、日本等地区的诸多风格,聚集了金融、娱乐、海关等肇始于现代资本主义的行业,构成了上海现代都市化的空间地标,呈现出建立在现代性基础之上的世界主义想象。这种世界主义的想象甚至延续到了共和国早期,以《文艺月报》《收获》为代表的上海文艺刊物,"这些刊物在体制上属于'人民文学'版图,但由于主编多出身上海,其批评立场与编辑作风明显异于主流。"①出身上海的主编关注文学作品的艺术性,在某种程度体现了西方审美现代性的诉求,与坚持文艺为工农兵服务的人民文学政策存在显著的分歧。然而,值得注意的是,这种世界主义的思潮,与西方的原生现代性思潮存在着诸多迥异的差别,是一种内部充满断裂的思维模式。张旭东指出:"上海的现代并不是彻彻底底的现代,而是处在不平衡和过度编码之中的现代"②。尽管上海曾经短暂地在全球资本体系中获得地位,但事实上,在 20 世纪 30 年代发生在上海的普世想象是一系列具有现代特征的符号拼贴,是去政治化视角之下的自我幻想,把中国无法建立出本土特色的现代社会作为假

---

① 张均:《中国当代文学制度研究(1949—1976)》,北京大学出版社 2011 年,第 199 页。

② 张旭东:《全球化与文化政治:90 年代中国与 20 世纪的终结》,朱羽等译,北京大学出版社 2014 年,第 233 页。

设的前提,因而这是一种片面的现代性话语。李欧梵论述上海都市文化时写
道:"我更愿意把这种景象,上海租界里的中国作家热烈拥抱西方文化,视为是
一种中国世界主义的表现,这也是中国现代性的另一侧面。"①尽管上海对知
识分子普遍在文艺领域大规模引入西方资源,但是他们几乎无力在文学创作、
日常生活等方面实现全盘西化,因而这种世界主义思潮依然很大程度上依赖
中国的文化传统。如果我们悬置两位学者各自观点之间的差别及隐含的价值
评判,他们各自对上海现代性的考察均强调了中国的现代追求与世界主义两
种话语之间的差异性。建立在普世现代性基础上的世界主义想象,尽管始终
无法使上海以中国代表的身份率先成为完全现代的城市,但是城市空间格局
中所展现的全球景象,塑造了上海城市文化中家国视角,激发了中国本位的
现代性话语的产生,民族国家的想象与世界主义构成了现代上海的两大关
键特征。

总体而言,上海的现代进程在具有西方城市都市化过程中的知识公共性
与资本普遍化的特征的同时,又呈现出本土话语与外来话语的相互合作与斗
争,这正是中国城市现代进程中的特征。而在广州东山口地区,本土话语与外
来话语之间的相互关系又有着新的特点,东山的开发与基督教会的建设、华侨
的投资密切相关,同时国民政府也把东山作为"模范住宅区"进行建设。东山
口在辛亥革命前后各三十年时间的空间建构正是今天广州的史前史,蕴含了
诸多需要在文化政治的视野下重新发掘的历史记忆。

二、广州东山口的开发与现代进程

建城于公元前 214 年的广州,其城市现代化进程与长期作为通商口岸的
历史密切相关,广州在近代时期是中国对外交流的重要窗口,是较早传入现代
性观念的地区之一。民间一直流行把"东山少爷、西关小姐"视为广州人的象
征,"西关小姐"指代 20 世纪之交居住在广州西关地带(今天的广州荔湾区)的
富商的女儿,她们居住在具有浓厚岭南特色的西关大屋,"她们萌发自由的追
求,也具有开放意识,但依然留有旧传统的长尾巴。"②"西关小姐"是表征本土

① 李欧梵:《上海摩登:一种新都市文化在中国 1930—1945》,毛尖译,上海三联书店 2008 年,第
310 页。
② 黄天骥:《岭南新语——一个老广州人的文化随笔》,花城出版社 2014 年,第 206 页。

传统的文化符号;而与之相提并论的"东山少爷",指代生活在东山口地区(现属越秀区)的官宦、华侨的子弟,象征了"东山的自由与优雅的文化气质"①,这些精神力量来源于发生在该空间区域中的现代想象与文化、政治层面的实践。

广州东山口的地理区域大致相当于今天的广州市越秀区东山街道,新河浦、龟岗等地标见证了19世纪末至20世纪初东山口地区的开发历史,对该地区历史记忆的发掘,将构成理解广州现代进程的空间视角。

如果以全面抗战爆发的1937年为节点,在此之前,东山口经历了一百多年的开发历程,基督教团体、华侨与民国政府等各方力量均参与其中。② 东山口的开发可以上溯至清朝光绪年间,由民间宗教团体的进入而发生,最初这是一项以文化范畴为主体的现代工程。"最早进入东山开发的团体是基督教美国南方浸信会外国传道部(简称美南西差会)。"③美南浸信会计划把东山口建设为该团体在华南的基地,除了兴建教堂、传道士住所之外,教会还兴建了培道女子学校、东山神道学校,促成了培正书院的迁入,东山口的文化教育事业初具雏形。到了1926年,"东山还集中了教会所办的中、小学校和幼儿园共5所,其中培正中学及3所附属小学,校园广大,师资优良,很多华侨慕名把孩子送来读书。这些条件为日后吸引大批华侨前来建房奠定了一定的基础。"④教会对东山口的开发,进一步吸引了大量华侨回归进行投资与定居,而且本地知识精英也因为该地区出色的教育环境而选择迁居至此,由此促成了东山口地区的地形条件不断变化,从人烟稀少的农渔地带,转变为具有深刻现代特征的全新空间形态。

大卫·哈维精辟地指出,"现代化毕竟必需不断破坏时间与空间的节奏,而现代主义当作它的使命之一的就是在一个短暂与分裂的世界里为空间和时

① Hong Zhu, Junxi Qian, Lei Feng, "Negotiating Place and Identity After Change of Administrative Division", *Social & Cultural Geography*, 2011(2).

② 该时期历史材料,详参地方志丛书,广州市东山区地方志编纂委员会(编):《广州市东山区志(1991—2005)》,广东人民出版社2007年;广州市东山区地方志编纂委员会(编):《广州市东山区志》,广东人民出版社1999年。对史料的归纳、整理与解释,参见叶农:"美南浸信会与广州东山口:一个历史宗教地理学的典型范例",《世界宗教研究》2012年第2期;薛德升、黄鹤绵、王阳:"历史时期全球化作用下的城市空间转变——以1890s~1930s广州东山地区为例",《地理科学》2014年第6期。

③ 马德彬(编):《广州市东山区侨务志》,广州市东山区人民政府侨务办公室,1999年,第19页。

④ 同上书,第21页。

间创造出新的意义。"①东山口的现代进程正是通过破坏旧有的农业社会的空间形态,在社会空间中引入迥异于传统的现代元素,促成现代价值在空间中的产生与再生产。现代宗教团体对东山口的开发,尽管最初意图是传教,但是在区域建设的过程中诱发了现代价值观念的广泛确立。例如,教会学校涵盖了各个年龄段,教学质量普遍高于广州其他地区,尽管基督神学与现代思想之间存在差别与对立,但是对中国学生而言,共同作为异域思想的基督教义与现代思想存在共通性;另一方面,教会学校提供了现代学科教育,引入了科学馆、图书馆等现代教学设备,有助于提升学生的现代知识素养。教会学校的西式教育吸引了大批华侨与本地知识精英的子女前来就读,在教育再生产的过程中促进了知识的普及与传播。由此,东山口地区具备了巴黎现代进程中的某些要素,该地区的文化鼎盛状况建立在现代教学培育的基础之上,从而为思想在公共空间的传播提供了可能。东山口另一显著的象征性建筑是华侨兴建的洋房,以西洋式花园别墅风格为主,"西关富贵之家虽极宏敞,但多为旧式;东山则层楼高耸纯是新形。"②华侨选择以东山口作为定居之地,缘于对该地区的现代空间布局的认同,而他们也将自身的海外经验引入到东山口的日常生活习惯之中。许多归侨往往热衷于土地投资,将资本用于再生产,而不再仅仅从使用价值出发理解土地,"颇具现代意义上的商品房小区的开发理念"③。他们的生活习性与价值观念进一步推动了现代精神在东山口的确立。

教会与华侨对东山口地区的建设与开发,在民国初年受到广州市政府的关注与支持,东山口的现代化进程由此具有丰富的政治内涵。列斐伏尔指出,"当前来看,空间是政治性质的。空间不是一个被意识形态或政治所改变的科学性客体;空间一直是政治性质的与战略性质的。"④广州市政府试图把东山口的建设置于国民政府的现代化的政治规划之中,前后曾主政广州四年的孙科以"田园城市"作为广州城建的总规划,把交通、卫生、娱乐作为城市建设的

---

① 戴维·哈维:《后现代的状况——对文化变迁之缘起的探究》,阎嘉译,商务印书馆 2013 年,第 271 页。

② 谢次陶:"东山开发的缘起和东山区域的发展",李齐念(编),《广州文史资料存稿选编》(第九辑),中国文史出版社 2008 年,第 172 页。

③ 吴宏岐、胡乐伟:"近代广州侨资房地产业与城市空间结构的变迁",《华南师范大学学报:社会科学版》2013 年第 1 期。

④ Henri Lefebvre, *Espace et Politique: Le droit a la ville II*, Paris: Anthropos, 2000, p.52.

三个方面。① 继任者林云陔进一步将孙科的规划落实,以建立"模范住宅区"为东山口的发展方向,进一步拓展基础设施建设,吸引华侨迁居及投资。随着不同阶段的时局的变化,广州的城市建设始终包含着深刻的政治意味,体现出对"现代文明""新"等要素的自我凸显。前期(1917—1927 年)的原因在于,在孙中山领导的国民政府的革命总规划中,广州的城建工作需要体现出建设范畴的成绩,为规划中的北伐提供物质支撑和政治支持。② 其后(1929—1932 年宁粤对峙期间)的原因在于:"由于国民党内部分裂加剧,党内不同派系分别依据广州与南京进行政治角力,从而引发这两个新旧政治中心城市之间的竞争。"③既然地方作为"制度化的社会和政治经济权力的独特产物"④,那么聚焦于建设东山口的举措,广州施政者的现代理想又是如何体现在东山口的空间建构工程之中?

从林云陔的具体措施看,"具体内容包括中心公园的设置、不同等级的道路设计、建筑密度和容积率的控制、建筑的示范性设计等。其中,中心公园内配置礼堂、图书馆、网球场、儿童游戏场、小学、市场、消防分所、警察分所、电话所、邮局等公共配套设施。"⑤广州政府主要在公共基础设施的方面完善地区建设,在改善居民生活条件的同时,促进了知识的传播与文化的交流。林云陔对空间的改造主要从两个方面入手:其一,开拓公共空间,礼堂、图书馆、公园成为城市空间的新场所,为大众的聚集提供了条件,进而为思想交流、政治讨论创造了机会,教育事业的文化积累将在更广泛的公共空间中转化为政治力量,与巴黎的现代进程具有一定程度的相似性;其二,将私人空间赋予公共价值,"模范住宅区"还包含推广现代生活方式的目标,试图将居住在样楼中的海归华侨与政治精英的私人生活方式塑造为高尚、积极进取的正确生活方式,以推崇知识、礼仪得体的西洋生活方式为风尚,通过形塑个体日常生活的途径促进现代意义的公民价值观念的确立。大体而言,林云陔的建设实践并非直接

---

① 参见孙科:"都市规划之进境",陆丹林(编),《市政全书》,中华全国道道路建设协会 1931 年,第205—221 页。

② 参见吕芳上:"寻求新的革命策略:国民党广州时期的发展(1917—1927)",《中央研究院近代史研究所集刊》1993 年第 1 期。该文的第三部分"从'孙中山党'到'国民的党'的寻求"将孙科与林云陔建设广州的实践置于孙中山改造国民党、建设革命根据地的总体政治规划中进行解读。

③ 彭长歆、蔡凌:"广州近代'田园城市'思想源流",《城市发展研究》2008 年第 1 期。

④ 戴维·哈维:《正义、自然和差异地理学》,胡大平译,上海人民出版社 2015 年,第 364 页。

⑤ 彭长歆:"广州东山洋楼考",《华中建筑》2010 年第 6 期。

使用政治规训手段,而是以开拓公共空间的方式促成了现代精神成为地区的主导文化,将空间纳入国民政府的现代性政治规划之中。

总的来看,东山口的现代进程从早期由文化主导的自发阶段,发展为后期由政治主导的全方位工程,构成了广州自身的城市现代性特征,在华侨、教会、市政府的参与之下,呈现出乡土想象、公共空间与政治参与三者之间的统一。与巴黎呈现的经典城市现代性特征相类似,东山口的现代演进也出现了以思想交流为特征的公共空间,现代知识的文化积累最终转变为民国时期政治实践的重要力量,出现了农民运动讲习所、妇女运动讲习所等公共政治场所。东山口又与广州沙面岛的租借地域不同,东山口的开发始终有华人参与其中,从20世纪开始,"由华牧主理教务及其他事业,已经成为一种普遍的趋势"[1];而华侨则因寻根的乡土情结回归落户,其后市政府的建设更是内在于民族国家的现代规划工程,因而西方的现代思想尽管深刻地体现在空间的改造实践之中,但始终没有成为中国本土观念的替代品,由此规避了本土/殖民的纠葛。而且迁居东山的华侨以祖籍广东台山、新会、开平、恩平为主,因而他们的乡土观念并非仅仅以广州为中心,由此避免了上海式的狭隘地域主义倾向,这是一种更为开放的乡土地域想象,有助于将习得的外来文化以更理性的方式整合进入民国时代的现代政治实践中。

三、今日的"东山":一个景观化的符号

再回到当下的状况,"东山"依然是一个受到各个阶层正面评价的文化符号,那么20世纪之交东山的空间改造实践及其背后的现代追求,又多大程度、以何种方式保留在今天各种以"东山"为核心的话语之中?

参照1999年版的《广州市东山区志》对区域特征的总体描述,"东山,昔有'有钱有势住东山'之说,今以'环境优美'而著称,是广州人心驰神往的居住乐园和商家纷至沓来投资置业的热土。"[2]东山的近代历史被概述为"有钱有势住东山",这段描述突出了当年东山居住者所拥有的丰厚的经济资产或显赫的政治地位,将金钱与权势塑造为东山历史的首要特征,这种表征历史的方式,与始于20世纪90年代的历史视域密切相关,当下各阶层对金钱以及权力的

---

① 赵春晨、雷雨田、何大进:《基督教与近代岭南文化》,上海人民出版社2002年,第91页。
② 马德彬(编),《广州市东山区侨务志》,第3页。

推崇日益加深,导致了针对东山近代历史的记忆发生形变,正如赵静蓉对历史记忆问题的论断:"记忆被增加、删改、扭曲、误解、改造甚至变形——是完全不可避免的、正常且必然要发生的事情。"①从金钱、权力的崇拜观念出发叙述东山历史的方式,展现的正是"遗忘"这一记忆策略,近代东山这一符号形象被简约化为金钱与权势的叠加,而金钱与权势在特定的历史空间场域中所关联的现代进程却受到遗忘。譬如说,经济资本体现了建立在投资基础上的现代经济理念,而与政治资本相关联的则是涵盖了生活、教育范畴的现代公民素质的培育及其所延伸的公共政治的诉求。然而,在当下流传甚广的"有钱有势住东山"的俗语所展示的,却是大众因为处身于崇拜金钱与权力的当代无意识中,遗忘了以东山区域的空间改造为依托的现代性规划。

对东山近代历史背后的现代政治诉求的遗忘,更鲜明地体现在当代居民在"后东山区时代"的怀旧情结中。2005 年 9 月 28 日,东山区在广州市行政区域调整中被正式归入越秀区,"东山区"这一行政区域名称正式消失,对东山历史文化的怀旧一直持续至今。根据朱竑对后东山区时代居民身份认同的研究,居民的怀旧想象主要被局限在私人视域,"在大多数受访者的谈论中,东山的形象被建构为一个拥有最优质的居住环境、提供最佳公共服务设施的地方。"②原东山区的居民倾向于将自我内在的文化身份认同建立在东山的地理区域,原因是该地域拥有优质的"居住环境"和"公共服务设施",使他们享有便利的生活与身份优越感。例如根据朱竑论文中的居民访谈,东山的区域特征与"有权势的人"、"更好的教育"、"欧式的东山别墅"和"东山少爷"结合在一起。但是,正如"有钱有势住东山"体现了人们对金钱与权力的喜好,这些构成居民身份认同的地域特征依然是表层形象的叠加,他们对东山历史的怀旧尽管触及到了历史条件下的现代生活方式、独特的建筑风格等文化范畴,实际上这种怀旧仅仅是金钱、权力崇拜的浅层推进。正如弗雷德里克·詹姆逊针对消费社会中的文化怀旧所言,"我们都注定要通过我们自己的流行形象和关于往昔的套话寻找过去的历史,而过去本身这是永远不可企及的"③。在当前推崇消费享受、追求品位的当代中国社会语境中,居民所热衷的毋宁是建立以富

---

① 赵静蓉:《文化记忆与身份认同》,生活·读者·新知三联书店 2015 年,第 65 页。
② Hong Zhu, Junxi Qian, Lei Feng, "Negotiating Place and Identity After Change of Administrative Division", *Social & Cultural Geography*, 2011(2).
③ 弗雷德里克·詹姆逊:《文化转向》,胡亚敏译,中国社会科学出版社 2000 年,第 10 页。

裕消费或权力支撑为基础的生活享乐方式,以奇观化的视角重新审视一系列以"东山"为主题的历史建筑或文化传说,止步于对形象的表层理解,而对于其背后蕴含的现代理想与公共领域的政治实践,则在植根于当下市场经济时代的视阈中被彻底遗忘。因此,后东山区时代的历史怀旧实质是一种消费主义语境下的小资与小市民视角的混合。

与现代性理想在市民阶层被普遍遗忘的现象同时发生的,则是商业集团挪用东山的近代历史进行"资本化"的尝试。以广州富力地产公司于 2014 年制作的广告词为例,"百年东山,集政治、经济、文化三大中心于一体,孕育着广州的现代精神,更是广州第一代豪宅发源地。从机关办公大楼到风情万种的小洋楼,从傲视全城的百年名校到领衔全市的艺文机构,东山历来都是广州的仰望之地。能拥有东山一处家族世居,更是数代人的荣耀。遗憾的是,在这矜贵的人文福地,近十余年来却没有出现足以匹配世家大族的高端项目。"①相比于居民对东山历史中的现代理想、公共政治生活等元素的遗忘,富力地产的广告将"政治""现代精神"以及政治、教育文化方面的历史底蕴均视为构成东山作为"仰望之地""人文福地"的原因,试图把东山的近代历史移置为新楼盘的卖点。这是针对区域历史资源进行"资本化"的操控过程,房产商在广告中通过文字的同义重复,着力将新楼盘塑造为"世家大族"的特色,与历史建筑的"家族世居"建立关联,造成东山的历史空间在当下得到"复制"的假象,该住宅楼盘因此被人为赋予了历史底蕴、业主身份优越等附加性价值,以满足潜在消费者在身份认同范畴的自我想象。换言之,在资本化的操控过程中,东山的近代历史包含的现代诉求尽管被重新提及,然而无论是对房产商又或是潜在的消费者而言,主要的关注点均是东山的历史、文化、教育等资源能够在多大程度上转化为楼盘的商业价值。

"东山"在不同阶层的话语中分别被"去历史化"与"资本化"之后,日趋成为"景观"式的符号。居伊·德波在《景观社会》指出:"整个社会生活被现代生产状况所支配,整个社会生活被显示为一众景观的无限堆积。和生活相关的全部事情在表征中自我远离。"②这是针对消费社会中一切客观存在物日益影

① "东山人文领域,家族传世资产:富力东山新天地[华府]组团全新登场",《广州日报》2014 年 5 月 29 日第 AII4 版。

② Guy Debord, *La Société du Spectacle*, Paris: Éditions Gallimard, 1996, p. 15.

像化的批判,人们不再关注对象的存在状态,而是仅仅从占有欲望出发,满足于接受对象孤立"显现"出来的影像,而不关注存在物所表征的历史及其所处的社会关系。再参照研究者对景观社会理论的进一步解释,"这恰好是导致社会变成景观的原因——社会是对特定视角的具体化,但是社会却被呈现为一个中立的自然环境,被呈现一个意识形态的地带(尚未已经成为意识形态的一种表述)。"①社会景观化的过程表面看来具有自然化、中立化的伪装特色,促成社会表象化的消费主义逻辑最终被塑造为支配空间视角的单一的意识形态。总而言之,"景观是这样的时刻,商品已经达到全面地占有社会生活的目的。"②再反观居民与房地产商在当代对"东山"价值的重构,居民对东山的历史文化的怀旧展现出对富商、权贵生活的猎奇式迷恋,房产商则将现代历史作为增值要素纳入楼盘市值的计算系统中。这两种话语建构方式从不同侧面体现了东山在当下日渐"景观化"的趋势,人们普遍把标记东山的历史建筑、教育资源、文化传统视为由经济实力、政治权势的简单相加而构成的表层影像,而祛除了历史性地建构这些文化符号意义的现代性实践,由此导致了资本力量在东山地区的空间实践中取得日益重要的主导权。

　　通过学位房的事例,资本对东山地区空间的主导得到清晰的体现。由于教育事业与人文素养的历史积淀,东山的中小学教育在当前广州全市的教育体系占据领先地位,省级重点学校广州东山培正小学、培正中学是东山地区的名校,这两所学校的前身是见证了东山现代进程的培正书院,在涵盖粤港澳地区"培正家族"的八校系统内开展跨文化的合作,为学生综合素质的培养、问题视野的提升提供了特有的途径,是学生就读的热门选择。然而,在广州以就近入学为总原则的招生政策下,适龄学生能否在义务教育阶段在名校入学,与住所的地段直接挂钩。由于教育资源在广州的不均衡发展,尽管部分学位房存在着兴建时间久远、内部结构不合理等弊端,但是这并不妨碍东山的名校招生地段的学位房的价格远高于相同居住条件的非学位房。③ 学位房高昂的价格

---

① Richard Gilman-Opalsky, *Spectacular Capitalism*:*Guy Debord and the Practice of Radical Philosophy*, London, NYC and Port Watson:Minor Compositions,2011,p. 198.

② Guy Debord, *La Société du Spectacle*, p. 39.

③ 当地新闻可参见林琳:"学位房行情再被推高部分小区涨价 5%～10%",《广州日报》2016 年 3 月 12 日第 A10 版;赖伟行:"东山旺地'新楼'每平方 3 万出头?",《广州日报》2014 年 3 月 18 日第 A6 版;赖伟行:"'免考'风吹学位房价再起飞惊现 5 万单价",《广州日报》2013 年 10 月 30 日第 A6 版。

以及欠佳的住房质量构成了鲜明的反差,再参照大卫·哈维对 19 世纪巴黎受信贷体系刺激的土地、房产交易的评价,"它逐渐将巴黎内部空间的组织,与不同使用者以竞价取得空间控制的方式结合起来。"①大卫·哈维的判断在一定程度上同样适用于东山,经济资本在空间所有权的分配中占有支配性地位,只有具有充足经济实力的居民才能据有理想的空间场所,人们不得不接受远高于实际使用价值的房产售价,通过隐性竞价的方式在房地产市场购买居住的场所,为自己的后代获得优质的教育文化资源。由此我们可以看出,东山地区的当下空间再生产的过程中,普遍存在着资本侵害个体居住权、受教育权等基本权利的现象,资本在持续发生的空间重构过程中始终占据主导地位,有进一步控制空间实践的趋势。

四、重申记忆:城市空间的再分配

尽管东山日益沦为一个与资本密切关联的景观符号,但是我们不能忽视一个显而易见的事实:东山地区与广州的天河北、珠江新城这两个体现了经典大都市模式的中心商务区具有迥异的差别。因此,在借鉴大卫·哈维的理论视角的同时,我们需要警惕其理论范式的结构主义取向,"哈维对资本流动的阐述缺乏结构和能动性之间的内在联系"②,对东山口的空间考察不能局限于资本决定论的分析视角。

根据莎伦·佐金的研究,"城市生活风格的互动与并置,特别是商业空间之中,表明了一种'杂交'的城市文化,而不是受控制于公司与中产阶级。"③尽管城市空间及资源的分配秩序由资本所主导,但是城市作为一个可以进行多样实践的空间场所,少数族裔可以通过群体内部的团结和协作,抵抗资本建构同质化空间的企图。再参考罗成的本土考察,"广州城中村不是离心化的,不是在经典城市现代性进程下被排斥和边缘化的剩余物,而是一直位于广州城的各个贸易商圈周围和城市中心地带,为城市的发展提供着隐性的补给和支

---

① 大卫·哈维:《巴黎城记:现代性之都的诞生》,黄煜文译,广西师范大学出版社 2010 年,第 150 页。
② 艾拉·卡茨纳尔逊:《马克思主义与城市》,江苏教育出版社 2013 年,第 123 页。
③ Sharon Zukin, "Urban Lifestyles: Diversity and Standardisation in Spaces of Consumption", *Urban studies*, 1998(5 - 6).

持。"①具体到东山口的区域,莎伦·佐金所言的"生活风格的互动与并置"、罗成所言的"隐性的补给和支持"能否得到体现并转化成优化空间分配制度的动力?

以东山口的"署前路——庙前西街、庙前直街——龟岗大马路"的空间布局为例,我们可以发现这是一个混杂着诸多不同类型的社会力量的空间场所。"东山"的景观化趋势可以在该空间形态中得到体现,根据搜房网公布的 2017 年 6 月该区域的房价出售报价,庙前西街小区平均标价达到 60016 元/㎡,龟岗四马路小区的平均标价达 60150 元/㎡,在广州市各区域同等楼龄的售价对比中处于前列的位置。究其原因,在于该地段位于东山口的核心地带,而东山口是广州长期以来的城市中心,各种配套设施完善,有越秀区图书馆、东山百货大楼以及分布在众多低层建筑中的各式商业铺位,同时该地段的义务教育阶段的学位隶属东山的历史名校培正中小学、署前路小学,因而导致了该地段的房价始终处于广州市前列。尽管资本在该地段的空间分配中依然占据着主导地位,但是,与天河北、珠江新城这些广州经典的商务中心区相比,该地段作为广州老城区,不具备重新进行整齐划一的空间设计的条件,诸多低层独栋洋房构成了代表性的建筑特色,同时还可以看到有九层楼高的东山百货大楼、五层楼高的广州二轻商贸大厦在侧,此外还有楼龄与楼高均多样化的住宅楼分别建筑于文化机构、商业用楼之间,这体现了不同时代的城市规划策略,或者可以把该地段视为不同历史阶段的工业、文化、居住实践在空间范畴的表征。因此,尽管资本对东山的文化历史资源进行深度的商业化开发,成功将该地段商品房与商铺的租售价格维持在广州市的最高水平,但是资本的扩张不得不受制于实际的地形条件,不仅无法对街道布局进行有利于商业活动的全面整改,也无法对建筑物的使用行业、高度等方面进行综合规划和集约式开发。正因如此,东山口的居民住宅用地不仅得以保留,而且也没有被迁移到边缘区位,居民的生活空间以不规则的方式分布在商业用地、文化建筑之间,三者在空间相互渗透。再看该地段的居民生活,新来的住户虽然不得不承担高昂的居住成本,但是却可以享受便利的文化条件(优质的学位资源、越秀区图书馆),并可以在庙前西街等地段进行中低价位的消费选择(例如销售中低档价位衣服的"鸿兴行"、杂货店"东宏盛烟酒"、饮食方面的"德厨八馆面"等),也可

---

① 罗成:"作为方法的广州:中国城市化的现代性问题",《文化研究》2013 年第 1 期。

以选择在署前路段选择饭店东山小厨、东山百货大楼进行高端的日常消费,而对于长期居住在仑园社区、关园社区的老住户而言,在享受这些文化、消费环境的同时,还能因为受惠于房产升值而大幅增加自身的经济能力,为进行新的置业选择提供了潜在的可能性。通过该地段的考察,我们可以发现,受到历史、文化因素影响形成的特定的地形条件,可以抑制资本扩张的广度,为居民保留了生活居住的空间范围,并能使资本在一定条件下服务于居民的日常生活。

东山口的空间形态可以作为案例,引起对空间理论作进一步的反思与推进。在大卫·哈维的城市空间理论中,资本增值与人的生存状况构成对立的矛盾,对城市空间中个人生存条件的优化,建立在否定资本的支配地位的基础之上。然而,从东山口的案例中可以看出,尽管资本不断增强自身对空间的控制能力与占有范围,但是受制于历史、文化状况形成的特定地形,资本面临着扩张的临界点,并且在一定程度上转化为促进人们日常生活的积极因素。而且事实上,假如我们对前现代时期进行浪漫化的想象,并进而构建一个"去资本化"的乌托邦城市,并不具有实际的价值与可操作性,东山口的案例则提供了使居民与资本达成某种和解的潜在可能。但是,这又是一个必须需要意识到的情况,资本始终无法彻底对传统城市中心进行推倒重来式的重构,更主要是因为历史形成的独特空间地形条件,而非受到当下某种机制的制约与引导。正因如此,我们必须反思如何在空间维度实现对资本的规范常态化、机制化。

首先,中国的城市建设规划需要引入建基于民众福祉基础上的"城市权利"的概念,对围绕着城市空间的占有权进行的斗争、合作进行有效的引导与监督。"城市权利"作为一个理论问题,早期由列斐伏尔提出并被纳入社会主义社会的总体规划中,"社会主义社会中的个体,具备享有某个空间的权利,以及具备享有作为社会生活和所谓文化活动两者中心的都市生活的权利,等等。"①社会主义社会中的个人,理应具有进入任何都市空间、并享有公共服务的权利。大卫·哈维则从控制权的角度对列斐伏尔的城市权利论述作出进一步的阐释,"所有致力于城市生产和再生产的劳动者都具有集体的权利,不仅

---

① Henry Lefebre, *State*, *Space*, *World*: *Selected Essays*, Neil Brenner and Stuart Elden eds, Gerald Moore, Neil Brenner and Stuart Elden trans, Minneapolis and London: University of Minnesota Press, 2009, pp. 193 - 194.

仅是对他们生产品的权利,还有决定生产什么样的城市生活,在哪里和怎样生产的权利。"①简言之,根据列斐伏尔和哈维的论述,资本在城市规划过程中的主导作用需要受到警惕,并予以批判,中低收入阶层在城市的居住范围、日常生活的活动范围需要受到切实的保障,他们试图促以居民的总体福祉取代资本的经济效益,成为城市空间重构的首要标准。落实到中国城市化的实践过程,一方面,就如何保障居民在城市空间中的居住权利与生活权利而言,需要国家机关在政策制定上予以足够的重视,以东山口为例,针对学位房政策导致楼价售价持续走高的现象,政府有必要选择更为灵活的入学制度代替当前的学位房政策,例如采取全区学位进行公开抽签分配的方式,并促进各大公立学校教学质量的均衡发展,有利于降低部分地段的房产价格,促进公共文化资源得到更加公平的分配,从而降低民众参与空间实践的过程中对自身经济能力的依赖程度。另一方面,如何更有效地将资本转化为服务民众的积极因素,需要确保民众在空间再分配的过程中拥有话语权,将资本对空间的占有、分配行动纳入以民众福祉为核心诉求的总体性规划中。

　　因此,在引入"城市权利"的概念的同时,城市规划还有必要引入曼纽尔·卡斯特尔的城市理论中的"城市契约"的概念。曼纽尔·卡斯特尔以差异化的民众、共享性空间出发提出"城市契约"的观点,"这是一份表示来自不同文化、拥有不同财产的人根据这一城市契约同意成为公民;那是共享文化和制度的一部分,在那里,冲突是生活的一部分,但在那里也能找到一个共同的目标。"②"城市契约"论具有中国化的实践可行性,吴冠军在西方左翼思潮的视野下对"中国梦""群众路线"进行了解读:"'中国梦'必须是群众的梦,即多元的群众之想法经过调查、收集与凝聚后所形成的一个'共同的表面'。"③因此,将多阶层的群众话语纳入到当前主要由政府部门、资本主导的城市规划进程,建立由社会多方面共同参与的城市契约,对所引入的资本类别、层次、占据的空间进行选择与限制,最大限度地确保居民在空间中对居住、活动范围的自由选择,进而构建一种以"开放差异的生产"④为特征的非同质化空间。至于如

---

① 戴维·哈维:《叛逆的城市:从城市权利到城市革命》,叶齐茂译,商务印书馆2014年,第139页。
② 曼纽尔·卡斯特尔:"信息时代的城市文化",余莉译,汪民安、陈永国、马海良(编),《城市文化读本》,北京大学出版社2008年,第356页。
③ 吴冠军:"'群众路线'的政治学",《同济大学学报:社会科学版》2014年第3期。
④ 戴维·哈维:《正义、自然和差异地理学》,第495页。

何在群众群体内部建立支撑、维系"城市契约"的"共同的目标",则需要重申东山口的历史记忆的政治维度,重提在东山符号景观化的趋势下被遗忘的现代性的价值取向,并结合当前的社会文化语境下进行再转换。回顾东山口的开发历程,城市空间的变迁与个人实践相互促进、相互影响,共同表征了现代性思想在广州的生成、传播与变异。东山的标签"有权有势"需要回到历史场域中予以解读,无论是人们进行的外在活动,例如购买洋房、开发土地、在新式学校接受现代知识教育,还是人们的私人行为,例如在"模范住宅区"的名义下对生活方式、交往礼仪的推广,在西方现代性和以本土价值为核心的共同体想象的双重视野作用下,表现出对政治公共性的理想追求与广泛的政治参与行动。正因如此,我们不能仅仅局限于从金钱与权势的角度看待东山口的历史,而是需要在今天重申历史记忆蕴含的公共政治的理想与实践,以个人实践的公共政治取向作为建构"城市契约"的"共同的目标",以将涵盖多层次的群众话语纳入到空间布局的规划与调整体系之中。

最后需要注意的是,将群众话语纳入"城市契约",通过重申历史记忆中的公共政治取向作为"共同的目标",并不是将其背后的现代性逻辑在今天予以直接复制,而是要挪用迈克尔·哈特与安东尼奥·奈格里关于"共同性"问题的论述。他们认为:"当恰当的相遇导致新的共同性的生产,例如当人们以不同的知识进行交往,以不同的能力去协作,从而形成新的事物时,大都市的巨大财富就彰显了出来。"①发生在大都市的奇异性相遇,将在不同个体之间导致共同性的产生,这是一种植根于生命政治层面、以交往协作为实现形式的批判性话语,将可以保持群众话语内部的杂多性,避免了在被纳入政治体制的过程中发生同一性的转化,是对当前大都市因为资本化的布局而导致阶层区隔的抵抗。以"生命政治"作为对现代性理念的更新,作为支撑历史记忆中公共政治诉求的理论与实践基础,从生命政治层面建构"城市契约",通过民众在不同空间场所的多样实践的操演中予以实现,促使资本服务于广大民众的福祉,这既是东山口空间发展策略的可能性选择,也是中国本土城市都市化策略的另一种视野。

---

① 迈克尔·哈特、安东尼奥·奈格里:《大同世界》,王行坤译,中国人民大学出版社2015年,第198页。

The Publicness of Politic and the Re-distribution of the Space of the City: The Potential from the Interpretation of the Historical Memory of Dongshankou

Ding Wenjun

Abstract: The history of the development in Dongshankou contains the origin of the modernity in the early 20th century in Guangzhou, not only creating a regional identity characterized with modern education and civilized lifestyle, but also expressing the political demands of the public through the interaction between the construction of the publicness of the city and the cultivation of the individual modern accomplishment. Nowadays, in the process that the capital reconstructing the space of city, the cultural traditions of Dongshan faces the faultiness of the excessive commercialization and distortion under the nostalgia, becoming a spectacle symbol. Take the certain zone in the old Dongshan District as an example, it can be found that the individual rights and the the forces of capital both share the mutual interests as well as struggle with each other. Therefore, it is essential to reaffirm the political demands of the public contained by the historical memory of Dongshan, seeking to establish a urban space of non-homogeneity and common-share. Thus, the spatial condition of Dongshankou in Guangzhou will provide another urban model, which is different from those of the classical metropolis, to deal with the issue of urban modernity in China.

Keywords: Dongshankou, the Publicness of Politic, Spectacle, the Right to the City, the Contract of the City

作者：丁文俊，华东师范大学中文系文艺学专业博士研究生，法国国立东方语言文化学院中国研究系访问学者，主要研究方向为文艺美学、文艺社会学

民国学生群体对日本城市的考察

石　嘉　万慧俊

内容提要：民国时期，国内出现大批学生赴日考察风潮。分析其原因，一是科举废除以后，新式学生群体日趋成熟壮大，成为赴日考察主力军；二是学生群体觉醒，自觉以深入异邦堂奥、输入文化新知为己任；三是日本外务省补给考察经费，客观上成为学生东渡之一大助力。民国学生考察了日本教育、市政、法制、军事、实业、艺术、民俗、国情等诸多领域，尤以日本城市建设、城市社会、市民风尚、城市交通、城市社会文化事业颇为详尽，由是形成较为客观理性的日本观，对于近代中国城市转型和趋新事业，不无现实借鉴意义。

关键词：民国　学生群体　日本城市　考察

甲午战后，中日国际地位逆转，日本成为中国人学习和效仿对象，"举国上下，莫不视游学东瀛为富强之要径。"①中国政府曾派遣大批留日学生和考察人员，赴日本学习先进文化，考察日本文明成果。清末出现大批官绅东渡日本考察，民国则出现更大规模的学生考察团赴日考察，尤其日本政府颁布"特别会计法案"以后，利用庚款补给中日间考察交流，客观上促成民国时期赴日考察风潮。近年来，国内学界已开始关注赴日考察，相关成果日趋显现。然分析既往研究成果，其关注时段和对象大多以清末士绅阶层为主，甚少涉及民国

---

① ［日］实藤惠秀：《中国人留学日本史》，谭汝谦、林启彦译，生活·读书·新知三联书店1983年，第1页。

学生群体；①考察内容以日本教育、法政、军事为主，鲜有从城市史角度来考察日本近代化历程。有鉴于此，本文拟就中日文相关档案，主要考察民国学生赴日考察概况，日本城市风貌及其社会文化事业；藉此论述引起学界同仁对本课题的关注。

一、赴日考察概况

甲午战后，中日国势逆转，举国上下皆视游学东瀛为富强之要径，大批官绅竞相东渡。民国以后，虽国内乱相丛生，中日关系波云诡谲，然浮槎东游者始终络绎于途。加之，当时日本政府决定退还部分庚款，用于补给"对支文化事业"②，其中包括补给中日间考察旅行，由此推动赴日考察风潮。"昭和 2 年上半期，从外国人东渡趋势可见，全世界有 38 国人士来访，合计 13358 人，邻国中国最多，达 6203 人，几近总数之一半。"③日本外务省还委托日华学会专门负责接待中国赴日考察人员。"本会（日华学会）对于各视察团及个人学生等，备有完善之宿所、取价低廉，本会负责引导及介绍各种学校、图书馆、博物馆及社会各机关，使各视察团等尽量考察、任意参观，本会在必要时并为各视察团向外务省、文部省、铁道省等，请其予以旅行上之便利。"④日华学会建有日华会馆，专门接待从中国来日考察人员，为其提供住宿及其他便利，每年接待二千乃至五千人。⑤ 从日华学会每年接待中国考察团数量，即可管窥民国时期

① 关于民国时期中国人赴日考察研究相对较少，台湾学者黄福庆提及日本政府补给旅日考察政策，但未就此课题进行深入研究。（黄福庆：《近代日本在华文化及社会事业之研究》，中央研究院近代史研究所 1982 年）江沛考察了清末民初留日生群体、东游官绅回国后在直隶的司法、实业、教育改革事业（江沛：《留日学生、东游官绅与直隶省的近代化进程（1900～1928）》，《史学月刊》2005 年第 5 期）。其他日文成果有，王荣：《黄炎培による中国職業教育の開始：第一次日本教育視察の意義》，《アジア文化交流研究》2005 年第 12 期；彭程：《戦時下における華北・中国人学生の「日本視察旅行」：国立新民学院を事例に》，《国際文化学》2011 年第 23 期。

② 有关日本"对支文化事业"研究可参考，孙颖、徐冰：《"东方文化事业委员会"活动研究》，《宁夏社会科学》2014 年第 2 期；石嘉：《抗战时期日本在上海的文化侵略——以上海日本近代科学图书馆为例》，《江苏社会科学》2015 年第 1 期；徐志民：《从合作到对抗：中国人眼中的"东方文化事业"》，《社会科学研究》2017 年第 4 期；石嘉：《伪满时期日本在东北的文化侵略》，《日本侵华史研究》2017 年第 3 期；石嘉：《抗战时期日本在华北的文化侵略——以北京近代科学图书馆为例》，《首都师范大学学报（社会科学版）》2017 年第 4 期；石嘉、李军：《民国时期的警察留日教育（1928—1945）》，《浙江师范大学学报（社会科学版）》2017 年第 4 期。

③ 财团法人日华学会：《日华学报》第 5 号，1928 年 9 月，第 5 页。

④ 财团法人日华学会：《日华学报》第 12 号，1930 年 4 月，第 79 页。

⑤ 东亚同文会编：《对华回忆录》，胡锡年译，商务印书馆 1959 年，第 481 页。

中国人赴日考察情况。1922 年接待中国考察团体 6 个,1925 年增至 17 个,1929 年增至 33 个,1932 年为 11 个,1935 年为 28 个,①从 1918～1937 年接待留学生及考察人员达到 16000 余人。② 由此可知,抗战全面爆发以前中日民间交往还是比较频繁。抗战全面爆发后,受战争影响,赴日考察人数锐减。"七月上旬北支事变发生后,支那视察团渡日终止,东京仅剩滞留者,七月中旬以后到京者皆无。"③1937 年日华学会接待考察团 22 个,次年降至 8 个,1940 年为 13 个,1942 年降至 7 个,1944 年仅为 1 个。④

对比晚清和民国赴日考察情况,民国赴日考察人数更多、规模更大,考察主体渐由新式学生群体取代传统士绅群体。据日华学会统计,1922 年国内考察团体 6 个,均为学生团体;1923 年考察团 15 个:学生团体 12 个,其他团体 3 个;1925 年考察团 17 个:学生团体 15 个、其他团体 2 个;1927 年考察团 15 个:学生团体 8 个、其他团体 7 个;1928 年考察团 12 个:学生团体 6 个、其他团体 6 个;1929 年考察团 33 个:学生团体 22 个、其他团体 11 个;1930 年考察团 36 个:学生团体 23 个、其他团体 13 个;1933 年考察团 8 个:学生团体 5 个,其他团体 3 个;1934 年考察团 27 个:学生团体 15 个、其他团体 12 个;1935 年考察团 28 个:学生团体 14 个,其他团体 14 个。⑤ 由此统计可知,学生群体在考察团中占据重要位置。民国时期,大批学生东渡日本考察,绝非偶然,究其原因有以下几点:

首先,新式学生群体的发展壮大。1905 年清政府废除科举,新式教育发展突破旧式制度大防,各地创办新式学堂蔚然成风,1904 年公私立学堂总数 4222 所,1909 年增至 52348 所,增长十余倍。⑥ 民国以后新式学校更是倍增,1912 年学校总数 87272 所,1923 年飙升至 178981 所。⑦ 科举制的废除,学堂和学校的广建,为培养大批新式学生群体准备了条件。1905 年以前学生总数

---

① 财团法人日华学会:《日华学会第十九回年报》,第 16 页。
② 财团法人日华学会:《日华学会二十年史》,第 70 页。
③ 财团法人日华学会:《日华学报》第 64 号,1934 年 6 月,第 81 页。
④ 主要参考,财团法人日华学会:《日华学报》第 61—97 号,1937—1945 年;财团法人日华学会:《日华学会第二十一至二十四回年报》,1937—1945 年。
⑤ 主要参考,日华学会:《日华学会年报》第 6—18 回,1923—1935 年。
⑥ 《中华民国第三次教育图表》,转引自桑冰《清末兴学热潮与社会变迁》,《历史研究》1989 年第 6 期。
⑦ 王燕来选编:《中华民国第四次教育图表》,《民国教育统计资料汇编》第 3 册,国家图书馆出版社 2010 年,第 1 页。

258873 人、1912 年增至 2933387 人,1923 年达到 6619792 人,外加教会和其他学校生徒总计 6819486 人。[①] 这尚未包括留学人员,据时人推测,清季民初仅留日学生就达十万之众,而留学欧美者亦不下万人。[②] 民国时期,国内外学校已经培养出一个人数不菲的新式学生群体。新式学生群体不断发展壮大,足以同旧式士绅分庭抗礼,逐步掌控文化话语权,成为赴日考察主力军。

其次,探究异邦新知的文化自觉。近代日本为刺探周边邻国情报,成立大量调查研究团体。"尤以研究我国问题之团体特多,如东亚同文会、同仁会、日华实业协会、满蒙文化协会、东洋协会等,皆分布于我国上海、天津、汉口、北京、大连及其他各处。凡关于我国之道德、伦理、教育、宗教、地理、历史、政治、经济、文学、美术、实业、军备、外交、交通以及风俗习惯等,无不分门别类,了如指掌。"[③] 相比之下,其时国内日本问题研究,不免相形见绌。"我们试行检阅对于研究日本的著作,除了三十年前黄公度先生一部《日本国志》,和戴季陶近著一部《日本论》之外,简直找不出第三部较有系统成材的著录,我们实不能不暗暗叫愧!"[④] 强烈的反差感和危机感刺激国人,欲图自强必先"师夷长技",探求日本新知、窥见邻邦堂奥成为民国学生群体的一种文化自觉。

再次,日本政策上的诱导。1919 年巴黎和会中国外交受挫,中日关系因山东问题交恶。为"修复"国交,应对"五四"大规模学生反日风潮,日本始而调整对华政策。1923 年 3 月,日本国会通过《对支文化事业特别会计法案》,决定退还部分庚款,补给中日间教育、学艺、卫生、救恤及其他助长事业,包括补给中日间交换讲演与考察旅行。[⑤] 并进一步规定华人赴日考察,"基于国策上应邀者,支给全部旅费;在国策上认为有必要考察日本之华人及团体,支给一部分旅费;学校教师、学生团体及其指导者,支给一部分旅费;纯属观光旅行者,概不补助旅费。"[⑥] 依此规定,外务省补给大批中国赴日考察人员,从 1923 年至 1934 年共补给 484170 元,而且此种补给一直持续到抗战结束为止。[⑦] 毋

---

① 中华教育改进社:《中国教育统计概览》,中华教育改进社,1923 年,第 59 页。
② 《日本》发刊词,日本研究会,1930 年创刊号。
③ 湖北赴日考察团:《湖北赴日考察报告书》,1924 年,第 63 页。
④ 《日本》发刊词,日本研究会,1930 年创刊号。
⑤ 《对支文化事业特别会计法关系条约拔粹及敕令并清国偿金债券》,《东方文化事业部关系会计杂件》(第 1 卷),日本外务省外交史料馆,档案号:B05015062600。
⑥ 黄福庆:《近代日本在华文化及社会事业之研究》,中央研究院近代史研究所 1982 年,第 180 页。
⑦ 王树槐:《庚子赔款》,中央研究院近代史研究所 1974 年,第 534 页。

庸讳言,日本"对支文化事业"实为一种典型的文化侵略,但客观上又资助了一批学生考察团体,毕竟能够自备斧资东渡者为少数,外务省补给经费使其考察成为可能。

近代日本走上学习西方的"脱亚入欧"之路,由亚洲小国一跃而成世界强国。日本虽竭力倡导推行全面西化却未能全然西化,亦保留大量本国传统与本土余韵,俨然成为东西方文化的交汇处和中转站。从其城市特色、城市建设及市民风尚可见一斑。

二、日本城市风貌

日本政府不惜重金投入现代都市建设,"不论实业、交通、市政、卫生,政府均能按照计划、次第推行。"①城市设有专门规划机构,例如东京市设有市政调资会,"专事研究世界各国之都市计划、设置、行政及都市社会问题等,无不悉心探讨,其基金有五百万元可谓雄厚,会所建筑费一百五十万元,设备之完全、藏书之丰富,前所未见。"②在政策、资金和技术的支持之下,日本先后涌现一批独具特色的现代化大都市。

(一) 城市特色

日本城市化开始于明治维新改革,至 20 世纪初期已经涌现一批著名都市。岭南大学考察团先后考察了商业城市神户和横滨、工业城市大阪、传统文化名城京都、现代化大都市东京,并总结各自特色。"神户及横滨为通商口岸,比较的少日本色彩。大阪则为一大工业化的城市,人口有三百万的数目,城中心有天守阁一座,在此可环窥全市计划,然而总观全市见有矗立天际的烟通无数,可见此区工业的发展程度,有名的大报馆如朝日新闻社及每日新闻社都在此,这里的百货公司亦不少。京都为一故都,以风景名胜闻,古昔帝王建都于此,故神社、宫殿特多,静美的佛教建筑亦随处可见,此其特色。东京则为日本最大,最现代化的城市,日本现代的文化、人物,都荟萃于此,成商业与政治的中心,人口过五百万。"③考察人员还详细对比了东京和京都两种不同的特色,

---

① 生活书店编译所:《游日鸟瞰》,生活书店 1932 年,第 4 页。
② 何思敬:《东游感想谈》,《满支人本邦视察旅行关系杂件/补助实施关系》(第 6 卷),日本外务省外交史料馆,档案号:B05015746200。
③ 岭南大学日本文化视察团编:《我们所见到的日本》,1935 年 7 月,第 80 页。

"京都风尚,处处与东京不同,东京实为新式代表,京都实为旧式代表也,东京建筑物概用洋式,或参用和洋折衷式,最宏大者则诸官衙学校银行会社工场也。京都建筑物概用和式,最新者亦不过和洋折衷式,其最宏大者则寺院也,最奇者京都之裁判所及小学堂,其建筑法犹有作古庙者,真可谓善守旧也。东京各工场之机器概用煤气运转,京都各工场之机器概用水力运转,距琵琶湖近,地势好,得于天者独优也。"①

日本城市建筑既吸收了中西建筑风格,又不乏本土特色。"廛居不甚宽敞,陈设亦简,多席地,少店柜。屋宇均中国式,以二层为多,惟檐甚矮,举手可及,间有西式洋房,亦不甚高大。惟四面山色甚佳,房屋傍山而叠上,迤然达于其巅。"②论其建造方式,则是独具特色。"东京房屋,除去西式洋房以外,房基一概不用石灰,下铺以石,上竖以木,再铺以板,而房基成矣,故论牢固之程度虽远逊于中国,然地味却不受损伤,将来房屋若有移动时,其地仍可播种也。"论其外形,与中国建筑大相径庭,"东京小房屋作一字形,或弯尺形,有时作丁字形,或凸字形、凹字形,大一点之房屋亦作口字形,而无天井,再大者则作日字形,或目字形,系两口字形相连者,亦无天井。北京院落在房子中间,房子后墙外多无院落,东京则房子周围必有院落也。"③日本人尚美,建筑周围注重绿化,或建有小型花园。"日人富于爱美性,虽极贫之家,大都木盆瓦罐,遍植花木;若稍富者,居室甚偪仄,稍留出隙地,作成亭园,植松为门,牵萝补壁,著意剪裁,使有画意。甚或凿地为池,池设假山,引水灌注其下,或垂为瀑布,或潆为流泉,如入真境。"④

(二) 城市建设

1923 年,日本关东大地震,东京、横滨等城市一片废墟。地震之后,日本举国开展灾后重建工作,并取得显著成绩,其灾后城市建设成为考察人员的珍贵素材,他们详细考察了日本城市规划与建设,例如城市建筑,传统旧式建筑为现代抗震洋楼取代,"东京横滨两市现在之建设,可说完全脱去明治时代以来红砖木柱式之建筑而渐进于现代化。东京丸之内一带及市内其他各处,均

---

① 王桐龄:《日本视察记》,文化学社 1928 年,第 39 页。

② 《日本考察记》,《浙江大学工学院月刊》,1928 年第 4 期。

③ 王桐龄:《日本视察记》,第 47 页。

④ 同上书,第 76 页。

建筑有钢骨三和土之御震御火之洋楼,以防灾异之再袭,其他建筑亦较前为宏伟坚固。"①城市道路,安全与便捷相得益彰,"东京街道宽三丈乃至六丈余,中为往来电车轨道,左右可并行汽车二辆,外亦可行人力车三两,余为步行径,每于十字路上则有警察所立'行'、'止'之标识,以免往来行人误触车辆而危及生命。"基础设施建设一应俱全,"市中广设公共电话,消息灵敏,又有清洁卫生便所,所外具自来水管,备便后浣洗之用,而便所之明沟暗渠,壑然贯通,绝不危及卫生。并有食品饮料检验所,防腐败与未萌、杜病原于先期,法至善也。且遍设乳儿院、青年宿舍、工人宿舍等,使孤儿寡妇、贫而无告者皆有所栖息耳。每一商埠镇市置一市政厅,如建设商场、审定商品、统计货物出入等皆属之。"②

日本城市建设并非至善,亦有不足之处,一是道路颇觉泥泞。"街市多系泥土,间亦有四五方寸木块,养化后筑成,起风则沙土飞走,雾尘偏入,下雨则泥泞道上,苦于登程。"无怪西方人戏称,"日本市政,颇称完善,惜田野其道路,有玷白圭耳。"③二是工业污染严重。如日本工业重镇大阪,"工场烟突,多如江岸桅樯,黑烟袅袅,机声轧轧,车虽未至,而已目见耳闻。"④第三,贫富差距进一步拉大。贫民阶层难以维持基本生计,"日本为资本主义国家,贫富不均,应有之现象也。年来世界不景气,日本何能独免。失业者遂中,一般贫民,生活乃大不易,火车自神户来,每见桥孔中之贫民窟,情形之狼狈,与南京之东关并无二致。"⑤工人阶级生活质量低下,"日本生活程度较我国高出数倍,东京居民每人每年租税负担平均为六七十元,京都为四五十元,劳动者每日平均仅得二元五十钱,欲维持五六人家庭生计实为困难。"⑥日本驶入资本主义发展轨道后,其内外矛盾亦不断暴露、激化,然此症结又是其制度难以掩饰和根治的。

---

① 何思敬:《东游感想谈》,《满支人本邦视察旅行关系杂件/补助实施关系》(第 6 卷),日本外务省外交史料馆,档案号:B05015746200。

② 湖北赴日考察团:《湖北赴日考察报告书》,第 132 页。

③ 同上。

④ 黄幹生:《赴日本考察教育途程记》,《满支人本邦视察旅行关系杂件》(第 2 卷),日本外务省外交史料馆,档案号:B05015729300。

⑤ 李清悚:《东游散记》,大东书局 1935 年,第 77 页。

⑥ 徐嗣同:《所见片断》,《支那研究》,上海东亚同文书院中国研究部 1927 年,第 267 页。

（三）社会秩序

明治维新改革期间,日本政府推行"文明开化"运动,极力引进西方文明成果,使其政治制度焕然一新、社会秩序井然有序。"街道上行人的秩序,上车下车的情形,皆能循规蹈矩,绝少见凌乱、争吵、冲突等现象。他们办事的认真、负责、敏捷、守时刻、合作,都是很普遍的现象。平常待人接物的礼貌也就很有规矩,这些规矩是经过训练来的。日本人个个都受过这种训练,所以成为习惯。公共汽车中的卖票员,百货公司的女雇员,食堂的招待者,无一个不是很谦逊,很有礼貌。"①城市社会治安良好,"日本的警政在世界上有名的,秩序井然,大有路不拾遗之概,我们知道日本木屋的门扉窗门并不大稳固,用木门纸窗的很多,失窃的事却非常少,不独都市如此,就是荒野乡村,都是很太平。"②日本城市出现道不拾遗、夜不闭户的和谐景象,其主要原因有两点:一是日本法律严格、完备,使得狂妄之徒不敢铤而走险,社会治安拥有法律保障。"日本法令尊严,官吏大都能奉公守法,偶有一二舞弊行为,一经检发,政府即能雷厉风行、严惩不贷,作弊的人经告发,在社会上鲜能立足,因此大家不敢轻易尝试。"③二是日本教育的普及,国民整体素质得以提升,咸以违法犯罪、扰乱社会秩序为耻,国民自觉维护公共秩序,城市社会遂能和谐安定。"日本街上警察绝少,汽车脚踏车络绎不绝,自能遵守行车规则,不闯祸伤人。"④

（四）市民风尚

一是勤劳俭朴。日本人崇尚勤苦耐劳、实事求是,与德国人颇为相似。"日本生活程度平均要比中国高,普通一般人要想懒惰奢侈也做不到,但是他们的国民性的确要比我们中国人勤劳得不少。在现在资本主义以下的劳工,当然一天到晚没有什么休息,但是一般自由工作的人,也是巴巴急急地做的。有许多学生,课余之暇,就去营劳动生活:分报呀、分牛乳呀、拉人力车呀,绝对不以劳动为耻的。"⑤日本人生活亦推崇俭朴,在饮食、穿着、住宿方面表现得淋漓尽致。"一般平民生活,大都简单朴素,居多以板为垣,架木成室,一家

① 岭南大学日本文化视察团编:《我们所见到的日本》,第79页。
② 同上书,第118页。
③ 生活书店编译所:《游日鸟瞰》,第2页。
④ 同上书,第6页。
⑤ 李宗武:《最近日本考察底感想》,《少年世界(上海1920)》,1921年增刊日本号。

蜷屈在方不盈丈的四叠或六叠芦席的小室。食以蔬菜为主,间食鱼肉,除烧煮而外,别无烹调法。以布为衣,富者非外出,亦不服华服。"①近代日本科学技术进步日新月异,物质文明发达一日千里,犹能幸免"流于骄奢淫逸",足引国人反思。

二是善于模仿学习。早期一般中国人对日文化认知误区,明治以前的文化即为中国文化的翻版,明治以后的文化就是西方文化的直译。② 事实上,日本人能够充分汲取东西方文化的养分,关键在于日本人擅长模仿学习。日本善于模仿却非照搬,勤于学习亦重比堪。"日本人之模仿性,原非印板式的摹写,颇能弃短补长、融会贯通,使与自己国民生活相适合,毫无矛盾冲突,更藉作国民向上发展的资助。"③相关例证俯拾即是,譬如在日本学术界,"虽然脱胎于我国,然而他能够用科学的方法、研究的毅力、进取的精神,把我国输入日本的学术来开发,近复拿西洋的文化和我国的文化联合起来,而详加研究。所以日本的科学一天发达过一天,文化也一天促进一天。"④

三是重礼尚德。日本人在世界上可以称为最爱礼貌而有公德的,可谓是礼仪之邦,其社交礼仪颇为繁琐。"每逢日本人士,见其脱帽致敬,两手紧附两腿,至少有九十度之鞠躬,室内则见其两膝双跪而坐,偶以鞠躬,其手几与席面相切,甚至谈一句话即有一点头也,与语时出辞吐气恰恰如也,又于女学校参观时,予等旁立,遇有女学生经过,虽不睬伊,伊必鞠躬如也,此种习惯以予等外国人骤见之,恒厌其卑躬屈节之过甚,处之既久,又觉其和蔼可亲,大有礼让之德。"⑤日本社会秩序有条不紊,在于国民自觉和彼此尊重。"一切公共场所,商店、旅馆、车上、站上、食堂、客厅等,谈话是不能大声的,要尊重他人就是尊重自己。"⑥

四是崇佛信神。日本崇佛取智信而非迷信,并藉佛教维系社会秩序。"彼国人民大半信仰佛教,庙宇所在皆有,但彼等崇拜佛教,非若吾国人之崇佛,专以祈福免祸者,所可同日而语,盖彼等之崇佛,一面欲籍佛教之威势,以拟制一

---

① 王桐龄:《日本视察记》,第74页。
② [日]吉川幸次郎:《我的留学日记》,钱婉约译,中华书局2008年,第174页。
③ 王桐龄:《日本视察记》,第68页。
④ 广东学生赴日考察团:《广东学生赴日考察报告书》,第45页。
⑤ 张济时:《东游漫录》,载于《湖北赴日视察团报告书》,第12页。
⑥ 岭南大学日本文化视察团编:《我们所见到的日本》,第118页。

般强梁不法之徒,其用意甚可取耳。"①日本人酷好信神,然其信仰之神,多为国争光之英雄,"日本国内神社甚多,皆以祀古英雄之流。街头公园及学校巍然耸立者非纪念烈士之铜像,即表彰功德之石碑。如予在东京时所见上野公园则有西乡隆盛,早稻田大学则有大隈重信,其余有名之像不可胜记。"②

考察人员在肯定日本人优点和长处之余,亦大胆揭露其缺陷和不足,主要体现在以下几个方面:

一是畸形的国家观念。强烈的国家观念,是日本强盛的重要因素,近代历次战争中可以举国一致,关东大地震后亦能众志成城。"日本之国民,无论为士农,为工商,皆具有勇往直前、百折不挠之志气,故其做事不避艰辛,而卒底于成功。至其政府暨身任高位者,均肯奉公遵法,宁牺牲自己而为国家造福,故其号令朝发而夕行,上下既能一心,国乌乎不强!"③然其国家观念亦附有封建毒素,同现代国家观念相去甚远。"日本国民,因受数千年帝国主义和封建制度支配,国家思想是很发达的。而一方面因为君权极大,国家以天皇为主体,国家的主体既不在人民,所以爱国一语,就包含有忠君的意义。能忠君就是爱国,人民对于国家,只有服从为唯一天职,其子女服从父命,妇人服从夫命的制度,较之中国纲常,尤为严格。"④正因此种忠君思想恶性膨胀,其国民意志频遭绑架、裹挟。

二是根深的等级观念。日本虽竭力汲取西方近代文明,其森严的等级制度却未曾撼动,"他的尊卑上下,区别的非常清楚,下级遇着上级的人,却要非常的恭敬,卑辈者遇着尊辈,更须奉命唯谨,若下级有什么的请求,上级可以不理会,但是上级对于下级有一指令,那下级就立刻遵办。其他政界办事员对局长科长的卑屈,教职员对校长的恭敬,伙伴对总理的服从,以及各种阶级的界限,处处都可以看得清楚,有清时代满汉的阶级,恐怕都没有这样。"⑤日本家庭,则是子从父、妇从夫、幼从长。"日本家庭制度,与中国略同,惟家中遗产授予长子,其余少子均无权享受遗产之权,因此社会资产集中于少数人,社会阶

---

① 杨成章、赵宗闻:《本校赴日视察团报告》,《北京师大周刊》,1924 年 5 月 20 日,第六版。
② 《湖北赴日视察团报告书》,第 12 页。
③ 杨成章、赵宗闻:《本校赴日视察团报告》,《北京师大周刊》,1924 年 5 月 20 日,第六版。
④ 余衍恒:《日游观感》,载于《广东学生赴日考察报告书》,第 125 页。
⑤ 同上书,第 126—127 页。

级由此可见一斑。"①日本虽受西方文化浸染,然其本质仍是一个等级森严的社会。

三是重男轻女现象明显。"日本女子的地位,在社会上甚低,以前的女子教育,完全在造成一个供男子驱使的被动人物。"②日本妇女社会地位低下,表现在诸多方面。其一,男女受教育权利不均等,尤其国立大学排斥女学生。"学校制度,寻常小学男女同校,高小则异校。女子不设大学,至高等学校止。"③其二,社会工作方面,男女就职机会、工资待遇不平等。"日本女子在劳工上、教授上的工资,不能和男子受同一待遇。"④其三,妇女在家中处于从属地位。"日本女子没有出嫁的时候,多是活泼自由,在家庭间和男子没有什么不平等的待遇。可是出嫁之后就不同了,女子既为人妻,大多数受夫婿的支配,夫婿喜欢什么,她就喜欢什么,完全以夫婿的意旨为归。"其四,维护妇女权益之法律不尽完善。旅日女学生直言不讳道:"现在日本妇女中,能够了解法律的不多,所以她们对于法律上不平等的待遇没有什么反动。可是他们没有什么能力去做切实的工作,但我们在人类生活上所负的责任,和所享的权利应该同男子一样,不当拿没人格的事待遇我们女子,这是日本法律上不妥当的地方。"⑤此言道出日本法律的缺失,其妇女仍处边缘化境地。

三、日本城市社会文化

日本城市建设日新月异,城市秩序安定和谐,市民素质不断提升,关键在于城市社会文化事业的发展,交通事业、文化事业和教育事业的兴旺发达,才能推动城市的繁荣发展。

(一) 交通事业

日本城市交通事业发展迅速。"日本全国三岛,地上轨道,架空电线,满布如网。火车平均每十五分钟开一班,电车则每三分钟有一班。轨道无论火车电车均属双轨。电车有郊外电车、市内电车、钢索铁道车、架空电车、地下电

① 谢清:《游程日记》,载于《广东学生赴日考察报告书》,第 13 页。
② 生活书店编译所:《游日鸟瞰》,第 8 页。
③ 李清悚:《东游散记》,第 81 页。
④ 李励庄:《与日本女子大学教授上代先生谈话》,载于《广东学生赴日考察报告书》,第 42 页。
⑤ 同上书,第 41—42 页。

车。日本交通既便,人民乘车惯常,故无论火车电车乘客均甚拥挤。此外市内市外有公共汽车以补电车之不足,市内雇汽车,远行均一。"①东京的高架铁路交通尤为发达,"东京之架空铁道,若自上野始,可至新宿而栃木而黑目而品川,复至上野,循环东京市内一圈,又可于上野直至横滨,交通不可谓非便利,而车辆又多,五分钟间一行,开行者均列车,乘客亦众。其铁道筑于街市之上,下可通车行人,非横跨通街之处,筑堤高架,下若桥洞,若掩门成室,可为仓库货栈之用,亦有开张为卖店者。车轨并列甚多,自上野之横滨间一线,车轨又可通用于火车。"②此外,日本城市交通管理水平颇高,"街上交通的指挥,差不多完全是用自动周转的红绿灯,很少用警察帮忙。我们可以说警察根本就是一种在东京街上不容易发现的人物。"③

日本通讯事业的发展水平亦较高,"各种地方均能广大的利用无线电话:待车室以无线电话报告来车去车之时间,公园或马路上以无线电话报告国内国外的消息与新闻,夜校以无线电话教授英语,可以说尽其用无线电话之能事。"④考察人员详细考查了东京中央电话局和检见川无线电台。东京中央电话局,"规模颇大,房屋均五层,装潢亦精致。工人约千余,均妇女,衣白衣,颇见整齐。其内凡自动电话机、磁动电话机、公用电池电话机、AB 接线版长途电话接线版均有。电线号数在 800 万以上,可通至东京市内外及丸之内局、日本桥局等处,至长途电话可通大阪西京等处。"⑤检见川无线电台,"为东京无线电信局之送信台,受信局则在岩槺,两台之间约有十余公里为距离,以免电波之互相扰乱也。检见川无线电台,位于千叶县千叶群之检见川町,四面皆为草野,西临东京湾,故风景宜人。占地 23790 坪,该台共有 90 米高之铁塔 6 台,75 米高之铁塔 3 台,30 米高之自立式铁塔 2 台,天线均作伞形,形式美丽,堪称完美之电台。"⑥

(二) 文化事业

日本城市文化设施完备,博物馆、图书馆、公园、剧院等文化设施齐全。例

---

① 《日本考察记》,《浙江大学工学院月刊》,1928 年第 4 期。
② 同上。
③ 曾昭抡:《东行日记》,大公报出版部 1936 年,第 81 页。
④ 糜文镕:《东游杂感》,《民生》第 1 卷第 6 期,1936 年。
⑤ 《日本考察记》,《浙江大学工学院月刊》,1928 年第 4 期。
⑥ 杨泰:《日本考察记(续)》,《国立浙江大学校刊》,1931 年第 60 期。

如科学博物馆,"这博物馆的建筑共分三层,第一层是理工学部,里面右翼差不多全是陈列着电学方面的仪器和模型,左翼所陈列的大半是关于机械方面的模型,另外也有一点关于声学和光学的东西。第二层是动物学部,所列的全是动物标本。第三层左翼是植物学部,右翼是地学部。"①帝国图书馆,"此馆共藏书籍六十万册,属于汉日文者有五十万册,属于西文者有十万册。汉日文书籍分类方法,全依中国四库全书目录为根据。此馆阅书之场所,分为寻常阅览室及特别阅览室,此外复有目录室,阅书时间每日上午八时起,至晚上九时止,每日平均阅书人数约一千余人,阅专门书籍者有三百人。"②上野公园,"这是东京最完备的一个公园,内有博物馆、科学馆、美术馆、动物园等。我们先入帝室博物馆参观,内陈列中国宝物颇丰,并有日本古代名画、历史遗物等。继往帝国科学博物馆,内容有非常丰富的材料,设工理室、动植物室、机械室等等,并于每件器具上安装电掣,以利游人实地试验。动物园的规模非常大的,搜罗世界各种动物陈列于此,以河马为最特色,日本本土产的金鱼,很是美丽。"③宝冢剧院,"是一个游乐园式的剧场,设备除舞台外,并有花园、动植物园、运动场、游乐场、游泳池、图书馆、食堂、浴场等,并附有学校一所,为全日本最大规模的少女歌剧学校,学员二千余人,以训练一班演员在全日本各地表演而立。该剧场入场券很便宜,三角钱可看三本剧,一日本式剧,二西洋古装剧,三现代化西化通俗剧。"④

(三) 教育事业

教育兴国、人才安邦,日本跨进世界强国之列,教育起到关键作用。日本教育发展迅速,几乎达到全面普及教育。"日本教育发达,尽人皆知,据文部省报告 1928 年学龄儿童入学校者为 99.46%,堪与世界各国比美。"⑤民国学生教育考察,以参观各级各类学校为主。高等教育,以东京为渊薮,一度形成赤门、一桥、茗溪三足鼎立之势。"所谓赤门派即东京帝大之所出,一桥派东京商大之所出,茗溪派则东京高师也。此三派在社会上之地位,赤门居政治之重

① 曾昭抡:《东行日记》,第 35 页。
② 杨成章、赵宗闻:《本校赴日视察团报告》,《北京师大周刊》,1924 年 5 月 20 日,第五版。
③ 岭南大学日本文化视察团编:《我们所见到的日本》,第 120 页。
④ 同上书,第 107 页。
⑤ 樊正康:《东游闻见述略》,《沪大周刊》第 4 卷第 9 期,1930 年。

心，一桥占商场之要津，而茗溪则持教育之牛耳。"①在这三所名校当中，尤以东京大学最为著名。"此校为日本最著名之大学，学生约二千余人，教授约二百余人。分部有七：法学部、医学部、工学部、文学部、理学部、农学部及经济学部。教室约数百所，校基约千余亩，经费约六百余万，设备甚为完全。"②中等教育，东京府立第一中学，为东京最著名之中学校。③ 初等教育，主要包括小学和学前教育。如京都日彰小学校，分小学和幼教二部，"校中设备完全，男女学生均着制服，其最具特色者学生中多能当堂笔记。"④女子学校，女子大学办学水平甚高，"参观女子大学，规模亦颇宏大，学生甚众，内分中学、高等、大学等部，寄宿舍与校舍毗连，舍内树木葱蔚，小河清水长流，乃读书之绝好地也，学生服装有日本式，有西洋式，性情温和和举动活泼。"⑤特殊教育，东京聋哑学校办学颇为成功，"学生程度高者，皆能认识汉日两国文字，且能以清晰口音回答，与不哑者略等。"其就业形势亦为乐观，"该校卒业生所任职业有园艺、乐器、教员、妇人发结、农业、足袋、制本等 25 种。所得月薪高者 200 元，最低者 15 元，平均月薪每人可得 54 元。"⑥此外，尚有师范、医学、商业、工业、农业、艺术等专门学校，各类学校林立，不胜枚举。

　　日本教育特点鲜明。第一，经费充足，设备齐全。日本不惜重金，倾注于教育事业，"如东京、西京的帝国大学和东京男女高师各校，经费都十分充足，每校每年费达数十万元至数百万元。除了经常费外，还有很多临时费。"⑦大量经费注入，保证了教育事业的顺利发展。第二，重视体育锻炼和课外活动。日本学校注重体育训练，尤重兵式体操，"自寻常小学起至高师或高等学校止，有多则十一年以下、少则八年以上之兵式体操，每周二时或三时不等，恒见学生野外旅行，俨若军队，又柔术剑术等课，各学校亦极重视，各校友会有端艇部、击剑部、柔道部、棒球部、陆上运动部、游泳部之组织，故能收体格增强、人

① 曾传定：《日本文化视察后之感想》，载于《湖北赴日视察团报告书》，第 71 页。
② 杨成章、赵宗闿：《本校赴日视察团报告》，《北京师大周刊》，1924 年 5 月 18 日，第五版。
③ 同上。
④ 臧玉洤：《本校赴日旅行团第三次通信》，《北京大学日刊》，1924 年 4 月 21 日，第一版。
⑤ 王朝佑：《游日日记》，顺天时报印书局 1929 年，第 20 页。
⑥ 杨成章、赵宗闿：《本校赴日视察团报告》，《北京师大周刊》，1924 年 5 月 25 日，第五版。
⑦ 广东学生赴日考察团：《广东学生赴日考察报告书》，第 45 页。

尽皆兵之效。"①第三,注重礼仪和国语教学。日本学校颇重礼仪训练,往往从初等教育抓起,"小学校之训育课,有仪式风纪整顿诸系,多由教员兼司其事,小学校多设习礼室,所悬格言均系训忠训孝训信之词,以造就生徒立身报国为宗旨。"日本学校虽多取西方教学模式,然国语教学依然举足轻重。"日本寻常小学,前四年无外国文课……全国各大学及专门学校除外国语学校外,鲜有外国语授课者,外国书籍仅供参考而已。"②日本教育事业诚然发达完备,亦暴露出其短板。一方面,男女学生受教育权利难以实现平等。国立大学,"只许女子旁听,不肯完全开放。"女子学校,以培养良妻贤母为依归,通常检查女学生信件,严禁男女生自由往来。中等学校,男女生教学水平悬殊,"当局的意思以为男子在社会上的工作和女子不同,所以女子在高等校(女中学)的课程和男子在中学的课程有许多不同。"③另一方面,军国主义色彩明显。各学校热衷于灌输对外扩张和服从天皇的封建思想,"日本的教育宗旨是褊狭的,一切教学之知识技能,多以向外发展,尤其以对华侵略为目的。"④日本一步步滑入侵略战争泥淖不可自拔,最终酿成中日两国空前战乱,此种教育体制实负有不可推卸的责任。

四、余论

清末科举废除,新式学生群体发展壮大,日益掌控文化话语权,成为赴日考察主要群体;师日长技、复兴中华之文化自觉与使命,成为学生赴日考察之一大动因;日本外务省补给考察经费,则为学生跨国考察提供了契机,民国以后学生东渡由是呈现方兴未艾之势。明治维新以降,日本疾速跨入现代化轨道,全面西化之余亦附上浓厚的传统基调,从其城市特色、城市建设、市民风尚及其社会文化事业,即可窥见一斑。民国学生身临其境、实地踏访,对日认知更为全面、详实,继而形成较为客观理性的日本观,并能去芜存菁、取精用宏。譬如,考察人员返国后明确提出几点希望:第一,效仿日本改革。"日本以前也是弱国,然而维新以后,竟能一跃而握东亚牛耳,他们不是侥幸的,这期间实

① 《南京教育视察团赴日考察报告》,《满支人本邦视察旅行关系杂件/补助实施关系》(第7卷),日本外务省外交史料馆,档案号:B05015747600。
② 同上。
③ 谢清:《游程日记》,载于《广东学生赴日考察报告书》,第40页。
④ 梦滢:《东行碎记》,《上海周报》第3卷第12期,1941年。

经过无数的努力，无数的刻苦。……我以为中国并不是没有希望的，究竟事情在人为，我们肯努力，终有一天成功的。"①第二，提升国民素质。"苟吾国民四万万发大愿，心为士者改造其为士，为农者改造其为农，为工商者改造其为工商、为兵吏者改造为兵吏，各尽其力、各守其分，个人改造则社会有不期改造而自改造者矣。"第三，普及全民教育。"吾国民虽号称四万万，而不能教之育之，是徒愚民耳。故天下兴亡，彼辈非不负其责，不知负其责也。苟能一日内乱早止，注其全力于整顿教育，推行普及，则此四万万皆天民秀，纲举目张，他事有不迎刃而解者乎。"②此外，尚有提出革新法政、重视国防、发展实业、规划市政、整饬民风等，此类真知灼见，对于近代城市转型和改革事业，无遗具有现实参考价值。"后发近代化国家与先进国家间的交流，是一个摆脱落后、迅速融入世界性潮流的有效途径"，亦是加快中国近代化历程的有效手段，而"出外考察，更是最直接的学习近代化文明的方式之一。"③

　　民国学生的日本考察，亦存在一些局限与不足。其考察地基本以东京、京都、大阪、横滨、名古屋等都会城区为主，甚少踏入偏远乡村；复又迫于日方严格限定考察时间和补给经费，加之语言不通等诸多因素掣肘，实难真正全面、深入了解日本。"吾等平昔对于日文日语，未有充分之准备，故虽参观日本之许多名地，而胸中无所得，且当参观时候，一困于团体通行，再迫于时间多促，走马观花，在所不免，又何心得之可言？"④对比东亚同文书院的"大旅行调查"相去甚远，日本曾先后派出4000余名学生、组织700余次大旅行调查，留下大量调查报告，据此调查编纂而成的大型丛书有《清国商业综览》(5卷)、《支那经济全书》(12卷)、《支那经济报告书》(4卷)、《支那政治地理志》(2卷)、《支那省别全志》(18卷)、《新修支那省别全志》(9卷)、《支那年鉴》(4卷)、《吉林通览》、《支那开港场志》(6卷)、《新支那现势要览》(2卷)。⑤举凡中国某县某村，某山某水，山高几尺，水阔若干，某地人口多寡，某处盛产何物，生产消费的统计，社会风俗的变迁，无不详细缕述。毋庸讳言，此类调查曾为日本推行所谓大陆政策提供大量情报；颇具讽刺意味的是，时至今日，这些弥足珍贵的考

① 生活书店编译所：《游日鸟瞰》，第30页。
② 湖北赴日视察团：《湖北赴日视察团报告书》，第68页。
③ 江沛：《留日学生、东游官绅与直隶省的近代化进程(1900—1928)》，《史学月刊》，2005年第5期。
④ 杨成章、赵宗闽：《本校赴日视察团报告》，《北京师大周刊》，1924年5月20日，第六版。
⑤ [日]东亚同文会：《东亚同文会史》，日本财团法人霞山会1988年，第105页。

察资料已成学者重要参考、研究对象,其学术意义更是今非昔比了。

The Research on the Republic of China Students of Japanese city survey

Shi Jia; Wan Huijun

Abstract: During the Period of the Republic of China, there was a large number of students went and investigated Japan. Analyze its reasons, Firstly, after the abolition of the imperial examination, the new type of student group became more and more mature and became the main force of the visit to Japan. Secondly, the student groups were awakened and conscientiously deepening their participation in foreign affairs and inputting cultural knowledge as their responsibility. Thirdly, the Japanese Ministry of Foreign Affairs supplied funding for inspection, objectively to become a big help for students to visit Japan. The Republican students inspected Japanese education, municipal administration, legal system, military affairs, industry, art, folk custom, national conditions and other fields, in particular, the investigation of Japanese urban construction, urban society, public fashion, urban transport and urban social and cultural undertaking was more detailed, thus, a more objective and rational view of Japan was formed, which is of practical significance to the transformation and reform of modern Chinese cities.

Key words: the Republic of China; group of students; Japanese city; investigation

作者:石嘉,江西师范大学历史文化与旅游学院讲师、博士后;万慧俊,江西师范大学历史文化与旅游学院 2016 级硕士研究生。本文为国家社会科学基金青年项目"抗战时期日本'对支文化事业'研究"(16CZS054)研究成果

商业文学的大众文化
特征与发展态势研究

刘东阳

摘　要：商业文学创作是近些年较为热议的文学现象，且始终处于争论之中。从特征层面看，大众文学与商业文学是包含与被包含的关系；从生存环境看，大众文化的生存环境是商业文学产生与发展的土壤，因此，商业文学应被视为大众文化的一部分。同时，纵观我国商业文学的发展历程及相关例证，由于其受制于社会政治、经济与城市发展等因素，商业文学的发展呈现的是一种特殊的"断续式"发展态势。

关键词：商业文学　大众文化　断续式发展

所谓大众文化，是指以大众传媒为载体，以消费大众为对象，以商业利润为目的、借助文化工业生产的现代通俗文化或娱乐流行文化；而商业文学，无论从其创作目的、文本内容及发行渠道等方面，都附着着鲜明的商业印记。因此，本文认为，商业文学的外延应体现在大众文化的内涵之中，我们应该把其视为大众文化的一部分来看待；同时，纵观商业文学的发展历史，又由于其对社会、经济、阶层等层面的依赖，表现出的是一种断续式的发展态势。本文所要论述的，即是商业文学的大众文化特征，及其断续式的发展轨迹。

一、大众文化与商业文学

1. 从特征层面看，大众文化与商业文学是包含与被包含的关系

由开篇所举的大众文化的定义，我们可以对其进行分解，进而将其特征归

纳为以下几个方面：第一，传播载体——大众传媒；第二，目标对象——消费大众；第三，生产目的——商业利润；第四，文化内容——通俗性、娱乐性。

关于"商业文学"，有的学者把"记录商业经济活动""描绘商业都市风情"①定义为其特征与表现。本文认为，这是对"商业"二字的牵强附会。按照这种观点，如果把所有描写商人的经商活动以及任一商业都市风情的文学作品都归入"商业文学"一类，那么这种文学的涵盖面难免过于宽泛了。

严格意义上而言，"商业文学"并不是确切地称谓，因为它并不能指代某一种特定的文学流派，甚至不能以此对某位作家的创作风格进行唯一性的界定，只能体现某一创作类型或某一时期的文学现象。首先，以现今的文学创作来看，纯粹以商业目的而创作的文学作品并未占主流，正统文人也耻于把自己的创作视为商业性的生产，"商业文学"的称谓在绝大多数创作者那里难以得到明确的认可，没有人会明确表示自己的创作就是为了商业目的，因而不会出现流派之说；其次，无论是所谓的"畅销小说"，还是"主旋律"性的带有政治色彩的小说，任何作家的创作，都会带来一定的商业利益，而我们不能由于他们的经济利益的获取，即认定这是"商业文学"的特征、把这些创作归为"商业文学"之内。在这里，若要有一个确切地指称，似乎称之为"商业性文学创作"或"商业写作"更为贴切一些。但是为了便于诉说与理解，仍用"商业文学"一词，但在对其内涵的理解上，则要进行详细的界定。

首先，我们要清楚的是传统文学创作与商业文学创作的相异：传统文学创作是"我手写我心"，注重的是"意"的表达，即个人情怀的抒发或对某一现象的有感而发；而在商业文学中，其"意"则不是指个人的情怀或感言，而是商业目的、利益至上的创作动机。

那么，我们对商业文学的定义可以作一限定性的试说：所谓商业文学（商业文学创作），是指以市民阶层为对象、以通俗娱乐为主题内容、以商业利益为创作出发点、以商业性运作为发行方式的文学创作。这个尝试性的定义，重点突出的是"商业性"，即各个层面上均含带的经济性因素。对该定义的分解，我们亦可得出"商业文学"的特征：第一，在传播媒介方面，但凡文学性的作品，都是以书本、报纸乃至现今的互联网等形式传播，即以大众传媒为载体；第二，目标读者方面，其围绕的是消费大众的中坚力量——市民阶层；第三，创作目

① 彭昊：《试论近代中国商业文学的发展》，《湖南商学院学报》2006年第5期。

的方面,把商业利润作为唯一或最为重要的创作出发点;第四,在文本内容方面,体现出的是通俗性、娱乐性、可接近性;第五,发行渠道方面,注重的是商业性的炒作及运作。

通过对大众文化与商业文学的特征分析,我们可以得出:商业文学的特性包含于大众文化之中,因而商业文学是大众文化的一部分,二者是包含与被包含的关系。

2. 从生存环境看,大众文化的生存环境是商业文学产生与发展的土壤

大众文化的形成依赖于三个条件,即经济的繁荣、政治的稳定以及市民阶层的出现与成熟。这三者共同构成了大众文化的生存环境,缺一不可。首先,按照马斯洛的理论,人性天生的五种需求依次为:生理需求、安全需求、归属关系和爱的需求、尊重以及自我实现的需求,且这五种需求的形成是层层展开的阶梯性的关系,当一种需求满足之后,才会出现下一种需求。而生理、安全需求处于最低的两个层次,是人们首先渴望获取的,只有实现了这两个层次的需求,人们才会对大众文化的娱乐性、消闲性产生欲望和心理上的接受,经济的繁荣、政治的稳定则恰与生理需求、安全需求产生着一一对应的关系,因而成为大众文化形成的前提。其次,对于任何一种"文化"而言,必须具有特定的受众群,离开受众而空谈"文化"是极其可笑与幼稚的。带有一定的知识要求、带有通俗娱乐色彩的大众文化,亦必须拥有具备一定知识水平、具有享受需求的接受主体,才能获得可供生存的空间,而市民阶层的特性及其生存环境则具有着天然的适合性。

文化是有地域性的,某一特定地域的"文化"往往代表着该地域的某些社会学意义上的特征。从这个角度来说,大众文化的形成,亦代表着所属区域的经济繁荣、政治稳定及市民阶层的成熟。

如果要给商业文学与大众文化出现的先后顺序作一排序的话,本文认为,大众文化的形成是商业文学产生的基础与前提。大众文化催生了商业文学,而不是商业文学催生了大众文化,大众文化的生存环境是商业文学产生与发展的土壤。就商业文学而言,稳定的政治环境为文人的文学生产提供了最基本的安全保障,即使是区域性的稳定,也给了文人创作上的"庇护所";经济的繁荣在一定程度上刺激了文人的逐利心理,从而产生了商业化的创作倾向,也孕育了较为富有的读者阶层;而市民阶层则是商业文学作品的"受众"与"埋单者",是创作者的"衣食父母"。政治、经济、市民等各因素又都浓缩于城市之中。城市是一个国家或地区的政治、经济、文化中心,也是实现人们各种需求和消费享乐的场所,这种需求与享乐,既包括了创作者的商业/经济利益的左右,也存在有市民享乐的需求,对于创作者——文人与接受者——市民之间,可以在经济上与情感上得以互补。

二、商业文学的断续式发展

1.“断续式”发展的解释及其成因分析

这里的“断续式”发展,是对我国商业文学发展态势的概说,即由于政治、经济等客观因素的影响,我国商业文学的发展并不是一帆风顺的,就似楼梯而不是斜坡,其呈现的是一种间断性的、但在间断之后又在原有基础上继续发展的态势。其实,大众文化的发展态势也是断续式的,因为二者都要受制于社会政治、经济及城市生存与发展程度等因素。

中国历史的发展是异常坎坷的,盛世之后出现的则是腐朽的统治或长期的动乱,在改朝换代的过程中更是如此。即使在同一朝代或阶级的统治中,也存在着种种影响稳定与发展的因素,在一定时期甚至会引发社会层面的危机(如唐代的安史之乱、新中国的“文革”等)。以历史的眼光来看,这就是数千年来我国在政治上时常处于动荡、经济上常受暂时或长期的摧残、城市亦经常遭受毁灭性打击的缘故之一,而以此为生存环境与成长土壤的大众文化与商业文学,自然难逃其中断发展轨迹的命运。另外,在改朝换代或政局稳定之后,统治者首要采取的都是安抚民心、发展经济、恢复城市的举措,在休养生息的过程中,使政局、经济水平及城市规模较以往又常有很大发展,这种发展即是断续性的,因而,与其相对应的大众文化与商业文学的发展亦呈现出断续性的态势。

2. 中国商业文学发展的断续式例证

按本文对“商业文学”概念的界定,以及对其生存与发展土壤的概纳,本文把中国商业文学的发展历程抽取了三个阶段的例证。其“抽取”的原因在于,中国商业文学的发展并未呈现出明显的线性线索,亦并未存在有标志性的事件可用以进行分期性地划分。我们只有凭借较为典型的例证,通过对其分析与描述,来解释中国商业文学发展的断续式特征。个人认为,在文学领域,其相近类型的创作具有共同的阐释意义,或许世界范围内的商业文学发展,都可以用“断续式”这一词语进行涵盖。

(1) 文人商业自觉意识的出现——封建社会末期商业文学创作的萌芽

我们已经论述了城市及市民阶层对于商业文学创作的重要意义,从世界范围来看,市民阶层是在封建社会后期城市经济发展到特定阶段出现的。中国的封建社会自唐代中叶以后,其政治经济结构发生了变化,在北宋时期渐渐趋于定型,表明我国封建社会进入了后期发展阶段。值得一提的是,城市"坊市"制度的瓦解具有重大意义,其加快了城市经济的发展,进一步促进了市民阶层的出现。

"中国市民阶层的兴起是以公元 1019 年(北宋天禧三年)坊郭户单独列籍定等为标志的,这在世界历史进程上恰恰与欧洲市民的出现基本上是同时的。"①"市民阶层的基本组成部分不是旧的封建生产关系中的农民、地主、统治者及其附庸,而是代表新的商品关系与交换关系的手工业者、商人和工匠……只有手工业者、商贩、租赁者、工匠、苦力、自由职业者、贫民等构成城郭户中的大多数,他们组成了一个庞杂的市民阶层。"②在《东京梦华录》中,对北宋末年的"东京"有以下描述:"人烟浩穰,添十数万不加多,减之不觉少。所得花阵酒池,香山药海,别有幽坊小巷,燕馆歌楼,举之数万。"这一时期,在北宋的都城及重要城市,先后出现了为市民阶层提供文化娱乐的场所——瓦市。在瓦市表演的各种伎艺中,"与文学关系密切的伎艺有小唱(包括嘌唱)、说书(讲史、小说,包括说浑话)、诸宫调、杂剧(包括散文、杂班)、傀儡戏和影戏……具有很高的文学价值。"③其演出所使用的脚本即后来所称作的话本、戏文一类的文学作品。这种把文学作品与商业演出相结合的方式,即含有某些商业文学的色彩。但是,此时的市民大多并不识字,因而此类作品必须是通俗的、大众喜闻乐见的,而且必须以表演的方式存在,作为文本形式的文学作品并未能广为流行;另一方面,这类作品的作者并不是其时的主流文人,在总体的文学氛围中亦不能代表商业性的痕迹,所以此类创作并不是严格意义上的"文学"的范畴。

其实,传统文人的商业意识在宋代之前即已有所体现。众所周知,耻于言商是中国古代文人的传统,而非商业化运作则是中国古代文学的传统。然而,

---

① 谢桃坊:《中国市民文学史》,四川人民出版社 1997 年,第 14 页。

② 同上书,第 13 页。

③ 同上书,第 59 页。

文学创作中的商业色彩却早已显露萌芽。"中晚唐时代,城市商业发展突飞猛进,文化市场空前活跃,文学作品商业化现象非常普遍……源于印度的佛教文学以商业化方式运作于社会下层,而特别爱好文学的唐人又买卖文士作品于社会各阶层,才形成了一种文学作品商业化的社会文化氛围。"①文人不仅主动"以文易货"、收取"润笔",甚至使用类似于广告的方式进行初级的商业化运作,在唐代此类现象已经存在。

翻开李白的诗集,我们可以看到这样一些篇章:《酬张司马赠墨》《酬宇文少府见赠桃竹书简》《酬殷明左史见赠五云裘歌》……即是典型的"以文易物"。以诗歌换取物品,在唐代的诗文创作中极为普遍,这实际上是商业行为的变种。在李白的《赠黄山胡公求白鹇》的序文中,写道:"闻黄山胡公有双白鹇……余平生酷好,竟莫能致,而胡公辍赠于我,唯求一诗。闻之欣然,适合宿意,因援笔三叫,文不加点以赠之。"

唐代诗人的创作中也多以广告的形式,通过为对方书写赞美之词,或以文易物或直接获取经济利益,在某种程度上具有了商业运作的痕迹。白居易曾在《画竹歌》的序言中写道:"协律郎萧悦善画竹,举世无伦。萧亦甚自秘重。有终岁求其一竿一枝而不得者。知予天与好事,忽写一十五竿,惠然见投。予厚其意,高其艺,无以答贶,作歌以报之,凡一百八十六字云。"萧悦其人相当清高,有人想要他的作品,求一年而不得,但是他主动送画于白居易,白居易即写诗以赞扬,此后,萧悦竹画身价倍增。

中国最早的专业作家,堪称明末清初的著名戏曲家李渔。他生活在明清易代时期,似乎与前文所说的商业文学创作所需的稳定的政治、经济因素相悖,然而,我们知道,明清易代时期,中国的动乱规模远远小于以往,此时的商业经济发展已成规模,在这种情况下,并不会使作家对商业利益的追求带来过大的影响,且李渔本人的境遇更使他着重于商业文学的创作,更看重其创作后的经济利益。

中国古代文人的文学创作,其商业意识与商业运作方式并不明显,前文虽列举了带有商业印记的创作活动,"但这些并不能认定那时的文人创作具有明确的商业性质。因为:1. 卖文获利的文人毕竟是少数,主要是当时的名宦、名士等,而他们的主要经济来源并不在卖文所得;2. 用来交易的文章,仅限于一

---

① 昌庆志:《白居易与文学商业化》,《兰州学刊》2006 年第 8 期。

些实用文体,如碑文墓志传序之类,纯文学几乎不在此列;3.所卖之文基本上是为特定的对象,根据特定的内容要求专门'定做'的,而酬金的交付方式多采取馈赠方式,带有浓厚的个人感情色彩。"①然而,李渔的创作目的很明确,他的一生无其他固定职业,把创作当成了谋生的手段,稿费收入始终是他家庭收入的主要来源。

首先,从李渔创作的数量上看,他曾自称"一生著书千卷""车载斗量",这并不是夸张之词,他的庞大的家庭人口,决定了必须以多产多销的方式予以供养,在一个侧面上也反映了他创作中的商业意识。其次,从其作品的内容上看,为了使更多的人便于接受,他的某些作品明显地受经济利益的驱使,无聊应酬,甚至无病呻吟,媚俗倾向异常鲜明。描写性爱的作品占据很大比重,甚至包括着变态性爱、同性恋、嫖妓、强暴等内容,这是一种文化快餐式的炮制,难免显露出庸俗浅薄。第三,从其作品的运作方式看,着重体现在其对作品的使用上,他不但著书,而且印书、卖书,其文本亦是其家庭戏班演出的脚本,他的文学活动已经可以称之为商业经营活动。

在漫长的中国古代历史中,李渔的现象只是特例,这和他自身的生存环境、家庭因素有很大关系。从总体而言,商业文学创作在这一时期只是一种萌芽式的展现,在创作中缺乏整体上的商业利益驱使,缺乏完善的商业运作渠道,传播载体亦不能具有大众性,但这种商业意识的自觉,为后来的商业文学创作打下了基础。

(2)抨击中的存活与发展——20世纪30年代上海商业文学创作的初具形态

在中国经历了鸦片战争、甲午中日战争及辛亥革命之后,20世纪30年代中国的社会环境获得了暂时性的喘息,政治较为稳定、经济也有一定的发展,这就是历史上所说的国民党统治的"黄金十年"。这一时期,中国社会的亮点则集中在灯红酒绿的大都市上海。在上海寄居与生存的中国文人,其所处的环境与心态与传统文人相比有了很大的变化。"与文化古都北京不同,以工商业为主的现代都会上海,提供的是一个市场化的生存空间。就作家而言,原先他们高居校园,俯视社会,而现在他们却不得不直接置身于市民社会和文化市

_____

① 邓溪燕:《试论李渔创作的商业化倾向》,《湘潭师范学院学报》(社会科学版)2007年第5期。

场,开始真切地体会到生活的琐屑和生存的艰辛,感受着普通人的喜怒哀乐。"①

这一时期,商业文学的最大变化则是拥有了第一个大众媒体——报纸。报刊业的发展,为中国商业文学的发展提供了最为便利的载体,如《申报》《新闻报》等。这些报纸,要么启发民智、宣扬爱国热情,要么追求商业利益而体现着通俗性、娱乐性。对于商业文学的创作者来说,报刊不仅使其作品得以广泛流传,也使作者与报业双方都获得了大量的经济利润,并出现了如张恨水、李涵秋等关乎报业竞争与生存的"金字招牌"。如张恨水的《啼笑姻缘》《春秋外史》《金粉世家》等作品都以报纸连载的形式发表,从而形成了经久不衰的阅读热潮。

同时,这一时期的商业文学的明显特征是在抨击中的生存与发展。"新文学发展到第二个十年,文化中心从北京转移到上海,由于上海出版业的发达,进而形成了发达的文学市场,使作家得以靠卖文为生。置身文学市场,作家就不能不正视、重视读者的存在,于是,作家的读者观念变了,作家与读者之间的关系从'五四'时期的师傅和徒弟的关系,转变为一种平等的朋友关系。"②在这种关系下,作家创作重视读者、重视市场及商业利益。鸳鸯蝴蝶派的创作即是典型代表。鸳鸯蝴蝶派的得名来自于抨击的结果,在民初时期的大众文学,由于受商业化的影响,一些作品以迎合市民的低级趣味为宗旨,被指责为"展览秽行""攻讦阴私"等。这种抨击是带有政治色彩与意识形态色彩的,其实并不符合文学发展的理性思辨,但是其创作中也确有媚俗、娱乐的因素。在鸳鸯蝴蝶派主政时期的《申报自由谈》,他们注重的是报业资本家的商业利益,在"趣味主义"编辑思路之下,吸引了一大批以文学作为消遣的市民阶层的目光。他们的创作由"庙堂"政治转向了"民间"的生活,力求与大众交流,力求迎合市民的精神趣味与价值取向,注重从市民的日常生活中选取资源,表现平凡人生的哀乐,尽量扩大自己的读者群,反映了其大众文化与商业文学的创作倾向,而这样的创作自然要挖掘人性中的共通的因素,即消闲、娱乐、爱情,甚至色情等。这种风格的创作自始至终都受到左翼作家的抨击,然而,基于其可以取悦读者、依赖读者的编辑方针,虽然在创作思想上确有不当之处,但仍然能够继

① 周海波、杨庆东:《传媒与现代文学之间》,中国社会科学出版社 2004 年,第 74—75 页。
② 李惠敏:《商业化与 20 世纪 30 年代文学研究》,《文艺理论与批评》2007 年第 2 期。

续生存与发展。

其实,"在商业时代,读者的需求刺激着作家的创作,读者的阅读兴趣的改变也制约影响着作家的创作做出相应的调整。"[1]在现今受大众尊重的作家当中,有很多人在当时的环境下所创作的作品都可以称之为庸俗的、娱乐的。比如在近期备受关注的张爱玲,她的作品中写的旧式家庭中的婚变,从题材上讲只能纳入俗文学的范畴,从创作目的上讲亦可称之为商业文学,只是凭借其深厚的文学才华,才使她的作品有了淡雅的味道,她所写的女性的社会家庭生活、女性的生存困境、女人的爱情挣扎,都深受上海市民阶层的欢迎。

面对 20 世纪 30 年代上海商业文学所受的抨击之声,本文认为应理性看待。"这种迎合市民以更大限度地争取读者的文化品格,是一种大众商业模式。这种模式决定了散文创作不追求时代公认的精神上的高雅品格,不注重思想上的严肃性、探索性,不具备人文精神上的导向功能。"[2]这种风格的出现在很大程度上是顺应社会发展的结果,而不能仅归咎于创作者的创作。在经历了长时期的战乱与动荡之后,市民在安逸的生活环境下渴望"俗文学"的享受是情理之中的事,作家在市场环境下的商业文学创作亦是他们作为人的生存需求的合理追求。结合历史层面看,这是中断了许久的对中国古代即已有之的商业文学萌芽的继承性发展,即断续性发展。

(3) 商业色彩的渗透与渐融——1980 年代后期中国商业文学创作的成熟与病态

20 世纪 80 年代中期以来,置身于中国改革开放及推行市场经济的背景下,中国的文学出现了转型的变化。深入的市场经济改革,不仅在物质层面发挥作用,而且也影响了社会的精神文化层面。在新的环境下成长起来的以市民阶层为主力的文化消费群体,不再是文学创作上的被动接受者,他们不仅有着自己的文化需求,而且有权选择和决定文学的创作;在文学的出版、流通等领域的改革,也使文学运作本身发生了变化。社会阶层的以经济为中心的转型,对文学的影响首先体现在创作的内容及其运作方式上。自 80 年代后期开始,商业文学创作出现,并随着市场经济的深化,在否定与质疑声中,商业文学逐渐发展并且日趋成熟。进入 90 年代后,由于新的市场经济的环境以及新的

---

[1] 李惠敏:《商业化与 20 世纪 30 年代文学研究》,《文艺理论与批评》2007 年第 2 期。
[2] 周海波、杨庆东:《传媒与现代文学之间》,中国社会科学出版社 2004 年,第 108—109 页。

消费主体的需要,商业文学创作揭去了"神秘"的面纱,完全商业化作家出现,且影响着更多作家的商业性创作。

这里所说的商业文学创作的"成熟",表现在作家本人主动参与商业性写作及运作的各个环节,是彻底地为商业利益而写作的作家。王朔为该类作家的典型代表。"王朔一九八五、一九八六年开始引人注目,一九八八年走红,几部小说都被改编成电影,一时该年有'王朔年'之称。从此王朔愈发不可收,小说与影视俱热,热遍整个中国。"①

王朔的商业文学创作首先在于其对受众接受心理的契合上,具体表现在以大量对话建构小说主体与讽刺手法的巧妙运用。在文本的话语方面,商业文学的目标接受群体为以市民阶层为主体的普通大众,这部分群体处在当今社会快速的生活节奏和高度的工作压力之下,他们更喜欢以简单的方式理解与接受文本内容,哲理性、说教性的内容会使他们更觉枯燥与乏味,而王朔的很多小说中,几乎全部都由对话所构成,这使得受众在阅读时的理解难度可以降到最低,因而,他可以获得大量的读者的青睐;在讽刺手法方面,普通群体在阅读过程中所需要的是娱乐与享受,而讽刺性的手法使人们在阅读时产生放松的快感,在一定程度上缓解了压力下的精神疲劳,在讽刺性的幽默中宣泄心中的疲惫。

其次,王朔善于利用媒体,利用任何可以推销、炒作自己的机会,以实现商业性的运作,满足自己对名与利的追逐。正如他自己所说:"我在1988年以后的创作无一不受到影视的影响。从某一天起,我的多数朋友都是导演或演员,他们一天到晚给我讲故事,用金钱诱惑把这些故事写下来以便他们拍摄……这些单纯为了影视写作的小说就不多说了,实在也没什么好说的,混口饭吃,说它们毫无价值也无不可。"②"92年我见了足有两三百名记者,都见到了,大报小报,北京外地,同一张报纸见了文艺版的见影视版,见了副刊的见周末版的,自己也说乱了,惟恐红不透,惟恐声音不能遍达全国城乡各地。与此同时,图书销售应声而涨,每本均破十万大关,且持续节节上升。每到年底,我看看镜子里日渐发福的身体和吃胖了的脸,对自己说:你小子算混出来了。"③至于

① 张新颖:《中国当代文化反抗的流变:从北岛到崔健到王朔》,《文艺争鸣》1995年第3期。
② 王朔:《王朔文集》(卷一序言),华艺出版社1995年,第2—3页。
③ 王朔:《随笔集》,云南人民出版社2004年,第151页。

他为了炒作自己,而引发的对金庸、张艺谋、老舍、鲁迅,甚至他自己的"辱骂",更是闹得沸沸扬扬,再次把自己推向了议论的焦点。

王朔的商业性创作的做法确实难令人恭维,不值得其他商业文学作家的效仿,而余秋雨的"商业之路"却是值得借鉴与思考的。"余秋雨先生几乎是自觉地实践文人与现代传媒结合,来普及'高雅'文化。他的散文是传播文人品格与获得商业效应两方面同时成功的少数例子之一。他的《文化苦旅》《山居笔记》有许多令人读之难忘的作品,本来是属于知识分子人文精神的薪火传承的工作,他却能够使之轻松走进寻常百姓之家,成为畅销读物。他的成功很像三十年代风行一时的林语堂,开拓了现代都市文化中一个特殊的读者市场:在知识分子精英文化与追求色相的粗俗文化之间,还存在着大量追求'高雅'生活趣味的市民阶层文化,而从林语堂到余秋雨所创作的流行读物,正是满足了这一阶层的精神需要。"[①]

商业文学创作的"病态",则是指作家自己受文学商业化的影响,被迫改变以往风格,而开始商业性创作,甚至在创作或运作过程中,自己的主观意愿都要受到商业因素的制约。这一方面从余华在《兄弟》一书的创作中可以看出。余华,曾被视为"风格卓异""不忌别人脸色",多产而富于变化,由先锋主义到现实主义,再到《兄弟》的出版,余华的创作不仅在文本内容上,而且在发行销售上,都透露出他现在对商业化运作的倚重,以及对大众趣味的趋同,我们也可以感受到他的一丝苦衷。

首先,从发行及销售上看,《兄弟》上下两部出版时间竟然相隔了 7 个月,谁都明白这是出版社为吊足读者胃口的故意为之,"不忌别人脸色"的余华这次异常配合,他带有歉意地解释道:"其实我和出版社都想上下部一起完整出版,但是出版社的上级单位上海文艺出版总社不同意,因为他们要考虑书展……西方很多作家的大部头小说都是一部部出的,所以有些读者也想等上下部出完以后,再去买完整的套书,这样的情况也是有的。"在销售上,余华就好像演艺界的明星一样,频繁曝光、演讲、签售,按照出版社的要求完成了整个商业运作程序。"在媒体功能日益强大、丰富的经济时代,文学对于媒体、商业的借助和需求,已无法回避,即使如余华般优秀、有号召力的作家为更好传播自己的作品,也不得不服从(甚至是借助)于商业运作,商业利益随传播环节进

---

① 陈思和:《试论 90 年代文学的无名特征及其当代性》,《复旦学报》(社会科学版)2001 年第 1 期。

入到文学体系中,并成为重要因素改变文学的生存环境。"①

其次,在文本内容上,《兄弟》一书表现出了鲜明的大众趣味化倾向,在某些部分的描述上说其低俗亦不为过。如开篇的李光头厕所偷窥、处美女大赛及李光头与林红的疯狂的性爱描写,已经几乎沦落于色情小说之列,这在余华以往的创作中是前所未有的。

以本文中的"断续式"的表述来说,1980 年代后期开始的商业化文学创作,亦是对 20 世纪 30 年代以上海为代表的商业化文学的回归,无论是在文本上、还是在商业运作上,都可以称之为在其基础上的进一步发展。

A study on the characteristics and development trend of popular culture in Commercial Literature

Abstract:Commercial literary creation is a relatively hot literary phenomenon in recent years. From the perspective of characteristics, popular literature and commercial literature is containing relation; from the living environment, mass culture is the environment in the business literature of the generation and development of the soil, therefore, commercial literature should be regarded as a part of popular culture. At the same time, the Chinese commercial literature development and relevant examples, because of its subject to the factors of social politics, economy and the development of the city, the commercial development of literature is a special kind of "intermittent" development situation.

Keywords:Commercial literature creation, Mass culture, "intermittent type" development

作者:刘东阳,中原文化艺术学院教师,传播学硕士,讲师

---

① 郝江波、赵蕾:《从〈兄弟〉及"兄弟热"看当代文学的商业化倾向》,《山东文学》2007 年第 4 期。

卫生权力的正当性与专业性
——绅商自治与军阀统治时代
上海南市的卫生政治(1905—1923)

祁 梁

　　摘　要：本文通过梳理分析,揭示出上海南市地区的卫生权力在 1905 年
至 1923 年的形成和变化,及其在绅商自治和军阀统治不同背景下的差异。绅
商自治时代是卫生话语输入和形成的时代,卫生权力的支配体现在道路清洁、
食品卫生和公厕清洁等方面,自治绅董延续了清廷一刀切的管制思维,并以卫
生话语为手段,瓦解和重组了挑粪业的利益,从中牟取了一笔自治经费,但在
招标方面有所妥协,默许了挑粪夫们的争夺代理人策略,并未课税太甚。军阀
统治时代的卫生权力除了以上三方面的事务之外还要面临流行病爆发期应对
"时疫"的焦虑,卫生权力一分为二,由工巡捐局和淞沪警察厅多头治理,遇事
则互相推诿,收费则互为奥援,一面责备民众卫生素质低下,一面于每年压
力骤增时突击整顿;在厕所清洁招标费上胃口逐年递增,陷入权力内卷化的
恶性循环;在应对"时疫"问题上则处于维护"防疫主权"和能力不足的两难
境地。以上事实指向了卫生权力的两个核心问题:正当性和专业性。比较
而言,绅商自治力量正当性较强而专业性有待加强,军阀统治力量则正当性
与专业性都较弱。个中原因在于清末民初绅商自治和军阀统治的两种主体
的身份差异。

　　关键词：绅商自治　军阀统治　卫生权力　正当性　专业性

一、绪论

(一) 近代上海卫生研究史

"卫生"(Hygiene，Sanitation)作为一个西方概念，输入到中国，是近一百多年内的事情。卫生和医疗之间既有联系又有区别，医疗无论中西，都古已有之且各自成其体系，但卫生的概念即使在西方，也是 19 世纪才出现的观念。

卫生观念的出现，和法国微生物学家巴斯德(Louis Pasteur)关系甚深。在巴斯德以前，人们并不了解食物腐烂的原理，以为空气构成了食物腐烂的原因。而巴斯德通过研究得出结论，认为是微生物借助空气为媒介，进行活动和觅食，造成了食物的腐烂。他具有针对性地发明了巴斯消毒法，以消灭酒类、牛奶等食物中的微生物。巴斯德的微生物战争一个在实验室，另一个在媒体，他极为成功地借助媒体宣传了微生物的概念，于是在这以后，巴黎的街道开始进行大规模的清洁活动，市政和卫生紧密结合在一起，臭气熏天的街区不再出现，人们为了消灭微生物的负面影响而开始了大规模的市政卫生工程，同时也极为注意个人身体的卫生状况。

这种卫生观念传入到中国，是在清末时期的通商口岸。根据罗芙芸(Ruth Rogaski)的研究，中国文献中最早出现"卫生"一词，是《庄子·庚桑楚》，其含义是捍卫生命，同滋养生命的"养生"极为接近。之后美国传教士傅兰雅(John Fryer)传播基督教禁酒观的《居宅卫生论》仍沿用这一含义，但日本医学家长与专斋、后藤新平、森鸥外等人，则将 Hygiene 对译为"卫生"，开始表达与"公共健康"相关的含义。而对应的西方式卫生实践，则在 1902 年八国联军委任统治的天津，以及 19 世纪末上海的公共租界内，都有一些市政卫生工程，如下水道设施、公共厕所、自来水厂等等。罗芙芸认为，卫生的现代性(Hygienic Modernity)是帝国主义用来建立自身统治优越性的一种话语和实践。[①]

在罗芙芸以前，已经有程恺礼(Kerrie Macpherson)对于上海公共租界的城市用水、公共医疗和医院建设进行了深入研究，[②]其研究范式与罗芙芸的现

[①] ［美］罗芙芸(Ruth Rogaski)：《卫生的现代性：中国通商口岸卫生与疾病的含义》，向磊译，江苏人民出版社 2007 年。

[②] Kerrie L. Macpherson，*A Wilderness of Marshes：The Origins of Public Health in Shanghai，1843–1893*，Hong Kong，Oxford，New York：Oxford University Press，1987.

代性和现代化研究基本相同。在他们之后,胡勇、①刘岸冰、②陈蔚琳③等从不同侧面,延续了这一研究范式,分析上海公共卫生、传染病防治和现代性之间的关系。这一范式隐含的涵义在于,"现代"等同于"先进",卫生的现代性体现在公共卫生工程的兴办,大幅度降低了天花、霍乱和鼠疫等流行病的感染率,从而降低了死亡率,表现了其先进性。这一逻辑不能说不自洽。

另一种研究视角,是将卫生和种族意识、民族国家的建构联系在一起,如张仲民对于晚清卫生书籍的研究④,以及对于报刊中卫生用品广告的研究⑤,这一研究视角强调卫生和强烈的种族观念之间的关联,甲午以后中国的民族危机感日益强烈,保种、保国、救亡图存等意识日益苏醒,卫生观念的传播使中西人种和生理的差异抽象化,将卫生和国家强盛联系在一起,从而更好地为"合群"服务。

还有一种研究视角是自上而下的,研究以卫生为名义,国家如何实现对于个人身体的控制,以余新忠的研究⑥为代表。他通过对于清末"卫生行政"的研究,分析政府如何通过市场卫生控制、道路清洁和防疫措施,来实现对于个人身体的管制。这种研究视角脱胎于法国学者福柯(Michel Foucault)。福柯认为权力对于个人的干预,不仅仅体现在法律、警察和监狱,其他如麻风病院、愚人船和诊所等,也都是权力渗透到私人领域的表现。

以上三种研究路径,是近代中国通商口岸卫生研究的不同范式,本文将在第三种研究路径的基础上,更进一步分析不同政权形式对于卫生治理的影响。清末中国各种思潮迭次兴起,其中地方自治的思潮不仅见于纸上,更曾经施行一时。本文将通过对上海华界南市地区绅商自治时代(1905—1913)和军阀统治时代(1914—1923)卫生治理情况的比较研究,分析政权组织形式的不同是否以及如何影响到卫生治理的实践,进而处理不同政权形式下政府和个人身

---

① 胡勇:《传染病与近代上海社会(1910—1949)——以和平时期的鼠疫、霍乱和麻风病为例》,浙江大学博士学位论文,2005 年。

② 刘岸冰:《近代上海城市环境卫生管理初探》,《史林》2006 年第 2 期,第 85 页至第 92 页。

③ 陈蔚琳:《晚清上海租界公共卫生管理探析(1854—1910)》,华东师范大学硕士学位论文,2005 年。

④ 张仲民:《出版与文化政治:晚清的"卫生"书籍研究》,上海书店出版社 2009 年。

⑤ 张仲民:《卫生、种族与晚清的消费文化——以报刊广告为中心的讨论》,《学术月刊》2008 年 4 月,第 140 页至第 147 页。

⑥ 余新忠:《晚清的卫生行政与近代身体的形成——以卫生防疫为中心》,《清史研究》2011 年 8 月第 3 期,第 48 页至第 68 页。

体之间的关系问题。

(二) 晚清上海民间自发慈善行为：施药局与施医局

在研究近代上海绅商自治和军阀统治不同政体下的卫生治理情况以前，有必要对于晚清上海华界涉及公共健康的机构或团体的历史背景有所陈述。当时虽然没有近代意义上的"卫生"观念，但排除个人求医问药而进于公共健康的领域，则被纳入到"慈善"的范畴之下，而中国民间慈善的传统则十分深厚。

明清以来江南慈善史的研究中，夫马进的《中国善会善堂史研究》①颇为经典。其后小浜正子根据各种慈善团体的征信录以及其他档案资料，完成了对于近代上海慈善业之公共性与国家关系的研究。② 既有珠玉在前，此处则只对上海慈善业与公共健康的关系加以申说。

当时的民间慈善作为一个系统工程，包含范围十分之广，除了宗族的义庄义学，还有各种善堂善会，如保婴会、恤嫠会、清节堂、儒寡会、救生局、施药局、棲流局、蚕桑局、救荒局、放生会、葬亲社、赊棺局、惜字会、收毁淫书局、洗心局等等。③ 其中有关公共健康的慈善机构，是施药局或施医局。施药局和施医局一般是临时机构，以各善堂为据点，每逢夏秋之际向贫民施舍医药，但很多情况下不免视为具文，到了秋冬则撤局，贫民受惠无多。所聘医士不乏庸劣，所用药饵未必精良。且就医之人没有养病之所，比当时租界内所立医院要差得多。④ 而夏秋之际向贫民施舍医药的原因在于，当时中国人将夏秋流行的致命传染病霍乱视为常见疾病，每年夏秋固定时节即会流行，并无特别针对性的预防处理方法。

施医局和施药局的重点不在医药的对症和治愈，而在于"施"。根据当时施药局规条的记载，医学的哲学基础为不可知论和神灵降病论，人得病的原因半为天灾半为人事。因此给药之前医者必须斋戒虔诚，并且将各种灵

① ［日］夫馬進『中国善会善堂史研究』，京都：同朋舍，1997年。
② ［日］小浜正子：《近代上海的公共性与国家》，葛涛译，上海古籍出版社2003年，第50页至第127页。
③ 余治编：《得一录》，王有立主编：《中华文史丛书》之八十四，华文书局股份有限公司1968年至1969年，第19页至第23页。
④ 胡祥翰等：《上海小志、上海乡土志、夷患备尝记》，上海古籍出版社1989年，第98页至第99页。

验药方摘选刊刻，以广流传。如果请药后痊愈的人，应该烧香叩头，将家中残破书本带到局中焚化，即算酬谢。若家中留有淫书唱本等最好也焚化掉，积累功德。① 施药局的规条甚至背弃了中医的阴阳五行理论，而退到神明降病论，这当然与其公益性质有关，免费医疗的治愈率自然会大打折扣。这种情况下的公共健康十分堪忧，公共医疗的非专业性和公众健康的低水平性之间构成突出矛盾，于是有人提出应该趁着 20 世纪初上海华界办地方自治之际，学习租界的制度设立医院，②以解决这个问题。下文将对此进行探讨。

二、绅商自治时代上海南市的卫生权力(1905—1913)

(一) 绅商自治机构的卫生权力：道路清洁与食品卫生

上海在 1843 年开埠通商以后，各国陆续入住并租地划界，形成了以英美为首的公共租界和法租界。公共租界和法租界都选举产生了纳税外人会议，并成立了市政治理机构，作为议事和执行两会，其执行部门，公共租界称为工部局，地址在外滩；法租界称为公董局，地址在霞飞路(今淮海中路)。法租界和公共租界彼此相邻，又把上海的华界地区分为南北两半，即南市和闸北两区。租界的卫生管理包括传染病防治、食品卫生管理和医院建设等内容，③而华界的卫生治理与之相比则起步较晚。

1895 年南市浦滩处因新修马路，出于对于马路市容的管理需要，创立了南市马路工程局及善后局，维护马路。1895 年 12 月得到清廷核准，而后南市马路工程局由当时的上海道台刘麒祥委员开办，④正式设立在 1896 年 7 月 17 日前后。⑤ 到了 1897 年，第一条马路竣工，被称为南市外马路。⑥ 随后颁布了《沪南新筑马路善后章程》，在章程中规定了许多禁止事宜，比如禁止在马路两旁随意摆摊，禁止有血肉模糊的乞丐肆意乞讨，禁止在马路边随意大小便或者

① 《施药局章程(附药局立愿约)》，余治编：《得一录》，王有立主编：《中华文史丛书》之八十四，华文书局股份有限公司 1968 年至 1969 年，第 303 页至第 312 页。
② 胡祥翰等著：《上海小志、上海乡土志、夷患备尝记》，上海古籍出版社 1989 年，第 98 页至第 99 页。
③ 马长林、黎霞、石磊等：《上海公共租界城市管理研究》，中西书局 2011 年，第 72 页至第 136 页。
④ 《上海市政机关变迁史略》，上海通社编：《上海研究资料》，上海书店出版社 1984 年，第 79 页。
⑤ 《预备设局》，《申报》，1896 年 7 月 17 日。
⑥ 《上海市政机关变迁史略》，上海通社编：《上海研究资料》，上海书店出版社 1984 年，第 79 页。

泼洒粪便,禁止在马路上策马驱车狂奔或者牛猪羊乱跑,禁止乱倒垃圾尤其是碎碗碎玻璃,禁止在马路边兜售淫书淫画,禁止携带洋枪、手枪和刀剑在马路上行走,等等。[1]

　　上海在 1905 年掀起了绅商主导的自治行动。1905 年,上海绅商郭怀珠、李钟钰、叶佳棠、姚文柟、莫锡纶等向时任上海道台的袁树勋上书申请举办地方自治,初衷是"惕于外权日张,主权寖落,道路不治,沟渠积污,爰议创设总工程局,整顿地方以立自治之基础"。上书之后,袁树勋对此深表同情。[2] 获得了道台袁树勋的支持后,绅董开办上海城厢内外总工程局,接管原有南市马路工程局事务,实行地方自治。[3] 城厢总工程局分为议会(成员有议长和议员)和参事会(成员有总董、董事、名誉董事、各区长和各科长),议会在选定以后,他们按照选举程序由议员选出董事。参事会下设五处,文牍处、工程处、路政处、会计处、警务处,又于处下设三科,户政科、工政科、警政科。此五处外又另设裁判所办理诉讼事宜。[4] 经费方面,有浦江船捐招商认包、地方月捐、工程借款、地方公债。[5] 具体的办事范围包括,编查户口、测绘地图、推广埠地、开拓马路、整理河渠、清洁街道、添设电灯、举员裁判,等等。[6] 在区划方面,城内分为东城区、西城区、南城区、北城区,城外分为东区、西区、南区,一共七个区(城外北部即为法租界)。[7] 1909 年清廷颁布《城镇乡地方自治章程》通行全国,上海城厢总工程局随即改名为上海城自治公所,原有部门未作大幅调整。1912 年民国建立,又改名为上海市政厅,至1913 年二次革命南北战争后,袁世凯取消地方自治,上海华界的自治机构解

[1] 《沪南新筑马路善后章程》,《湘报》1898 年第 13 号,第 50 页至第 51 页。

[2] 《总工程局开办案·苏松太道袁照会邑绅议办总工程局试行地方自治文》,杨逸纂:《江苏省上海市自治志(二)》(影印本),"中国方志丛书·华中地方·第 152 号",成文出版社有限公司 1974年,第 237 页。

[3] 《上海城厢内外总工程局大事记》,杨逸纂:《江苏省上海市自治志(一)》(影印本),"中国方志丛书·华中地方·第 152 号",成文出版社有限公司 1974 年,第 129 页至第 130 页。

[4] 《上海城厢内外总工程局简明章程》,杨逸纂:《江苏省上海市自治志(三)》(影印本),"中国方志丛书·华中地方·第 152 号",成文出版社有限公司 1974 年,第 1013 页。

[5] 蒋慎吾:《上海市政的分治时期》,《上海通志馆期刊》,1934 年第 2 卷,沈云龙主编:《近代中国史料丛刊》续辑第 39 辑,文海出版社 1977 年,第 1226 页。

[6] 《上海城厢内外总工程局简明章程》,杨逸纂:《江苏省上海市自治志(三)》(影印本),"中国方志丛书·华中地方·第 152 号",成文出版社有限公司 1974 年,第 1012 页至第 1013 页。

[7] 《上海城厢内外总工程局总章》,杨逸纂:《江苏省上海市自治志(三)》(影印本),"中国方志丛书·华中地方·第 152 号",成文出版社有限公司 1974 年,第 1014 页。

散。在此期间,南市卫生事务的管理,一开始归于自治机构路政处,后归于卫生科。

　　无论路政处还是卫生科,其管辖事务范围基本为道路清洁和食品卫生两项。1905年至1913年的绅商自治时代,路政处主任和卫生科主任均为范熙瑞。① 首先是道路清洁。道路清洁和路灯维护一般为捆绑事务,处理方式或者由警察局接受办理②,或者由自治机构委托某商家雇人办理③。具体清洁道路时,会对商户倾倒垃圾的时间和清道夫的上岗时间做出规定,上午九点以前必须倾倒完毕,清道夫午前须扫除干净。扫除后按月雇佣驳船,装载垃圾运走。清道夫的工具定期给换,扫完后须用洒水车清洁路面,清道夫的工资按月发放,工作结果由警察检查。④

　　然后关于食品卫生。这部分的事务由自治机构下属的警察局予以督责检查,和《沪南新筑马路善后章程》的性质类似,主要是各种禁止事项,如禁止出售瘟猪⑤,限定菜摊出摊时间⑥,禁止在夏秋时节售卖有碍卫生的寒冷食物(如凉粉、冰块、柠檬水等)⑦,禁止私售灯吃⑧,等等。

　　道路清洁和食品卫生作为卫生权力的两项内容,分别是卫生权力的正向强化和负向强化。卫生权力作为近代一种新形式新名目的权力,通过道路清洁的正向强化建立自己的"现代性",以这个政绩来树立自己的权威,从而使大众在相关范畴内得以服从和规训。维持道路清洁成为大众的一种观念模式,

① 《各科办事员表》,杨逸纂:《江苏省上海市自治志(一)》(影印本),"中国方志丛书·华中地方·第152号",成文出版社有限公司1974年,第47页。
② 《清道路灯案》,杨逸纂:《江苏省上海市自治志(一)》(影印本),"中国方志丛书·华中地方·第152号",成文出版社有限公司1974年,第351页至第352页。
③ 《按收城内清道路灯案》,杨逸纂:《江苏省上海市自治志(二)》(影印本),"中国方志丛书·华中地方·第152号",成文出版社有限公司1974年,第643页至第648页。
④ 《卫生项办理清道规约》,杨逸纂:《江苏省上海市自治志(三)》(影印本),"中国方志丛书·华中地方·第152号",成文出版社有限公司1974年,第1123页至第1125页。
⑤ 《示禁售卖瘟猪文》,《各种示文》,杨逸纂:《江苏省上海市自治志(一)》(影印本),"中国方志丛书·华中地方·第152号",成文出版社有限公司1974年,第511页。
⑥ 《示谕马路桥菜摊限定时刻文》,《各种示文》,杨逸纂:《江苏省上海市自治志(一)》(影印本),"中国方志丛书·华中地方·第152号",成文出版社有限公司1974年,第520页。
⑦ 《示禁售卖有碍卫生寒冷食物文》,《各种示文》,杨逸纂:《江苏省上海市自治志(一)》(影印本),"中国方志丛书·华中地方·第152号",成文出版社有限公司1974年,第521页。
⑧ 《示谕严禁私售灯吃文》,《各种示文》,杨逸纂:《江苏省上海市自治志(一)》(影印本),"中国方志丛书·华中地方·第152号",成文出版社有限公司1974年,第524页。

从而自动自发地去维系权力规定的秩序。卫生权力可以说是权力实施的最佳范例,在这个过程中人们并未或者极少感到被强制做什么,而自动地修正头脑中不符合卫生的观念,达到卫生权力的要求。当然,负向强化的卫生权力更通过惩罚不"卫生"的行为来完善自己的执行力,食用瘟死的动物肉、夏天喝冷饮等行为都可能对人体的健康产生危害,卫生权力正是在这个因果关系的基础上提出种种强制措施,迫使大众遵从权力的意志,如果目的是善的,手段可以不加选择,这也是权力的特性之一。

但正向强化和负向强化的卫生权力最重要的并不在于服从和被服从,而在于定义权和解释权,也就是由权力来定义什么是卫生,什么是不卫生。这就不免回到权力滥用的老路,以及各种自发的权力寻租行为。以食品卫生为例,警察检查市场卫生的时候,可以随时向菜农索贿,否则就以其出售不卫生食品的名义对之进行处罚。因此,卫生权力虽然是一种新形式新名目的权力,但和以前存在的各种形式的权力并没有本质差别,本身都存在一个关键的问题:权力的来源和正当性。

清末地方自治希望达到更广泛的政治参与和政治动员的目的,在这个过程中原本不处于实际统治者范围的绅士、生员和商人被纳入到参政议政的格局中,而其施政效果则各地参差不齐。从上文所言上海南市卫生权力的行使来看,一刀切和盲目禁止的风格几乎同清廷如出一辙,在这个过程中间缺乏有效的协商和妥协机制,管制思维十分强势。由于无法分辨夏天冷饮水质的清洁程度,索性一禁了之,可谓因噎废食的近代注脚。关键在于,地方精英们的施政目光,仍然是权力本位的,而并未想象到各种利益主体为了私利奋斗,并通过"看不见的手"而自发自动形成协调秩序的可能,比如由民间行业协会或消费者群体来监督奖惩食品销售者。当然,这种想法在清末很多人眼里是离经叛道、荒谬不稽的。①

回到卫生权力的问题,上文曾经提到晚清上海民间自发的慈善行为,有关公共健康的部分为施药局和施医局,但效果并不出众。于是有人提议趁着地方自治的时机效仿租界设立医院,来解救大众疾病的痛苦。但卫生权力当局

---

① [美]孔飞力(Philip Kuhn):《中国现代国家的起源》,陈兼、陈之宏译,生活·读书·新知三联书店 2013 年,第 71 页至第 72 页。有关绅商自治、军阀统治对于卫生权力的意义,本文结论部分会详论。

并未直接成立官方的医院,而是由绅士李平书个人牵头,酝酿成立了上海中西医院,他个人对于中医和西医都有十分的兴趣,但主要擅长中医,于是他找了位擅长西医的女医师,于1906年成立了上海医院以及附属的医学堂。[1] 重要者在于,此时自治机构的卫生权力尚未认识到垄断开办医院的权力可能带来的种种利益和好处,所以不出面成立(且只准其成立)医院,医院没能和卫生权力的正向强化挂钩,对于民间成立医院的行为暂且听之任之。

如果说卫生权力在道路清洁和食品卫生两项内容中的表现仍不明显的话,那么1912年上海南市清洁所的成立及相关的"臭风潮",则颇可以成为进一步分析的材料。

(二) 清洁所的设立与"臭风潮":挑粪利益的瓦解和重组

上海旧有坑厕的粪便挑运事务,是由各个粪行下的粪头划定区域,各自承包。粪头们每天将坑厕中的粪便装于桶中,之后载于粪船上运往周边农业地区,卖给农户们做肥料之用。粪头们靠此谋利营生。[2] 不过这种谋生手段,到了民国成立之时,遽遭废弃。1912年上海光复,自治机构改名为上海市政厅,自治绅董们不再受清廷在某些事务上的掣肘,开始大展拳脚,其中一件大事,是将上海县城的城墙拆除。而附带的一些小事,其中就有设立清洁所,以扩大财源。

自治事务千头万绪,总离不开一个钱字。上海虽然具有得天独厚的商业优势,不像其他农村自治区域那样靠公产公地的收入维持,而且可以向商户们收取自治捐和其他捐税,但开源之事,总是多多益善。绅董们把目光投向了挑粪业,一则可以借向租界学习先进制度的名义推广公共卫生管理,二则可以从中渔利,获取更多的自治经费。具体形式,就是将挑粪事务承包给一个固定商行,先以招标形式向众多商行公开业务,然后择取出钱最多的商行,将挑粪业务指定由此商行独家经营。此商行既然报价最高,则势必压低粪头们的工资,

[1] 李平书等著,《李平书七十自叙》,上海古籍出版社1989年,第55页。

[2] 有关民国时期粪头谋生的研究,可以参考杜丽红:《1930年代的北平城市污物管理改革》,《近代史研究》2005年第5期。Xu Yamin, "*Policing Civility on the Streets: Encounters with Litter bugs, 'Night Soil Lords', and Street Corner Urinators in Republican Beijing*", Twenties-Century China, Vol. 30, No. 2. 辛圭焕:《20世纪30年代北平市政府的粪业官办构想与环境卫生的改革》,《中国社会历史评论》第8卷,2007年。

并抬高粪便的销售价格,希望在上缴承包费之后还能获取最大利润。如此一来二去,自治绅董们可谓空手套白狼,白白赚取了承包费,为最大赢家;第二赢家为承包商行,他们垄断了挑粪业务,在销售额和给付工资、承包费之间赚取了利差;最大输家是原有的粪头们,他们由原来独占挑粪业务,到之后变成了打工者,只领取被商行百般压榨过的微薄薪水。

粪头们当然是怒不可遏的,但他们一没有合法暴力手段(如警察),二没有话语权(在绅董赞助的报纸中被污名化为"粪霸"),只能靠着联合示威,冲击清洁所,作玉石俱焚之态。1912 年 1 月,上海市政厅在公布了清洁所挑粪业务由沈昌记承包之后,遭到了粪头们的示威抵制,而自治机构则靠着卫生"现代性"的话语权,更靠着合法的国家暴力机关(警察和福字营刘司令麾下的军队),将这次示威行动予以弹压和"维稳"。①

弹压行动持续到了 2 月份②,粪头们开始调整策略,即由冲击示威改为罢工示威,不进城挑粪,为此上海城内西北区的商民在 6 月份向市政厅请愿,说粪头们不上工,市政厅也不派人代工,天气炎热,坑厕粪便堆积,臭秽不堪,试问市长如何心安。③ 粪头们趁着满城风雨的良机,在 9 月份由粪头张长明牵头,扶老携幼 200 余人前往市政厅示威,称生计被剥夺,如不解决,有死而已。最终被市政厅负责人好言相劝,云嗣后解决,最终散去。④ 隔日市政厅则通知了各区警务长,防备粪头们再次聚集示威。⑤

然而无论冲击示威还是罢工示威,都只能暂行一时,于挑粪利益的重组而言,并不能有所改观。粪头们知道已不能回到各自划区挑粪的状态,只能实施代理人斗争,即由粪头们公举出一个商行,投标成功,然后再由粪头和该商行协定工资、提成和粪便价格问题,以此试图谋取相对更大的利益。但其他投标商行势必不能答应,他们垄断挑粪业务的意图成为泡影,于是攻讦粪头的代理人商行,发生了"庄泉生行贿"事件。沪西商团负责人庄瑞卿状告经办清洁事务的商行负责人庄泉生,说他向招标人行贿才获取了经营权。于是市政厅出

① 《通告开办清洁所文》,杨逸纂:《江苏省上海市自治志(一)》(影印本),"中国方志丛书·华中地方·第 152 号",成文出版社有限公司 1974 年,第 997 页。《开办清洁所之防备》,《申报》,1912 年 1 月 22 日。

② 《预防臭胡闹》,《申报》,1912 年 2 月 8 日。

③ 《西北城商民受累》,《申报》,1912 年 6 月 26 日。

④ 《又是一场臭胡闹》,《申报》,1912 年 9 月 1 日。

⑤ 《防遏臭风潮之布置》,《申报》,1912 年 9 月 2 日。

面调停,最终裁定庄泉生并未行贿,他经营清洁事务,得到了各区粪头们的拥护。庄瑞卿之言系诬告。① 粪头们的代理人斗争暂时成功,但相比以前独占挑粪业务而言,领取工资的他们还是丧失了一定的利益,不免相对消极怠工,或则收工迟至中午十二点,或则将粪便倾倒于阴沟之内,为此受到了舆论指责。②

从此以后的"臭风潮"都已是代理人斗争式的。清洁所事宜第一期承包期满后,粪头胡汉涛、张长明等上街散发传单,伪称清洁事宜继续由庄泉生承包,且已获得江苏省民政长的许可,他们还用木桶倾倒粪秽于街上,当场被警察擒获并扭送拘押③。市政厅澄清消息称投标事宜尚未确定,如再有哄闹事情将按法律办理。④ 最终,投标事宜并未能如粪头们所愿,而承包给了出钱 1400 元的朱新记。⑤

从上海市政厅最终公布的清洁所招标简章来看,他们对于粪头们有所妥协,称会照顾原有粪行的利益,允许他们继续挑粪,但招投标主导权则仍在市政厅手中。⑥ 粪头们即使兴起种种的代理人斗争,甚至摆脱其他商行,自己组建商行承包清洁事务,也都免不了向市政厅交一笔承包费。由此可见卫生权力已经超越了原来的权力,真正成长为无所不能的"利维坦",可以向个人提出种种要求和约束。卫生是一种新的话语和知识,更是一种为暴力机关所不能为的新权力,只凭借"卫生"这两个字就能改变行业结构,改变官民关系,凭空产生一笔经费,凭空独占一份利益,而且这种改变是不可逆的。无论之后的权力形式是绅商自治还是军阀统治,是绅董掌权还是军人掌权,都可以用卫生话语来谋取利益,那么这种卫生的"现代性",不啻是国家巧取豪夺再便当不过的手段了。对于普通人而言,似乎总是无能为力的,粪头们也只能老老实实上缴一份承包费,然后用各种消极行为发泄自己的不满,就像 19 世纪的英国工人捣毁工厂机器一样,这种"反行为"只是弱者的武器罢了。那么怎样才能积极改变这种结构呢? 似乎只能依靠权力更具有代表性,比如"无代表,不征税",

---

① 《证明庄泉生并不得贿》,《申报》,1912 年 9 月 2 日。

② 《自由谈话会》,《申报》,1913 年 1 月 20 日。

③ 《沪南又起臭风潮》,《申报》,1913 年 2 月 9 日。

④ 《附录商埠巡警厅长文告》,《申报》,1913 年 2 月 9 日。

⑤ 《弄巧反成拙》,《申报》,1913 年 2 月 16 日。

⑥ 《上海市政厅招设清洁所办法简章》,杨逸纂:《江苏省上海市自治志(三)》(影印本),"中国方志丛书·华中地方·第 152 号",成文出版社有限公司 1974 年,第 1149 页至第 1150 页。

来反抗打着现代化旗号的种种横征暴敛。然而,权力在神授性、代表性和民粹性三者之间,并没有鸿沟,如何保持权力的代表性在其他两者之间微妙浮动,需要高超的牵制和平衡的权力分割制度。但这个问题对于近代中国而言还太遥远。

绅商自治时代的卫生权力已经成长到如此程度,那么军阀统治时代的卫生权力会发生怎样的变化? 这种变化对于权力和个人身体之间的关系而言有什么意义? 以下将试图做出分析。

三、军阀统治时代上海南市的卫生权力(1914—1923)

(一)军阀统治机构卫生权力的分化与低效:多头式治理、运动式整顿与权力内卷化

1914 年,袁世凯在二次革命后占领上海,并在全国范围内停办地方自治。随后,袁世凯嫡系上海镇守使郑汝成设立了上海工巡捐局,借以替代原有的自治机构上海市政厅,褫夺其市政治理权,意味着上海华界由绅商自治转为军阀统治。郑汝成委派外交委员杨南珊会同县知事洪锡范,将上海市政厅的财产、账簿、卷宗等先行接收保管,3 月,参仿天津办法,改市政厅为工巡捐局,由军事处转呈大总统准设上海工巡捐局,管理工程、卫生,及征收关于工程、卫生之捐税,学务则划归上海县政府办理。工巡捐局分为闸北、沪南两个分局,沪南工巡捐局的编制有局长、总务处长、文牍员、统计员、庶务科主任、会计科主任、总务科主任、工程科主任、卫生科主任、助理员,1922 年增设了副局长。沪南工巡捐局历任局长为杨南珊、朱钧弼、杜纯、姚志祖、莫锡纶、姚福同。[①] 姚公鹤认为,有人说 1913 年地方自治取消,其实是因上海一隅而波及全国。上海市政厅解散后工巡捐局成立,一为民选,一为官办,一为自治,一为官治,职权同,范围同,所不同的地方是,民权的缩减和官权的伸张。沪南工巡捐局局所即原市政厅办公处。因南市与军事有关,故该局遂为镇守使隶属机关。[②]

郑汝成虽于 1915 年被刺身亡,但随后的苏浙军阀杨善德、李纯、何丰林、齐燮元、卢永祥等先后争夺对上海的管辖权,并凭借工巡捐局(闸北、沪南两分

---

① 姚文枬、秦锡田等修:《民国上海县志》,1936 年,卷二"政治(上)",第 2 叶(下)至第 3 叶(下)。
② 姚公鹤:《上海闲话》,上海古籍出版社 1989 年,第 77 页。

局)而实现对于上海华界市政权力的控制。工巡捐局至 1923 年收回绅办,改为市公所,1923 年上海市公所成立至 1927 年国民党进驻上海,是一个短暂的过渡期。

工巡捐局一建立,杨南珊就将市政治理的范围缩减到了仅余工程和卫生,学务交由县政府管理,农工商事业亦不经理,捐税只征收工程和卫生范围内的,而清道和路灯两项市政竟交给警察厅来治理。① 警厅在管理路灯时并不顺畅,1914 年 4 月忽然发现路灯损坏,坊间纷纷传言这是革命党的破坏。② 且路灯一旦损坏,工巡捐局就会致信警察厅进行责备。③ 这些只能说明军阀统治能力相较于绅商自治而言急剧收缩。除此之外警察还要负责检查垃圾清理情况。④ 工巡捐局认为天气炎热应该在路上洒水,此为路政之一种,于是请求警察厅督办添购水车以及修理旧水车⑤,不久工巡捐局又说局里缺乏洒水车,需要洒水车和滚路机配合使用,于是请求把洒水车移给工巡捐局使用⑥。警察厅还要监督清洁工人将厕所的小便池清理干净。⑦

在军阀统治时代,淞沪警察厅和沪南工巡捐局之间的关系,绝不仅仅是同僚之间公文往来的结尾那句"查核见复,足纫公谊"那么简单,两者之间互相利用,互相牟利,军阀统治时代南市市政机能的衰退,结果就是清道、路灯、捐税、防疫、垃圾等与卫生相关的市政不得不依赖警察会同办理。工巡捐局明言自己承担的主要市政就是工程和卫生,但淞沪警察厅下面却也有卫生科,个中奥妙何在? 工巡捐局想要筹划防疫或者路面洒水事务,就必须准备经费通过警察厅的卫生科来办理,而这些经费却同时需要警察来协助征收。这就是典型的多头式治理,有利则互相寄生以求倍其利,无利则互相推诿以求避其害。两者共同造就了这一时期上海南市的官僚机构膨胀和财政困难问题。而南市的普通居民,则要遭到工巡捐局和淞沪警察厅的两层盘剥,以作为高昂的行政

---

① 《警厅接办清道、路灯之整理》,《申报》,1914 年 4 月 2 日。

② 《南市电灯损坏之虚惊》,《申报》,1914 年 4 月 25 日。

③ 《路灯不明之责备》,《申报》,1914 年 5 月 12 日。

④ 《署长员会议纪要》,《警务丛报》,1914 年第 3 年第 11 期,第 27 页。

⑤ 《呈请督办转饬工巡捐局添购新水车并修理旧水车文》,《警务丛报》,1914 年第 3 年第 16 期,第 36 页至第 37 页。

⑥ 《呈请督办洒水车子可否移还工巡局文》,《警务丛报》,1914 年第 3 年第 19 期,第 30 页至第 31 页。

⑦ 《通令一二区警察署及所属各分署转饬清洁值日夫清理小便池文》,《警务丛报》,1914 年第 3 年第 19 期,第 23 页至第 24 页。

代价。

多头式治理带来的问题是,互相踢皮球使卫生治理的效率更加低下。从1914年到1923年的十年间,就道路清洁和食品卫生的事宜而言,出现了脏乱——治理——再脏乱的循环,市民谴责清道夫随地倾倒垃圾[①],巡逻警察熟视无睹而玩忽职守[②]。卫生当局则谴责商户素质低下,不将垃圾倾倒到指定地点,引起了脏乱差。[③] 又有市民登报指出垃圾桶设施本身朽坏不堪,人们不知道在何处倒垃圾[④],并且感叹华界住民没有纳税人意识,只知道交捐税,却不过问卫生当局办理事务的实际效率[⑤],并说连杭州新市场的街道都要比上海南市的街道干净得多[⑥]。于是卫生当局开始实施运动式整顿,博采众议,颁布了一堆冗长章程,要求严格执行[⑦],顺便抱怨无钱治理,准备向商户摊派筹款[⑧]。这样的流程,几乎每年都要重复一遍。

军阀统治时代南市的厕所清洁也出现了类似的效能低下问题。隶属于清洁所的挑粪夫们此时已不再是自由职业者,而成为从工巡捐局或警察厅领取薪水的半正式员工(无编制的"临时工"),他们的身份从"民"变为类似"吏",这一身份转换给厕所清洁和南市市民带来了类似于古代衙门胥吏或村庄地保的"陋规""中饱"问题。首先,工巡捐局需索的清洁捐税年年增长,从每月1205元[⑨]增长到每月1830元[⑩],胃口越来越大。其次,投标承包清洁捐的商人愿意偿付的价格也越来越高,从每月1405元[⑪]增长到每月2275元[⑫]再到每月

---

① 《整顿沪南道路卫生之筹议》,《申报》,1919年2月27日。《垃圾夫不顾卫生》,《申报》,1919年5月11日。
② 《沈静安来函》,《申报》,1921年8月2日。
③ 《警署长慎重卫生》,《申报》,1920年5月11日。《沪南工巡捐局之慎重卫生》,《申报》,1922年5月2日。《工巡捐局之注意公众卫生》,《申报》,1923年5月13日。
④ 《上海公民林善初致沪南工巡捐局路政清道员葛似耕函》,《申报》,1922年5月17日。
⑤ 《华界住民的可怜》,《申报》,1920年6月3日。
⑥ 《两日间街道的比较》,《申报》,1920年6月19日。
⑦ 《卫生处整顿清道事宜》,《申报》,1921年9月19日。《沪南清道事宜之整顿》,《申报》,1921年11月5日。《新垃圾车造竣》,《申报》,1921年11月8日。《沪南工巡捐局整顿清道路灯》,《申报》,1922年6月12日。《南市各校条陈清洁道路办法》,《申报》,1923年4月7日。
⑧ 《南市清道路灯之整顿需款三千元》,《申报》,1921年10月20日。
⑨ 《招商承办东南区清洁捐之布告》,《申报》,1921年6月30日。
⑩ 《沪南工巡捐局招人包办东南区清洁》,《申报》,1923年7月13日。
⑪ 《东南区清洁捐投标揭晓》,《申报》,1916年7月26日。
⑫ 《东南区清洁捐开标》,《申报》,1922年7月26日。

2850 元①,甚至还有自愿加捐到 3000 元的商人②,那么他们怎样获得更多粪肥③,压低挑粪夫的工资,以赚取差价,可想而知。最后,挑粪夫处于压榨者食物链的底端,他们即使获得更多的粪肥,工资却丝毫不会增加,于是消极怠工将粪便倾倒于阴沟之内者有之④,不注意粪桶泄漏而使粪便盈路者有之⑤,向商户、菜农索取费用者有之⑥,摘掉象征挑粪工身份的铜牌暗自接私活赚外快者有之⑦。整个挑粪业的恶化,根本上是官僚机构膨胀带来的恶性循环,卫生权力需要的捐税越多,承包商人给付的更多,压榨挑粪夫更多,挑粪夫更无动力工作并且更倾向于向市民勒索。整个行业生态恶化的后果,最后全部转嫁到了在南市居住的商户、市民身上。这就是军阀统治卫生权力的内卷化。

　　相比绅商自治时代而言,军阀统治时代卫生治理情况恶化,暴露出来的问题包括多头式治理、运动式整顿和权力内卷化。但这些只是问题的表象,其根本则是卫生权力的正当性不足。上海本地的自治绅董们运用卫生权力尚有所顾忌,出于一种爱惜羽毛的心态,不敢做太出格的事情。袁世凯的北洋旧部以及其他军阀来到上海处理这些事务,则剥去虚伪面具,更加肆无忌惮,索取更多的赋税,财政支出无人负责,平时懒政怠政,压力大时突击整顿,这种权力的傲慢和惟上,再明显不过。有关绅商自治或军阀统治对于卫生权力的意义,本文结语部分将进一步分析。

　　除了以上的问题,军阀统治时代上海南市的卫生权力还要面临一项新事务,流行病的爆发与应对。那么这项事务又暴露出军阀统治卫生权力怎样的问题呢? 详见下文。

---

① 《呈报东南区得标之清洁认商》,《申报》,1924 年 7 月 21 日。

② 《认办清洁商自愿加捐》,《申报》,1922 年 11 月 23 日。

③ 《推广清洁地段之弹压》,《申报》,1914 年 5 月 26 日。《攘夺肥料之声诉》,《申报》,1914 年 5 月 28 日。

④ 《函请警察取缔倾粪入沟》,《申报》,1918 年 12 月 14 日。《华界居民对于粪夫玩公之呼吁》,《申报》,1920 年 11 月 25 日。《清洁夫违章拘罚》,《申报》,1923 年 5 月 6 日。

⑤ 《南市之挑粪问题》,《申报》,1921 年 9 月 24 日。

⑥ 《办理清洁之整顿》,《申报》,1918 年 12 月 1 日。《菜行控清洁夫勒索之批词》,《申报》,1923 年 12 月 31 日。

⑦ 《饬二区警察署取缔中西区清洁所挑粪农民违章文》,《警务丛报》,1914 年第 3 年第 43 期,第 16 页至第 17 页。

(二) 应对"时疫"的焦虑："防疫主权"与能力不足

世界范围内长期存在的三大流行病为天花、霍乱和鼠疫。流行病的爆发具有周期性和偶然性。在古代中国，一些流行病（Epidemic）长期未获得足够重视，被当成地方病（Endemic），如本文开头讨论施医局和施药局时提到的霍乱。霍乱长期被人称为"时疫"，每逢盛夏就会肆虐的疾病，人们认为这种疾病周而复始，如死亡率不高，则更处之泰然，而并未对这种疾病的危险性有足够的认识。另外一种作为"时疫"的鼠疫，中医的伤寒派本于黄帝内经阴阳五行理论，主张人体内部五气调和不畅，受外部风邪而有伤寒。温病派出现较晚，于明代之时才有一部分学者主张非"天气"，而是作为"地气"的疠气致使人得了伤寒，注重克制外部疠气对于人体脏腑的入侵，从而有了清洁居舍的防疫主张。两派之间互相攻讦，所以没有固定的预防处理方法。这种情况终结于西医对鼠疫菌（Y-pestis）的发现和消灭。①

上海华界应对"时疫"的局面有所改观，肇始于1910年租界流行的鼠疫。当时中国的鼠疫，东北最为流行，上海只是在租界有了一些苗头。华界和租界比邻而居，于是南市由绅士李平书筹款，以所办上海医院为基础，兴建了防疫医院。闸北则由巡警局创办了防疫所。宝山县则由沈敦和成立了中国公立医院。② 此时应对"时疫"者主要是民间绅商的自发行为。

进入军阀统治时代后，1914年至1923年恰逢流行病的爆发期，而此时南市应对"时疫"的责任，就落在了淞沪警察厅和沪南工巡捐局的肩上。1914年和1918年爆发了两次鼠疫，1919年爆发了霍乱。卫生当局在应对"时疫"时始终面临着维护"防疫主权"③和能力不足之间的冲突，而引起焦虑与危机。将"防疫"和"主权"联系起来似乎是一件莫名其妙的事情，但在清末民初上海人眼里，"主权"问题是一个有关切身利益的实际问题。这是因为当时公共租界和法租界往往趁着华界发生叛乱或者战争之时，便以保护侨民为名，出兵占领华界的一部分地区，这种租界扩张的事情在小刀会、太平天国动乱时发生过，在1913年"二次革命"后南北战争时也发生过。既然防疫事关重大，权力

① Carol Benedict, *Bubonic Plague in Nineteenth-Century China*, Stanford: Stanford University Press, 1996, pp. 101-130.
② 吴馨等修、姚文枬等纂：《上海县续志》，1918年，卷二"建置上"，第47叶（下）至第48叶（上）。
③ 《防疫卫生队实行出发布告文（沪南）》，《浙江警察杂志》，1914年第11期，第8页至第9页。《请求补助防疫经费》，《申报》，1914年6月6日。

的天性又是多多管制,于是南市 1913 年由淞沪警察厅创办了防疫所,和闸北的防疫所合并一处[1],建立卫生队出发巡逻,其规章制度十分详细,包括入户检查居民是否蓄养猫,是否有死老鼠,如有则发给一块铜牌以标记,如果室内环境阴暗潮湿,还要喷洒清洁药剂,以防鼠疫细菌的滋生[2]。然而,经费不足和效率问题困扰着卫生当局的防疫行为。于是仅仅一年之后,防疫所就以裁撤告终,再无下文。[3] 1918 年再度爆发鼠疫的时候,工巡捐局和警察厅给出的指示只是"厉行清洁",讲求卫生[4]。而 1919 年爆发霍乱时,租界的亚瑟·斯坦利(Arthur Stanley)医生先是保守地认为当时只是出现了类似霍乱的上吐下泻症状,具体是否为霍乱菌的作用仍待观察。租界一共有 500 例患者,其中死亡率只有 10%,而当时租界和华界的闸北地区都基本没有出现大的霍乱流行情况,但南市和浦东则情况比较严重,斯坦利医生给出的解释是这两个地区的公共卫生状况十分差,如果是霍乱菌的话,它并不通过呼吸传播,而是叮咬过含有霍乱菌的排泄物的蚊蝇再去接触食物时,霍乱菌就会附着在食物上,从而引起人感染霍乱。[5] 联想到上文已经交代的军阀统治时代南市厕所清洁的具体情况,不难想象为何南市地区霍乱爆发的情况会十分严重。斯坦利医生的观察从旁观者的角度侧面证明了南市卫生当局在应对"时疫"时的失败和困窘,除了他以外租界对于南市卫生状况的抱怨也不乏其人。[6]

"防疫主权"和能力不足之间的困境,揭示了军阀统治时代卫生权力的另一个问题:专业性不足。卫生权力得以成立的基础,以及它和以往其他权力形式不同的地方,就在于它凭借的一套理论和学说,能够促进人类的健康和福祉,因此人们才会服从卫生权力的支配。如果卫生权力丧失了专业性,人们为何要支持它呢?军阀统治卫生权力相比绅商自治而言,先天具有正当性不足的劣势,如

---

[1] 《警察南厅附设防疫所》,《申报》,1914 年 6 月 2 日。

[2] 《防疫卫生队实行出发布告文(沪南)》,《浙江警察杂志》,1914 年第 11 期,第 8 页至第 9 页。

[3] 姚文枏、秦锡田等修:《民国上海县志》,1936 年,卷十"慈善",第 8 叶(下)。

[4] 《防疫期内厉行清洁》,《申报》,1918 年 3 月 24 日。《厉行清洁之手续》,《申报》,1918 年 4 月 3 日。《南市警署厉行清洁》,《申报》,1918 年 4 月 8 日。

[5] *The Cholera Scare*: *500 Cases In Summer Diseases Hospital*, *10 Percent Fatal*; *Dr. Stanley's Views*, *The Shanghai Times* (*1914 - 1921*); Jul 19,1919, p.7.

[6] *Nantao Huns' Complaint*, *The North-China Herald and Supreme Court & Consular Gazette* (*1870 - 1941*); Mar 8,1919, p. 631.

果在专业性上也未体现出更强的能力,人们对这个权力的失望和对抗也是理所
当然的。显然,军阀统治卫生权力遭遇了权力的正当性和专业性的双重失败。
有关绅商自治或军阀统治对于卫生权力的意义,下文将予以比较分析。

四、绅商自治或军阀统治对于卫生权力的意义: 权力的正当性与专业性

本文通过以上的梳理分析,揭示出上海南市地区的卫生权力在 1905 年至
1923 年的形成和变化,及其在绅商自治和军阀统治不同背景下的差异。绅商
自治时代是卫生话语输入和形成的时代,卫生权力的支配体现在道路清洁、食
品卫生和公厕清洁等方面,自治绅董延续了清廷一刀切的管制思维,并以卫
生话语为手段,瓦解和重组了挑粪业的利益,从中牟取了一笔自治经费,但
在招标方面有所妥协,默许了挑粪夫们的争夺代理人策略,并未课税太甚。
军阀统治时代的卫生权力除了以上三方面的事务之外还要面临流行病爆发
期应对"时疫"的焦虑,卫生权力一分为二,由工巡捐局和淞沪警察厅多头治
理,遇事则互相推诿,收费则互为奥援,一面责备民众卫生素质低下,一面于
每年压力骤增时突击整顿;在厕所清洁招标费上胃口逐年递增,陷入权力内
卷化的恶性循环;在应对"时疫"问题上则处于维护"防疫主权"和能力不足
的两难境地。

以上事实指向了卫生权力的两个核心问题:正当性和专业性。比较而
言,绅商自治力量正当性较强而专业性有待加强,军阀统治力量则正当性与专
业性都较弱。个中原因何在? 则必须从清末民初绅商自治和军阀统治的两种
主体入手分析。

绅商自治主体为绅士/商人。绅士是一个比较笼统的概念,张仲礼将获得
科举考试功名的进士、举人和未获得功名的贡生、监生、生员都视为绅士,但前
者为上层绅士,后者为下层绅士。何炳棣不同意这种分类,他认为在明代,进
士、举人、贡生和监生属于绅士,生员只能视为"士民"(当时称前面四类人为
"绅",称生员为"衿",合称"绅衿")。到了清代监生由于捐纳泛滥的原因地位
下降,于是和生员一同成为"士民"①。绅衿都具有不同程度的特权,最低则优

---

① [美]何炳棣:《明清社会史论》,徐泓译,联经出版事业股份有限公司 2013 年,第 28 页至第 45
页。

免劳役,见县官不跪,获得府县学的补贴资助;更高者则免及家人,获得成为官员的资格,飞黄腾达。由于绅衿的种种特权,其家乡所在地的普通农民在很多事务上需要仰仗绅衿,尤其是向国家缴纳赋役方面。役初为身体力行,后则可以纳钱代役,农民在处理代役钱问题上有两种选择,一是和衙门胥吏以及乡间地保打交道,后两者多收取"陋规"钱作为好处费,进一步盘剥压榨农民;第二种选择是恳求绅士的庇护,请求由绅士出面少纳或免纳代役钱,并致谢绅士,这种做法被称为"诡寄"。农民多采取第二种选择,这也就是绅士们多能获得乡里好感的原因,乃至于部分绅士竟带头反抗官衙胥吏的浮收、勒折[1]。以上就是在本文中自治绅士们爱惜羽毛不忍多取的传统所自。商人的身份则较复杂,但明清历史中儒商身份互相转换的家族屡见不鲜,家贫则经商致富,从而培养族中聪颖子弟攻读,举业科甲[2],因此在爱惜羽毛造福乡里这一点上,商人和绅士的分歧并不大。绅士/商人在从事自治事务时,更能体现其权力的正当性或代表性。而在权力的专业性问题上,部分绅士在未举业前多具有授馆或者游幕的经历,而基层地方官的幕僚基本为钱粮、刑名两种,他们在地方财政、法律事务的运作上具有一定的专业性;商人在经商过程中往往结成以同乡会或同业公会为形式的行会,他们在政府权力未触及之处,同时也为了商业利益,往往以行会为中心兴办水利、慈善、救火和公众信仰等公共事务,在这些事务上也具有一定的专业性[3]。但卫生作为"三千年未有之变局"中的新知识新事务之一,绅士/商人在相关事务的治理上仍显得专业性不足,有待探索和学习。

民国初年军阀统治的主体为军人或军阀。1905 年科举停废之后,读书人晋升之途遽遭辍废,代替途径则趋于多元,不惟学堂一途。值得注意的是,新式学堂教育的成本较之旧科举制度要高出不少,学堂教育因此很大程度上与个人的财富及社会地位捆绑在一起,但 1907 年兴办新式军事学堂,为贫寒子弟提供了晋升的另一途径,从而间接导致军官学校的繁盛,以及传统知识人的

---

[1] [美]孔飞力(Philip Kuhn):《中国现代国家的起源》,陈兼、陈之宏译,生活·读书·新知三联书店,2013 年,第 73 页至第 91 页。

[2] [美]何炳棣:《明清社会史论》,徐泓译,联经出版事业股份有限公司 2013 年,第 92 页至第 104 页。

[3] [美]罗威廉(William T. Rowe):《汉口:一个中国城市的商业和社会(1796—1889)》,江溶、鲁西奇译,彭雨欣、鲁西奇校,中国人民大学出版社 2005 年,第 420 页至第 421 页。

衰落①。民国成立之后，各地纷纷由军人主政，传统知识人边缘化。军人在明代由专门的军户充任，清代的绿营兵亦多为无所事事只为吃饷者，不在四民之列，普通农民对其并没有像对绅士那样的好感。民初军阀多为只有军事思维的武夫，其所关心之事不外征兵、装备、操练、争城，勇于收税，懒于任事，他们在地方具体事务的运行上多借重于地方绅士或者胥吏掮客。因此军阀统治卫生权力在正当性和专业性上都存在巨大问题，最终表现为本文所论述的费用膨胀、效率低下、能力不足。

　　如果同欧洲中世纪之后的城市自治体制做一点对比，则更能看出这一时期中国地方权力体制的特色。欧洲城市逐步成为封建社会支配体系之外的飞地，孕育出北欧和南欧两种不同的类型。北欧以英国城市伦敦为代表，英国的封建贵族和骑士多居住于农村城堡，其城市管理多委托给城市中的地方绅士，这些绅士属于"光荣的无所事事者"，所受教育多为同情农民工匠的人道主义教育，靠吃地产租息为生，他们成为城市的治安长官，不领或少领薪水，热心公益事务，但管理多是名义性的，专业性较低。南欧以意大利城市罗马为代表，封建贵族和骑士一般居住在城市里，直接对城市事务进行管理，城市中的平民、商人、工匠为了反抗城市领主要求的各种封建义务，出于平等自愿的原则形成盟誓共同体，协力将领主赶出城外，迎接和该领主对立的贵族进城统治，称其为"僭主"，并在和僭主的互相斗争中，逐步由僭主任命形成了科层制的专业官僚管理集团，作为城市管理者②。科层制的专业官僚制度也在法国和德国逐步形成，法国为市长中心制，由市长任命其僚属，德国则为专门委员会制，在各种市政事务上抽取一定比例的议员、执行员和专家组成委员会，治理市政，但德国选举实行三级选举制，第三等级选民的权力和参与度极低③。综上所述，欧洲的城市自治体制中，英国绅士的权力正当性较强，专业性较弱；法、德、意三国科层制官僚的权力专业性较强，部分国家如德国的权力正当性较弱。

---

① ［美］陈志让(Jerome Chen)：《军绅政权——近代中国的军阀时期》，生活·读书·新知三联书店1979年，第13页。

② ［德］马克斯·韦伯(Max Weber)：《经济与社会》，林荣远译，商务印书馆1998年，第324页至第395页。部分术语的翻译参考了［德］马克斯·韦伯(Max Weber)：《非正当性的支配：城市类型学》，康乐、简惠美译，广西师范大学出版社2005年。

③ W. B. Munro, *The Government of European Cities*, New York：The Macmillan Company, 1909, pp. 1 - 208.

从上海南市卫生权力的表现来看,自治绅士的情况差可与英国绅士相比拟,然而军阀统治的情况则无法与法、德、意科层制官僚相比拟。卫生权力的正当性和其他形式权力的正当性并没有分别,只能来自于传统、克里斯玛(这两种都能体现神授性)和法理(这则可以区分为代表性或民粹性)。卫生权力的专业性则只能来自于行业自身内部的自律以及竞争。正当性指向了伦理本位和差序格局的瓦解,专业性指向了通人治国和通经致用的破灭。

作者:祁梁,河南商丘人,复旦大学中国近现代史博士,郑州大学历史学院讲师,近现代河南与中国研究中心成员,主要研究方向为中国近代城市史、社会史、文化史。Bruno Latour, *The Pasteurization of France*, Cambridge, Mass.：Harvard University Press, 1988

上海市工人文化宫研究(1950—1966)

姚　霏　张谐怡

摘　要：受苏联利用工人文化宫建设社会主义新文化的影响,新中国在成立之初就开始了建构社会主义意识形态的文化空间。在国家宏观文化、法律政策的指引下,20世纪50年代初的中国大中城市,一大批市、区工人文化宫建立起来。上海市工人文化宫于1950年建立。由东方饭店改建而成的上海市工人文化宫,是社会主义对资本主义旧文化空间的改造,更体现了国家权力领导下以工人阶级为主体的无产阶级话语和象征工人阶级主体性的文化政策在城市空间上的投射。上海市工人文化宫是"工人的学校和乐园",在提高工人文化水平,培养工人文学骨干;紧抓时事政治与革命教育,提高工人政治觉悟;打造工人文艺,为政治服务方面发挥了重要作用。需要强调的是,工人文化宫的功能绝不仅仅是生产社会主义意识形态的工人文化,它还为工人和职工提供了切实的文化福利。

关键词：上海市工人文化宫　工人文化　社会主义新文化

新中国成立伊始就开启了全面学习苏联的模式,无论是国家意识形态还是民间社会生活,都深深地烙上了苏联的印记。上海市工人文化宫是新中国成立后学习苏联建成的最早一批工人文化宫之一。工人文化宫的建立反映了中国共产党领导下的工人阶级在政治和文化上的优越地位,也折射出新中国成立初期中国共产党对城市接管、社会主义改造与建设的历史。同时,上海作为中国工人运动的摇篮,工人阶级文化传统积淀已久。"市宫"的建立,除了为工人提供业余文体活动的场所,更是建构"工人文化"、塑造其政治信仰和政治观念的重要场所。

一、中国"工人文化宫"之实践

1. 苏联模式的启发与传入

十月革命后,苏维埃政府将以前原属皇室、资本家、地主的宫殿和大厦,交给工会和其他共同体管理。最初的工人俱乐部、图书馆、博物馆、休憩所就是在这些宫殿大厦内设立的。[①] 同时,为了满足职工群众对文化和娱乐活动的需要,苏联开始大规模建设新的文化中心。当时的苏联从大城市莫斯科到各小城市,甚至基层工厂都建有文化中心。较大的被称为"文化宫"或者"文化之家",较小的被称作"俱乐部"或"俱乐室"。苏联工人工作之余,都要到俱乐部去,这对他们来说是习以为常的。[②] 1946 年,苏联中央和地方预算关于文化事业的款项与十年前相比增加了二十倍。同时,根据苏联法律,所有工厂、机关以及公共团体须以相当于薪金全数百分之一的款项捐助工会用于为劳动者及其家属的文化事业。款项由厂方发出,不从工人薪金扣除。有资料显示:"到1946 年,苏联有 95600 所俱乐部,比十月革命前增加 435 倍。"[③]相当数量的苏联文化宫和俱乐部都建有华丽堂皇的建筑,内设剧场、电影院、图书馆等,有音乐演奏剧的表演、政治及通俗科学讲演、电影、跳舞、象棋等。歌咏班、刺绣班、图书班等都是俱乐部的日常工作,还经常举办舞会、业余艺术团比赛、业余戏剧表演、新书讨论、国际形势演讲、射箭比赛等。苏联的工人文化宫为劳动人民接受业余教育、提高专业技能、进行正当娱乐提供了极大的便利。

另一方面,诚如卢正义选辑的《苏联的文化宫和俱乐部》中提到:"莫斯科斯大林汽车工厂的文化宫,在政治教育与灌输文化方面为工人、职员、工程技术工作人员等广泛阶层进行着内容丰富而又复杂的工作。汽车工厂文化宫各部门——群众鼓励部、技术宣传部、业余活动部、休息部及图书部等的工作目标是教育工人、知识分子以苏联爱国主义及忠实于列宁、斯大林伟大事业的精神,提高共产主义的意识及动员劳动人民提前完成斯大林五年计划。"[④]显然,苏联设立文化宫、俱乐部不止于提高工人的文化素养、丰富工人娱乐活动,更

[①] 顾斯纳朔夫:《苏联的文化宫和俱乐部》,凤麟译,《青年世纪月刊》1946 年第 1 期。

[②] 叶克编:《苏联工人的文化生活》,《苏联常识》,新华书店中南总分店,1950 年,第 87 页。

[③] 顾斯纳朔夫:《苏联的文化宫和俱乐部》,凤麟译,《青年世纪月刊》1946 年第 1 期。

[④] 卢正义选辑:《苏联的文化宫和俱乐部》,新华书店 1950 年,第 22 页。

重要的是在于增强工人阶级对当前政权的认同感,团结劳动者积极、高效地完成共产主义事业。

新中国成立以后,在中国共产党的领导下,我国工人阶级的地位发生重大改变——由被压迫阶级变成领导阶级,由旧社会的奴隶变成新社会的主人。"广大职工为了欢庆自己当家作主人,表达对党、对新中国的热爱,在厂矿企业普遍开展了自编自演的业余文艺活动。在文艺工作者的具体帮助下,革命歌曲、秧歌队、腰鼓队遍及工厂、矿山,非常活跃。"①因此,新中国成立后党的一项重要工作任务就是建立代表工人阶级利益的组织,体现工人阶级当家做主的突出地位和社会主义制度的优越性,满足工人阶级基本的精神文化需求,从而实现对新政权的高度认同。与此同时,工人阶级想要肩负起领导阶级的任务,就必须要掌握管理国家的本领,就需要提高自身的文化素质,需要学习政治、掌握技术、了解国家的政治、经济、军事、文化方方面面的动态。因此,让工人参加文艺娱乐活动、体育活动,交流生产工作经验,对工人进行文化教育,不仅是为满足工人阶级的精神文化需求、丰富工人的业余生活,更是增加对新政权认同、提高国家凝聚力的战略需要。这是建立工人文化宫、俱乐部组织的必要性和重要性所在。

受到苏联的启发,我国的工会组织职工利用一些旧有场所,成立工人俱乐部、图书馆、阅览室等。20世纪50年代初的中国大中城市,一大批市、区工人文化宫建立起来。如1950年,原先作为意大利人开设的赌博场所、被称为"回力球场"的天津市第一工人文化宫成为全国第一家工人文化宫;劳动节前夕,在原先明清太庙上建成的北京市劳动人民文化宫正式对外开放;国庆节前夕,选址于原东方饭店的上海市工人文化宫正式成立;1951年6月,刘伯承亲笔题字、由原先蒋介石做寿的"介寿堂"改建成的南京市工人文化宫正式落成。其中颇具代表性的是北京市劳动人民文化宫。该地的前身是明清两朝的太庙。后经时任总理周恩来提议、政务院批准,将该园辟为以劳动人民为主要服务对象的、具有公园和俱乐部双重性质的市民文化活动中心,内建劳动剧场、图书室、工人体育场、儿童乐园等。毛泽东为其亲笔题写"北京市劳动人民文

---

① 全总宣教部编著:《工会文化体育工作手册》,工人出版社1989年,第13页。

化宫"的匾额。① 将太庙改为劳动工人文化宫,不仅是由于它位于长安街、毗邻天安门的特殊地理位置,更是出于借此灌输政治理念的考虑。从"太庙"到"劳动人民文化宫",不仅体现出工人阶级在政治、文化上的优越地位,更是揭示了由政权变更而引发的空间权利的转换。其他一些城市,如沈阳、太原、重庆、济南、青岛等的工人文化宫也是在这样的历史情境下被建立起来的。

2. 中央会议、法律、条例的作用

1950 年起,在国家宏观文化政策的指引下,中华全国总工会相继召开了两次全国范围的俱乐部工作会议,制定了具有法律效力的政策,从制度层面上确立了工人文化宫成立的合法性。

1950 年 1 月 12 日,全国总工会常委扩大会议第二次例会对建设工人文化宫、工会俱乐部、开展职工文化工作作出具体指示:(1)在 1950 年内凡有两千以上职工的工厂企业,应设立一个俱乐部、图书馆及业余剧团。(2)凡有五万人以上职工的城市应创设一个比较像样的全市性的工人俱乐部、工人图书馆、工人剧院。(3)1950 年在京、津、沪、沈、汉、青、渝、穗、宁及旅大十处,每处要创立一个五十人左右的工人文工团。(4)创设职工创作奖金,出版职工创作选集。②

4 月 29 日,时任北京市总工会文教部部长的祖田工曾如此阐释文化宫工作方向:"①将文化宫作为北京市劳动人民特别是工人的文化活动中心,普遍开展劳动人民的文化活动,使文化艺术群众化,使劳动人民的文化艺术活动生根开花;②通过文化宫引导各方面的文艺工作者深入劳动人民中去,与劳动人民结合共同创造新文化;③培养、训练工人的文艺工作者,使文化宫成为工人的文艺学校。"③这就为文化宫的性质定下了基调,也为后来文化宫政策的完善提供了依据。

6 月,国家颁布的《中国工会法》明确规定了各级工会、政府及各企事业单位、党政机关等对工会文化建设以及工人职工文化福利保障应承担的义务和

---

① 刘宇:《娱乐与革命——1950—1966 年的北京市劳动人民文化宫》,《江苏社会科学》2013 年第 5 期。

② 《关于一九五〇年加强工人政治文化技术教育工作的指示》,1950 年 1 月 12 日全总常委扩大会议第二次例会通过。载自中华全国总工会编:《工会群众文化工作文件资料选编(1950—1987)》,地震出版社 1998 年,第 1 页。

③ 《劳动人民文化宫五一节正式开幕》,《北京新民报》1950 年 4 月 29 日。

责任:"在经费的分配上,生产单位或行政单位应按全部职工工资总额的2‰,按月拨交工会组织作为工会经费,其中全部职工工资总额的1.5‰用于职工的文化教育开支。"①除了在工会经费、房屋设备上为工人文化活动的开展提供法律保障外,"工会法"也规定了包括职工利益、改善职工物质生活与文化生活等各项工会职责与相应的措施。这些规定使得工人文化宫、俱乐部事业迅速发展。到1950年8月,据18个城市统计,共建立16个市工人文化宫、773个基层俱乐部,参加这些文化宫、俱乐部活动的职工达28万多人次。②

在此背景下,出台有关工人文化宫、工人俱乐部相关政策的事项也被提上日程。1950年8月27日,全国总工会召开第一次工会俱乐部工作会议。这次会议通过了《工会俱乐部(文化宫)组织条例》《工会俱乐部(文化宫)管理委员会选举条例》和《工会俱乐部(文化宫)管理委员会工作条例》。这些条例明确规定了工人文化宫和俱乐部的工作任务:"工人文化宫、俱乐部是工人、职员群众及其家属文化娱乐活动的中心场所。它的任务是,通过各种文化、艺术、体育活动,提高工人、职员群众及其家属的政治、文化、科学、技术水平,树立新的劳动态度,增进工人、职员群众的身心健康,以保证生产计划的完成。"其主要工作是"进行政治宣传、生产鼓动、文化技术教育,并组织工人、职员群众及其家属的业余文化休息和艺术活动。"③

此外,《工会俱乐部(文化宫)管理委员会工作条例》就文化宫、俱乐部可按实践情况设置工作组作出具体指导:

(1)政治教育组。举办政治、理论及时事等演讲、报告;宣传毛泽东思想、学习领袖战略、政府政策法令;出版有关政治、时事、理论等问题墙报或黑板报;组织读报及广播收听等。

(2)生产鼓动组。绘制生产统计图表;展览有关生产图片、图书、成品、废品;运用戏剧、歌咏、标语、漫画,鼓动广大工人职工群众的生产热忱;运用广播、黑板报、大字报、光荣报,经常报道生产计划、竞赛成绩,表扬生产积极分子等。

(3)技术宣传组。组织技术学习及参观;举办技术展览会及技术讲座;推广先进生产技术与生产经验;组织师徒座谈会等。

① 《中华人民共和国工会法》,1950年6月28日中央人民政府委员会第八次会议通过。
② 全总宣教部编著:《工会文化体育工作手册》,工人出版社1989年,第14页。
③ 《当代中国的职工工资福利和社会保险》编辑委员会编:《当代中国的职工工资福利和社会保险》,当代中国出版社、香港祖国出版社,2009年,第219页。

（4）图书管理组。设立文化服务员,组织图书馆、阅览室、研究室;建立图书管理制度,办理书报代购代销及流动图书站;征募图书杂志,组织读者座谈会、研究小组、问题解答;张贴新书广告,介绍新书内容;举办图书展览等。

（5）文艺工作组。组织戏剧、音乐、美术、舞蹈、文学、曲艺等小组活动及比赛,培养工人的文艺鉴赏及创作能力;发动文艺工作者及团体、辅导各小组工作;举办文艺晚会及文艺讲座;组织文艺座谈会、观摩等。

（6）电化教育组。组织电影、幻灯放映、广播、收音及摄影;推销电影刊物,召开电影座谈;组织电影放映队,有计划地进行电化教育工作。

（7）娱乐活动组。组织乒乓球、棋类、杂耍、扑克等游戏活动;举办各种友谊比赛、跳舞文艺等晚会及古迹名胜游览等。

（8）体育活动组。组织各种体育活动及球类、爬山、游泳等比赛;参观各种体育表演,宣传体育之新意义与作用,培养工人体育干部。

（9）总务管理组。管理俱乐部的财经事务及一切总务事项;制定工作计划,领导各组日常工作;检查与督促各项工作计划之执行;主持演讲、讲座及报告会等。[①]

这一系列会议的开展以及政策、文件相继出台,为新中国成立后我国工人文化宫、俱乐部的建立明确了方向和任务。第一次全国工会俱乐部工作会议后,随着国民经济的恢复和发展,特别是进入第一个五年计划以后,工人文化宫、俱乐部发展迅速。1950年全国有工人文化宫、俱乐部789个,1951年增至2520个,1952年增至7329个,1953年增至8355个,1954年增至12376个。[②]

1955年的第二次全国工会俱乐部会议加强了对工人文化宫、俱乐部工作的指示,强调工人文化宫的教育作用,明确了工人文化宫、俱乐部工作的基本方针是"面向基层,为生产服务,为群众服务",进一步强调了工人文化宫在工会工作中的地位和作用。此后,工人文化宫、俱乐部工作即出现大发展大繁荣的新局面。最明显的就是工人文化宫、俱乐部,尤其是基层、车间、宿舍俱乐部数量增幅较大。从1954年的12376个增至1958年的31604个。其中基层、车间、宿舍俱乐部(室)由9662个增至30675个。[③] 至20世纪50年代后期,全

[①] 《工会俱乐部(文化宫)管理委员会工作条例》,中华全国总工会第四十九次常委扩大会议1950年9月7日批准。

[②] 全总宣教部编著:《工会文化体育工作手册》,工人出版社1989年,第15页。

[③] 同上书,第17页。

国范围内的工人文化宫网络基本形成。

二、上海市工人文化宫的建成

国家关于建立文化宫相关法律与政策出台后,上海市总工会在市委、市政府的支持下,自1950年2月起开始筹建工人文化宫、俱乐部。1924年秋,共产党人邓中夏、李立三、恽代英等在上海沪西工厂区创办工人补习学校,领导工人建立起早期工会组织之一——沪西工友俱乐部。新中国成立后,党和政府重视沪西工人的革命传统,经上海市总工会积极筹划拨出专款、沪西地区工人捐款集资建成了上海第一座工人之家——上海市沪西工人俱乐部。① 1950年4月30日,沪西工人俱乐部建成开幕,受到社会各方面的关注。当时上海各大报刊均以头版头条新闻作了报道,上海人民广播电台也作了广播介绍。同时,上海市政府将沪东地区的汇山公园和常德路的原上海总工会会址拨交工会,作为职工文化娱乐活动的场所。5月1日,沪东劳动公园和沪东工人俱乐部向职工开放。同日,位于浦东北护塘路的原工人福利会会址,经改建为浦东工人俱乐部。② 这三处工人俱乐部的建立,主要还是基于上海工业和工人群体分布的空间特点。

1950年,国家关于建立文化宫的相关法律与政策出台后,筹备上海市工人文化宫的工作也正式开始。为上海市工人文化宫物色场所时,最初选择的是位于人民广场北、南京西路国际饭店旁的金门饭店。1950年2月6日,国民党20架飞机对上海杨树浦、闸北等地发动7轮轰炸,造成极大的人员伤亡。此时,考虑到金门饭店地处南京路,位置突出,如果遭受敌机轰炸,损失会很严重。③ 因此,上海市工人文化宫的筹建者们转而选择同样地处人民广场周边,但相对冷僻的西藏中路、广东路和北海路交汇的东方饭店。

作为上海市工人文化宫建筑前身的上海东方饭店建造于1926年,1930年正式对外营业,是近代上海著名饭店之一。上海东方饭店的地皮在1917年出版的上海地图标示名称为"永定坊",属于新沙逊洋行的产业。上海东方饭店老板因为看好这块地皮,不嫌它地价租金高,并且承诺租期满后房屋归新沙

---

① 中国人民政治协商会议上海市静安区委员会、文史资料委员会编:《静安文史》(第7辑)1992年11月,第132页。

② 习文、季金安主编:《上海群众文化志》,上海文化出版社1999年,第64页。

③ 朱海平:《"市宫",上海工人的文化地标》,《档案春秋》2013年第3期。

逊洋行。东方饭店的建筑由外籍建筑师乌鲁恩设计,建筑平面四面临街,西藏路为主立面。进大门是一个两层高的圆厅,六根贯通三、四、五层的爱奥尼克大柱围绕圆厅布置。大楼一共有七层,每层有客房约 60 间。饭店内设有东方广播电台,播出沪剧、评弹等多种节目,还开设了当时上海滩最大的"东方书场",有 400 个座位,其设施在当时堪称一流。1931 年 1 月 17 日,在这幢外部雄伟宏大、内部歌舞升平的饭店里,还发生了震惊世人的"左联五烈士"被捕案。① 可以说,1949 年前的东方饭店是纸醉金迷、花天酒地的场所。饭店不远处就是俗称"四马路"的福州路。福州路有会乐里、群玉坊等妓院里弄,是上海著名的红灯区。一些有钱的"白相人",常到东方饭店和旁边的大陆饭店,包一个房间玩妓女、打麻将、赌钱、喝酒、抽鸦片。东方饭店里一片乌烟瘴气。② 将资本主义的饭店改造成社会主义的工人文化宫,不仅体现出工人阶级在政治、文化上的优越地位,更揭示了由政权变更而引发的政治话语的转换。"东方饭店"改建为"上海市工人文化宫",是社会主义对封建主义、资本主义旧文化空间的改造,更体现出国家权力领导下以工人阶级为主体的无产阶级话语和象征工人阶级主体性的文化政策在城市空间上的自我投射。③

经过一个多月的再三磋商,1950 年 4 月,上海总工会、纱厂公会、店员工会和市政工会共同筹募了资金共计 14 万个折实单位(约合人民币七亿元旧币)买下了东方饭店,并取得了东方饭店的房契。根据出资的情况,上海市工人文化宫房屋产权被分配成八股,上海工会占四股,其余由纱厂工会、店员工会和市政工会所有。这四家分派工人代表组成四联管理委员会,共同负责管理上海市工人文化宫的筹建工作。④ 5 月至 9 月中旬,四方又出资 2.5 亿元旧币,拆除原来客房的格局,打造宽敞明亮的活动场地。其后,上海市工人文化宫在 1951 年、1956 年经历了两次修建和扩建。1951 年上海市政府投入 10.21 亿元旧币对其内部进行装修,耗时半年重新对外开放。⑤ 1956 年,上海市工人文化宫进行第二次修建,与市宫底层沿街的大部分租户协商后,上海市工人文

① 陈伟国编著:《上海东方饭店、上海市工人文化宫与"左联"五烈士》,《稀珍老上海股票鉴藏录》,上海远东出版社 2007 年,第 174 页。
② 朱海平:《"市宫",上海工人的文化地标》,《档案春秋》2013 年第 3 期。
③ 胡霁荣:《社会主义中国文化政策的转型:上海工人文化宫与当代中国文化政治》,上海人民出版社 2016 年版,第 65 页。
④ 《文化宫开幕前修建工作总结》(1950 年),上海市工人文化宫档案资料。
⑤ 《建国三十年来文化宫俱乐部的发展概况》(1980 年),上海市工人文化宫档案资料。

化宫获得对上海市工人文化宫整个大楼的使用权。①

"这是个难忘的日子。1950 年 9 月 30 日上午,在西藏路、广东路转弯角上的原东方饭店门前,红旗招展,锣鼓喧天,一派喜气洋洋的景象。在原东方饭店的大厅上挂着中共上海市委赠送的、由陈毅市长亲笔题词的'工人的学校和乐园'的横匾。上海市工人文化宫——上海工人阶级自己的学校和乐园在这里正式揭幕了。"②这是原上海市总工会副主席李家齐对上海市工人文化宫成立当天的回忆。市总工会、市工商联、市青委、上海警备部、市产业工会以及 36 家单位、37 家产业工会的代表共 340 多人应邀出席。开幕当日受到了中央人民政府政务院等政府部门、各地总工会、产业行会、新闻机构、银行等社会各界 248 家单位和个人赠送的书籍、乐器、地球仪、缝纫机等各类物品共计 4000 多件。③

上海市工人文化宫内部设有宣教组、文娱组、体育组、剧场(电教队)、缝纫班、通讯员、史料馆、图书馆、编审部、流通部、纠察组、总务处、读书报倡导处、勤杂部等部门分别负责各类日常工作。"市宫"内部空间设置为:一楼设有一个可容纳 480 人的剧场,放映电影和上演剧目;二楼设交谊厅、歌咏室、舞蹈室、器乐室、戏剧室、弈棋室、乒乓室、健身房和可容纳 450 人的音乐厅,可开展各种体育、文化、教育活动以及文艺排练与演出,如舞蹈、戏曲、足球篮球裁判培训班、摔跤短训班等;三楼设有上海工运史料陈列馆、工人图书馆、美术室、学习室等,用于举办讲座、展览会等,以及一个备有 30 台缝纫机的缝纫室,供职工、家属和失业女工学习手艺;四楼则有当时全上海最大的工人图书馆和一个 150 人座位的阅览室。此外,"市宫"大楼内还设有诊疗所与托婴室,为职工提供基础的医疗服务。④ 从这些部门和空间设置上可以看出,新成立的上海市工人文化宫给工人提供了多元的学习娱乐方式和设施。

上海市工人文化宫最初的开放时间为 9:30—21:00,星期一休息,售入场券入场。从 10 月 4 日起凭工会会员证入场。自 10 月 17 日起开放时间改为 13:00—22:00。⑤ 根据 10 月的统计,自开馆以来,史料馆的参观人数达 8 万人(10 月 4 日上午止);图书馆借出图书 6816 本(10 月 22 日止);阅览室接待

---

① 《第三次修建情况报告》,上海市工人文化宫档案资料。
② 李家齐:《五十年前的那一天》,《春华秋实》,上海市工人文化宫编印,2000 年,第 1 页。
③ 《文化宫开幕礼品分类统计》,上海市工人文化宫档案资料。
④ 《开幕以后的一般成绩(1950 年 10 月)》,上海市工人文化宫档案资料。
⑤ 《上海市工人文化宫大事记》,上海市工人文化宫编印,1995 年,第 1 页。

40996 人(10 月 24 日止);电影放映 11 场,观众 5500 人;讲座 4 次,人数 2000
人;出宣传快报 37 次;体育活动参与人数 3 万多人(10 月 8 日止)。[①] 值得注
意的是,作为工会组织下的文化事业单位,文化宫原则上是为工会会员服务
的,但在单位、工会体制下,一般职工基本上都会加入工会,因此工会会员几乎
等同于职工。同时,工人文化宫的实际服务对象并不局限于全体职工,也对职
工家属开放,只是在优待程度上有所差别。比如职工凭工作证,可以免费进出
文化宫,而其配偶和子女需要支付一定的门票。20 世纪 60 年代,上海市工人
文化宫非会员门票为 0.03 元人民币。职工可以定期观看免费电影,而其配偶
和子女则不享受这种待遇。[②]

三、打造又红又专的"工人文化"

工人文化宫是新中国工人阶级"当家做主"和工人文化权力的有力象征,
扮演着"工人的学校和乐园"的角色,主要承担建设工人职工文化生活的任务。
具体来说,包括为工人和职工提供文化娱乐场所,提供文化技术教育、时事政
治与革命教育,组织文娱活动,培养工人群体中的文艺生产力,为国家输送人
才的职责和使命。从 1950—1966 年间来看,上海市工人文化宫"为工人服务"
"为政治服务"的基调十分显著。

1. 提高工人文化水平,培养工人文学骨干

作为"工人的学校",上海市工人文化宫为职工提供学习文化知识的场所,
承担起了让工人在业余教育中迅速掌握文化知识的使命。

1950 年 6 月 1 日,中央人民政府政务院下发《关于开展职工教育的指示》,
要求以工厂企业的工人为对象,利用业余时间进行扫盲教育、发起工人学文化
运动。为此,全国的文化宫在"政府领导、依靠群众组织、各方面配合"的工作
原则指导下,通过开办各类学习班、讲座、座谈会和展览活动等,帮助工人群众
学习科学技术知识、掌握"文化武器"。从 1950 年到 1956 年上半年,上海有 31
万多人通过工会和工人文化宫组织的各种形式的业余教育初步掌握两千字,
脱离了文盲状态。[③]

---

① 《开幕以后的一般成绩(1950 年 10 月)》,上海市工人文化宫档案资料。
② 上海市总工会宣传部:《关于市区文化宫俱乐部开放办法的补充意见》(1964 年),档案号:C-1-2-4747。
③ 上海市总工会:《宣传教育工作》(1956 年),档案号:C1-2-2209。

除了响应国家政策、贯彻扫盲活动,上海市工人文化宫还为职工提供自主学习的平台。上海市工人文化宫自创办之初就配有图书馆,是由上海市地下党领导的中华业余图书馆和益友社图书馆合并而成。建馆时,有藏书 3 万册。上海市工人文化宫的藏书以适合一般职工的文化程度、具有教育意义的通俗图书为主,同时也收藏了部分职工自学进修所需的教学资料。图书馆坚持每天下午和晚上向职工们开放。借阅方式采取半开架方式,将新书和推荐书放在半开架书柜内,供前来的读者挑选。① 从 1950 年开幕至 1951 年 1 月 12 日,上海市工人文化宫图书馆买进图书 7721 册,捐赠图书 3488 册,编竣上架流通图书 3776 册,加入图书馆的读者 4770 人,借出图书 34805 册,来馆阅览读者 96348 人,举办了一次读友小组(参加人数 46 人),两次时事测验(参加读者人数 184 人),出版黑板报 60 次,出版墙报 3 期,共收到包括建议在内的读者来信 30 件。就读者数量来说,每天平均在 600 余人,最高曾达到 800 余人。② 书库中较为热门的书被借空,由于人手缺乏,新书赶编不出,甚至来不及供应读者的需要。1954 年,上海市工人文化宫与上海市文联联合举办文艺阅读辅导讲座,听众达 13678 人次。1955 年,为了更好地为职工提供图书馆服务,上海市工人文化宫举办工会图书馆业务学习班等。③ 1956 年的第二次修建,使得上海市工人文化宫四楼扩建了一个可容纳 400 人座位的图书馆,并改善书架,文化宫内书库可容纳 4 万册至 4.5 万册流通书籍。④ 1958 年,上海市工人文化宫图书馆与共青团市委等联合举办了"鲁迅奖章读书活动"。据记载,有十万余职工参加,平均每人读书 5 本以上。⑤

此外,上海市工人文化宫还将工人群体中的部分文化爱好者、文化特长者集中起来,通过授课、办学习班等形式,为此类工人提供学习文化知识、技能的途径,创设互相学习与交流的平台与集体创作的良好氛围。1951 年 4 月起,市文化宫与《劳动报》、上海人民广播电台联合主办的上海工人第一期写作班开学,学习班邀请胡风、柯蓝、以群、雪苇、郭绍虞、王若望、赵景深等担任辅导

---

① 张润生、胡旭东等主编:《图书情报工作手册》,黑龙江人民出版社 1988 年,第 607 页。
② 《上海工人图书馆开幕以来总结》,上海市工人文化宫档案资料,上册 016 号。
③ 沈剑川等主编:《工人的学校与乐园:上海市工人文化宫成立 50 周年(1950—2000)》,上海市工人文化宫编印,2000 年,第 85 页。
④ 《当代中国》丛书编辑委员会:《当代中国的图书馆事业》,当代中国出版社 1995 年,第 339 页。
⑤ 上海市总工会:《记十年来的上海职工群众业余文化艺术活动》,档案号:C1-2-3100。

教师,胡万春、唐克新、费礼文等参加首期学习。同年 8 月、11 月先后举办第二、第三期写作班,学员 200 多人。① 1952 年 10 月 28 日,经过三期文学写作班的培养,上海市总工会文教部与上海人民广播电台、劳动出版社联合组织的上海工人文艺创作组成立。创作组成员由来自基层的 64 人组成。② 1956 年 2 月 4 日,"作家与工人读者联欢会"在文化宫举行,出席联欢会的有巴金、靳以、周而复、罗荪、峻青、吴强等 100 多位作家和工人业余作者福庚、毛炳甫、胡万春等。职工文学爱好者 2000 多人参加。③ 1958 年 3 月 18 日,由文化宫编辑的《工人习作》第一期出版,这是由上海市总工会主席钟民倡导、内部发行的综合性职工创作园地。中国文联党组书记、中宣部副部长周扬为刊物题写刊名。《工人习作》共出版 6 期,为工人文学爱好者提供创作交流平台。④ 1959 年 12 月 26—27 日,"上海工人庆功迎春赛诗会"在文化宫举行。赛诗会以诗歌为中心,开展作曲、作画、戏剧、故事等活动。来自上海市工厂企业的业余文艺作者以及工会宣传干部数千人参加,市作协、美协、音协的专业作者姜彬、魏金枝、沙金、姚奔、卢芒、夏白等近 80 人应邀出席。⑤ 这些活动为一批普通工人走上文艺创作道路提供良好条件,也为培养工人作家和壮大工人阶级文艺生产力打好基础。20 世纪五六十年代,从上海市工人文化宫走出了一大批工人文艺家,如工人作家胡万春、唐克新、费礼文等。

为了提高工人生产技术水平,突破生产中的关键问题和薄弱环节,上海市工人文化宫还举办生产技术讲座先进经验学习班、能手表演会、展览会等方式,向职工讲解和宣传生产技术知识,推广先进的技术经验。如 1952 年文化宫举办《上海工人生产成绩展览会》,参观人数达 67 万人次。⑥ 1956 年上半年,上海各级工人文化宫和俱乐部举办此类演讲、报告会共计 986 次,观众达到 267101 人次。⑦

2. 紧抓时事政治与革命教育,提高工人政治觉悟

作为向工人群众宣传政策方针的重要阵地,为工人举办各种政策研修班、

---

① 《上海市工人文化宫大事记》,上海市工人文化宫编印,1995 年,第 3 页。
② 同上书,第 4 页。
③ 同上书,第 6 页。
④ 同上书,第 8 页。
⑤ 同上书,第 9 页。
⑥ 沈剑川等主编:《工人的学校与乐园:上海市工人文化宫成立 50 周年(1950—2000)》,上海市工人文化宫编印,2000 年,第 85 页。
⑦ 上海市总工会:《宣传教育工作》(1956 年),档案号:C1-2-2209。

时事政治讲座,举办时事政治图片展览会等,是工人文化宫的一项常规工作。自 1950 年开放到 1966 年"文化大革命"前,上海市工人文化宫几乎每年都会开展各类时事政治讲座、马列主义和毛泽东思想及其著作辅导的讲座,开展如"上海工人抗美援朝图片展览会""城市人民公社展览会"等纪念展览活动。从笔者搜集到的 1953 年至 1966 年间上海市工人文化宫政治宣传组档案,可以看出政治宣传类活动的受重视程度。

表一　1953—1966 年间上海市工人文化宫宣教组工作情况统计表

时间＼类型	政治时事讲座	政治工作计划、报告	纪念展览
1953		新三反运动计划、检查、群众意见	
1954	政治时事讲座与市政建设		
1955		政治、生产宣传组工作计划、总结	
1956	政治时事讲座	庆祝上海社会主义改造胜利联欢会计划、总结	
1957	政治时事讲座各种讲座及报告会的经验、情况	政治宣传组工作计划、总结	
1958	共产主义教育讲座		土法炼钢展览会、十五年赶英国展览会 双反展览会
1959	政治时事讲座		
1960	政治时事讲座		
	上海工人学习毛主席著作辅导讲座		
1961	政治时事讲座总结、讲稿	浦东工人俱乐部1961年新三反运动报告等	奔赴农业第一线展览会

时间 \ 类型	政治时事讲座	政治工作计划、报告	纪念展览
1962			纪念上海工人三次武装起义 35 周年展览会
1963	时事、政治讲座、学习毛主席著作辅导讲座讲稿、阶级教育讲座、先进人物讲演团(一)(二)(三)	1963 年新五反运动计划与报告鸣放意见	阶级教育展览会展示提纲、汇报、总结
1964	国内形势宣传、学习毛主席著作辅导讲座记录稿和小结		阶级教育展览会
1965	政治时事讲座、学习毛主席著作、学习毛主席著作辅导讲座记录、工人活学活用毛主席著作座谈会	辅导讲座计划	"高举毛泽东思想伟大红旗奋勇前进"图片展览、抗美援朝图片宣传
1966	政治时事讲座、国际形势宣传、元旦工人学习毛主席著作座谈会、毛选辅导讲座		

资料来源:上海市工人文化宫档案目录(1953—1966)

作为工人文化宫、俱乐部向工人进行政治思想教育的重要内容之一,政治时事讲座以宣传马列主义、党的政策、时事形势、政治重大事件和上海工人斗争史等为主要内容,提高职工群众的共产主义觉悟,塑造职工群众的世界观,鼓舞工人的劳动热情。据《一九五五年——政治生产宣传组工作计划总结》记载,1955 年,上海市工人文化宫共举办了 37 讲政治讲座,听众共计 29251 人次。讲座的主题有配合肃反运动、五年计划宣传、政治时事、青年修养、上海工人斗争史讲话、节日纪念,都受到群众的欢迎。同时,有关业务部门也很重视和支持。比如"肃反"运动时,上海市公安局来作了报告。①

———————————

① 《政治时事讲座、市政建设》,上海市工人文化宫档案资料:上册 49 号。

表二　1955 年上海市工人文化宫举办政治讲座一览表

时事讲座 （11 讲）	纪念节日讲座 （5 讲）	肃反讲座 （4 讲）	工人运动 史料讲座（7 讲）	五年计划 讲座（10 讲）
传达刘思渠报告	庆祝中苏友好同盟互助条约签订五周年报告会	肃反反革命分子	五卅革命斗争历史	私营商业店员
讲报讲座	列宁诞生八十五周年报告会	继续贯彻镇压反革命斗争	与王孝和斗争的日子	第一个五年计划的基本任务
半月评述（曼谷会议、原子武器的国际非法性等）	长征	严惩反革命分子的破坏活动	申九工人"二二"斗争史	第一个五年计划的工业建设
东南亚的政治经济	访问苏联	声讨胡风反革命集团	上海工人三次武装起义	关于农业合作化问题
亚非会议	五年计划		前"法电"职工57 天大罢工	第一个五年计划的商业工作
从直布罗陀海峡到中国海			革命斗争经验分享	国民经济的动脉——交通运输业
华沙会议			"公交"工人斗争史	工人阶级在实现五年计划中的重大责任
四大国会议				实现五年计划的国际条件
四国政府首脑会议				私营商业的社会主义改造
展望四国外长会议				私营商业实行公私合营的意义和任务

资料来源：《政治时事讲座、市政建设》，上海市工人文化宫档案：上册 49 号。

在讲座体会报告中，我们可以看到，有私营业者提到"在宣传五年计划时，开始我店员思想比较普遍存在'没出息'和'埋没青春'看不到前途，听了关于私营店员在社会主义改造事业中的责任的报告指出了奋斗的方向,认识到国家和个人利益完全一致,前途一片光明。"有业余学校的教师在听了关于工人阶级在实现五年计划中的重大责任,他表示拥护第一个五年计划,他决心要把全部智慧贡献给伟大祖国的扫盲事业。建筑工人在没有听"亚非会议"报告前,他说:"我本来对亚非会议认为不关我事,也就糊里糊涂过去了,听后,认识到美帝国主义侵占我台湾,制造紧张局势,是要提高警惕,防止突然事变。"老闸区贸易职工反映,在入党前来听工人斗争史,对他们思想提高帮助很大。可以说,基本实现了上海市工人文化宫原先的指导意图,即"配合当前政治中心任务,宣传党的政策,提高群众的社会主义觉悟"、"扩大政治视野,帮助职工进行时事学习"、"宣传上海工人的光荣革命斗争历史,发扬革命的光荣传统,提高群众的阶级觉悟"。特别是动员各基层读报员来听,帮助读报小组长和宣传员有了宣传的本领,进一步推动基层读报工作。[①]

在纪念展览方面,1955年,上海市工人文化宫共展出图片63套,在画板上展出15套,主题分别为:"上海工人文艺观摩照片""上海工人美术作品图片""上海市工人体育运动图片""工代会""苏联展览会""五一劳动节示威大游行""国际时事图片""我们的田径体育运动""增加生产,履行节约,为建设社会主义而奋斗""厉行节约,克服一切浪费""拥护五年计划,实现五年计划,上海工人热烈响应全国总工会的号召""以实际行动保证完成和超额完成五年计划""为完成和超额完成五年计划而奋勇前进""迎接社会主义改造运动的高潮""向完成国家计划的单位和个人看齐"。此外,市宫也为其他单位来展提供场地。如北京图片供应社展出图片24套,主题分别为"以实际行动支援解放台湾""支援解放台湾,支援国家工业化""越过世界屋脊的康藏公路""中苏石油股份公司""中苏民用航空股份公司""我国轻工业的发展""促进城乡经济繁荣的社会主义商业""今日的玉门油矿""反对美蒋条约一定要解放台湾""解放台湾,消灭蒋介石卖国集团""台湾是中国的领土,中国人民不解放台湾,决不罢休""大阵岛、南麂山岛、江山岛解放""练好本领,痛击敌人""在经济建设上的中国妇女""发展水利建设为农业增产服务""支援解放台湾""和平的劳动,幸福的生活(五一)""马克思在中国的胜利""中国的工人运动""庆祝六一儿童节""各厂矿开展全面节约运动""第一届全国人民代表大会第二次会议""五年

---

① 《政治时事讲座、市政建设》,上海市工人文化宫档案资料:上册49号。

计划图片图解""苏联在一九五五年"。① 这些展览主题大多结合国内外政治、经济、外交形势展开。

作为社会主义中国对工人文化的一种组织形式和治理方式,20 世纪 50 年代的工人文化宫,除了为工人职工乃至社会民众提供休闲娱乐场地、文化教育与生产经验交流的场地外,还是中国共产党向工人群众进行政治宣传与动员的重要阵地。通过时事政治学习与革命教育、各种政策研修班以及时事图片展览、重大革命纪念日活动展览等形式,工人文化宫在提高工人阶级乃至整个社会群众的政治觉悟和对新政权的认同感层面具有一定的作用。

3. 打造工人文艺,为政治服务

工人文化宫还响应"文艺为政治服务"的号召,将组织工人开展业余文艺活动作为工人文化宫的重要工作之一。

1950 年 12 月初,由"市宫"首创的群众性教歌活动——"大家唱"在二楼文化休息厅举行。到 1952 年 10 月,共举办 127 次,有 72370 人次学唱《赶豺狼》《消灭细菌战》《镇压反革命》《老鼠过街人人喊打》等歌曲。② 1951 年 5 月 26 日,文化宫参与组织的"上海市红五月工人歌咏比赛"分 6 场进行,本市 417 个团队、28000 人参加。③ 此外,上海市工人文化宫还是上海工人戏剧观摩演出的基地。1950 年 12 月 23 日,上海市第一次工人戏剧观摩演出分别在东区、中区、西区开始举行。其中,中区由文化宫负责。48 个单位 2000 多人带来参演节目 63 个,主要反映抗美援朝中上海市职工的爱国热情和工作精神。市政工会的话剧《光荣是大家的》等剧目获奖。④ 1951 年 5 月 3 日—12 月,上海市第二次工人戏剧观摩演出在"市宫"举行,82 家单位 104 个节目参加演出。后经专家评选,话剧《人人有责》《成功关键》、越剧《红花还得绿叶扶》《立场问题》《共产党救了我》、歌剧《扫除障碍》获一等奖。⑤ 1953 年 2 月,文化宫参与组织的上海工人文艺观摩演出开始,参加演出的有 337 家单位,到 4 月中旬结束,共演出 113 场,观众 94026 人次。选出优秀节目 39 个,其中包括《我是一个

---

① 《一九五五年政治宣传组工作小结》,上海市工人文化宫档案资料,上册 71 号。
② 《上海市工人文化宫大事记》,上海市工人文化宫编印,1995 年,第 2 页。
③ 同上书,第 3 页。
④ 同上书,第 2 页。
⑤ 同上书,第 3 页。

兵》《王大妈要和平》《一颗子弹一包糖》《夫妻之间》《学文化》等。①

1953 年,第一个国民经济和社会发展五年计划开始实施。为响应中央号召,上海市委发出了《关于加强工人群众文化娱乐活动领导》的指示,强调工人群众的文化娱乐活动必须"在业余、自愿、群众性的原则下,密切配合党的政治任务,以群众喜闻乐见的形式进行宣传教育,鼓舞和发挥工人的劳动热情和创造能力,以达到推动生产,发展生产的目的。"②为了响应这一指示,上海市工人文化宫组织开展了"第一个五年计划诗歌朗诵会",组织工人业余艺术团创作沪剧《把五年计划放在心上》、舞蹈《纺织工人》、歌曲《炼钢歌》等。1955 年至 1956 年,上海市工人文化宫在全市范围内举行上海工人曲艺会演、音乐舞蹈汇演、歌咏集体舞比赛和戏剧会演等多个职工文艺联合汇演。③ 1955 年的全市工人曲艺汇演,参加节目有 1000 个左右、工人演员 1600 多名。评选过后,有 8 个节目参加了全国工人曲艺汇演。④

上海市工人文化宫还特别注意培养工人群体中的文艺生产力。通过建立业余文艺组织,不仅增强了工人阶级"当家做主"的文化自豪感,更体现了"为工农兵服务"的阶级属性。比如 1950 年 10 月 13 日成立的上海市工人文化宫文工团。它是以解放前党领导的"益友社"的若干文艺骨干为基础建立的业余文工团,成立之初下设歌咏、话剧、舞蹈、器乐等 4 个分队。1951 年 3 月至 4 月,为镇压反革命运动,文化宫歌咏队上街进行宣传。1953 年,文工团歌咏队、舞蹈队与苏联红旗歌舞团在文化宫举行联欢演出。1953 年 4 月 21 日,根据上海市总工会指示,撤消文化宫文工团,其中舞蹈队、话剧队划归上海总工会文教部文娱科领导;歌咏队、器乐队合并成立文化宫业余音乐工作团,以开展"大家唱"为主。⑤

1954 年 9 月,上海市工人文化宫通过各区县、产业、基层工会的推荐,把全市队伍中的文艺积极分子组织起来,将原文工团改组为上海市工人业余艺术团,下设合唱、器乐、舞蹈、话剧、曲艺等 5 个队。9 月 21 日,由文化宫领导、组织和管理的上海市工人业余艺术团成立大会在沪西工人俱乐部举行,5 个

① 《上海市工人文化宫大事记》,上海市工人文化宫编印,1995 年,第 4 页。
② 《上海市工人文化宫成立五十周年》,上海市工人文化宫编印,2000 年,第 53 页。
③ 上海市总工会:《记十年来的上海职工群众业余文化艺术活动》(1959 年)档案号:C1-2-3100。
④ 上海市总工会:《宣传教育工作》,1956 年 9 月 27 日。档案号:C1-2-2209。
⑤ 《上海市工人文化宫大事记》,上海市工人文化宫编印,1995 年,第 4 页。

队共有团员 254 人,团长为王敢泊。这是上海全市性的工人业余文艺队伍。①
1956 年,上海市工人业余艺术团的成员发展至 354 人,而上海各区俱乐部发
展的业余艺术团成员达到 2242 人。② 1957 年 3 月 20 日,文化宫业余艺术团
女高音歌唱演员郑慧娟和由文化宫业余舞蹈创作组创作的舞蹈《风雨中的荷
花》《车间休息舞》应全国总工会邀请赴北京演出。1960 年 5 月 11 日,由文化
宫业余艺术团等组成的上海职工文艺代表团 120 人在市文化局许平副局长、
总工会宣传部张伟强副部长率领下启程赴北京参加全国职工文艺会演。参演
的节目有合唱《蚂蚁啃骨头》、舞蹈《钢铁红旗班》《人民公社的早晨》、说唱《虎
胆红心攻尖端》、沪剧《春满人间》。朱德委员长、李先念副总理和世界工联负
责人陆申令观看闭幕式演出。随后,由李祖良带队赴长春、吉林、哈尔滨、安
东、本溪、沈阳和旅大等市巡回演出一个月。回沪后,在长江剧场举行汇报演
出。1962 年 10 月,文化宫业余艺术团发展迅速,计有合唱、舞蹈、管弦乐、铜
管乐、手风琴、朗诵、京剧、沪剧、说唱、评弹、相声、话剧、越剧、魔术、杂技等 18
个分团,团员 800 余人。1963 年 1 月 24 日,上海市总工会举行老工人、先进生
产者春节联欢会,周恩来总理、邓颖超同志在市委书记柯庆施、上海市总工会
主席张祺等陪同下参加联欢会。文化宫业余艺术团等表演了文艺节目,其中
有滑稽戏《我想的不是你》《伏虎》,话剧《牛头刨床的秘密》和小演唱《胖大嫂》
等。1964 年 1 月 25 日,上海工人业余艺术团 300 人与苏联国立北方俄罗斯民
间合唱团 60 人举行联欢晚会。1964 年 1 月 30 日,文化宫承办的上海市职工
业余戏曲曲艺春节会演在友谊电影院、文化宫剧场和闸北区工人俱乐部同时
开幕,文化宫业余艺术团演出了话剧《沙桂英》《两把锁》、说唱《老工人传授
队》、滑稽戏《两地春天》。1964 年年底,上海工人业余艺术团发展到 36 个团
队,1200 多人。③

　　必须指出的是,随着一系列政治运动的愈演愈烈,1958 年以后的工人文
化宫几乎被"以阶级斗争为纲"的文化政治活动所占据。凡被认为"政治不正
确""不容易控制"的休闲娱乐活动,如游艺、清唱、传统戏剧等被强制取消;不
少文化活动和内容更是被"上纲上线",如当时表演古装戏被批判是宣传帝王

---

① 沈剑川等主编:《工人的学校与乐园:上海市工人文化宫成立 50 周年(1950—2000)》,上海市工
　人文化宫编印,2000 年,第 85 页。
② 上海市总工会:《宣传教育工作》,1956 年 9 月 27 日。档案号:C1-2-2209。
③ 《上海市工人文化宫大事记》,上海市工人文化宫编印,1995 年,第 2—13 页。

将相,于是演出传统剧目的工人业余戏曲队被纷纷解散,革命现代戏在工人业余艺术演出中的比重由 1962 年的 16％升为 1965 年的 96％。① 可见,工人文化宫的功能和服务内容与国家政治形势的变化密切相关。

通过对上海市工人文化宫从新中国成立到"文革"前的历史、功能的梳理,我们可以看到:一方面,作为中国共产党和中国国家体制的一个组成部分,工人文化宫是向工人阶级宣传政治思想与政策方针的重要阵地,有着宣传和维护中国共产党的意识形态、巩固社会主义国家政权的功能。所以在新中国成立后的五六十年代里,工人文化宫与国家的关系是一种共生的关系,既受国家权力的保护和控制,又为国家意志所服务,二者的有机统一体现了人民民主专政的国家性质。但另一方面,工人文化宫也在实践中,实现自身为工人阶级服务的社会主义文化政策的理念。它为工人提供了切实的文化福利,增进他们的文化资本,培养了一大批优秀的文艺工作者,使工人阶级可以参与文娱活动,并作为国家"主人翁"参与党领导下的"无产阶级文化"建设。在这种努力下,工人阶级产生了对中国共产党和新政权的普遍认同,并将这种认同自"市宫"这一公共空间扩散至整个社会。

A Research on Shanghai City Worker's Cultural Palace before The Cultural Revolution

Yao Fei，Zhang Xieyi

Abstract：Under the influence of the Soviet Union，who established Workers' Cultural Palace to develop new socialist culture，Chinese government began the space cultural construction of socialist ideology. Under the guidance of Chinese macro policies about culture and legislation，a large number of Workers' Cultural Palaces were built in Chinese cities and districts at the beginning of the 1950s. Shanghai City Workers' Cultural Palace was built in 1950. It means the transformation from a capitalism culture space to a socialism one by changing the name from Oriental Hotel to Shanghai City Workers' Cultural Palace. It also symbolizes the projection of proletariat words and cultural policies

---

① 上海市总工会宣传部:《市、区工人文化宫、俱乐部工作情况和意见(草稿)》。档案号:C1 - 2 - 4943。

of working class to urban space. The Workers' Cultural Palace was the school and paradise for workers in Shanghai. It played an important role in many ways, such as improving the cultural level of workers, training workers to be literary backbone, grasping the current political and revolutionary education, improving workers' political consciousness, creating workers' art. It is worth noting that the main function of Workers' Cultural Palace was not only constructing culture of socialist ideology but also providing practical benefit to workers and staffs.

Key words: Shanghai City Workers' Cultural Palace, the Workers' Culture, New Socialist Culture

作者：姚霏，上海师范大学人文与传播学院副教授；张谐怡，上海师范大学中国近现代史研究生。本文为教育部人文社科基地上海师范大学都市文化研究中心和上海师范大学中国史高峰高原学科规划项目成果

上海市文教系统"五·七"干校的变迁(1969—1978)

杨琳琳　苏智良

摘　要:"五·七"干校是"文革"期间,各地为贯彻毛泽东"五·七"指示,将干部、教师、演员等下放到农村进行体力劳动,改造世界观的场所。"五·七"干校史是研究中国当代史的重要课题。1969 年 8 月,上海市电影、新闻出版系统各自建立"五·七"干校,均位于奉贤县境内的奉新地区。这两所学校经过数次调整变迁,于 1975 年 4 月在两校原址之上,组成上海市文教"五·七"干校,巴金、赵丹、柯灵、袁雪芬等数千人在此生活。1976 年 10 月,"四人帮"被粉碎后,全国各级各地的"五·七"干校逐步撤销,上海市文教"五·七"干校最终于 1978 年 11 月停办。本文以上海市文教系统"五·七"干校的历史变迁为关注点,通过梳理干校纷繁复杂的演变线索再现那段特殊的政治文化史,对于拓展丰富当代政治史和文化史研究有一定价值。

关键词:"五·七"干校　文革　上海　文教系统

"五·七"干校是指文化大革命期间,各地为贯彻毛泽东的干部下放参加劳动和知识分子接受贫下中农"再教育"的指示,以走"五·七"道路为名,将党政机关和国有企事业单位干部、大专院校教师、科技人员、文艺工作者等类人员下放到农村进行体力劳动,改造世界观的场所。1969 年 8 月,上海市电影、新闻出版系统各自建立"五·七"干校,均位于奉贤县境内的奉新地区(今上海师范大学奉贤校区及周边地区)。这两所学校经过数次调整变迁,1975 年 4 月,在两校原址之上,上海市文教"五·七"干校成立。1976 年 10 月,"四人帮"被粉碎后,全国各级各地的"五·七"干校逐步撤销。上海市文教"五·七"干校于1978年11月停办,上海市文教系统"五·七"干校前后存在九年的时间。

一、"五·七"干校缘起

1966年5月7日,毛泽东读总后勤部《关于进一步搞好部队农副业生产的报告》后,给林彪写了一封信,提出各行各业均应一业为主,兼学别样,从事农副业生产,批判资产阶级。在这封后来被称为"五·七"指示的信中,毛泽东要求全国各行业都要办成"一个大学校",这个大学校"学政治、学军事、学文化,又能从事农副业生产,又能办一些中小工厂,生产自己需要的若干产品和国家等价交换的产品。又能从事群众工作,参加工厂、农村的社教四清运动……又要随时参加批判资产阶级的文化革命斗争"。毛泽东还要求学校缩短学制,不能让"资产阶级知识分子统治"学校。[①] 中共中央在1966年5月15日批转"五·七"指示时指出:"这是马克思列宁主义划时代的新发展。"按照毛泽东的设想,他要把干部集中起来办"大学校",在这个学校里,不光是参加生产劳动,而且把生产劳动与学习军事、学习政治、学习文化、批判资产阶级联系起来。当然,此时毛泽东的这一思路还是初步的,并没有拿出具体的实施方案,但它却为"五·七"干校的兴起奠定了理论基础。

另一方面,自1967年上海"一月风暴"迅速刮遍全国,各地造反派夺权后,纷纷成立了新的政权组织机构——革命委员会,文化大革命在全国范围内进入了斗、批、改的阶段。[②] 毛泽东提出:"革命委员会要实行一元化的领导,打破重迭的行政机构,精兵简政,组织起一个革命化的联系群众的领导班子。"[③] 据此,各级革命委员会成立伊始,便进行了大规模的机构裁并和人员精简。

在上海,早在市革会成立前后,张春桥就把党政机关的工作人员看成是"旧政权留下的旧人员"。[④] 1968年3月底,张春桥借口贯彻中央"精兵简政"的指示,下令全市的市、区、县、局以至公司各机关一律分成大小两套班子,并

---

① 中共中央文献研究室编:《毛泽东年谱(1949—1976)》第五卷,中央文献出版社2013年,第584页。
② 《亿万军民最热烈欢呼全国山河一片红 决心紧跟毛主席完成斗批改伟大人物》,《人民日报》1968年9月8日。
③ 《无产阶级文化大革命的全面胜利万岁!》,《人民日报》1968年9月7日。
④ 《中共上海党志》编撰委员会编:《中共上海党志》,上海社会科学院出版社2001年,第770页。

提出大班子要占机关干部总数的三分之二以上。除少数人员作为小班子成员继续留在机关工作外,绝大部分(有的单位占 90%)被赶离了工作岗位,作为大班子人员,集中搞"斗批改"。[1] 如何处理原来的干部和科层人员,成为很大难题。有官职的领导干部,可以用"叛徒""特务""走资派"等名义打倒,但对普通工作人员就没有理由全部打倒。这批人再加上被审查被打倒的大批干部,是一个非常大的数目,如何安置这批人,困扰着各级革委会。[2]

正当中央高层领导人,包括毛泽东在内,都为安置上述人员发愁时,黑龙江方面提供了解决这一难题的方式。

1968 年 5 月 7 日,黑龙江省革命委员会为纪念毛泽东的《五七指示》发表两周年,在安庆县柳河办了农场,把当时的机关干部和所谓的"走资派"送去劳动改造,农场被定名为"柳河'五·七'干校",这是全国第一所"五·七"干校。毛泽东看到黑龙江的材料后,9 月 30 日写了一则评语:"此件可在《人民日报》发表。广大干部下放劳动,这对干部是一种重新学习的极好机会,除老弱病残者外都应这样做。在职干部也应分批下放劳动。以上请提到碰头会上讨论决定"。1968 年 10 月 5 日,《人民日报》发表了《柳河'五·七'干校为机关革命化提供了新的经验》一文,并为此加了编者按语说:"黑龙江'五·七'干校关于干部下放劳动的经验很好……"从此,干部下放劳动,开办"五·七"干校在全国迅速推开。[3]

综上所述,"五·七"干校的产生,不仅是"文化大革命"基本趋势发展的必然结果,也是当时解决重要现实问题的迫切需要。此外,从 1968 年下半年开始的知识青年上山下乡运动和 1969 年由于中苏关系紧张而开展的战备动员工作,都为"五·七"干校的创办及在短期内大范围普及提供了更为广阔的背景。

二、上海市文化教育系统"五·七"干校的建立、调整与巩固

1968 年 10 月 5 日,上海市革会召开扩大会议,通过《关于干部坚持参加集体生产劳动的决定》。接着,10 月 9 日,市革会决定在奉贤建立市直属机关

① 《中共上海党志》编撰委员会编:《中共上海党志》,上海社会科学院出版社 2001 年,第 770 页。
② 李逊:《革命造反年代——上海文革运动史稿Ⅱ》,牛津大学出版社 2015 年,第 1077 页。
③ 据张绍春统计,1968—1971 年,各省、市、自治区(缺福建)共举办了 1497 所"五·七"干校,进"五·七"干校的下放干部和工勤人员共有 43.95 万人,知识青年共有 1 万人。见张绍春:《"五·七"干校研究》(湖南师范大学博士论文,2008 年 5 月)

"五·七"干校,于是市革会和各区、县、局以及文化系统等机关的"五·七"干校纷纷创建。据统计,到1969年6月中旬,上海全市共办"五·七"干校19所,在校人员1.5万人,其中处级以上干部1700多人;①其中也包括文化局、出版局、电影局、报社以及作家协会等文化艺术系统所属的艺术家、作家和文化人。

1969年8月,上海市新闻出版系统(包括报社、广播电台、市出版局及其所属的出版社和新华书店)和电影局系统(包括局机关和所属各电影制片厂的演职人员),分别在奉新地区建立了上海市新闻出版"五·七"干校和上海市电影"五·七"干校。位置如图1所示:

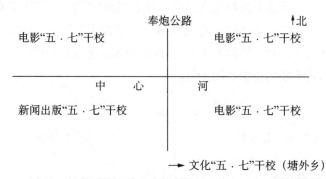

图1　电影、新闻出版干校位置示意图(1969—1973年)

当时,文教系统在各地建立的干校相当分散,有的远在苏北大丰,有的设在安徽凤阳和皖南,有的则设在崇明,还有不少就设在奉贤境内。市文教组②设想把这些干校逐步调整,集中建立一所市属文教系统"五·七"干校。调整布局大致上经历了三个步骤。

第一,1973年2月,将市文化局办在奉贤星火农场靠近塘外的文化干校与电影干校、新闻出版干校这三所干校合并,组成上海市文化"五·七"干校,校址设在原新闻出版干校的位置。③ 轮训人员共430人许,分出版社、书店、文

① 《中共上海党志》编撰委员会编:《中共上海党志》,上海社会科学院出版社2001年,第770页。

② 当时上海市革会的"文教组"(又称"一办")起着相当于文化大革命前市委宣传部和市委教卫部的职能,"文教组"下设了一个"干校组",负责处理文教系统各干校的有关事宜。

③ 关于三校合并时间,丁景唐先生在《柘林残梦》中回忆称为1972年秋,这个时间应该是有误的。上海市档案馆馆藏档案《上海市文化五七干校校史陈列室文字说明征求意见稿》中明确说明,三校合校时间为1973年2月,这个时间与雷群明先生的《逝者如斯——出版局时期日记(上)1968—1980》中的说法一致,也与韩祥林先生的《微光集(四)》中的1973年春的说法相符。因此,笔者认为1973年2月应为三校合并的确切时间。其址在今上海师范大学奉贤校区中心河以南。

化局（两队）、电影局、文汇报、解放日报共 7 队。[①] 同时将设在苏北大丰的"上纺"干校和"上师大"[②]的两所干校迁至奉贤，安排在原电影干校让出的地方，奉炮公路西边为"上纺干校"，奉炮公路东边为"上师大干校"。

接着，又将设在奉贤五四农场的"上海市教育局干校"、设在奉贤的"海运学校干校"和设在崇明东风农场的"上海铁道学院干校"迁至奉贤，与设在奉贤星火农场（靠近塘外）的"上海化工学院干校"（原华东化工学院，现为华东理工大学）合并。再将上述单位全部迁至"上纺干校"，与"上纺干校"合并。合并后仍称"上纺干校"。实际上它是由上述四校一局组成。

与此同时，还将市卫生局设在崇明东风农场的"卫生干校"迁至奉贤星火农场东部重建。之后，再将附近的"上海第一医学院干校""上海体育运动委员会干校"与之合并。对外仍称卫生干校，校址设在重建后的"卫生干校"。经过一系列调整，各干校的位置如图 2 所示：

图 2　上海文化、上师大等干校位置示意图(1973—1975 年)

第二，1975 年，再将奉贤境内的"文化""上师大""上纺"和"卫生"四所干校合并，组建为上海市文教"五·七"干校，校本部设在"文化干校"的位置，原"上师大"和"卫生"两所干校则改为"文教干校"的师大分部和第一分部，原地不动。调整后各干校位置如图 3 所示：

---

① 雷群明：《逝者如斯——出版局时期日记(上)1968—1980》，第 444 页。
② 1971 年 12 月，上海市革委会决定，华东师范大学、上海师范学院、上海体育学院、上海教育学院、上海半工半读师范学院 5 所院校合并为上海师范大学。1978 年 5 月，经国务院批准，除了原半工半读师范学院以外，其余 4 校均恢复了原来的校名和建制。

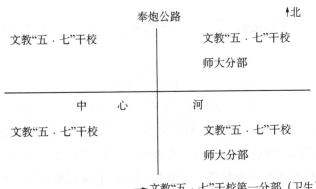

图3　文教干校位置示意图(1975—1978年)

为了加强党的领导,上海市文教"五·七"干校单独建立党委,党委成员由各局、校、委、报社等单位报送名单,经市文教组审查后,报经市革会批准。文教干校党委于1975年4月15日正式成立。党委书记王关昶,副书记为顾春元(工宣队员)和韩祥林。1977年1月,王关昶因健康原因,先返市区休息,之后调离干校至总工会工作。同年8月,顾春元同志也随着工宣队员统一撤出文教单位而调回了原生产单位。文教干校遂由韩祥林和一些党委委员负责。

第三,上海铁道医学院于1972年内迁宁夏后,1976年市里决定将该院留在上海的教职工单独编队,参加文教"五·七"干校轮训。1977年4月,市里又决定将办在皖北凤阳的"上海交通大学""上海科技大学""上海工学院""上海外国语学院"四所高校的干校迁来奉贤,并入文教"五·七"干校。9月,再将办在皖南的同济大学"五·七"干校迁来奉贤,并入文教"五·七"干校。最后要并入文教"五·七"干校的是办在崇明的复旦大学"五·七"干校,原定1978年2月迁来奉贤合并,但因此时"文革"已结束,文教"五·七"干校的定位已经发生变化,故未迁来。

原来分散各地的文教系统干校,经过逐步调整,至此就全部并为一所上海市文教"五·七"干校了。①

---

① 奉贤境内的市级"五·七"干校共9所,其中5所在杭州湾畔,自东向西,相互间隔,一字排开,依次建有上海市财贸"五·七"干校、上海市公交"五·七"干校、上海市直属机关"五·七"干校(文革前为上海市半农半读师范学院,文革后为市直属机关"五·七"干校,干校停办后,该处为上海市高等旅游专科学校)、上海市科技"五·七"干校和上海市文教"五·七"干校,一共五所市属"五·七"干校。文教"五·七"干校位于最西边。

三、上海市文教"五·七"干校的办校方针和教育内容

"五·七"干校是根据《五七指示》创办起来的,是在毛泽东"广大干部下放劳动"的指示发出后迅速普及的。"五·七"干校的教育方针最早由柳河干校提出,即以《五七指示》和"广大干部下放劳动"的指示作为办校的方针,以抗大为榜样,在阶级斗争、生产斗争和科学实验三大革命运动第一线,活学活用毛泽东思想,改造世界观,培养造就一批永远忠于毛主席,能上能下、能"官"能民、亦工亦农、亦文亦武的共产主义新人。后来,它又被概括为:组织学员通过结合现实斗争认真看书学习、参加集体生产劳动、插队锻炼这样三条途径,达到改造世界观的目的,即"三条途径,一个目的"。①

需要说明的是,上海市文教"五·七"干校建立之时已是全国"五·七"干校的没落期,干校的主要任务由创始之初的"斗批改"转为轮训在职干部,但文教干校的教育方针和教学内容仍继承了干校基本的、一以贯之的特征。在文教"五·七"干校的轮训规划中指明该校的办校方针仍是以毛泽东的《五·七指示》为指针,以抗大为榜样,坚持把"学政治""批判资产阶级"放在首位,"一面学习,一面生产",树立"团结、紧张、严肃、活泼"的校风,通过看书学习、生产劳动、开门办学三条途径,达到转变学员思想的目的。② 根据这个方针,文教"五·七"干校有三个方面的任务:

(1)组织学员看书学习。1970年前后,全国干校陆续由安置干部转入轮训干部后,学员成分已主要是在职干部或一些基层理论工作者,学习的内容和形式已与初期的大批判、忆苦思甜、搞讲用、访贫问苦、表决心以及各种名目的"路线分析"有所不同。学习由"早请示""晚汇报""天天读"等方式,发展为比较有系统读原著和课堂学习。

文教干校要求每期组织学员读一两本马列和毛主席著作。以学习毛主席关于理论问题的重要指示为中心,认真学习马列和毛主席关于无产阶级专政理论方面的著作和论述。学习时,要求学员发扬理论联系实际的革命学风,自觉改造世界观。学习方法上,要求学员遵照毛主席"要自学,靠自己学""干部班要用讨论式"的指示,坚持以自学为主、学原著为主的原则,实行"官教兵、兵

---

① 郑谦:《五七干校述论(一)》,《百年潮》2006年第9期。
② 《上海市文教五·七干校轮训规划》,上海市档案馆馆藏档案:B244-3-984-187。

教兵、兵教官",能者为师。

这种理论学习带有强烈的运动色彩和实用主义倾向,这就是"坚持把组织学员认真看书学习和积极参加现实的阶级斗争、路线斗争紧密结合起来",学习的内容完全由当时各种名目的运动所决定。如 1974 年开展"批林批孔"运动时"学习革命理论,研究儒法斗争",声称"五·七干校是批林批孔的重要战场","坚持办好五·七干校,必须深入开展批林批孔的斗争"。1975 年又提出干校要学习无产阶级专政理论,"发挥干校限制资产阶级法权的作用"。到 1976 年,干校又开始"反击右倾翻案风","批'三项指示为纲'",声称"批邓是办好五七干校的动力",等等。①

(2)参加集体生产劳动。这被认为是干校的一项重要任务,是"缩小三大差别,限制资产阶级法权的重要措施",干部"重新学习的根本途径"。这既是以往干部参加集体生产劳动的继续,又是"文化大革命"中对干部队伍的普遍批判、对知识分子具有资产阶级属性的强调、对体力劳动具有反对官僚主义和"反修防修"功能绝对化的结果。

文教干校坚持自力更生、艰苦奋斗、勤俭办校的方针,开展"农业学大寨"的群众运动,把组织学员参加集体生产劳动,同学习马列、毛主席著作,洗刷唯心精神和改造世界观密切结合起来。当时,高强度的劳动被认为是密切联系群众、改造世界观、克服官僚主义、反修防修的有力武器,是使资产阶级知识分子脱胎换骨,站到劳动人民立场上来的必由之路。学员们或是服膺劳动能净化灵魂、纯洁道德、反修防修的道理,或是为了有一个好的表现以期早日解脱,纷纷尽力劳作。

与这种劳动相配套,文教干校在成立之初,就提出了"力争二年内实现农业生产超纲要,三五年内达到粮、油、肉、菜四自给"②的生产目标。据统计,1975 年文教干校建校当年,就收获粮食 43.2 万斤,以每人每年 600 斤计,自给程度达 50%;生产油菜籽 1.3 万斤,出油 4600 斤,以每人每年 6 斤计,自给程度达 52%;生产猪肉 6 万斤,以每人每年 36 斤计,自给程度达百分之 117%;生产蔬菜 38.5 万斤,以每人每年 300 斤计,自给程度达 89%。③ 丰硕的劳动

① 郑谦:《五七干校述论(一)》,《百年潮》2006 年第 9 期。
② 《上海市文教五·七干校轮训规划》,上海市档案馆馆藏档案:B244-3-984-187。
③ 《文教五·七干校简报》,上海市档案馆馆藏档案:B244-1-417。

成果使学员们相信,干校在缩小三大差别,限制资产阶级法权,培养无产阶级干部队伍方面,发挥了积极作用,是教育干部反修、防修继续革命,巩固无产阶级专政,防止资本主义复辟的重要阵地。

(3) 开门办学,走与工农相结合的道路。坚持以干校为基地,实行"请进来,走出去"的方法,以轮训队作为单位与附近的生产队挂钩,定队定点,组织学员与生产队保持经常地、密切地联系,与贫下中农实行"五同",接受再教育。轮训学员要参加挂钩队的各项活动,开展社会调查,开办政治夜校,开展文体活动,培训赤脚医生等,积极从事群众工作,努力为贫下中农服务。干校轮训队的活动也经常请挂钩队的贫下中农参加,生产上请他们指导。

为了妥善安排干校学习,生产劳动和开门办学这三项主要活动,在时间支配上,学习、开门办学约占每期轮训时间的 40% 左右,参加干校的集体生产劳动约占 60% 左右。(一般每周安排三天半劳动,三天学习和开门办学,半天在干校休整)具体安排上,则根据农业生产特点,农忙时少学,农闲时多学。

当时的办学者认为,通过上述三条途径,引导学员在学习和劳动过程中,注意联系我国革命的实际情况和无产阶级专政的历史经验,研究两个阶级、两条道路、两条路线斗争的现状,批判修正主义路线,批判资本主义倾向,批判资产阶级法权思想,打掉资产阶级作风,抵制资本主义的侵蚀,密切联系群众,同群众打成一片,发扬党的艰苦奋斗的光荣传统,使学员进一步提高执行党的基本路线的自觉性,"提高无产阶级专政下继续革命的觉悟,使广大学员逐步成为能上能下,能官能民,能文能武,全心全意为人民服务的勤务员。"[1]

文教干校一年办两期,每期六个月。凡进干校轮训的人员,由各单位负责编成轮训队,建立党支部,配备好领导班子,并在入学前将人员名单及简单情况送交干校党委,轮训结束后,干校党委负责将学员的学习锻炼情况向各有关党委汇报。为了有利于积累经验办好干校,要求各轮训队支部正、副书记中有一人连续参加两期轮训。文教干校从 1975 年 4 月成立到 1978 年 11 月结束共进行了七次轮训。

四、上海市文教系统"五·七"干校的结束

"五·七"干校作为"文化大革命"的产物和"改造"干部的场所,承担着"改

---

[1] 《上海市文教五·七干校轮训规划》,上海市档案馆馆藏档案:B244-3-984-187。

造"和"锻炼"干部的两种功能,特别是接受"改造"的干部在干校的生活境遇不容乐观。1971年林彪事件后,在周恩来领导的1972年整顿中,极左思潮受到批判和遏制,中央三令五申要求落实党的干部政策和知识分子政策,使这部分人的境遇有所好转。上海文化"五·七"干校是在这种开始放松的大环境下产生的,使得这个干校本身的锻炼意义强过于改造意义,包括后来的文教"五·七"干校,只是承担干部轮训的工作,学员的主要成分是在职干部,为了保证培训人数后期更是增加了部分工勤人员。经过前期学员的艰苦努力,文教"五·七"干校的生产、生活条件逐渐有较大改善,每年都有基建项目建设,农业生产的机械化程度也有所提高。在办学方针上,对看书学习更为重视,制定完善的学习计划,强调系统地学习马克思、恩格斯、列宁和毛泽东的原著。与此相适应,干校的组织结构也有所调整,设置了专职的办校人员。使得生产、教学不断地正规化。

但是从大环境来说,1972年之后,社会上对干校的作用不那么重视了,不少地方提出要将"五·七"干校搬回城里去办,有人主张换掉干校的牌子。特别是1976年"四人帮"被粉碎后,"文化大革命"及其各种"新生事物"都被人们以新的眼光加以审视,"五·七"干校也不例外。根据上级指示,文教干校也进行了揭批"四人帮"的活动。但随着"四人帮"及其上海余党"马、徐、王"的被揭露,市文教组的领导干部亦作了调整。1977年1月22日市文教组召开干部会议宣布:原市文教组负责人贺汝仪已跳楼自杀,市委决定由原上海交通大学党委书记杨恺和马林正主持市文教组的领导工作。办校人员曾向改组后的文教组请示文教干校的办学问题和干校今后的招生问题,得到的回答是:干校要办下去,但规模要缩小,布局要调整,轮训周期要从每期6个月缩短为3个月,学习时间要增加,学习和劳动的时间比例,从4:6改为5:5。

1977年3月2日,文教干校第五期轮训开学。杨恺还亲赴干校参加开学典礼。他在开学大会上指出:"五七干校是培养无产阶级革命干部的一种好形式,是毛主席同意的,必须长期办下去。"他还说:"干校的一切工作都是为了转变学员的思想,因此要清除'四人帮'及其余党的罪行。"同年7月29日,文教干校第六期招生,办校人员又去请示文教组,杨恺还是说:"干校要坚持办好。"8月4日文教干校第六期轮训开学,也是由文教组负责人朱俊到干校作的开学报告。

当时的报纸和电视等舆论工具,都积极宣传江西进贤"中央办公厅五七干校"的办学经验,赞誉它为"熔炉"。1977 年 10 月 5 日,中共中央在发布《关于办好各级党校的决定》中,对"五·七"干校仍作了要"继续坚持、认真办好"的规定。

尽管如此,"五·七"干校的退出已是大势所趋。1977 年开始之后的文教干校陷入动荡不安的局面,不少单位输送学员已不积极,在干校培训的学员也想方设法尽早离开,本来是专职的办校干部也纷纷以各种理由回城。自从1977 年 10 月 31 日党中央决定恢复中共中央宣传部后,上海亦相应组建了市委宣传部。市文教组原管辖的新闻、出版、文化、电影、广播、电视等部门的业务,全部划出,重归市委宣传部领导。市文教组也随之改称为上海市教育卫生办公室(简称"市教卫办")。"文教干校"的名称虽未改动,但轮训范围已只限于教卫系统的干部,原属市委宣传部管辖单位的干部,已不属文教干校轮训范围,文教干校党委中原宣传部系统的干部和办校人员,也都统统调回。此时的文教干校,只留下教卫系统的干部坚持在干校工作。在主办了七期干部培训班之后,到 1977 年 8 月,文教干校党委班子,已到无法维持的地步。党委机关组室工作,面临全部瘫痪的状态。①

从外部政治环境看,1977 年 7 月,党的十届三中全会通过了《关于恢复邓小平同志职务的决议》,恢复了邓小平同志担任党中央副主席、国务院副总理和中央军委总参谋长的职务。8 月,中央召开科学和教育工作座谈会,邓小平作了重要讲话,他表示"自告奋勇"要管科教方面工作。并说,"建国以来的 17年,教育战线同科研战线一样,主导方面是红线","我国的知识分子绝大多数是自觉自愿地为社会主义服务的","无论从事科研工作还是从事教育工作的,都是劳动者"。他要求知识分子保证 5/6 以上时间用于业务,"不能再做不务正业的事了",他还主张高校"要下决心从高中毕业生中直接招考学生"。②

根据邓小平的指示精神,1977 年 11 月 25 日,市教卫办主任杨恺召开会议,布置各单位要狠批 1971 年《全国教育工作会议纪要》中的"两个估计",即把新中国成立以后 17 年的教育工作,估计为执行了修正主义路线,把我国知识分子的大多数,估计为资产阶级知识分子。狠批"两个估计",得到广大知识

---

① 《上海市文教五·七干校关于文教干校的领导班子和办校队伍问题的报告》,上海市档案馆馆藏档案:B244 - 3 - 984 - 36。

② 《关于科学和教育工作的几点意见》,《邓小平文选(一九七五──一九八二)》,人民出版社 1983年。

分子的热烈拥护。既然知识分子是"劳动者",是属于工人阶级的一部分,如果再像过去那样,把知识分子当做劳动改造的对象,继续成批送往"五·七"干校从事体力劳动,显然已经不合时宜。各单位都忙于开展业务,也很难再成批抽调人员去干校轮训。于是,在干校轮训的"五七战士",有的就被原单位调回从事教学、科研,有的由本人向干校请假,回原单位去从事业务工作。

1978 年 11 月,上海市委正式作出决定,不再抽调大、中、小学的教师、干部和科技人员去"五·七"干校劳动,上海市文教"五·七"干校停办撤销。根据市委指示,在文教"五·七"干校本部基础上设立上海师范学院分院(专科部);①1978 年 1 月,干校第一分部(原卫生干校)交由上海市星火农场;②1978年 5 月,师大分部的房屋、土地都交由奉贤县委接管,③师大分部的外语培训班也早在 1977 年 8 月已经撤回师大桂林路校区。④ 至此,上海市文教系统"五·七"干校完全退出历史舞台。

Evolution (1969 – 1978) on cultural and educational system "five-seven" cardre school in shanghai

Yang Linlin, Su Zhiliang

Abstract: "five-seven" cardre school is a place which was used to carry out MAO zedong's instructions during the "cultural revolution" period, so that most of the cadres, teachers, actors were sent to the countryside to do physical work and therefore their world outlook would be changed at the same time. The study on history of "five-seven" cardre school is an important topic in study of Chinese contemporary history. In August 1969,

① 《关于在市文教干校校址设立上海师范学院分院(专科部)的请示报告及领导批示》,上海市档案馆馆藏档案:B244 - 6 - 82 - 63。

② 《上海市星火农场革命委员会关于上海市文教五·七干校一部分土地校舍交由农场接管的函》,上海市档案馆馆藏档案:B244 - 3 - 1005 - 28。文教"五·七"干校校址现为上海师范大学奉贤校区。

③ 《上海市文教五·七干校关于奉贤县委申请使用原上海师范大学分部房屋、土地的情况汇报》,上海市档案馆馆藏档案:B244 - 3 - 1006 - 1。

④ 《中共上海市文教五·七干校委员会关于外语分部撤回外语学院问题的情况汇报及上海市革命委员会文教组领导意见》,上海市档案馆馆藏档案:B244 - 1 - 417 - 79。桂林路校区现为上海师范大学徐汇校区。

the Shanghai film and news publishing system established their own "five-seven" cardre school, which were located in fengxin district , fengxian county. Both of the two schools have undergone several adjustments , and in April, 1975, it formed the "five-seven" cardre school of Shanghai culture and education on the original location. In October 1976, after the "gang of four" was crushed, the "five-seven" cardre school all over the country were gradually abolished, and the "five-seven" cardre school in Shanghai was suspended in November 1978. This paper focuses on the historical changes of the "five-seven" cardre school of Shanghai , and reproduces the special political and cultural history by sorting out the complicated evolutionary clues. There is certain value for the development of contemporary political history and cultural history research.

Key words: "five-seven" cardre school cultural revolution Shanghai culture and education system

作者：杨琳琳，上海师范大学中国史博士生、上海立信会计金融学院讲师；苏智良，上海师范大学都市文化研究中心教授

古罗马广场与城市社会生活

鲍红信

摘　要：城市广场是罗马历史的浓缩，是罗马纪念物的总和。作为城市的公共空间，古罗马广场不单单是一个开放性区域，还扮演着多种角色，承载着各种功能，是宗教、司法和商业交易的场地，也是各种竞技表演和庆典仪式的舞台。共和晚期开始，广场愈来愈成为政治话语的表达场域，规训着社会统治秩序，表征着变迁的城市社会。研究也表明早在古典时代，统治阶层就有意识加强对公共空间的利用。

关键词：广场　公共空间　城市社会

古罗马的广场一般指位于城镇中心一大块开阔地带的公共场所。共和早期，广场及其周围建筑的布局通常是随意的，进入共和晚期随着罗马城人口的急剧增长，统一规划的广场变成现实。在城市发展的过程中广场及其周边区域逐步建起了一系列建筑如神庙、法庭、元老院议事厅等，共同构成了一个开阔的空间。[①] 城市格局基本确定之后，罗马城中共有6座广场。[②] 作为城市的重要地标和公共空间，历史上这些广场不单单是一个开放性场地，还扮演着多种角色，承载着各种功能，表征着变迁的城市社会。

---

① 刘易斯·芒福德：《城市发展史》，宋俊岭等译，中国建筑工业出版社 2009 年，第 170 页。
② 苏圣捷：《公共空间与社会功能》，《历史教学问题》2008 年第 2 期。古罗马广场、凯撒广场、奥古斯都广场、和平广场、涅尔瓦广场、图拉真广场。广场区域是城市的一片开阔地带被群山环绕，地理位置优越，自然成为周边村庄的公共场所。参见 http://www.jstor.org/stable/3287964。广场在中国古代历史上也广泛存在。例如《淮南子·主术训》记载："尧置敢谏之鼓，舜立诽谤之木。"就发生在广场上；《周礼·考工记》："匠人营国……左祖右社，前朝后市。"朝、市皆是广场。

一、广场的历史与早期宗教司法活动

　　广场是古罗马最有说服力、最有影响力的城市建造体之一：一开始它便与城市的起源密切相关，许多重要的宗教祭祀和仪式都发生在广场上。[①] 它记载着许多熟为人知的划时代事件和古老传说。如传说罗慕洛斯和勒莫斯兄弟两人在婴儿时被投入到台伯河，奇迹般地被从附近山上跑到河边饮水的一只牝狼所救，牝狼用自己的乳水抚育了这对双生子。后来罗慕洛斯和勒莫斯长大成人，他们用占卜的方式获得神意，在罗马建城。[②] 传说中的罗马建城仪式就在罗慕洛广场举行。[③] 当罗马的第二任国王努玛在是否执掌王权犹豫不决之时，担任临时摄政的斯普里乌斯·维久斯，当场要求人们投票表决，公民都表示同意时，努玛却要求得到神名的认可，于是便在广场举行献祭仪式，并在广场等待上天显示的预兆。[④] 此外，罗马广场上还耸立着一座卡斯托耳与泼吕克斯神庙，这座神庙在卡彼托林山下，位于罗马广场的西南角。供奉的是古希腊传说中最早出现的凡人英雄，这对孪生兄弟后来逐渐变成神。据说，他们曾在公元前 5 世纪出现在广场，扮演成两个衣着华丽的骑士，预言罗马将在一场决定性的战争中取胜。不仅如此，罗马执政官上任后的首要任务就是在广场上向神献祭。执政官将准备献祭的牺牲带到广场后，一旦大祭司宣布其可用以献祭，执政官便亲自宰杀牺牲，传令官命众人静默片刻，随后在神圣的气氛中响起长笛的演奏声。[⑤] 诸如此类，不胜枚举。

　　为何宗教与广场发生着如此紧密的联系？我们知道宗教是社会现实的"投射"，宗教的一项重要的功能，在于借助一种想象的超自然力培养人们共同的意识，对于认识自然、社会和人类自己起着重要作用。在人类社会的初期，由于信息的闭塞和交通的落后，宗教这项功能的达成必须借助于一个空间载体。城市广场的一个特点恰恰是透明无隐的公共场所。这里没有空间间隔和禁忌，人与人之间的界限感模糊。在露天广场上，话语的表达具有直接性和及

---

① Gregory S. Aldrete, *Daily Life in the Roman City*, *Rome*, *Pompell*, *And Ostia*, Greenwood press Westport, 2004, p. 47.

② 古朗士：《古代城市》，吴晓群译，上海人民出版社 2011 年，第 165 页。

③ 约翰·沃德-珀金斯：《罗马建筑》，吴葱等译，中国建筑工业出版社 1999 年，第 14 页。

④ 普鲁塔克：《希腊罗马名人传》（上册），陆永庭等译，商务印书馆 1999 年，第 48 页。

⑤ 古朗士：《古代城市》，吴晓群译，上海人民出版社 2011 年，第 210 页。

时性,更容易影响着观众的集体性行动。而且人们一直认为罗马力量的诞生、成长和维持均得益于宗教。西塞罗在列举城邦赖以存在的根本原则时,将宗教和占卜置于首位。① 由于罗马广场位于罗马诸山之间,这个诸山之间的凹地成为理想的联络地点。于是宗教和广场天然的"结盟"了!借助广场空间的力量,政权的权威与宗教发生了某种联系,政权与教权进一步合二为一,政权便披上了合法的宗教外衣。

在罗马历史的早期,广场另外一个特殊的功能便是法律功能。巴西卡利式大会堂是广场建筑群中不可缺少的组成部分,其用途之一就是作为仲裁的法庭。刻有罗马最早成文法典——十二铜表法的铜表就挂在广场西部的会堂边上。公元前462年,由保民官特兰梯留等组织建立的十人委员会制定了《十二铜表法》②。按《十二铜表法》上的强制规定审理民事案件地方执政官必须置身于广场之中,法官也在这里颁布法庭判决和发表公告,惩罚叛逆,剥夺公敌的财产。其中一条法律条文明确规定:债务人在被债权人拘禁期间仍可谋求和解;如得不到和解,则债权人应连续在三个集市日将债务人牵至广场,并高声宣布所判定的金额;在第三次牵债务人到广场后,如仍无人代为清偿或保证,债权人可以出售或者把他处死。在随后长达300年的时间里,十二铜表法不断被解释和修订。但是罗马法律的整体结构都建立在"十二铜表法"的基础上,这部法律影响深远,直至今天人们仍然能感受到它的光芒。

共和时期,审判在广场上公开举行,公共法律事务和抽签决定陪审团事务也在广场进行。③ 历史记载一些名人就经常在广场区域开展司法活动。例如,"老加图大清早就步行到广场区域给那些需要帮助的人进行诉讼。"④在广场上人群面对面的交流,消除了人们由于不了解专门法律知识形成的陌生感,可以直接感受法律活动的过程与效果,在这一法律活动中建立互动关系。所以在广场上经常能看见游手好闲、无所事事的人们在审判时站在一旁观看,在陪审团之前先说出各自认为的判决。

---

① 巴洛:《罗马人》,黄韬译,上海人民出版社2000年,第6页。
② 公元前451年制定了法律十表,公元前450年又制定两表,合称为《十二铜表法》。《十二铜表法》包括了与罗马公民有关的法律,即民法(iuscivile)。
③ 从古代司法的广场化到近代司法的剧场化代表着自由/秩序、大众化/精英化、通俗化/专业化的发展趋势。参见舒国滢:《从司法的广场化到司法的剧场化》,《中国政法大学学报》1999年第3期。
④ 普鲁塔克:《希腊罗马名人传》(上册),陆永庭等译,商务印书馆1999年,第209页。

广场有着如此重要的功能,以至于去广场就意味着去法庭。因为法律事务的繁多,统治者不得不增加广场的数量。奥古斯都修建战神马尔斯神庙的广场,就是因为当时罗马人口增多,法律诉讼数量也增多了。[①] 罗马原有的两个广场已经不能满足需要。这也是马尔斯神庙还没有竣工之前,他就匆匆地开放了这个广场的原因。

二、市民交易和休闲的地方

如果说罗马广场的早期历史与宗教神话传说相关,那么随着时间的推移它的角色在不断发生着变化。在共和时期广场作为开放性的公共空间,它像希腊城邦的卫城一样神圣而重要,成为商业贸易、社会生活的中心。[②] 瓦罗指出广场是人们携带商品进行交易的场所。[③] 广场是经济往来和借贷的地方。[④]韦伯也认为罗马广场是"经济性的"。[⑤]

共和伊始罗马人就在罗马广场西南角修建萨冬神庙,表明开始把这个广场作为经济活动的中心。萨冬是农业之神,在此神庙举行的各样宗教祭典自然和农业有关,而且国家金库亦移置其中。随着萨冬神庙的修建,罗马广场的经济活动亦见加强,一般的集市买卖交换上升为贸易业务的洽谈、签约。

在从东南方通往广场的圣道两旁,现在考古学家找到了共和早期人们进行商业交易的诸多证据,说明当时广场一带商业交易的类型和规模。例如发现了一些生意摊位地点的刻印文字,有从事花卉、香水、笛子和珠宝买卖的。还找到了留有可辨认的房屋平面图和一些家具。可能是广场一片区域有些商品的味道太刺鼻,公元前338年,行政长官盖尤斯下令禁止这些商家在广场设摊经商,取而代之的是银匠、货币兑换商和书商,不过,一些食品商人仍然不肯走远。

据弗里德兰德考证,公元前310年以前,罗马城就渐渐变得不像一座超大

① 苏维托尼乌斯:《罗马十二帝王传》,田丽娟、邹恺莉译,上海三联书店2010年,第60页。
② Pamela Marin, *Blood in the forum: the struggle for the Roman republic*, Continuum Inter. Publis. , 2009. p. 8.
③ http://www.jstor.org/stable/3287964.
④ Gregory S. Aldrete, *Daily Life in the Roman City, Rome, Pompell, And Ostia*, Greenwood press Westport, 2004, p. 47.
⑤ 韦伯:《非正当性的支配——城市的类型学》,康乐、简惠美译,远流出版事业股份有限公司1993年,第20页。

型的乡镇了,因为罗马广场上那些屠宰商的木棚已经让位给货币兑换者的柜台,同时粮食市场本身也变得更庞大更专业化了。① 商业管理机构和城市食品供应的储藏空间都建在广场之上。商业活动主要在广场及其附近进行。公元前179年,监察官老加图在罗马城广场周边设立了粮食贸易的大型中心集市,集市正中央是一间穹顶屠宰房,各种店铺呈辐射状从这里依次排开。老加图不想让众多的粗俗之徒聚集于此,于是提议在广场周围铺上小鹅卵石以阻止无所事事之辈,但显然未获成功。② 然而,经常光临广场的人大都有充足的理由。为此,建筑师维特鲁威对广场及其周边建筑提出了一些有益建议:"国库、监狱和议会都应安置在罗马广场周围;广场的规模大小要适应人数的需要,使其既不在使用时地方不够,也不致在人数过少时显得空旷。当长度分为三个部分时,以其两个部分限定为宽度。因为这样它的形象就成为一个长方形,而且它的布置适合于观览的目的。"③

由于商业交易规模的不断扩大,恺撒在卡皮托利乌山脚下设计了一个新广场以满足市场的需要。在此后的年月,更多的开放区域——如图拉真在基里那屋丘旁边铺设的广场都铺上了路面,周围修筑了公共建筑和长廊、店铺等,使之成为新的广场。④ 最初的广场成为金融家、放贷者以及珠宝商的领地,其他的生意人摆脱了旧广场的束缚,举家移入新广场。

罗马广场是个很像伯里克利时期雅典市集的城镇中心。商品买卖、娱乐表演、政治风波、社会新闻、民事纠纷等都能在广场见到,因而广场成为市民们经常光顾的场所,也是各个阶层喜欢自由出入的地方。每天这里商贾云集,流动商贩随处可见,处处是商人和购买者。⑤ 以至于保萨尼亚说没有广场和大型公共建筑的城市不配为城市。⑥ 在拥挤的群众中,各类人群按照自己的需要徘徊在广场的各个区域。罗马剧作家普劳图斯曾以嘲弄的语气,描述了公元前2世纪初广场上人们的分布状况:

"……有钱的已婚的闲逛者,徘徊在公共建筑附近。如果不是重要的场合,

① 刘易斯·芒福德:《城市发展史》,宋俊岭等译,中国建筑工业出版社2009年,第237页。
② 戴尔·布朗主编:《罗马:帝国荣耀的回声》,华夏出版社2002年,第43页。
③ 维特鲁威:《建筑十书》,高履泰译,知识产权出版社2001年,第126页。
④ http://www.jstor.org/stable/4389528.
⑤ Peter Connolly, The Ancient City Life in Classical Athens & Rome, Oxford University Press, 1998, p.164.
⑥ 斯皮罗·科斯托夫:《城市的组合》,邓东译,中国建筑工业出版社2007年,第154页。

往往也会有一堆妓女,也会有男人在下广场要求分期付款购买……外出散步的有地位而富裕的市民则在中广场招摇过市。在旧店铺旁,则是放款的人——借贷的或收款的……在伊特拉斯坎区,多才多艺的同性恋者则匆忙地来去。"①

塞内加也向我们介绍了各色人等在罗马广场多种多样的生活。招摇撞骗者在环境肮脏的维纳斯神庙附近活动,富人"身着老式裘皮衣服"在长方形的会堂一带活动,穷人由于食不果腹,经常出没渔市,老实巴交的人光顾罗马广场下面的地方。"马克西姆排污沟一带,无事生非者成群结队,库饵蒂乌斯湖往上一点的地方,亡命之徒居多,此外还有江湖骗子、谣言制造者、寻衅滋事者,更有借一点小事骂街者……"不远处就是"托斯卡纳大街的红灯区"。② 尽管他的作品可能带有文学的色彩,但是罗马广场一带商贩云集,熙熙攘攘,异常热闹是市民们日常生活休闲的世界却是不争的事实。③

三、竞技表演和凯旋仪式的舞台

面包和竞技是罗马人生活不可缺少的东西。广场开阔的空间和便利的位置自然成为各种竞技表演的舞台。例如在广场上举行斗剑表演是罗马祖先流传下来的传统。④ 历史上首次有明确记载的角斗表演是公元前264年,退任执政官布鲁图斯·培拉和他的弟弟为表示对父亲的尊敬而举行。这种表演开始是私人性质,却随着贵族斗争的加剧慢慢发展为公共表演。从公元前210年至公元1世纪早期这段时间里,角斗表演一直在罗马广场举行。凯撒在担任营造官期间,在中心广场及附近的大会堂填满了用于举办公众表演的各种物品进行展示,并为此建造了临时的柱廊。⑤ 公元前46年,凯撒在庆祝四个地方的战争凯旋胜利时,在罗马广场举行了角斗表演。每逢此刻,广场上人满为患,各种声音此起彼伏。在罗马广场举行具有象征意义的公开庆典是再适合不过了:这个宽阔的场地呈长方形,长约300英尺,宽约200英尺,距台伯河南

---

① Gregory S. Aldrete, *Daily Life in the Roman City*, *Rome*, *Pompell*, *And Ostia*, Greenwood press Westport, 2004, p. 53.

② 塞内加:《蛙虫》,第6卷,第2部,第3页。参见:让-诺埃尔·罗伯特:《古罗马人的欢娱》,王长明译,广西师范大学出版社 2005 年,第 31 页。

③ Gregory S. Aldrete, *Daily Life in the Roman City*, *Rome*, *Pompell*, *And Ostia*, Greenwood press Westport, 2004, p. 53.

④ 维特鲁威:《建筑十书》,高履泰译,知识产权出版社 2001 年,第 126 页。

⑤ John E. Stambaugh, *The Ancient Roman City*, Johns Hopkins University Press, 1988, p. 223.

岸约 1700 英尺,位于罗马七丘之中的卡匹托尔、巴拉汀和埃斯奎利尼等三山所环抱的低洼地带。奥古斯都明确地提及自己多次在广场举办竞技表演:"我26 次以我自己的名义,或以我诸孙的名义,在竞技场、广场和圆形剧场举行追猎非洲野兽的表演,在此种表演中约有 3500 头野兽被猎杀。"①他还说 4 次以他自己的名义举行娱乐活动,在战神广场举办体育竞技赛。

在罗马广场举行胜利的凯旋仪式是罗马国家的又一项古老制度,它对城市发展和国家政治生活有着相当大的影响。凯旋式是元老院授予成功将领的一种荣誉,在某段时期里,凯旋式几乎每年举行,反映了国家的扩张和个别元老的野心。它是士兵、俘虏、战利品、公告牌、描绘战争事件的巨幅镶框画以及坐在四马战车上的成功将领列队通过城市广场的一次盛大游行。② 在凯旋仪式前,胜利的军队将会在马尔斯广场(或者在弗拉米尼圆形广场里)聚集,然后按照传统的游行路线,穿过弗拉米尼圆形广场和古罗马屠牛广场,在通过大竞技场之前,绕过巴拉汀宫行进穿过罗马广场和走向国会大厦,在那里将向朱庇特献祭。如果敌方的将领没有得到赦免,他将被带到广场进行处决。

当恺撒凯旋而归的时候,他多次选择在广场庆祝,作为炫耀战争胜利的方式。奥古斯都在菲立比和西西里战争胜利之后,他在广场举办过两次凯旋式,后来在庆祝达尔马提亚、阿克兴外围以及在亚历山大城的胜利之后,他更是连续 3 天举行了 3 次凯旋仪式。③ 在广场上,罗马人目睹了在看似接连不断的胜利中实力扩张的实证:一车车掠夺来的财宝,一队队俘虏来的异国国君及他们的朝臣。所有参加凯旋仪式的人无一例外地将他们的社会身份面罩脱下来,即便是观众中最卑微的人都会感受到分享胜利的激动和折射给他的荣耀。正如公元 1 世纪的作家佩托尼乌斯所宣告的,看起来"整个世界都掌握在战无不胜的罗马人手中。拥有陆地、海洋和星空,他们仍不满足"。④ 除了战场上的讨伐与征战,罗马人还通过广场上的凯旋仪式,这一象征的符号再次在人们的脑海中重构了罗马人在战场上的丰功伟绩,进一步强化了人们的共同记忆。

每逢竞技表演和凯旋仪式举办的时刻,在宏大堂皇的广场上,人们会容易

① 李雅书选译:《罗马帝国时期》(上册),商务印书馆 1985 年,第 11 页。
② 仪式可能举行很多天,比如公元前 168 年埃米利乌斯·保卢斯在皮德纳战胜马其顿的柏尔修斯后举行的凯旋仪式,对此波利比乌斯有详尽描述。
③ 苏维托尼乌斯:《罗马十二帝王传》,田丽娟、邹恺莉译,上海三联书店 2010 年,第 55 页。
④ 参见戴尔·布朗主编:《罗马:帝国荣耀的回声》,华夏出版社 2002 年,第 4 页。

很快忘掉那些臭气熏天的大坑、竞技场上杀人作乐的场面以及罗马城的人满为患。广场上举行的竞技表演和凯旋仪式是个特殊的事件,主办者通过它凝聚各种社会关系,通过它来炫耀权势向社会展示其强大力量。光荣的胜利和人们的热情在广场的空间中相契合,型塑着人们对统治者的信仰和崇拜。

四、表达政治话语和塑造政治形象的场域

法国一位著名学者 Vidal Naquet 曾指出希腊城邦创造了一种全新的社会空间——一个以市政广场及其公共建筑为中心的公共空间。[①] 借助这个公共空间人们在此开展各种政治活动。哈贝马斯也认为以广场为代表的公共领域是一种介于市民社会中日常生活的私人利益与国家权力领域之间的机构空间和实践,公民聚集在一起,共同讨论他们所关注的公共事务。罗马的情况也是如此,尤其自共和晚期开始,广场便是人们开展政治活动,发出政治声音、塑造政治形象,表达政治话语的重要场域。[②]

早期建立的马尔斯广场(战神广场)就是为罗马贵族两个的关键活动即选举竞争和军事行动设立的。[③] 最重要的选举——执政官和监察机构的选举一直在这里进行。本来百人团大会依据法律在市区外集会,但是从 2 世纪中叶开始,百人团大会也在这里举行选举会议。每逢重要的政治运动,人们聚集在城市广场上选举执政官,进行各种政治纲领的辩论以及其他的政治行为。比如为某些人竖立雕像以示公开的敬意、举行葬礼等。历史记载:凯撒死后,人们把殡床抬进了中心广场,安东尼在此发表了葬礼演说。人们连续几夜聚集到中心广场举行哀悼活动。[④] 内乱时期,这里常常为被暗杀的英雄们举行火葬仪式,时而激起民众集体的悲伤和激愤。

广场不仅仅是人们开展政治活动的场所,还是人们发出政治声音的地方。罗马人在讨论重大的决议之时,常常会在广场集结。罗慕洛斯失踪后,当群情激愤的民众准备冲击元老院的危急时,贵族尤利乌斯、普罗库拉斯在广场上安抚了这些人。塞尔维乌斯改革期间,他曾要求罗马公民和军队于黎明时分在

---

① 黄洋:《希腊城邦的公共空间与政治文化》,《历史研究》2001 年第 5 期。
② 罗马广场又以政治讨论风气之盛著称,在日后的西方,"广场"(forum)一词遂具有"论坛""讲台"之义。
③ Chester G. Starr, *The Ancient Romans*, Oxford University, 1971, p. 23.
④ 苏维托尼乌斯:《罗马十二帝王传》,田丽娟、邹恺莉译,上海三联书店 2010 年,第 41 页。

玛尔斯广场列队。① 在撒路提乌斯记述的《喀提林阴谋朱古达战争》一书中喀提林与西塞罗的政治斗争就主要集中在玛尔斯广场和罗马广场上。② 在动乱中西塞罗在广场上向人群说道："我们已经打败了这次内战的一个头目。因为他的那把匕首不能在我们身边发挥其作用了。无论是在玛尔斯广场上，还是在罗马广场上，我们将不再感到害怕了。"③在罗马人的观念中矗立于罗马广场上的演讲台，是为公众的政治演讲而设置——在这个平台上，人们会以真挚的赞赏之情想起西塞罗之类的名人们那些有力的言辞、道德主张和义不容辞的活动。④ 就是从这些公共活动中，公民们明确地意识到，他们不仅是一个利益共同体，同时还是一个有着共同传统和共同感受的集体。"罗马人民不仅行使主权的权利，而且还行使一部分政府的权力……全体罗马人民在公共会场上几乎往往同时既是行政官而又是公民。"② 因此，广场对人们的影响持久而深刻。克拉苏是共和晚期罗马政治家。关于广场对其影响他这样说："我在童年时期便受到教育，后来就投身于罗马广场上的活动……广场对我来说是学校，经验、法律、罗马人民的制度和先辈的习俗是老师。"⑤

与此同时，广场还是统治者塑造政治形象的工具。整个罗马的历史，宗教和权力的联系由强调权威的政治领导人和皇帝通过建立神庙来来展示，而罗马广场是展示这种权力象征符号的关键场所。⑥ 凯撒一直致力于美化罗马城，他的第一个工程就是在广场上修建战神神庙，并试图把它建成为世界最大的神庙。奥古斯都用战争获得的财富修建了马尔斯神庙和奥古斯都广场。战神马尔斯是奥古斯都的本位神，爱神维纳斯是凯撒家族的守护神，凯撒是自己的上司，自己是凯撒的直接继承者。奥古斯都借还愿将这三位供奉在广场的神庙中的意图是很明显的：他用形象直观的方式，告诉人们自己受神的庇护，自己的家族受神的庇护，自己的事业受神的庇护。神庙本身就像一个大印章一样证明着神对奥古斯都的支持，这种支持有效地阻止着对奥古斯都权力的质疑，"君权神佑"的政治形象不言而喻。

---

① 李维：《建城以来史》，穆启乐等译，上海人民出版社 2005 年，第 115 页。
② Walter Dennison, "The Roman Forum as Cicero Saw It", *The Classical Journal*, Vol. 3, p. 318.
③ 萨卢斯提乌斯：《喀提林阴谋朱古达战争》，王以铸、崔妙因译，商务印书馆 1995 年，第 173 页。
④ 斯皮罗·科斯托夫：《城市的组合》，邓东译，中国建筑工业出版社 2007 年，第 154 页
⑤ Cicero, *De Oratore*, The Loeb Classical Library, 1948, p. xx75.
⑥ David Watkin, *The Roman Forum*, Harvard University, 2009, p. 20.

进入帝国时代广场的空间布局有了新的变化:一是这时期的新建广场都追求宏大的规模,豪华的装饰①,二是广场逐渐由一个开放的空间转变成为一个封闭的空间,广场空间被赋予了更多的象征意义,有着浓厚的皇帝崇拜色彩。例如奥古斯都广场增加了一对向两侧柱廊敞开的半圆形庭院,给人以一种更加开阔的视觉印象。② 图拉真广场则建有华美柱廊环绕的凯旋门、歌功颂德的神庙,以及皇帝铜像。该建筑似乎包含了帝国时代罗马的精髓。其外部,镀金的青铜瓦在人字屋顶上被阳光映得金光灿烂。其内部,阳光从带廊柱的天窗射入,照耀着各式的镶饰在墙壁和地板上面的豪华的大理石。中厅两端是半圆形的廊柱后殿。廊柱大厅之外两个图书馆跨院相对,里面存放着用罗马帝国两大语言——拉丁语和希腊语——写成的书籍。每座图书馆都各有两层长方形壁龛,龛内共存有约 4 万册手稿。两座图书馆之间是巨大的图拉真纪功柱,上有浮雕,至今仍矗立在那里。广场以巨大的庙宇、华丽的柱廊来表彰各代皇帝的业绩,其目的仅在于塑造一个供人观赏的空间艺术组群,所有的广场都是帝王的纪念物,用于宣传个人和其家族的成就。于是,广场变成了权力穿起长袍,开始扮演起默剧的角色。广场"已没有社会和经济活动意义,纯粹为统治者歌功颂德而建造"。诚如列斐伏尔在《空间的生产》中所指:罗马城中心的广场布满了纪念堂、祭坛,集中地投射着国家和人民之间的权力关系。③

结语

整体而言,城市广场是罗马历史的浓缩。从共和时代到帝国时期随着罗马社会发生的深刻变化,罗马广场的功用也不断变化,早期的宗教和司法功能渐渐让位于经济和政治活动,广场的规模和影响进一步扩大,作为公共空间的广场在城市中的地位愈加凸显。④ 广场不仅仅是罗马城本身的中心,还是整

---

① 曹文明:《城市广场的人文研究》,中国社会科学院研究生院博士学位论文,2005 年 6 月。

② 奥古斯都广场完成于公元前 2 年,修建它几乎花了 40 年的时间,凝聚着整个奥古斯都时代建筑技艺的精华。这个广场衰落以后后人不断的慕名凭吊。它留下的三个兀立的神庙柱廊却给人们留下了深刻的影响。拉斐尔在梵蒂冈教皇宫画的著名壁画《波尔戈街的火灾》便以这几根柱子置于画幅中央显著位置,再现他心目中的罗马城的景象。朱龙华:《罗马文化》,上海社会科学院出版社 2003 年,第 80 页。

③ Henri Lefelee, *The production of Space*, Blackwell, 1991, p. 73.

④ E. J. Owens, *The City in the Greek and Roman World*, Routledge, 1991, p. 37.

个罗马帝国的中心。①

　　由于技术和交通条件的限制，作为公共空间的广场对前工业社会居民来说是生活中所必须的。广场无形中占据了城市生活的主导地位，无论是信息的传播还是其他社会活动的开展，如宗教活动、政治活动都经常在此领域中进行。广场作为城市的公共空间包含三个层面，是三位一体的空间。它同时既是一种空间实践（一种物质的环境），一种空间表征（物质环境的体现，用以指导概念模型），也是表征的空间（实践者与环境之间的关系）。因而，广场在罗马的城市社会中扮演着十分重要的角色，是人们进行宗教经济活动的地方，是竞技表演和凯旋仪式的舞台，更是统治者加以利用，维护一切既有秩序，塑造政治形象，暗示着世界同一、稳固与永恒的场所。也正是源于广场在罗马的强大影响力和特殊象征意义，帝国各地的城市空间中都留有它的重要位置，并且它还持续影响着中世纪和近代的城市面貌。②

The ancient Rome forum and city society
——take Rome city as an example
Bao Hongxin

Abstract：the city forum is concentrated in the history of Rome, Rome is the sum of the monument. As an important landmark in the city forum is not only an open site, also plays a variety of roles, carrying a variety of functions, has become the field expression of political discourse, which is disciplining rule and the social order, as a token of the change of urban society.

Keywords：forum；public space；urban society

　　作者：鲍红信，池州学院讲师，博士；本文为安徽高校人文社科重点项目（sk2014A332）研究成果，研究方向为西方城市史

---

① 刘易斯·芒福德：《城市发展史》，宋俊岭等译，中国建筑工业出版社 2009 年，第 170—171 页。

② 乔尔·科特金：《全球城市史》，王旭等译，社会科学文献出版社 2006 年，第 114 页。例如亨利四世建设巴黎的时候，就按照意大利的模式修建了数个公共广场。

后殖民漫游者

胥维维

摘　要:"后殖民漫游者"是当前西方人文社会科学界的一个前沿理论话题。它的源头可以追溯至 20 世纪 90 年代,西方学界在后现代和后殖民理论的指引下,对本雅明的城市理论和漫游者概念的重读及解构。本文拟通过追溯后殖民漫游者概念发展演变中的关键节点,梳理其嬗变过程,并对其所指和特征进行建构和阐释,及其对全球化时代的文学和文化研究的意义。

关键词:后殖民主义　漫游者　理论嬗变　全球化

"漫游者"(flâneur)①是德国思想家瓦尔特·本雅明(Walter Benjamin)从法国象征派诗歌先驱夏尔·波德莱尔(Charles Baudelaire)身上及其诗歌中解读出来的文化意象。本雅明视漫游者为存在于 19 世纪巴黎且承担现代性经验的社会现象。近年来,漫游者一词的使用范围大大超越其原初语境,成为克里斯·詹克斯(Chris Jenks)所说的"一种分析形式、叙事手段、对待知识及其社会语境的态度"②,或德波拉·帕森斯(Deborah Parsons)眼中的社会人物、修辞比喻和批评概念的三位一体③。外延和内涵都大大延伸的漫游者向漫游

---

① 又译为"浪荡游民""游荡者""游手好闲者"和"闲逛者"。本文为了和张英进的漫游性概念保持一致,采用了"漫游者"这一译法。参张英进:"批评的漫游性:上海现代派的空间实践与视觉追寻",《中国比较文学》2005 年第 1 期,第 90—103 页。

② Chris Jenks, "Watching Your Step: The History and Practice of the Flâneur", in Chris Jenks, ed., *Visual Culture*, Routledge, 1995, p. 148.

③ Deborah L. Parsons, *Streetwalking the Metropolis: Women, the City, and Modernity*, Oxford University Press, 2000, p. 31.

性转化,被张英进分为三个层面——"由作品中的人物进行的'文本漫游性',由作家本人进行的'创作漫游性',还有学者进行的'批评漫游性'"①。具备漫游性广义上的漫游者不再是 19 世纪巴黎独有的产物,而是以各种面目出现在不同时空的文本中,呈现多种表现形式。后殖民漫游者就是其中的一种,它是 20 世纪 90 年代以来,西方学界引入后现代和后殖民理论,在重读、解构、拓展本雅明对欧洲城市现代性的建构基础上提出的。但是,在我国,这一前沿理论话题还鲜有涉及。本文拟追溯后殖民漫游者概念发展演变中的关键节点,着重考察、描述其所指和特征,及其对全球化时代的文学和文化研究的意义。

一、"后殖民漫游者"的前历史

后殖民漫游者概念的起源可以追溯到 1994 年,西方学界对研究漫游者的场所进行解构,为后殖民漫游者作为一个理论话题进入人文学术话语奠定了基础。关注漫游者,自然离不开其活动空间——城市。本雅明的研究主要基于造就了漫游者的巴黎,因为,作为 19 世纪最繁华的资本主义大都市,它是"重建现代性的史前史"②的最佳场所:它纵横交错的街道、密密麻麻的人群和琳琅满目的商品隐含丰富的资本主义文化意蕴,展现了现代性的诸多面貌,体现了现代性的变动方式。然而,罗伯·希尔兹(Rob Shields)却最早注意到,19 世纪的巴黎不仅是被拱廊街、百货商店和世博会里不断更新的时髦商品构筑起来的空间标本,还是一个奇观化的视觉殖民情境。因为,当时橱窗里的许多商品都来自臣服于法兰西帝国的遥远之地,不仅向每一个凝视它们的漫游者展示其物质性的能指,即至高无上的展示、膜拜价值,还通过炫耀其背后的文化符号与殖民主义的紧密联系,成为"帝国在日常生活层面最直接的表现"。对没有直接参与殖民统治的欧洲国家普通公民来说,巴黎这样的都市是他们通过商品接触其他文化的中介场所,而"帝国以商品的形式被变成购物中心。漫游者在其间模仿殖民探险家,绘制地图,描述、命名并索要领地"③。不同于巴黎漫游者一般被认为是看穿了商品拜物教的现代性幻象的疏离者,代表着

---

① 张英进:"批评的漫游性:上海现代派的空间实践与视觉追寻",《中国比较文学》,2005 年第 1 期,第 96 页。
② 戴维·弗里比斯:《现代性的碎片》,卢晖临、周怡、李林艳译,商务印书馆 2003 年,第 10 页。
③ Rob Shields, "Fancy Footwork: Walter Benjamin's Notes on Flânerie", in Keith Tester, ed., *The Flâneur*, Routledge, 1994, p. 74.

距离化的反讽姿态和不认同的拒绝态度,希尔兹把其具有整体性的观看方式同殖民主义联系起来:漫游者经由对商品的移情过程消费商品背后所喻指的文化符号及其他者性,从而建立起自身作为观看者的主体性;漫游者对商品的视觉消费复制了对海外殖民地及他者的支配、控制过程,展示了一种在宗主国居中心位置的殖民主义想象。本雅明将漫游者同一般的都市人群区分开来,是因为他相信漫游者的主体姿态凝结在观看的欲望和行为上,希尔兹却以在一定历史、社会情境中被建构而成的凝视是"携带着权力运作或者欲望纠结的观看方法"①为切入点,强调漫游者移动的凝视不单指其行为状态,更指涉其与环境(如城市景观)、对象(如商品)所结成的视觉关系,体现了其作为殖民主义和商品化过程的同谋被赋予的特权,而这种特权恰恰抑制了对商品和剥削间关系的批判。巴黎作为研究漫游者的场所的合法性、真实性和权威性就这样被颠覆了。希尔兹在受殖民主义影响的结构性关系场域中,考察漫游者这一隐喻性形象及其政治性观看,是一种解构策略,有受到驳斥文化纯粹性、强调文化混杂性的后殖民理论影响的痕迹。

恩达·达菲(Enda Duffy)于同年出版的著作《作为属下的尤利西斯》(*The Subaltern Ulysses*)与希尔兹从后殖民视角进行的批评漫游性形成了呼应。达菲首先因爱尔兰作家詹姆斯·乔伊斯(James Joyce)在《尤利西斯》(*Ulysses*,1922)中的城市书写,以及小说主人公利奥波德·布鲁姆作为"最具特征的现代人——人群中的人——的化身",把《尤利西斯》视为"20世纪早期漫游者小说的典型"②。但是,达菲又紧接着将《尤利西斯》和其他通过人物的漫游展开城市书写的英国现代主义小说进行了区分。如英国女作家弗吉尼亚·伍尔夫(Virginia Woolf)的《达洛维夫人》(*Mrs. Dalloway*,1925)描写的是在地理和权力话语意义上都处于西方中心的伦敦,它是现代性叙事的背景、现代人物活动的场景和现代都市书写的象征。而在《尤利西斯》中,处于英国殖民统治晚期的都柏林则是反映爱尔兰民族解放运动政治现实的舞台,它虽地处西方中心位置,但已被排挤出权力的中心,已被边缘化,其商品文化和漫游者在生存本体论层面的相互关系也和《达洛维夫人》有着本质上的不同。布鲁姆的漫游不仅揭示了英国的殖民统治权力,展现了爱尔兰的殖民历史记忆,更是一种争

---

① 赵一凡:《西方文论关键词》,外语教学与研究出版社 2006 年,第 349 页。

② Enda Duffy, *The Subaltern Ulysses*, University of Minnesota Press, 1994, p. 62.

取自由、解放的姿态,起着"描绘一种新版本的后殖民主体性潜在可能的蓝图"①的作用。达菲的结论是:《尤利西斯》是一本创作、出版于爱尔兰民族解放运动高潮时期的后殖民主义漫游者小说,它应该被解读为被殖民群体想象、塑造新身份认同的"民族寓言"②,而非一般认为的书写城市的英国现代主义小说的里程碑。达菲也因此被称为"在塑造漫游者的现代主义文学实践范畴内指认权力政治特定模式"的"后殖民读者"。③

如果说本雅明笔下的漫游者揭示了蕴藏在巴黎现代性之下的资本主义秘密,希尔兹和达菲则借助漫游者,将西方城市空间置于殖民主义的历史维度中考量,以此揭示西方城市也是展现(后)殖民时代集体意象的场地,分析隐含于其中的权力结构就是对话语霸权的消解。因为殖民主义残留影响的无处不在,西方城市和广义上的西方概念不能简单地被视为研究漫游者的"纯真可信的场所"④。也就是说,在由漫游者与西方城市的空间景观、视觉场景、人群、商品等构成的关系式中,要确定漫游者的意涵,使其漫游具有保存时间、雕刻空间的功效,(后)殖民主义历史语境这一参数或变量就必须被考虑。例如,有一半牙买加血统的英国女作家扎迪·史密斯(Zadie Smith)在《白牙》(*White Teeth*,2000)中和南非作家 J. M. 库切(J. M. Coetzee)在《青春》(*Youth*,2002)中塑造的漫游者及其视角下的伦敦就与伍尔夫笔下的漫游者及伦敦截然不同。史密斯和库切都在对伦敦的书写中嵌入了少数族裔移民的经历,展现了伦敦城市空间的殖民话语和多元文化交织下的社会分异。就连在看似和殖民主义没有直接联系的西方城市中,(后)殖民主义历史因素也不可忽略。印度裔英国作家维·苏·奈保尔(V. S. Naipaul)早就在《自由国度》(*In a Free State*,1971)的第一个故事《合众为一》("One out of Many")中,以具有后殖民身份的漫游者桑托什的视角,展现华盛顿的种族矛盾和文化冲突,揭示出这是殖民主义造成的恶果。尼日利亚裔美国作家泰朱·科尔(Teju Cole)也在《开放的城市》(*Open City*,2012)中,通过有一半尼日利亚血统的漫游者朱利叶斯的漫游和在游走中的观察,揭露、重写纽约在从殖民地前哨转变为全

---

① *The Subaltern Ulysses*,p. 63.

② *Ibid*.,p. 3.

③ Saikat Majumdar,"Dallying with Dailiness: Amit Chaudhuri's Flâneur Fictions",*Studies in the Novel*,Vol. 39,No. 4(2007),pp. 448 – 464.

④ 张英进:"批评的漫游性:上海现代派的空间实践与视觉追寻",第94页。

球化大都市的过程中被篡改、被抹去的历史,挖掘被边缘化、被奴役的人口(如黑奴)在其中扮演的重要却被遗忘的角色。

　　如果说巴黎、都柏林、华盛顿和纽约仍同属于西方文化的范畴,威利·博勒(Willi Bolle)则跳出把漫游者置于同质文化内部的限定,把视野扩展到异质文化的现代性、非西方城市中的漫游者身上。博勒发现,本雅明对漫游者的研究主要集中在欧洲大陆的文化视野范围内,但是,从欧洲中心视角来观察、建构现代性是片面、残缺的,它值得从非西方视角进行更深入的探讨。遵循本雅明运用超现实主义蒙太奇手法展示现代性历史碎片的策略,批评家们应该挣脱本雅明在欧洲语境中进行的观察和反思,对它们进行爆破重组,设计出一个新的概念。① 博勒强调对漫游者的批评接受,可以延伸到一般被认为处于文化领域边缘地带的文化调查中。博勒研究的就是,作为西方都市主体的漫游者如何被挪用到有长期被殖民史的拉丁美洲的社会和话语现实中,并得到怎样的再现,又起了什么样的调解作用。博勒令人信服地提倡,从后殖民视角重读本雅明,理解西方宗主国及其海外领土间的关系。他从位处边缘的第三世界入手、逆转地理政治实体中的传统等级体系的做法,是践行了后殖民理论家爱德华·赛义德(Edward Said)提出的对位阅读法,即注意西方文化遗产及文学文本叙述的"都市历史"的同时,也意识到殖民、反抗和本土民族主义等"与统治话语相抗衡或共谋的其他历史"②。

　　中西方许多作家(尤其是后殖民作家)进行的创造漫游性及其作品中人物(特别是后殖民主体)进行的文本漫游性都表明,像博勒倡导的那样,把漫游者概念及形象挪用到后殖民语境中的非西方城市中,审视、探讨城市的殖民历史和文化沉积,是恰当可行的。如印度裔英国作家维克拉姆·赛思(Vikram Seth)的《如意郎君》(A Suitable Boy,1993)就塑造了在以加尔各答为原型虚构的布拉姆普尔城里的漫游者马安,以他的视角揭开城市的后殖民色彩,包括被烙上英国殖民历史印记的市容市貌、居民的生活和思想等,展现印度非殖民化进程之中及之后的社会危机,如种族矛盾、宗教冲突和政治斗争等。印度裔英国作家阿米德·乔杜里(Amit Chaudhuri)的《一个奇怪而庄严的地址》(A

---

① Willi Bolle, *Physiognomik der Modernen Metropole*: *Geschichtsdarstellung bei Walter Benjamin*, Bohlau, 1994, pp. 19-20.

② Edward Said, *Culture and Imperialism*, Vintage Books, 1994, p. 51.

Strange and Sublime Address，1991)和《一个新世界》(*A New World*，2000)也刻画了游荡在后殖民城市加尔各答的漫游者，并通过描写其对中下阶层琐碎日常生活的观看和体验，直指后殖民时代印度的重大社会问题，剖析东方与西方的异质文化关系，暗喻殖民主义和全球化对传统印度的消解、对现代印度的重新构建。台湾作家朱天心的《古都》(1997)选择手持日据时代殖民地图游历台北的女性漫游者的视角，把台北的城市空间、景观置于其多重殖民历史脉络中，搜索殖民时期的城市记忆，以探寻兼具多重殖民经验的台湾历史文化岩层，反思台湾的后殖民处境。正如乔杜里所说，在后殖民文学作品的非西方城市中游荡并拥有后殖民背景或视角的漫游者具有"颠覆性地看待历史""刻意对历史意义和体系进行重置"①的能力。本雅明也许难以想象他们的存在，但是，正是他们使漫游者概念突破地理时空的约束，成为一个方法论意义上的分析范式，不仅使漫游者已然的存在方式向更多的可能性开放，还凸显了本雅明理论框架强大的生命力。

二、术语的诞生及发展演变

阿德巴约·威廉姆斯(Adebayo Williams)在 1997 年发表的《后殖民漫游者及其旅伴：对救赎叙事的一些评价》("The Postcolonial Flâneur and Other Fellow-Travellers: Conceits for a Narrative of Redemption")一文中，首次使用了"后殖民漫游者"一词。但是，实际上他只在文章开头通过援引本雅明的理论，简单提及了漫游者的一个特征：孤独、疏离的漫游者沉醉于对城市的观看之中，浑然不觉身边还有许多像他一样的漫游者。以此为切入点，威廉姆斯对 20 世纪 90 年代后期后殖民主义遭受的诟病进行概述，譬如，后殖民主义学术主张的合法性被质疑，其政治可行性遭到冷酷无情的审查，其主要倡导者被斥责为从第三世界残酷的政治现实中出逃的、无根的流亡知识分子等。② 在此基础上，威廉姆斯提出，不要只依赖于反责或反控，而是要通过把后殖民主义的危机放置到具体的历史、物质情形中，使历史物质性回归后殖民主义的各个派别。这样做的好处在于，正如漫游者必须考虑到"其他漫游同伴或竞争者

---

① Amit Chaudhuri, "In the Waiting Room of History", *London Review of Books*, Vol. 26, No. 12 (2004), pp. 3 - 8.

② Adebayo Williams, "The Postcolonial Flâneur and Other Fellow-Travellers: Conceits for a Narrative of Redemption", *Third World Quarterly*, Vol. 18, No. 5(1997), pp. 821 - 841.

的叙述",才能颠覆"所有宏大叙事和范式话语",后殖民主义独特的力量也必须和"与之对抗的旅伴"①(如新的救赎叙事中的新殖民主义、法侬主义、第三世界主义和新非洲主义这些后殖民理论旅行的产物)的长处整合到一起,才能使叙说抵抗、推翻殖民主义的故事转化成历史,建构起书写、编纂(后)殖民历史中的原则框架,发现其深层结构。这无疑受到了美国后现代历史学家海登·怀特(Hayden White)的后现代历史叙事学说中转义理论的影响。除了提倡从讲述非殖民化历史经验的叙事及其叙述者身上借用转义之外,威廉姆斯还把"混杂性"和"属下"等后殖民主义学说的主要概念放到全球化语境中重新审视,以重绘后殖民主义的边界。因为在他看来,全球化是"殖民宗主国及其同盟对帝国崩塌特有的后殖民回应,是资本主义力量在殖民时期之后的合理转变",而当后殖民主体这种"全球化的历史产物"成为一种全球现象,后殖民主义就变成对当今这个晚期资本主义或全球主义时代的"意识形态复仇"。② 虽然威廉姆斯对后殖民漫游者一词的短暂使用只是为了阐释宏大叙事的疑难本质,但是,他在后殖民主义和全球化之间以及漫游者和全球性后殖民语境之间建立起了初步的联系。

　　虽然和威廉姆斯希望把后殖民主义置于具体的历史、物质场景中的做法有所不同,莉丝贝特·明纳德(Liesbeth Minnaard)对漫游过程的强调多于对后殖民成分的强调,但是她在概念化后殖民漫游者及其漫游时,也充分考虑到全球化及其与殖民主义历史间的延续关系,强调后殖民漫游者理解全球化时代受殖民主义影响的复杂历史的能力。明纳德把漫游分为三个阶段:波德莱尔对19世纪巴黎的文学探索(如《巴黎风貌》组诗)是漫游的第一阶段;本雅明写于20世纪早期、反思现代性的著作(如《发达资本主义时代的抒情诗人》)代表漫游的第二阶段,漫游对移动和观看、阅读和翻译的有效结合被概念化为现代都市经验的典范;第三阶段即后殖民漫游,它指的是在全球化时代融合多元文化的都市空间里游荡、体验城市经验的特定方式。③ 明纳德把荷兰诗人诺姆西·拿瑟尔(Ramsey Nasr)于2005年任"安特卫普城市诗人"期间创作的《安特卫普城市组诗》("Antwerp City Poems")视作第三阶段文学漫游的典型

① *Third World Quarterly*, pp. 821 – 822.
② *Ibid.*, pp. 836 – 837.
③ Liesbeth Minnaard, "The Postcolonial Flaneur: Ramsey Nasr's 'Antwerpse Stadsgedichten'", *Dutch Crossing*, Vol. 37, No. 1(2013), pp. 79 – 92.

案例、后殖民漫游的诗学先例。但是,明纳德本人也承认,这一选择似乎"并不符合严格意义上的后殖民"。对此,她解释说,她使用后殖民一词是为了"唤起对殖民主义历史的记忆",因为她坚信:

> 今天,我们这个全球化的世界在很大程度上仍然留有殖民主义历史及其行为实践、意识形态的痕迹。尽管如今世界上的大多数地区都处于去殖民化之后的阶段,然而,殖民主义时期建立的权力关系和结构上的不平等仍然还在。这意味着,后殖民一词的范围不能简单地被限定。它更多地是指我们当今的世界秩序——一个影响我们所有人的全球后殖民秩序。①

明纳德的观点和威廉姆斯一脉相承,即全球化时代和殖民主义时期之间不是一种断裂的关系。从这个意义上来说,并不是只有后殖民作家或其作品中具有后殖民身份背景的人物才能被视为后殖民漫游者,对活动性、交错性和混杂性使全球/本土、西方/东方、殖民/被殖民等二元对立的界线变得模糊不清的全球化语境的强调,应该多于对后殖民场景和身份的看重。举例来说,土耳其作家奥尔罕·帕慕克(Orhan Pamuk)就不是后殖民作家,其小说《我脑袋里的怪东西》(*A Strangeness in My Mind*,2014)的主人公、漫游者麦夫鲁特也没有后殖民身份背景,但是麦夫鲁特却可以被纳入后殖民漫游者的范畴。因为游走于伊斯坦布尔大街小巷的他热切而批判地观察、体验现代化和全球化在城市里的踪迹及其造成的问题,如权力抗衡和文化冲突等;他在重绘认知地图、重拾场所认同感的同时,又表现出对土耳其历史权力丧失和民族记忆消逝的忧伤。可见,强调后殖民漫游者存在于全球化语境中,对全球化时代后殖民文学和世界文学的研究提出了越界、扩展和整合的要求。也只有这样,后殖民理论和文学批评才能焕发出新的生命力。

　　除了把全球化时代融合多元文化的城市作为后殖民漫游者存在的必要外在条件之外,明纳德还初步总结了后殖民漫游者的身份特征。明纳德之所以称拿瑟尔为后殖民漫游者,是对他被任命为"安特卫普城市诗人"时饱受非议的身份问题的回应。拿瑟尔不是比利时人,而是荷兰人,更准确地说,是巴勒

---

① *Dutch Crossing*,p. 83.

斯坦裔荷兰人,他的诗作中也常常出现以色列和巴勒斯坦之间的冲突问题。他更不是安特卫普人,不是会说当地方言的"合法"人选,因而不具备漫游者的"合法"声音,毕竟在漫游者身上,"合法性在很大程度上取决于出身和本土性"。在他的《安特卫普城市组诗》中,反复出现的一个主题也是无根性、无归属感。在明纳德看来,把本雅明笔下的漫游者理解为自甘边缘性的局外人并不新奇,然而,第三阶段漫游者的归属感缺失和疏离感"大多不是出于自我选择,而是被边缘化、被排挤的结果"①,这是如今这个全球化时代的一个关键问题。但是,在《安特卫普城市组诗》中,拿瑟尔质疑了自己作为漫游者的无根地位,因为,他是官方指派的城市诗人,实际上具有对安特卫普的城市空间进行文学探索的合法性。与其说拿瑟尔的漫游者身份充满矛盾,倒不如说他享有了西蒙·吉坎迪(Simon Gikandi)所说的既是局外人、又是局内人的后殖民漫游者才有的特权。② 拿瑟尔兼具的局外人/局内人身份使他具有了辩证批判的视角,因而跨越语言、阶级和传统的界限也成为《安特卫普城市组诗》的重要主题。明纳德注意到:以安特卫普的街道名称为切入点,拿瑟尔证明,安特卫普的城市地图和历史形成受到了跨国交际和外来事物的影响,揭露出土生土长的安特卫普人(也是那些攻击他外来者身份的人)对"纯洁"文化的渴望只是一种幻觉;他的诗作里还包含了许多不同的声音,这是他在代表安特卫普这个多面化城市里的多种族人口发声,展现城市的多样性和多语性。③ 可见,拿瑟尔这样的后殖民漫游者以在差异中寻求关联为目标。这是后殖民漫游者与其前任者的不同之处:本雅明笔下的漫游者的边缘地位是自我选择的结果,他享受其高度个体化、散漫、疏离的移动,甚至以一种誓死不与庸众合流的精英姿态,迷失在都市空间中;后殖民漫游者则把自己非自愿选择的移位身份变成以疏离之姿进行的观看模式的对立面,即他并不回避与人群接触,也不执着于坚守个人的独立性,反而执意在全球化影响下而悄然改变的都市接触区中,追寻遭遇和互动的时刻。南非作家扎克斯·姆达(Zakes Mda)的小说《死亡之

---

① *Dutch Crossing*, p. 84.

② Simon Gikandi, "Between Roots and Routes: Cosmopolitanism and the Claims of Locality", in Janet Wilson, Cristina Sandru and Sarah Lawson Welch, eds., *Rerouting the Postcolonial: New Directions for the New Millennium*, Routledge, 2010, p. 22.

③ Liesbeth Minnaard, "The Postcolonial Flaneur: Ramsey Nasr's 'Antwerpse Stadsgedichten'", pp. 86 - 87.

路》(*Ways of Dying*,1995)的主人公、城市移民托洛奇更是利用其后殖民边
缘人身份中的差异性和混杂性,在漫游中追寻自我身份认同,进行自我改造,
进而和城市叙事融为一体。库德扎伊·恩加拉(Kudzayi Ngara)因此称托洛
奇是"急需建立新范式的象征"①。

在分析科尔《开放的城市》中的朱利叶斯进行的文本漫游性时,亚历山
大·格雷尔·哈特威格尔(Alexander Greer Hartwiger)强调,"把后现代的碎
片和全球化连接起来"②的 21 世纪后殖民漫游者具有对都市空间进行对位阅
读的能力,其漫游是对城市历史的重写。朱利叶斯之所以被视为后殖民漫游
者,是因为,虽然他是纽约这个国际大都市的一分子,但是他身上的一半德国
血统、一半尼日利亚血统使他对城市有疏离感,成为"对殖民主义和帝国主义
统治后遗症的敏锐观察者"③。兼具局内人/局外人的身份使朱利叶斯具有批
判、辩证的叙事视角,他对城市历史的阅读、与城市的对话在占主导地位的官
方观点和处于非优势地位的个人观点之间移动、切换,以此重现在纽约的发展
历程中被压抑、被抹杀、被遗忘的历史。哈特威格尔就以朱利叶斯在漫游中发
现的纽约市中心发掘出的黑人埋葬地为例揭示出,纽约的世界金融中心地位
是通过贩卖黑奴累积资本而建立起来的,但是这段历史就像那些深藏于城市
地下的黑人尸骨一样,被刻意掩埋了。朱利叶斯的后殖民漫游者视角不仅使
这段历史重见天日,还和官方说法形成对比,挑战官方权威。可见,哈特威格
尔强调后殖民漫游者对城市历史的重写,是为了达到威廉姆斯呼吁的颠覆元
叙事的目的。

三、结语

综上,后殖民漫游者理论经历了一个长期发展和流变的过程。至此,我们
可以从西方学者对它的不同界定和阐释中,简要总结出以下几点共性。第一,
以非边缘化和去中心化为核心的后殖民理论批评是建构后殖民漫游者概念的
理论基础。遵循赛义德的对位阅读法,将西方的现代性文化置于后殖民视角

---

① Kudzayi Ngara, "The Itinerant Flâneur: Toloki as a Migrant in Time and Ideological Space in
Ways of Dying", *English Academy Review*, Vol. 26, No. 2(2009), pp. 16 – 24.

② Alexander Greer Hartwiger, "The Postcolonial Flâneur: *Open City* and the Urban Palimpsest",
PostcolonialText, Vol. 11, No. 1(2016), pp. 1 – 17.

③ *Ibid.*, p. 5.

中重新定位,把对漫游者的考量与流散写作、身份政治、少数族裔研究及文化研究等相融合,这使得来自第三世界、具有后殖民身份背景的作家和理论家从边缘向中心运动,他们在受殖民主义影响的结构关系场域中对漫游者蕴涵的挪用和再现,使漫游者概念的外延和内涵得到延伸,从而实现对元叙事和话语霸权的消解。第二,全球化是研究后殖民漫游者的语境。由于同时具有局外人和局内人的双重立场,游荡在 20 世纪晚期、21 世纪早期的都市空间里的后殖民漫游者具有审视殖民主义和全球化之间复杂历史联系的批判眼光。这一视角能防止全球化被视作与之前的殖民主义历史、帝国主义统治无关,成为断裂的现象。都市空间(如建筑空间和日常生活空间等)也不再只是现代化和全球化双重变奏下的产物,而是被放到殖民主义的历史维度中审视,隐含于其中的权力政治成为研究城市书写的重心。第三,后殖民漫游者代表的是全球化浪潮中的弱势群体(如流散族群和移民等),成为后殖民理论家霍米·巴巴(Homi Bhabha)所说的“把弱势群体或弱势化看作一种新的全球化,一种不同的全球化”①的隐喻。后殖民漫游者在受全球化影响的都市空间中,追寻与后殖民主体的遭遇和互动,倾听他们的心声,讲述他们的故事,为他们发声;同时,通过与城市对话,反思、重写城市的历史,挑战话语霸权,颠覆元叙事和范式话语。简而言之,正如哈特威格尔所说,“后殖民漫游者是过去的编年史家,也是现在的敏锐观察者,更是预言未来的占卜师”②。

　　当然,我们还需在更具广泛性和多样性的文本中讨论、总结后殖民漫游者的特征。只有当后殖民漫游者的存在方式和表现形式具有更多的可能性,成为一个方法论意义上的分析范式,全球和本土文学、西方和东方文学、殖民和后殖民文学之间的界线才能被跨越,那些在当今全球化语境下脉络相通的文学作品才可以连缀整合、融为一体,从而建立起新的后殖民文学和世界文学谱系。

---

① 陈永国:“弱势化:一种新的全球化——霍米·巴巴清华演讲”,《国外理论动态》,2002 年,第 8 期,第 22 页。

② Alexander Greer Hartwiger, "The Postcolonial Flâneur: *Open City* and the Urban Palimpsest", p. 7.

Postcolonial Flâneur

Abstract: Postcolonial flâneur is a cutting-edge theoretical topic in contemporary international humanities and social sciences. Its origin could date back to the 1990s, when the Western scholars reread and deconstructed Benjamin's urban theory and concept of flâneur, by using postmodern and postcolonial theories. This paper intends to trace some key nodes in the development of the concept of postcolonial flâneur, summarize its theoretical shift, construct and illustrate its meanings and characteristics, and its significance for literary and cultural studies in the era of globalization.

Keywords: postcolonialism, flaneur, theoretical shift, globalization

作者：胥维维,西南大学外国语学院副教授

正义如何允诺公共

——以实体哲学向间性哲学的转向为视角

谭秀云　李河成

内容摘要： 正义的公共诉求处在德性提升、福利配享、合法规制等历史性的建构与自我解构之中。对于正义的福利规制，神性和德性的亏损显然。虽然德-福配享的理想承认公民人性的至善，但是此实体哲学的一厢情愿企图以国家政府的规制来终结间性哲学的转型。间性否定实体在先，而认为是实体-实体之间性逼迫出实体的存在，反之则不适于现代。实体在先是实体哲学的形上规制，而间性哲学则指向间体的横向关联。间体即实体的复数化。在间性哲学的视野下，正义的"德性生活"留给公议性公共去试探：第一，正义的福利化是主体公议的前提；第二，公议性公共是对"私欲主体"和契约论宪制的优化；第三，审美感通的思考是介入公议性共通的重要思想。公议性公共以公议机制为用、心性感通为体，是正义德福分化的合一阐释。

关键词： 正义　德性　公议性公共　间性哲学　审美共同体

"正义"的制度化建构必然是对"自然"诉求的程序设计。立足自然，上帝赋予个体自我保存和抵御反对的能力；通过拥有自然权利，公民获得人类本性（或本能）的善。程序宪政可以是一种道德的生活，但制度的合法并非正义本身。第一，正义的制度规划仅仅是对正义的结果，如权力、利益的分配（罗尔斯）、占有（诺齐克）的规划；第二，制度规划虽有维护正义的功用，但其"唯利是图"的程序设计在公私领域则有私欲平等（平庸）、甚或致人为战之虞。除去正义话语因免于纷争-瓦解所致的建制性之外，正义之"心性-秩序"的关联是任何成熟社群反思的对象。如何达到正义本身及其与正义结果的融合,特别是正义主体的多元融通? 在趋于完满的国家管理历程中,强权成为卫护主权秩序的必须。然而,公域却存有被私域挟持的危险。在社会治理的转型过程中,公共生活的养护则成为公域生发的前提,这超越于国家的历史性论证及其合法性设计。自然法学派对宇宙秩序的理性体察已承载社会制度的心性功能,但这些存货如何转化为维护公信力的有力资源?[①] 这激变为主体德艺的绽现以及实体哲学向间性哲学的转向。

心性与秩序间的正当性关联使正义的探讨铺展向"德福配享"的实体哲学,以及间性哲学之公议性公共[②]的优化。正当在德性、福利、合法,以及公共性思想的交互历史中绽现自身。

一、正义的福利化并不允诺公共:契约论的德性亏损

古希腊政制原则的最早表述,在神话诗人赫西俄德那里,明显具有神学前设,即城邦为宙斯神族的创制。在梭伦那里,神性的正义变为城邦人自己的作为,而与神的命定对立。梭伦的"城邦诉歌"([3D])说:

> [1]我们的城邦绝不会因宙斯的命定而毁灭,
> 也不会因为福分的、不死的神们的安排毁灭,
> 因为雅典娜在天上悉心护佑着它。
> 毁掉这伟大城邦的只会是雅典人
> [5]自己的愚蠢,因为他们贪念钱财,
> 民众领袖的心是不义的,他们注定
> 要因胆大包天的肆心而吃尽苦头。[③]

[①] 参见谭秀云:《律治的公信力意义》《"乐治"通达"他心知"的感通逻辑、群性批判及其现代转变》等未刊稿。

[②] 李河成:《公利性公共与公议性公共:"公共"话语研究的两个要点及其范式转型》,《东岳论丛》2016年第10期。

[③] 参见刘小枫:《城邦航船及其舵手——古希腊早期诗歌中的政治哲学举隅》,《文艺理论研究》2013年第2期,第29页。另见梭伦《正义》所唱:"财富是诸神所赐,从地底深处/到高山之巅不断来到人的手中,/凭横行霸道获得的财产来得不正,/是被不正义的事情迷住心窍,/昧着良心为非作歹,随即身败名裂/坏事犹如火焰,起于微末,/最初微不足道,最后造成很大苦恼,/人作伤天害理的事必不能长久,/宙斯总在观察万事的最后结局。"参见《古希腊抒情诗选》,水建馥译,人民文学出版社1988年,第75—76页。

贪恋钱财，背向于神的远逝，即远离神之意志、先验判断、自然理性等等精神价值的统合，此种公私域的分离在法哲学上即为自然主义法学派与实证主义法学派在心性与秩序之间最始源性的分离。为了让城邦人承担此不义的责任，柏拉图对"正义"的讨论，即是让"节制""勇敢""智慧"等灵魂级别在个人和城邦中各安其分。① 安什么分？此处包含正义、道德的理念（Jus）——"是论"；又包括具体确定的规则（Lex），即如何安分——"怎是论"。"是"与"怎是"的结合即将官爵与荣誉均等地分配给城邦的三个等级，互不僭越，此为柏拉图正义之"比例的平等"（《法律篇》691）。如果该三种品德在个人，在城邦生意人、辅助者、谋划者中相互僭越，这在《大希庇阿斯篇》和《理想国》看来是公共和私人领域的错位，国家势必毁灭。

那么城邦可以约定（制造）的吗？其中有一个苏格拉底并不欣赏的说法：

那就先听我来谈刚刚提出的第一点——正义的本质和起源。人们说：作不正义事是利，遭受不正义是害。遭受不正义所得的害超过于不正义所得的利。所以人们在彼此交往中既尝到过于不正义的甜头，又曾尝到过遭受不正义的苦头。两种味道都尝到了之后，那些不能专尝甜头不吃苦头的人，觉得最好大家成立契约：既不要得不正义之惠，也不要吃不正义之亏。打这时候起，他们中间才开始订法律立契约。他们把守法践约叫合法的、正义的。这就是正义的本质和起源。正义的本质就是最好与最坏的折衷——所谓最好，就是干了坏事而不受罚；所谓最坏，就是受了罪而没法报复。人们说，既然正义是两者之折衷，它之为大家所接受和赞成，就不是由于它本身真正善，而是因为这些人没有力量去干不正义，任何一个真正有力量作恶的人绝不会愿意与别人订什么契约，答应既不害人也不受害——除非他疯了。因而，苏格拉底啊，他们说，正义的本质与起源就是这样。

说到第二点。那些做正义事的人并不是出于心甘情愿，而因为仅仅

---

① 《理想国》415A－D、420D、427E－445。在中国哲人看来，社会的形成，曰分。"分何以能行？曰：义。"（《荀子·王制》）"义者，所以等贵贱、明尊卑。"（《大戴礼记·盛德》）"义"成为等级名分的标准，是人形成社会，具有能动性的前提。

是因为没有本事作恶。这点儿再清楚也没有了。①

定契立约即是利害的折衷,此为正义之结果——践约合法。在苏格拉底的辩论中,"正义的结果"并未能够达到正义之本身——真正善。这是罗尔斯的无知之幕;或者说正义之理念本身就不能在正义之结果中证成,这是柏拉图理念说的悬设之处。"Justice"在此节译为"公平"或许更为恰当。"数字的平等"成为正义的形式化要素,②这是特弥斯(Themis)、狄刻(Dike)等正义之神像造型双眼紧闭、手持天平的价值原义。在古希腊,对人的利害等私欲一视同仁,它表现在《荷马史诗》以及索福克勒斯、欧里庇得斯等人的悲剧里。对私欲利害的安置,柏拉图晚年愈求实际,撰《法律篇》舍正义而思刑赏、弃德化而谈法制。正义被置换成社会秩序的制度设计,成为制度-法律化的正义(如罗尔斯等)。然合法性的正义如何应对"强力作恶者"对灵魂秩序的侵扰?"法网恢恢,疏而不漏",(《老子》七十三章)但是"吞舟之鱼,砀而失水,则蚁能苦之。"(《庄子·庚桑楚》)这并非法网如何,而在于吞舟大鱼、乃至大奸大恶对法律制度的破坏。近代以来,民族国家取代宗教成为法律权威的来源;同时,霍布斯、洛克、卢梭以及罗尔斯等人,严正地认识到契约论国家自身私利搏弈的性质。"强力作恶者"处在国家等组织、主体个人的辨析之中。在德性和私欲的考量之下,马基雅维利主义的虚无主义倾向受到政治哲学家以及哈罗德·J. 伯尔曼、弗里德里希(C. J. Friedrich)等法学家所持"超验正义"的回应,可谓正义之本身(如道德原则等)对正义之结果(如国家权利、秩序、社会福利等)的校正。"是论"与"怎是论"间的"德性生活"处在神义、国家法律、强力者(个人或组织)等等的调剂中,然公域形式化,而私域原子化。

柏拉图"理想国"的思考以及后来的马克思的"自由人联合体"的政制,均

---

① 《理想国》358E-359C,柏拉图:《理想国》,郭斌和、张竹明译,商务印书馆,1986年,第46页。另参见《高尔吉亚篇》469C;474B-C的讨论。此节在 C. D. C. Reeve 的英译版中并未出现"本质"一词的译文。参见 Plato, *Republic*, translated from the new standard Greek text, with introduction, by C. D. C. Reeve, Indianapolis: Hackett Publishing Company, Inc. , 2004, pp. 37 - 38。

② Alf Ross, *On Law and Justice*, Berkeley and Los Angeles: University of California Press, 1959, Chapter 12. 早先,亚里士多德的《尼各马可伦理学》1131a15,《政治学》1282b21、1280a7 - 22 即将正义的核心要义与平等观念联系。

没有诉诸财富和财产观念;而是悬搁私有财产,按天性或人的全面方式①来组织世界。而从霍布斯、卢梭、洛克、边沁、孟德斯鸠等等,到康德,自然法演变为以下内容:统治制度依靠生产-绩效的合法关系来取得自身存在的权利,政治关系变成一种经济关系。随着社会"合理化"(马克斯·韦伯)、正义利益公平化的展开,制度框架的合理性直接同绩效、甚至同消费合理化关联在一起。现代契约论政治本身作为主体私利博弈的恶之花,着眼于个人的政治法权,而凌驾于共同体的政治法权。②《资本论》认为平等观念产生于社会必要劳动时间的等同,③平等观念的经济化实即"对物的管理"(恩格斯《反杜林论》),否则契约("nomos")何以缔结?④ 并且,以功利之域的平等偷换其他领域的贵贱之别,岂不是把德艺(virtuosity)者也拽扯到经济市民"任性"的生活境界吗?⑤如此一来,正义的经济体制扯裂了古典价值论、神义论的精英(贵族)哲学思理,而同质性地倡导人人之间的平等。现代契约论的程序政治并没有预留高贵的位置,只确认了一种人格减等的物权平齐,功利欲望即是其题中之义。那么,"比例的平等"何以在"数字的平等"之后突破,高贵何以未能囊括? 这由共同体的祛魅见出渊源。《君主论》《利维坦》《政府论》《道德与立法原理导论》等等一致地将矛头指向了宗教批判,非圣抑君之后,宣判了先知、英雄时代的远逝。那么"契约时代"的我们又是何物呢?"原子个人"抑或个性主体? 这种问题在卢梭的"立法者"论述中显现出思想的踟蹰:群众面对政府是神圣的,而群众面对立法者是盲目的。⑥ 因为"要为人类制定法律,简直是需要神明。"⑦卢

---

① 柏拉图:《柏拉图全集》,王晓朝译,人民出版社 2015 年,第 433—434 页。马克思:《1844 年经济学-哲学手稿》,人民出版社 2004 年,第 85 页。

② 《理想国》519E-520A。谭秀云:《公权力与私权利视域下的程序法定原则》,《辽宁师范大学学报》(社会科学版)2016 年第 2 期。

③ 《马克思恩格斯文集》(第 9 卷),人民出版社 2009 年,第 156 页。但马克思批判的可贵处是认识到,权利的平等(平均)撇开了个人的天然特权、个别场合:"权利就不应当是平等的,而应当是不平等的"。参见马克思:《哥达纲领批判》,《马克思恩格斯全集》(第 25 卷),人民出版社 2001 年,第 19 页。

④ J. F. 纳什方案是对对等方案的商谈典型,承此,R. B. 布莱斯维特对互利正义有进一步的探讨。参见布莱恩·巴里《正义诸理论》,孙晓春,曹海军译,吉林人民出版社 2011 年,第 12—17、34—43、423—436 页。

⑤ 黑格尔:《法哲学原理或自然法和国家学纲要》,范扬、张企泰译,商务印书馆 1961 年,第 82—83、90、254—255 页。

⑥ 卢梭:《社会契约论》,何兆武译,商务印书馆 1980 年,第 48、118 页。

⑦ 同上书,第 50 页。

梭"神道设教"的精英思想与契约论相冲突。这是否又回到《理想国》的"强力作恶者"与"正义守约者"的矛盾？黑格尔《法哲学原理》的自由之法虽然以实体性和普遍性的国家来统筹个人的任性，但"真正善"的质疑是，何以由自由国家满足个人的高贵，而平息契约社会的欲望，同时远避利维坦国家的强力？

鉴于资本主义时代的法治成果，马基雅维利针对国家利益和宗教、道德原则的分离阐释；卢梭在《契约论》中有关意志和利益的同义使用，乃至公意与普遍利益的阐释；洛克、边沁以生命、安全、平等与财产权同列，全力维护的自然权利，成为立法权（最高权力）的目标和尺度……均对推进经济的发展提供了法律保障。但一旦推翻了封建建制后，人人唯利是图地钻营私人权益时，人必然又回到了人人为战的状态。国家法律相应地成为利益转让的工具甚至是孟子所指称的"罔（网）民"之刑。① 在此现代性的转型中，德性的目的和价值可能以自我福利为基础，但却并非程序制作所能卫护。从另一方面考虑，没有精神深度的世界、甚至精神矮化，无益于生存与生活品质的养成。正如经济学家哈耶克所不遗余力的批驳："正义分配"是以原始情绪为基础的返祖现象。② 复活原始本能的平均主义或社会达尔文主义，并非见出马斯洛所擘划的需求金字塔。私欲平等（平庸）势必有扼杀文化进化的危险。哈耶克否定私欲的姿态使人想起孔子经世的仁政思想及至曾国藩在家书中的谆谆教导。正如德性正义论者麦金太尔的论述："只有那些拥有正义美德的人才有可能知道如何去运用法律。"③而康德的认定之一是普遍的法律（制度）依然可以治理好魔鬼的民族。④ 这将进入正义之心性与秩序的界定。对照于"尊尊亲亲"的礼治中国，其缺乏保护私权的法治基础是显然的，法权主体的缺位使"道德的人"逃逸在经济社会之外。比鉴于西方，正义就是回归古代的贵族社会吗？

> 居尔诺斯啊，城邦毕竟是个城邦，可民众是另一回事，
>
> 从前，他们对正确和礼法一无所知

---

① 《孟子注疏·梁惠王上》，参见阮元校刻：《十三经注疏》（附校勘记），中华书局 1980 年，第 2671 页。

② 弗里德利希·冯·哈耶克：《法律、立法与自由·跋文 人类价值的三个渊源》，参见《哈耶克读本》，邓正来主编，北京大学出版社 2010 年，第 501 页。哈耶克：《"社会公正"的返祖现象》，《经济、科学与政治：哈耶克思想精粹》，冯克利译，江苏人民出版社 2000 年，第 309 页。

③ 阿拉斯戴尔·麦金太尔：《追寻美德：道德理论研究》，宋继杰译，译林出版社 2003 年，第 192 页。

④ 康德：《永久和平论》，《历史理性批判文集》，何兆武译，商务印书馆 1990 年，第 125 页。

……

而今他们成了好人，从前被视为高贵的东西，

如今成了鄙屑的东西。谁忍受得了？（行 53—68）①

　　道德和法治具有同样的圆心，但具有不一样的圆周。显然，治理绝非契约所能包办，民主政制至少导致正义和礼法的缺失，即高贵之物的丧失。契约之制仅为人的最低限度。然政制和德性的张力又该如何解决呢？固然爱护美德将是国家名实相副的事务，然而，何种主体（法权主体、原子、个性等）、如何公共等等议题将在间性哲学中避免实体哲学的形上统合。间性的横向关联即进入下一个议题。

二、德性"正当"在间性哲学中的落空

　　埃及的玛特（Maat）、希腊的特弥斯或是狄刻②、罗马的朱斯蒂提亚（Justitia）等等正义女神，是德性的化身、是正当③规范的维护者。但神义、德性并非法律制度所固有。除血缘、宗教、伦理、强权等等的实体统合外，现今程序宪政中的间体处在契约论的配制中，而无德性与灵性的调制。没有德性、灵性等实体是虚无吗？

　　哲学伊始就把自己理解为实体的认识，"桌子 1""桌子 2""桌子 3"……之"桌子性"的研究是实体哲学议题。柏拉图的"理念说"，亚里士多德"万物共同特征"的存在者科学（《形而上学》1003a、《物理学》193a25），黑格尔称之为总体性体系，现象学以来才发展为"怎是"的探讨……。

　　与掩盖根源意识（如前文柏拉图对正义起源的讨论）的西方哲学对照，传统中国的德性实体及其礼制忽视了方法论的革新。中国哲学历来重视本体论

---

① 刘小枫编修：《凯若斯：古希腊文读本》（上册），华东师范大学出版社 2013 年，第 206 页。
② 参见梅因：《古代法》，沈景一译，商务印书馆 1984 年，第 2—4 页。M. H. 鲍特文尼克编：《神话辞典》，黄鸿森等译，商务印书馆 1985 年，第 84、286 页。M. A. 麦金太尔：《谁之正义？何种合理性？》，万俊人等译，当代中国出版社 1996 年，第 19—20 页。
③ 别于政府强力的 power，right 源自拉丁语"德性"（rectum）与"正直"（directum），意味着对事物空间秩序的正确安排。1864 年《万民公法》的刊行中，以"权利"译 right 的法律含义，但不包含"正当"之意；严复在翻译《天演论》（1896 年）及 1902 年后的《群己权界论》时，将"权利"改译成"天直"、"民直"、"权利"等以适应 right 的复杂内涵。right 与罗曼语的"law"（源于北欧的 law 不含权力之意，而别于古代地中海文明）、法兰西语"droit"、意大利语"dritto"等法律词汇同源。

证。本体既有本又有体，即根源意识（张岱年称之"本根论"）和系统意识结合。天人合一的至善论在先秦已有形上端绪，从《论语》始，即坚持了"礼"对"己"的优先性；汉代董仲舒称人副天数，其宇宙生成论是魏晋宇宙本体论的前奏；宋明时代已将宇宙论的形而上学坐实到心性哲学的体系中，程子认为人自身的高贵要求和安顿因"礼"的展现而体现出公共性；朱熹将私欲与天理对举，以礼取得"天理"（而非"公理"）的地位而见出公共性的专有，乃至专制（代表型公共领域）……中国的"礼治"文化超越于"契约"文化的地方在于立基血缘而承认人的高贵性、鄙弃了人的私利性。权利正当在中国升华成道德化范畴，祖赋人权且否弃私利性成为人性高贵性的前提。从一家之己到天下之众，其中的艰难与困惑乃是经由礼法规则（公法）而不断克服私性。"灭私立公""抑私奉公"成就的是德贤圣君等王权主义的本体追溯和体制性的话语论证。阐发心源，端慎修根本。以"公天下"的道德实体意涵掩饰了主体间性的秩序要求及其间体诉求。此"家-邦-天下"多层次递进的秩序，强调了人类活动向上超越的普遍精神和与人共通的实体关联。

　　实体研究认为没有任何东西与实体"并列"或在实体"之外"。实体哲学的制度化，在基督宗教世界的二元论（个体与普遍、有限与无限、人类与上帝）建制中打破了古希腊哲学的同一论述。笛卡尔以来的近代哲学似乎以普遍的数学观念来修复这一裂痕，然自然科学的逻辑是朝着概括方向的分离，社会科学的技术化难免此种宿命。在此实体哲学的反思中，"事物被称为实体［复］有两种方式：一个实体是一个不述说任何别的东西的终极的题材；一个实体也是一个可分的如此这般的这个。"（亚里士多德：《形而上学》1017b23-25）第一种实体方式，指明其终极性；第二种实体方式，"如此这般的这个"，维护了个性。（又见亚里士多德：《范畴篇》）第二种方式怎样与第一种方式联系起来？实体如何容留个别事物？在亚里士多德对实体的"述说"限定中，指示性短语并不能排除非实体［复］。比如，"这次醉倒""这种恶"要存在就是某个人的醉/恶——醉/恶是典型的偶性事物。亚里士多德诉诸偶然性的一致性和本质一致性间的区分，但却回避了偶性之间的探讨：如果 x 与 y 本质上是一致的，那么如果 x 是 F（实体），y 就是 F。其一，如果 x 是由于偶性与 y 是同一的，那么实体性 y 的论证就不成立。其二，实体的个体性不同于普遍物。"任何普遍词项都不可能是一个实体的名称。因为，首要实体［复］是特别地属于一个个体的，并且不含有任何别的东西的那些实体［复］；而普遍物是共同的，因为，我们把是这样一种性质因而含有不止一个具体实物的东西称为普遍物。"(《形而上学》1038b8－12)亚里士多德非常清楚普遍物的存在,但 x1、x2、x3、……xn 作为"可分离的这个"如何关联呢?"人-物""事-物""事-情""东-西"等等间性议题因为实体的暴政似乎存而未论。是"人物""事物""事情""东西"等等的实体先在,推测出间性之无,还是先在的间性之无推导出"人物""事物""事情""东西"等实体? 间性的吁请成为保护性的革新,乃至于思维方法的翻转。

现代性以来,古典性的共同体(礼俗社会)由"等级大序"的礼制走向了联合体社会(法理社会)。共同体是依凭人种、血缘、地缘、巫术、宗教文化传统等实体所形成的古代群体类型。其先于个人并以习俗塑造、规训着个人。个人从共同体中获得成员资格,并顺应相应的伦理(神义、德性)观念。法理社会则是个人(间体)基于自身利益与意志意愿的需要而理性制造的对象,个人是社会的策动者。[①] 为适应共同体向社会的分离,国家消解为联合体的意志发明、自我组织。分析实证主义法学为代表的"人义"彻底挑战了神义等以自然法学为代表的实体理性。正如黑格尔、马克思的观察,"市民社会"依据私法组织起来。以法制为保障的经济社会在经济上获得了自律,但法治契约性整合、行政性整合的合理化进程并未能点醒公共领域当中社会自我组织的正义潜能。[②] 法制(法治)需要建立在何种心性基础之上? 间体之无,抑或回到实体统筹?

在实体哲学的德福分化、灵肉分离语境中,诸神乱舞难以避免。面对"社会"继"共同体"祛魅之后,间体复数的批判,查尔斯·泰勒等人的"道德声讨",斐洛、克尔凯郭尔、舍勒、哈罗德·J.伯尔曼、弗里德里希等人有关"终极价值"的超级能指,是伦理共同体和宗教共同体的公共判词。但鉴于马克斯·韦伯就此的"祛魅"论断而言,可忧的是,道德化观念与市场经济建设南辕北辙。商业的道德化是古希腊城邦政治的公共遗留。德性并不许诺幸福,然福利则依托德性获取普遍的提升。在德福的合一企求中,美德若成为个人利益所在,则上升到高于法律约束的国家治理层面。[③] 而康德等现代哲学家则认为德性是

---

① 参见斐迪南·滕尼斯:《共同体与社会——纯粹社会学的基本概念》,林荣远译,商务印书馆1999年。

② 李河成:《马克思的感通概念及其公共困境》,《马克思主义美学研究》2018年第21卷第2期(即将出版)。

③ Shaftesbury, *Characteristics of Men*, *Manners*, *Opinions*, *Times*, Volume Ⅱ, Indianapolis: Liberty Fund, Inc., 2001, p. 36.

配享幸福的指南或者目的。① ……德-福张力、心性-秩序的难题根源于哲学的实体规制向间性诉求的时代转折。

对于正义天启的理性诉求，民主社会本身鼓励、强化着早已无法公度的宗教、哲学与道德等实体性学说之后的多元（如偶性、主体、个性、个体、原子、他者、自然、微时代等等）永恒。对于消解的正义理性，凯尔森称之为认识所不能接近的"反理性的理想"，②德里达亦言正义是"不能经验的经验"，罗尔斯从抽象道德的"公平正义"转向现实政治（分配正义）；伯林、利奥塔也将正义植根于民族具体的差异之中……自由而平等的间体公民如何既葆有相互冲突、互不相容的生活观，又同时生活在一个稳定而正义的社会？ 对于自由民主的社会内涵，霍布斯、洛克以及杰斐逊、麦迪逊等人的理解认为，普遍转让的契约权利很大程度上是保护主体可以用来丰富自己并满足其欲望部分（私人领域）的手段，而技术力量在工业革命的基础上已对人奴隶德性的满足胜券在握。借助程序宪政以人生物本能对主人德行的精神认可和对名誉观念等意义追求的置换，现代民主制度将主人德行的优越意识无偿地献给舒适的自我保存。正如柏拉图、黑格尔、尼采、阿伦特、弗朗西斯·福山、杨文会等人的启示，程序宪政创造了由一种欲望和知性组合但却没有抱负的"末人"（末世）③、"非人"状态。曾经以天下为己任的哲学家王、"政治人"被以自我为中心的"心理人"、"经济人"取而代之。私人领域的原子化和公共领域的理性工具化和形式化交互运作，导向"后现代冷漠"的典型特征：除了对物质财富孜孜以求，对其他那么多东西无动于衷；④"我们对伟大的敬重，一个时代接一个时代地连续在减弱"⑤……

"社会"的出现改变了古希腊公共领域和私人领域、城邦和家庭的二分假设。在理论上，亚里士多德为代表的正义，第一，是区别于"比例的平等"的"数字的平等"；第二，是将辅佐阶级、护卫阶级下撤向赚钱阶级，将城邦的公共政治转向家邦的经济。早在 18—19 世纪，黑格尔认为"任性""偶然"的国家体制

① 康德：《实践理性批判》，邓晓芒译，人民出版社 2003 年，第 177—178 页；另参见《纯然理性界限内的宗教·第一版序言》，《康德论上帝与宗教》，中国人民大学出版社 2004 年；《判断力批判》，邓晓芒译，人民出版社 2002 年，第 287、291 页。
② 凯尔森：《法与国家的一般理论》，沈宗灵译，中国大百科全书出版社 1996 年，第 12—13 页。
③ 福山：《历史的终结及最后之人》。杨文会认为，佛教教义失色，世界正堕入一个精神衰朽的"末世"。杨文会：《杨仁山居士遗著》（第一册），金陵刻经处 1919 年，第 2 页。
④ 托尼·朱特：《沉疴遍地》，新星出版社 2012 年，第 25 页。
⑤ 托马斯·卡莱尔：《英雄和英雄崇拜》，上海三联书店 1988 年，第 134 页。

是由私法手册来堆积的,其恶果是"让法权存在,听德国灭亡"①。韦伯在德国农业工人状况调查的基础上,对德国"在转型时期的经济发展腐蚀着人的天然政治本能"表示担忧。② 阿伦特认为"社会"领域是政治缺乏状态下人们的集体境况,"社会"是私利披上公众的外衣,侵入公共领域的结果。

> 由于社会(领域)的兴起,由于允许家业和家管的活动进入公共的领域,最后,造成一股不断膨胀的不可抗拒的趋势,它吞噬了以往的政治和私人的领域,甚至是现代才有的"人心的私密性",这正是这新的社会领域的最突出的表征之一。③

即,现代社会开始以希腊家庭领域的原始意象(oikonomos)④来看待公众的政治事务。与此相关的学术思想不再是政治学,而是"经济学"。鉴此"公共领域与私人领域趋向融合",⑤政治被动转化为经济契约,其欲望旨向,利于侏儒生存,却不适于巨人发育。正义的幻境仅仅是因为没有本事作恶。尼采在《论道德的谱系》即认为善恶的观念来自弱者的性格,那么平民自由就能证明"社会进步"吗?(福柯)这可能是海德格尔思考的"常人"世界的"林中歧路"(Holzwege)。⑥ 在阿伦特心中,代表超凡者的衰落和世俗化的社会是一个抹煞个体差异、崇尚顺从同质的恐怖领域,它极易被"强力作恶者"所控制。自由主义者的普遍平等:无视差异,则必致同质化;无视尊卑,则抹煞美丑情感。"社会无所不用其极地排除行动的可能性……它会制造种种的规矩,希望他的

---

① 黑格尔:《黑格尔政治著作选》,薛华译,中国法制出版社 2008 年,第 24—26 页。
② 韦伯:《民族国家与经济政策》,《韦伯政治著作选》,彼得·拉斯曼等编,东方出版社 2009 年,第 22 页。
③ Hannah Arendt, *The Human Condition*, Chicago: The University of Chicago Press, 1958, p. 45, and pp. 28 - 29;并参见 Hannah Arendt, *On Revolution*, London: Penguin Books Ltd, 1990, pp. 90 - 91。另参见福山在《历史的终结及最后之人》中对自由民主制度下自我保存、满足的奴隶德性置换荣誉、认可等主人德性的深入讨论。
④ G. & C. Merriam Co. (eds), *Webster's Third New International Dictionary of the English Language*, Springfield: G. & C. Merriam Co., 1976, p. 720.
⑤ 哈贝马斯:《公共领域的结构转型》,曹卫东等译,学林出版社 1999 年,1990 年序言第 10—12 页和第五章。
⑥ 海德格尔:《存在与时间》,陈嘉映、王庆节译,生活·读书·新知三联书店 2006 年,第 148—149 页;《林中路》,上海译文出版社 2004 年,第 114、342 页。

成员遵循这些规范,表现一致的行为,从而扼杀所有自发性的行动以及非凡的成就。"①德艺行动的衰落表现在家庭、职业等程序文化中。如夫妻间的财产登记、程序式接吻等等,剔除自然的义务,而使鲜活的道德日趋抽象为冷淡的程序。……当一个社会越来越自以为平等,它其实是一步一步走上同质。把行为的同化、可替换性当成平等而自诩为进步,标志着德性与文明的终结。终结,即间性之"契约"使间体原子化、物质化,这可能是虚无主义的诡计?!

是"人-物""事-物""事-情"等等使我们体察到"人物""事物""事情",还是反之亦然? 间体即实体的复数化。但最为重要的是,间性否定实体在先,而认为是实体与实体之间性逼迫出实体的存在,反之当不适于现代。第一,实体(本根、本体)哲学对"多与是"的形上一统,而模糊了"多"之间性哲学问题的横向关联。实体之"人物""事物""事情"放弃了"人-物""事-物""事-情"之间性的探讨,而走向知性探求。"国家"——这个"强力作恶者"依托实体形而上学的统合而掩饰了间性哲学的探讨。"吞舟漏网任纵横,剩几百个鲲鳅并命。"[清]惜秋旅生《维新梦·立宪》《南史·陈伯之传》称"主上屈法申恩,吞舟是漏"②,将群雄等"强力者"一统于皇帝;王夫之《读通鉴论·秦二世》称"宽斯严,简斯定,吞舟漏网,而不敢再触梁笱者何也?"③其"法密不能胜天下"的反思要求法定于一王,要求简法治吏,且法责于上。虽然这指向"法律"性质的厘定,但是该制度设计依然难逃强力实体的笼罩。实体以对"有"等系统的纵深提升而到"无"的提炼,如理念(天意、德性、灵性、理性)、本体、道与逻各斯之类。但天理天道的实体化研究或许否弃了"实体"之间的间性研究,或许间性之"无"就颠覆、解构了"实体"哲学——这与否定哲学的放任思路、"微社会"的建构殊途同归。亚里士多德固然以复数形式来表述实体(substances,beings)概念,黑格尔以"普遍"表现的必然剔除"偶然",但是这绝非"偶性"所能完全包办。第二,间性以"无"来构造有-有之间的横向关联,如某种"东西"之所以成立,在实体哲学视野中可能是逻各斯的显影,而在间性哲学视野中,则是间体"东"与间体"西"之间的"无"的探讨:"东"-"西"间性之"无"而使"东西"之所以

---

① Hannah Arendt, *The Human Condition*, Chicago: The University of Chicago Press, 1958, pp. 38-40. 密尔早先就惮于将人性磨成一律、压为凡庸,畏其有碍人类的高贵和美丽,从而呼唤"天才"的首创。约翰·密尔:《论自由》,许宝骙译,商务印书馆 1959 年,第 74—88 页。

② 李廷寿:《南史·列传第五十一·陈伯之》(第五册),中华书局 1975 年,第 1496 页。

③ 王夫之:《船山全书·读通鉴论》,岳麓书社 1996 年,第 75 页。

可能。别于"东西"的知性探求,"东西"的间性之"无"可能是一种关系、界面、交互、媒介等等。其如生命的负殇消解着实体的统筹及其全知全能,而指向实体与实体之间的交互、离散及其扬弃。或者就目前的哲学推进,x_1、x_2、x_3、……x_n 之间性,区别于形而上学、实体哲学的统筹,而指向间性之无的现象学描述。这指向细微、多元的体认;或者对照性地重提中国哲学的有-无议题。汉语"名动包含"的范畴观——名词包含动词(做谓语),动词属于名词(做主宾语),即强调逻辑理性跟历史理性的一致。如"事物"一词,中国人说"事即物也"没有意义,说"物犹事也"才有意义。且"物犹事也"与"不以物为事"(《庄子·齐物论》)两种说法并无矛盾:[1]事-物、有-无之间呈现出对"动"的侧重,而反思实体之无对人的禁锢("静")。此"动态"性质即对间性之性的第三个方面的规定。综上所述,间性,相对于实体而言,具有复数、复数之间、动态的特征。

程序宪政等社会科学的自然科学化即为实体哲学的现代性表征。《理想国》的正义作为平等主义的最大敌人,立基于实体哲学,其整体主义是否成为极权主义信徒所从事的目标?(波普尔)实体哲学否弃了间体的价值,并且以经济契约来掩饰"间性之无"。间性却因"无"而使间体的价值凸现出来。如"人-物""事-物""事-情"等等间体之复数、复数之间,及其动态之无,比之于契约,而呈现出"公利性公共"研究的例外,以此而窥见公共领域振兴的契机所系。

三、间体的意见如何修复"契约":走向公共交往的美政

实体(本体)向主体哲学的转向至少将个性主体之"间性问题"凸显出来。权利主体的出现也将间性的群学问题(公共性即其重大议题)凸显出来。当"私"客体化的同时,即为法权主体的挺立之时,这成为间性主体与行动的内在指南,亦是由私人领域达致公共领域的契机所在。"正确理解个人利益"(正义)是公共性话语的基础。主体哲学以来,康德即认为"正义"具有伦理和法理的双重性,并且将公共性、正义、权利厘定为递次决定的关系。[2] 传统中国

---

① 参见郑玄对《大学》中"物"的界说,朱熹在《大学章句》中承继此对"物"的解说;而王阳明称"物即事也"。杨国荣则强调"事"指"人事",说明这两种说法只是侧重面不同,并无矛盾。沈家煊认为中国的语言及对语言的研究以范畴的包含为常态,此范畴的"有"观,强调了逻辑理性跟历史理性一致。参见杨国荣:《基于"事"的世界》,《哲学研究》2016 年第 11 期。沈家煊:《从语言看中西方的范畴观》,《中国社会科学》2017 年第 7 期。

② 康德:《永久和平论》,《历史理性批判文集》,何兆武译,商务印书馆 1990 年,第 148 页。

"公"之观念丛组的内在张力是公私之分(或曰混淆)。① 明清之际,"私"的正当性无可置疑,并且通情遂欲是为"公"境界的基础。资鉴哈贝马斯、梅尔顿,特别是道格拉斯等人对"公共"的词源学考察,"公共"概念的出现就是从共同体之 common good(共同福祉)向"社会契约论"之 public interest(公共/个人利益)的这一世俗化转变过程的结果。② 私人财产和个人主权的确认、准入与保障,是辨析公私观念的边界。然而,消解"公-私"理论阐释的混乱、确认"公共领域"存在的关键,则导向谁之公共,如何公共的确认。

在程序宪政的"正义"批判中,主体"平等"有两层意思:一、精神的矮化是其固态标志;二、矮化的精神并不自省,懒于判断,则是其内在的顽劣。阿伦特的"平庸之恶"为此经典表述。为了反抗平庸,私欲孤岛的公共懒惰如何激活?间体的意见如何共通? 间性的个性如何取得柏拉图式的、自主性的荣誉、并抵制波普尔的极权判定?

其一,公共需要"公议"的激活。

鉴于对柏拉图政治"洞穴"的重返,哲学家王监守之实体真理的形上桎梏受到政治意见的挑战:③鄙薄意见是教条者的"演绎"方式,哲学家王称意见与实体真理无关,宗教信徒仅重视天启真理;而政治判断是在意见的"反思"中展开的。那么,间性哲学视野中的公共性应当是多元主体力量④的准入、展示、

① 陈弱水:《中国历史上"公"的观念及其现代变形》,《公共性与公民观》,许纪霖主编,江苏人民出版社 2006 年。
② 参见张康之、张乾友:《考察"公共"概念建构的历史》,《人文杂志》2013 年第 4 期。公共领域具有根本的世俗性的论述参见 Charles Taylor, Liberal Politics and the Public Sphere, in *Philosophical Arguments*, Cambridge, Massachusetts: Harvard University Press, 1995, pp. 3, 267. 章太炎代表晚清知识分子反思的最高水平,他曾经以"人伦相处,以无害为其限界""人本独生,非为他生"等等质疑"以己之学(自裁)说所趋为公"的困境,同时将天理和公理相较,进而说明公理者以社会(如强权)抑制个人,以众暴寡,甚于以强凌弱的可能。结论称公理之惨刻少恩,尤有过于天理。(章太炎:《四惑论》,《章太炎经典文存》,洪治纲编,上海大学出版社 2003 年,第 236、240 页)
③ 阿伦特:《真理与政治》,《过去与未来之间》,译林出版社 2011 年,第 231—232 页。另参见阿伦特:《真理与政治》,田立年译,载《西方现代性的曲折与展开》,贺照田主编,吉林人民出版社 2002 年,第 321—323 页。Hannah Arendt, *On Revolution*, London: Penguin Books Ltd, 1990, p. 230.
④ 如阿伦特的"德艺者"、罗尔斯的"最少利益者"、哈贝马斯的"大众文化、女性权利"等等。中国新民主主义时期,毛泽东非常推崇孙中山所著《中国国民党第一次全国代表大会宣言》中展望的民权制度:"为一般平民所共有,非少数人所得而私也。"在《新民主主义的宪政》(1940)、《论联合政府》(1945)等文章中将民主联合政府拓展向农民、小资产阶级、知识分子、其他民主分子等等大多数人,而反对寡头专政。(参见毛泽东:《毛泽东选集》(第 2、3 卷),人民出版社 1991 年,第 732、1066 页)

商谈乃至共通。就此而言,公共性处于未完成的展开当中,它是一个动词。公共性不仅仅是"公利"之类的民享概念,而且是"朝议""群议""公议"之类①的民治概念;不仅仅是全球化语境的一个空间概念(如公开、可见),而且更深层地是现代性转型的间性概念(如自由意志、可交谈):"间"具备时间和空间合一的内涵。② 只有间体动态的准入、展示、商谈,保持平等、共享、开放的进行时态,才有质性优化组合的可能。继而以间体的自组织疏导政府单一管理实体(君主一元论或民主一元论)所陷入的"锁闭""臃肿"状态。

　　无论实体哲学还是间性哲学,公共利益(公利性公共)均是正义理论的物质性支撑。共同体即凭藉原始公社(《礼记·礼运》)以及血亲基础,其反专制的民主内涵是"公有""共享",这构成民本"公议"的基础条件,而间性哲学则将公共性的实体统合推导向间体的横向关联。间性哲学下的公共需要商谈。没有言论自由就没有真正的政治;没有公共性的讨论,就没有政治的现实性。语言可以表现个性,且是根本性的:语言让人言说,而非相反。公议性公共正因此基点而挑战了公利性公共:第一,区别于古希腊奴隶的生命受动,自由人正是基于语言的"修辞学、文法、辩证法"等古典三艺而从事公共事务、达到"原始和谐"的。第二,现代人多半通过个人情调、服装、装饰、金钱、财产等等标志,而不是通过语言来表现他们的个性的;也正基于语言之公议性公共的拟制方有找出其边界的可能——边界规定了其公共内核。《荀子》言辩,将"言"上升到"小人""士君子""圣人"等等人格的区分,认为"小人辩言险,而君子辩言仁也"。善恶之性先于且区隔于言语表达,荀子之"辩"仅将言语定位在功能含义之上,继而有待辩论和吵架的区分。讲理之后方有吵架,乃至打架。辩论有别于吵架:辩论是为求真知,吵架是为证明自己对。辩论的一条重要规则是:对方说话时,我要保持安静,厘清对方的逻辑,对方说完我再说。吵架则是谁嘴快谁占上风,谁嗓门大谁胜出,乃至谁的"实力"强、谁的拳头硬谁说了算!"各有各的理",那只是吵架思维的说辞;但凡吵架,是不用逻辑的。若有逻辑,吵架的逻辑目的就是为了战胜对方;一旦让对方形成连续攻击,气势上就会输个底儿掉。由此而言,语言在先是间性的阐释在先,而非实体的统筹在先。如果

---

① "群议"始于1906年《南洋商务报》关于中西商战的讨论,"朝议""群议"转向"公议"是民主国家的重大议题。

② 许慎:《说文解字注》,段玉裁注,上海古籍出版社1988年,第589页。何九盈、王宁、董琨主编:《辞源》,商务印书馆2015年,第4265—4266页。

此论成立,语言的表述与沟通可谓政治远避暴力的文明过程。会哭的孩子有奶吃吗? 不准哭的情况又会怎样? 语言沉默之时,即谓暴力爆发的时刻。真诚的表达,而又耐心地倾听……;政治文明可谓文明奢侈的过程。悬置判断,努力停留在讨论的推理层面,以便避免私人立场的敌对和实体统合的仇恨;面对反对,继续沟通,如此,政治方可能保持在文明之内。朝堂、台谏的公论,缙绅、草莽的群议等转化而来的"公议"是公法、宪制的优化通道。先王成宪,士大夫公议,民意民欲构成公法政治的宪制要素。

民主社会以来,"民"的福利化极易坠入原子个人主义的平庸与虚无的弊端中,"社会"公共局面的修正,要么交给了公众舆论(哈贝马斯),要么交给学者(康德),要么是此两种意见的结合。意见的开放性、对话性、差异性成为公众舆论的复议之域,此为公共性将自然平等(比例的平等、数字的平等)导向参与性平等的优化之途。公共忌惮于实体真理对"意见"的专制和政治权力的党同伐异。此哲学本体的"是论"向间性哲学的"怎是论"转型,关注间性主体(特别是弱势力量的汇入)的横向关联,而非形上规制,以确保个性价值的实现。当代中国"民国机制"(启蒙模式)的发明、"延安道路"(阶级范式)的想象、中华民族的历史选择观、执政治理的绩效论证,以及其他意识形态的对立冲突、协商对话,为公共性研究敞开了新的中国道路和中国标准。

其二,间性与"谁之公共"的个性品质。

阿伦特对古希腊城邦政治的眷恋,依尼采、海德格尔所言,是对胜利的渴望,或是希腊人卓越意志的渴求……已铺展向超越平庸的视角。这同"群龙无首"、尼采式的超人一道,重视贵族精神的复归,却与巴赫金颠覆等级制的狂欢诗学——喜剧平民化的论述有着另一种视角。同样,哈贝马斯有关大众的公共领域并非根本地面对这一结构转型,并且对阿伦特所深思的判断力问题也未有同情的理解和探讨。在此的争点是,纵向的卓越提升和横向的平等大众将成为实体哲学和间性哲学的对举;同样亦是公共主体——主权(强权)、主体、原子、个体、个性等等"强力作恶者"的重新厘定。

主权,如上文的密尔、阿伦特、福山等人所见,易同质为程序政制下的原子对象;个性非原子,不仅仅有数量之别;个性亦不等于个体,个体难逃有死的循环、醉生梦死;个性,就性质而言,指向独一无二的差异与承认,乃至于自由生存与自在。它反对功利趣味的自负和工具理性的蔓延。个性是间性文明的基点,它与理性人、经济人(亚当·斯密、约翰·穆勒)、超人、神圣人(阿甘本)……构成为持续的交互。

其三,公议的制度规划。

在公利的基础上,"公议"精神不仅是主体的参与精神,而且包括公私状态及其制度。公议精神作为主体的树立和个性的保持,固然重要,但作为制度条件的保障则是刚性的。此"心性-秩序"的规划如果只居其一,要么落入个人的操守或义务,而可能滑入说教或道德自闭;要么是脱离心性的制度强制,而陷入漠然旁观。

公共性观念的价值应该同时体现在制度设计(古希腊立法者与建筑师等工匠同属一类人,而无公共性)和个性德行(如梁启超的"新民说"、蔡元培的"美育"、陈独秀的"新青年"等等)等等方面。西塞罗曾言秩序是"将事物安排在恰当和适宜的位置之上"①。奥古斯丁认为,秩序存在差异,又各得其位。即"通过将相当和不同之物安放于适当的地点,从而将之组织排列起来。"②……法律被视为秩序的典范形态,而秩序的起点为何?对于法理而言,拉丁文 jus、法文 droit、德文 Recht、意大利文 diritto、西班牙文 derecho 之内涵为"法"、"权利"、"公平"、"正义"等等,富有道德意味的本体含义;相对应的lex、loi、Gesetz、legge、ley 则表示具体规则,程序性强——道德本体与程序规则的对举指向二者的联系。

在以上语言学的关联性思考外,中国礼乐秩序本于"情性":

> 是故先王本之情性,稽之度数,制之礼义。合生气之和,道五常之行,使之阳而不散,阴而不密,刚气不怒,柔气不慑。四畅交于中,而发作于外,皆安其位而不相夺也。然后立之学等,广其节奏,省其文采,以绳德厚。律小大之称,比终始之序,以象事行。使亲疏、贵贱、长幼、男女之理皆形见于乐。故曰,乐观其深矣。③

---

① *Marcus Tullius Cicero*, De officiis (Vom pfichtgemäßen handeln), in: Ausgewählte Werke, Bd. 1: Philosophische Schriften, herausgegeben und übersetzt von Rainer Nickel u. Olof Gigon, Düsseldorf, 2008, Ⅰ, 40=S. 28f.

② Augusinus, De civitate Dei (Vom Gottesstaat), herausgogeben und eingeleitet von Hans Urs von Balthasar, Frankfurt a. M., 1996, XIX, 13=S. 282.

③《礼记正义》,参见阮元校刻:《十三经注疏》(附校勘记),中华书局 1980 年,第 1535 页。

对此评论，一、民主若狭隘地视为一种政治制度；或者诗艺作为推动政治运动的工具，均失之偏颇。并且，在主体性哲学的思考中，自然规则和道德规范之间的鸿沟不仅仅是康德三大批判于学理上有关情感中介的呼请；[①]而且是自然-规则、道德-规范、自然-道德等等心性-秩序间的情本体建构。二、此"心性-秩序"的现代性结合虽然可能如孟德斯鸠所言，称音乐具有"防止法制的凶猛性"功用，[②]但是"心性秩序"的融合则是抵达历史深层的公信力议题。择其要者，"以文化之"成为调和心性-秩序的通道；"风俗保群"[③]立基自我治理而上升向文化治理、社会治理的规划……

公议精神等公共建设需要把社会结构、制度规划、主体的公民信仰等等结合起来，一方面，分析主体的心性状态——从作为底线的公民观念到内心的信仰状态，它属于人文科学；另一方面，应建立公共精神所适宜生长的社会结构，这属于社会科学、自然科学。

其四，间性与审美共通。

正义的正当进入到程序（真）、德性（善），以及美学（情）的形上思考，然而审美感通[④]可能更适宜于间性的公共批判。桑内特指向日常行为和艺术领域的"公共"研究[⑤]已经从公共性的心性逻辑和社会运行的秩序机制上作出了审美共同体的暗示。尼采、阿伦特、哈贝马斯、桑内特等公共哲学的研究，显然区别于罗尔斯的伦理学前提，而将美学视为政治学的基础。面对美育代宗教（蔡元培）、科学代宗教（陈独秀）的理论探讨，沈从文将公共艺术不仅实行市政制度上的实践预设，而且推向信仰本体的理论深化。此艺教见解不仅仅平添一

① 康德：《康德美学文集：注释版》，李秋零译注，中国人民大学出版社，2016 年，第18—19 页。
② 孟德斯鸠：《论法的精神》（上册），张雁深译，商务印书馆1987 年，第39—40 页。舒国滢：《法律与音乐》，《法制资讯》2014 年第12 期。
③ 李大钊：《李大钊文集·风俗》（1），人民出版社1999 年，第91 页。李大钊后期最终发现原未深究的阶级与经济制度问题。他突破民族国家及其代议政治的思想藩篱，转向世界劳动阶级作为历史主体的激进想象。
④ Hannah Arendt, "The Crisis in Culture", *Between Past and Future*, New York: the Viking Press, 1961; Hannah Arendt, *Lectures on Kant's Political Philosophy*, Chicago: The University of Chicago Press, 1982. 安东尼·J.卡斯卡迪：《启蒙的结果》，严忠志译，商务印书馆2006 年，第186 页以下。李河成：《审美共通感的政治哲学意义》，陕西师范大学博士论文，2012 年。
⑤ 理查德·桑内特：《公共人的衰落》，李继宏译，上海译文出版社2014 年。

画家或雕刻家,而且以培养新一代的公民和领袖为终极目标。[1] 向善崇美的审美共同体是国家名实相副的公共事务,这不仅仅是"共同富裕"。

艺术关于自由,而政治关于权力,他们是对抗的;艺术是关于审美的,而政治是关于治理的,他们是两分的。但是审美促进德性,艺术否定现实,政府援引(利用、驾驭、控制)艺术……政治有多么残忍,艺术和美学对人的影响就会有多么重要:艺术生产和政治治理的目标可以产生交集。虽然在《大希庇阿斯篇》看来"美本身是难的",但是美和正义均是"为城邦而知识"的柏拉图所共同探讨的形上问题。没有形而上学,权力就是真理;没有美学,人生即是不值得的求生。

在希庇阿斯和苏格拉底讨论对于拉栖代蒙人的教育时,大希庇阿斯将政治和公共事务的教育当做赚钱买卖的论调已经与拉栖代蒙人的法律精神相违背,当然也与苏格拉底的思想发生了冲突。[2] 雄辩术与赚钱及其现代艺术的泛滥,无益于铸造斯巴达人在公共领域(政治)中的诚朴有德等淳朴风俗。[3] 这多少启示着阿伦特等人对古希腊德艺者的神往。有益合法与善的关系,乃至讲演辞带来的声名问题等等,柏拉图均导入到"美是什么"的追问。《大希庇阿斯篇》前后呼应(286B,304B),认为生活之美即是对美好的生活的追问。如果将美和正义裁分开来探讨问题[4]即是对《大希庇阿斯篇》的误读或者片面的误导。这种结果必然使柏拉图的精神助产术找不到问题的方向,使美学学习难以找到美学的对象。"美本身"与"美的东西"等观念史的抽取与区分等研究方法固然不无优势,但是却容易忽视其具体文本之中的运作,而乐于寻章摘句。"弥缝而莫见其隙"(《文心雕龙·论说》),如何见出《大希庇阿斯篇》前后的空隙,而不被节选本的动机和理解所左右,这只有从柏拉图思想的全局来看,才能使其僵化的文本活动起来。第一,美的理念固然是《大希庇阿斯篇》300C-E待于延展的方向,但《大希庇阿斯篇》所提请的现实审美,比如正义诸方面的列举与辩难,依然成为美学独立以来未能解决的问题。第二,"选集"有

---

[1] 沈从文:《试谈艺术与文化》(1948年),《沈从文全集》(第十四卷),北岳文艺出版社2002年,第385页。另参见沈从文:《苏格拉底谈北平所需》(1948年),《沈从文全集》(第十四卷),北岳文艺出版社2002年,第375—376页。

[2] 《大希庇阿斯篇》283B,《苏格拉底的申辩》29D-E,阿里斯托芬的《云》中的反讽,《智者》223B-C,224B-D。

[3] 卢梭:《论科学与艺术》,商务印书馆2011年,第20—21、51页。

[4] 参见《柏拉图文艺对话集》(朱光潜译,人民文学出版社1959年)等等的选本。

关歪曲真相的反思，除语义全面的要求之外，还指向"观念的平衡"，这对意识形态的分辨尤为重要。既要知道正方的观点，又不能掩盖反方的价值。如儒家"君臣父子"的主导，无疑压制了小人、女人、工商的价值诉求。这种主流权威的、非黑即白的同质模式窒息了公共性的生成。

结　语：以美立法的公共哲学意义

正义的立法基础始于快乐和痛苦的情感，[①]同样也可能始于神律、德性（柏拉图）或自由（康德）之荣誉或羞耻的理性标准，抑或指向历史法学派的证成经验。情感法律[②]的针对性在于，为法治信仰（宗教）、"法定于一王"（伦理）之后的依法治国提供更为稳固的哲学基础。面对实证主义和历史主义等专业化和技术化规范的哲理反思，制度之品质的思考亦是从神性、德性回归到边沁、穆勒为代表的经验主义的反思之一（罗尔斯）。不过，这种思考难以回应国家等集权组织和主体多元的聚合与优化。正义的福利化是公共主体的物质前提，权利成为平等派或自由派正义论最体面的宣言，边沁和密尔的功利主义不可或缺。但称福利政治的"德性亏损"则是以契约论为基础的程序手段本身所难以高攀的，同时也是间性哲学取代实体哲学所面临的时代窘境。麦金太尔、罗尔斯等等所称之伦理学为政治哲学的基础，仅为古典政治哲学一厢情愿的回响。"社会"取代"共同体"，势必走向"强力作恶者"等实体哲学的终结和间性主体对契约政治的修复。德福配享固然超拔于（纵向）最低限度之程序政治，也尊重人本身的目的，但此精致的游戏并不能解释多元间性主体的横向关联。公议性公共的程序建制依托审美共通体的心性基础则成为"审美代宗教/

---

① 柏拉图：《法律篇》631—632、644。边沁：《道德与立法原理导论》，时殷弘译，商务印书馆2000年，第73页。边沁：《立法理论》，丁露等译，中国人民公安大学出版社2004年，第8—13、47—49页。

② 边沁：《立法理论》，丁露等译，中国人民公安大学出版社2004年，第8—13、47—49页。追随以下学术趋势，证据法从非理性证明模式经理性证明模式，从"证据法学"发展为"证明法学"；针对"与X相符"的真理观、事后认定之概率事实、以及价值论的反思，"可接受力"的证明标准即重视事实认定之法律规制和制度安排的合情性。（Charles Nesson, "The Evidence or the Event? On Judicial Proof and the Acceptability of Verdicts", 92 *Harv. L. Rev.* p. 1359. Peter Murphy, *Murphy on Evidence*, 7th Edition, Blackstone Press Limited, 2000, p. 2）这有别于犯罪事实证明的"相当理由"。

伦理"后的理论阐释；而作为公议的机制之用，情感法律、情感体制①等等可能是破解正义的正眼法藏。在此，康德、阿伦特所提议的"审美共同体"对解释法律的心性基础、及其与公共主体之间的关联俨然具有理论更新的力量。

How Justice Promises the Public
——From the Perspective of Entity Philosophy to Interality-oriented Philosophy

Tan Xiu-Yun　Li He-Cheng

Abstract：The public appeal of justice is the result of the historical construction and self deconstruction of virtue promotion, welfare sharing, legal regulation and so on. For the welfare regulation of justice, the shortage of godship and virtue is obvious. Though the idea of moral and happiness agrees with the goodness of human nature, the regulation of this entity philosophy attempts to terminate the transformation of interality-oriented philosophy by the power of the national government. Interality negates the first of entity from logic and time. The philosophy of interality is that it is the existence of inter-x between entities and entities. The prior entity is the metaphysical abstraction of entity philosophy, while the interality-oriented philosophy points to the equal relation of the inter-x. Interality is the plural of the entity. In the perspective of interality-oriented philosophy, the legitimacy of "the virtuous life" will be researched by "discussion public"：First, welfare is the subject premise of the discussion; Second, discussion public is the optimization of the "desire subject" and the constitutional theory of contract; Third, the metaphysical thinking of aesthetic common sense is an important thought of public study. The discussion public is the combination of moral and utilitarian differentiation in the study of justice, which take the heart as the body, the custom as the use.

Key words：justice; virtue; discussion public; interality-oriented philosophy; aesthetic community

---

① William M. Reddy, *The Navigation of Feeling：A Framework for the History of Emotion*, Cambridge：Cambridge University Press, 2004. 另霍克希尔称之为"feeling rules"，Rosenwein 称之为"情感共同体"，等等。

　　作者：谭秀云，西北政法大学公安学院讲师。李河成，陕西师范大学哲学与政府管理学院讲师。本文为国家社科基金青年项目"审美共通感的公共哲学意义研究"（项目编号：14CZX054）资助的阶段性成果

美国向全球传播城市
治理智慧的路径研究

曹升生

摘　要：美国国际开发署素有在海外利用城市进行开发的传统。2010 年美国颁布两份重要法令强调开发工作，尤其是国会通过《2010 年可持续城市开发法案》，国际开发署遂通过了《在快速城市化的世界提供可持续的服务》报告，正式将在海外推广城市治理经验的做法制度化。国际市县管理协会通过"城市联接"项目忠实践行国际开发署的指导原则，在广大第三世界从事活动。其他城市智库和机构也纷纷效尤。由此，美国的国际开发工作发生深刻转型，越来越倚重城市作为切入口，官民互动，公私协同，共同致力于传播美国的价值观。

关键词：城市化　城市治理　美国　国际开发　第三世界

2012 年 5 月，美国前国务卿希拉里高调出席美国的国际市县管理协会(International City/County Management Association，简称 ICMA)与中国政法大学联合举办的中美绿色能源合作伙伴关系计划签字仪式。希拉里缘何热衷此事？因为早在 2011 年国际市县管理协会就遵照美国国际开发署"让城市运转"(make cities work)项目组的指示，在中国政法大学设立了中国中心，倡导"创新城市管理"(Better Management，Better Cities)，试图向快速城市化的中国输出城市治理经验，贯彻国际开发署《2011—2015 政策框架》中"提高地方能力"的原则，践行希拉里在美国第一版《四年外交和开发评论》中宣扬的新型开发观。可以说，国际市县管理协会已成为美国国务院、国际开发署执行以城市为渗透武器这种新式开发观的马前卒,而美国利用城市来进行海外渗透的来龙去脉则值得深入研究。

一

当前美国国际开发署强化通过城市来进行渗透的做法也是源远流长。国际开发署成立于1961年,其产生所依据的《对外援助法》中就有"鼓励城市中的穷人参与所在国家的经济和社会发展"的内容。1973年国际开发署54号政策决议书《城市开发指导性申明》提升了城市开发的重要性,并建立了城市开发办公室,随后扩大了对城市问题的研究并在非洲和南美开展了一些相关项目。1976年其政策决议书《城市化和穷人》倡议开展城市规划、社会项目和就业培训等活动来帮助城市穷人,且首次整合属下各部门在一个城市开展联合行动。但此际国际开发署的目标活动区域依然集中在发展中国家的农村地区,对此种模式的反思发生在1984年,是年国际开发署政策文件《城市开发政策》①清晰地显示了这种检讨。文件指出,城市化正在加速,到2010年最不发达国家人民的大多数将居住在城市,而国际开发署此前的活动并未给予城市以应有的重视;城市消耗了一个国家的大部分资源,因此城市的管理将对一个国家及其发展产生或好或坏的影响;未来国际开发署的城市项目将侧重支持城市制度建设。

这份文件承前启后,因为1998年国际开发署署长布里恩·阿特伍德(Brian Atwood)发动的城市化工作组所提供的报告《让城市运转起来:国际开发署的城市战略》②奠定了其城市政策的基调。报告高瞻远瞩地预测,"当21世纪拥有超过50%的城市化时,美国的开发援助项目唯有置于城市视角内才能更为有效和统一",其意义就在于劝导今后要从"城市透镜"(urban lens)来开展工作。报告还提出,"美国不能对发展中国家的城市化漠然视之,发展中国家功能失调的城市会影响美国"。而此报告的目的,首先是要将城市化视角内化为国际开发署开发活动的指导性原则,其次是要增加城市加强开发和

---

① U. S. Agency for International Development, *Urban Development Policy*, USAID Policy Paper, Washington, D. C., October 1984.

② U. S. Agency for International Development, *Making Cities Work: USAID's Urban Strategy, An Initiative Launched by the Administrator and Prepared by the Urbanization Task Force*, Washington, D. C., September 1998.

消除气候威胁的机会,最后是要帮助城市提供宜居、安全的环境,提供基建和住房,振兴经济,促进参与式民主。

更值得瞩目的是,自从奥巴马当上美国总统和希拉里担任国务卿以来,国际开发署的角色和功能被重新定位和提升,其利用城市来开展活动的传统得到了空前的强化。2010 年 5 月发布的《美国国家安全战略》将开发置于防务、外交和经济之后,并如此叙述开发的重要性:"开发是一个战略、经济和道义计划。我们正在援助发展中国家及其人民来管理安全威胁,分享全球经济增长红利,建设能满足人的基本需要的透明且民主的体制。通过积极肯定的开发议程和配套的资源,我们能增强地区伙伴的能力来帮助阻止冲突、打击全球犯罪网络;建立一个稳定的、包容性的全球经济;促进民主和人权;最终可以在未来几十年增多富饶、能干的民主国家而保证美国更好地解决全球性挑战。"[1]与此相应,奥巴马于 9 月发布了《总统开发政策指令》[2],成为美国历史上首位就开发问题签发指令的总统。指令强调未来制定开发政策要集中那些能产生可持续性开发结果的问题,特别提出在选择地区和部门时一定好配置资源给予那些会产生最大影响的行动,建议设立一个机制来保证美国政府部门在开发政策上的一致性。在建立机制方面,鼓励每隔四年制定一份美国全球开发战略,报总统批准;由国务院和国际开发署执行一个四年外交和防务评论;建立一个全球开发跨部门政策工作组;创立一个美国全球开发理事会。按照奥巴马的设想,是要提升开发作为美国国家安全战略政策的核心,与外交和防务等量齐观,最终使美国重新成为全球开发问题上的领导者。12 月,美国历史上第一版《四年外交和开发评论》[3]出台,其主题就是"通过民事力量实现美国的领导权"。在阐述外交时,评论指出要超越传统的国家而接触新的行为体,尤其是公民社会,"美国不能与一个其人民反对美国的国家成为友邦"。在阐述开发时,评论指出,"我们正在改变行事方式,从援助向投资转变——将倾注更多精力帮助受援国建立可持续性机制",也就是说将更多依赖受援国的体系

---

[1] The White House ,*National Security Strategy 2010* , Washington D. C. , May 2010, p. 15.

[2] The White House, *Fact Sheet*: *U. S. Global Development Policy*, Washington D. C. , September 2010.

[3] Department of State of United States of America, United States Agency of International Development, *Leading Through Civilian Power*: *The First Quadrennial Diplomacy and Development Review*, Washington D. C. , 2010.

和当地组织来开展行动。从这两大论断可以看出,美国外交和开发必将突破传统的以国家政府为接触对象的做法,而挺入到外国内部,更多依靠与当地组织活动来实现目标。显而易见,这是一种由上而下的重大范式转变。

2011年9月的《国际开发署政策框架2011—2015》①坚实践行了上述精神,从部门的角度审视和规划了未来开发工作。它强调国际开发代表着一种潜在但事半功倍的工具,能够在保卫美国的安全和富饶的同时促进美国基本价值观的传播;同时它更强调今后要以更低廉的成本,更有效的方式,获得更大的影响,努力采取更富新意、更为强大的政策,最大程度上同众多行为体结成伙伴关系。其对世界大势的研判中就包含了对城市化的分析,"世界会持续城市化。假如当前的趋势继续,那么2025年世界人口的57%会居住在城市。到2025年,世界会增加八个巨型城市,其中七个位于亚洲和撒哈拉南部非洲。大部分城市增长会发生在这些地区的中小城市,通常没有正式的工作增长机会和充足的城市服务。这对于发展中国家及其发展伙伴具有重要寓意。资源管理将变得迫切,呼唤新式且有效的生产和消费模式。城市可能成为贫穷和不平等的渊薮,也可能成为机遇和希望之乡,这取决于我们如何应对城市化挑战"。对形势的研判自然影响了其行事原则的变化。其中它刻意突出了选择和聚焦(selectivity and focus)也就是说要谨慎选择与之合作的国家、部门和单位,将有限资源集中于此;另外,它也提出要从战略上动用"方案持有者"(solution holders)和友人的倡议,因为它意识到全球化时代包括非政府组织、私人部门、国际组织在内的诸多行为体都有能力解决开发问题。值得注意的是,它还提出了"培育地方机构的能力"的口号,认为地方社区及其领导人的努力是任何外在力量所无法取代的。通而观之,这份报告高屋建瓴,立意新颖,布局宏远,用心深切,它是指导国际开发署开展城市类活动的纲领性文件。

也正是在这一年,美国国会通过了《2010年可持续城市开发法案》②,从立法的高度确定了藉由城市来进行开发活动的基础。它预测在2030年前会有40亿人居住在发展中国家的城市里,非洲和亚洲的城市人口将翻番,有10亿人将居住在贫民窟里,而且其中的50%是25岁以下;届时会有11亿人缺乏饮

---

① United States Agency of International Development,*USAID Policy Frame 2011 – 2015*,Washington D. C.,September 2011.

② U. S. Government Printing Office,*Sustainable Urban Development Act of 2010*,Washington D. C.,April 20,2010.

用水,25亿人缺乏排污设施。而城市要想在经济发展中发挥重要作用,就必须拥有良好的基建、机制和政策,并将基本服务惠及所有人。由此,它建议将城市发展作为美国外交政策和海外开发援助的一个目标,在开展活动时要与外国政府、国际组织、私企、非盈利组织和社区组织进行合作,制定一份可以促进发展中国家城市可持续发展的战略,考虑建立一个专门管理城市可持续发展的高级顾问。按照这个法案的指引,国际开发署在咨询国内外各方意见之后,于2013年10月推出了《在快速城市化的世界提供可持续的服务》①报告。报告强调提高城市服务是释放快速城市化世界的潜能的关键所在,同时也直言不讳地指出,城市是实现国际开发署目标的最佳选择,凭借城市可以有效解决食品安全、卫生、气候变化、经济增长、人权民主和治理、人道主义援助、危机预防和应对、教育等一系列问题,换言之,城市具有"牵一发而动全身"的功能,而且各种项目在城市也可以有效对接和统一。最后也强调强化对目标区域的选择,提供工具以深化对次国家议题的理解。通而观之,这份报告的规格、内容、详尽乃是国际开发署历史上城市文件之最。

另外,国际开发署还建立了网站"让城市运转起来"②,一方面进行宣传,另一方面还设置了"城市主题"栏目,就城市财政、城市安全、地方经济发展、城市治理和管理、城市卫生和环境、城市和气候变化、城市青年人、食品安全、住房基建和服务等议题提供帮助。

二

2010年版美国《国家安全战略》在"增强国家能力"部分有一段这样论述:"美国人民和私人部门"的重要性:我们人民的思想、价值观、能量、创造力、活力是美国最伟大的资源⋯⋯我们必须同非政府组织、基金会、社区组织、私人部门结成战略伙伴关系来利用政府之外人士的智慧,这种伙伴关系对于美国在国内国外的成功至关重要,我们将会通过增加接触、协调、信息分享机会而支持这种合作。③这个论断可谓恰如其分,因为许多美国智库、非政府机构志愿充当美国国际开发署的爪牙或助手,国际开发署与国际市县管理协会的合

---

① United States Agency of International Development,*Sustainable Service Delivery in An Increasingly Urbanized World*,USAID POLICY,October2013,Washington,D.C.。

② "让城市运转起来"的网址是http://www.makingcitieswork.org/。

③ The White House,*National Security Strategy 2010*,Washington D.C.,May 2010,p.16.

作就是明证。

国际市县管理协会成立于 1914 年,其使命是"通过提升和促进专业化管理以建设更美好的社区从而在地方治理上创造优质"。① 表面上看,它仅设立了公共安全管理中心、可持续社区中心和绩效评估中心等三个项目,但实际上每个中心都功能庞大,设立了详细的子项目,开展了纷繁多样的活动,是影响美国地方政府的重要机构。② 自 1989 年起,国际市县管理协会就接受美国国际开发署的指导到前苏联和东欧地区开展活动,几十年来它已经在 60 多个国家成功设计、实施和评估了大量项目。其行动大体上是通过能力建设、伙伴关系和知识分享三种手段来进行,第一,促进各种形式的地方政府和次国家政府的专业化发展,采用"对培训者进行培训"的方法来扩大拓展范围,确保专业化发展活动的可持续性。第二,为地方政府专业人士及其支持者提供技术援助,提高其技能,增加其知识,强化他们在当地不断变化的环境下对道德、价值观和专业化理念的承诺。最后,作为一个收集和传播信息的窗口,尤其是那些富有创意的地方政府实践。

1997 年,国际开发署将其与国际市县管理协会合作的项目"资源城市"(Resource Cities)更名为"城市联接"(CityLinks)③,以适应崭新的世界形势。"城市联接"秉持两个理念:管理良好的城市是有效提供服务、促进经济增长、成功管理资源、维护社区健康、维持社区稳定的关键;民主治理体系是保证地方居民参与政治决策和保证民选官员恪尽职守的保障。由此可见,城市治理只不过是美国进行民主渗透的一个工具而已,即所谓"借鸡下蛋"。当然,"城市联接"进行了粉饰,它宣称:赋权地方政府、非政府组织、私人部门和市民来影响决策;为第三世界国家的地方社区匹配美国同行享有的知识、技能和资源;在美国、目标国家和其他国家的政府和非政府部门之间促成灵活多样的伙伴关系;在美国市政府和发展中国家、转型国家的市政府之间建立实质性的专业关系;确保第三世界的社区领导人深信受益匪浅,美方所提供的可持续性方案能够提升民主管理地方政府的能力。此番"花言巧语",无非是要同第三世界的地方政府结成"伙伴关系"(Partnership),循此思路,它宣称在微观层面

---

① 国际市县管理协会的网址是 www.icma.org。

② Barbara H. Moore, "Managing Cities and Counties: ICMA Activities and Resource", *Public Administration Review*, Vol. 54, No. 1, 1994, pp. 90 – 92.

③ "城市联接"的网址是 http://icma.org/en/international/citylinks/icma_citylinks。

上,美国这个伙伴可以帮助实现:提高面向市民的基本公共服务,包括基建开发、供水、排污和其他环境管理服务,治安和公共安全,贯彻可持续发展观;通过确认机遇、发展战略和实施方案而强化地方政府的经济竞争力;创造高效的城市管理机构,涵盖战略规划、金融管理、绩效评估、市民参与和倡议;尊崇地方官员的技能以鼓励他们更好地执行他们的议程;提高城市在预算、采购、招聘及其他活动中的透明和责任。迄今为止,国际市县管理协会通过"资源城市"和"城市联接"在 24 个国家开展了活动(津巴布韦、赞比亚、越南、泰国、南非、塞尔维亚、俄罗斯、菲律宾、巴拉圭、蒙古、墨西哥、马里、哈萨克斯坦、乌兹别克斯坦、约旦、印度尼西亚、印度、圭亚那、萨尔瓦多、厄瓜多尔、克罗地亚、保加利亚、阿尔巴尼亚、阿富汗),其中在保加利亚开展了 19 次,在印尼 16 次,在墨西哥 7 次。

为了在第三世界更为有效地开展活动,国际市县管理协会在全球设立了三个中心。2004 年它在墨西哥的瓜达拉加拉设置了墨西哥-拉丁美洲中心。该中心旨在促进该地区的次国家政府的专业化管理,主要分为三种方向:通过西班牙语的网站提供有关良治的资源、信息和培训;评估那些希望强化次国家制度的能力的项目;为该地区的地方政府官员及其组织与美国同行进行互动提供机会。近几年所开展的项目主要有墨西哥犯罪和暴力阻止项目、绩效指数系统、制度能力认证系统等。1997 年国际市县管理协会在印度西部重要城市艾哈迈达巴德建立了城市管理中心[①],以作为在南亚的办公室。多年来它已在印度、斯里兰卡、尼泊尔、阿富汗、印尼等国围绕城市治理、城市卫生管理、城市供水和排污、遗产保护和管理、城市开发、城市交通、能源使用、财政管理、灾害管理、气候变化等问题开展了很多项目,已然成为国际市县管理协会在南亚的基地。2011 年它正是依托中国政法大学建立了中国中心,其使命是要通过提供信息和服务给中国城市官员由此提升中国城市管理的质量,而其活动是按照四个方向进行:在国际市县管理协会和中国的机构、组织之间建立合作关系,方式是培训和交流;为中国地方政府官员、学者等提供详尽的、收费的教育或培训。2013 年中国中心与中国市长协会签署备忘录,将中心的工作推进到一个崭新的层次。根据备忘录,由国际市县管理协会组织针对中国城市市长和政府官员的培训和学习活动;翻译和出版国际市县管理协会的培

---

① 城市管理中心的网址是 http://www.umcasia.org/index.php。

训教材给中国地方政府官员;组织学术会议;组织专业性的交换和考察学习,促进双方地方政府官员交流切磋。

值得注意的是,国际市县管理协会是与许多美国非政府组织一道在国外开展活动的,其中既有一些高科技农业公司,也有一些智库。1991 年由前佛蒙特州州长玛德雷特·昆宁(Madeleine M. Kunin)创立的可持续社区研究所(Institute for Sustainable Communities)①就是与国际市县管理协会齐头并进的智库,它宣称要帮助全世界的社区解决环境、经济和社会问题而促成一个为社区所有人所共同塑造和分享的美好未来,鼓动人民释放自己的能量自行解决所在社区的问题。其所设置的项目主要有:气候和环境、公民社区、社区建设、可持续教育、倡议和领导权等,十几年来足迹遍及孟加拉国、中国、日本、印度、乌兹别克斯坦、保加利亚、匈牙利、摩尔多瓦、格鲁吉亚、捷克、克罗地亚、斯洛伐克、科索沃、塞尔维亚、波兰、乌克兰、俄罗斯、阿尔巴尼亚、立陶宛和拉脱维亚等国家。它在中国的两个项目,一是 2007 年发动的"广东环境伙伴关系"项目,一个是 2009 年的"中美气候行动伙伴关系"项目。显而易见,除了日本,其余都是发展中国家。

三

虽然国际市县管理协会早在 1989 年就已挺入东欧地区,但在它之前,美国第一大城市类智库城市研究所(Urban Institute)②在 1987 年就捷足先登了。事实上,美国三大城市智库早已将海外拓展作为自己的使命之一,其活动遍及第三世界。

城市研究所始建于 1968 年,是约翰逊总统为解决城市问题而特意建立的一家智库。四十多年来,城市研究所与时俱进,励精图治,至今日已成为美国举足轻重的智库,一个例证就是,仅 2013 年就参与了 26 次国会听证。城市研究所能够卓有成效地开展海外经营,首先就在于其"使命"中就有进军海外的内容。凭藉强大的研究队伍和细密规范的研究方法,城市研究所纵横海外,二十多年来在 70 多个国家开展了大量的项目。海外拓展业务是由国际开发和治理中心承担的。该中心的使命就是开展针对地方政府、公共服务的供给和

---

① 可持续社区研究所的网址是:http://www.iscvt.org/。

② 城市研究所的网址是 http://www.urban.org/。

资助、政府同市民和公司的互动的研究和技术援助,藉此来提高发展中国家的治理水平,为当地居民提供更多的机会。

循此使命,它侧重关注四个问题,最重要的是服务供给,它格外关注服务供给的经济性和治理水平,瞩目服务提供时的透明性,并在 1999 年开发了一个"包容性服务行动计划"来帮助受援地方政府分清主次,评估绩效,当然它也考虑到提高服务供给资助力度的重要性。其次是城市化,它预测到未来非洲和亚洲的城市化将加速推进,即便会造成交通拥堵和贫困集中,但也为穷人提供了提高教育和获取其他社会服务提供了机会,因此它将政府如何利用城市化作为可持续发展的标志,相应地,它在海外拓展时就旗帜鲜明地提出,要帮助地方政府对可持续性和精明城市(smart and sustainable cities)形成明确的概念,支持跨部门改革,提高城市的财政和治理能力,加强对城市资产的管理,强化城市自身收入的灵活性,促使城市管理者从服从上级领导转变为应对地方需要。其三是包容性治理(inclusive governance),它承诺将提升实证的决策,促进法制,支持分散化改革的设计和实施,在地方层面竭尽所能地实现包容性治理。最后是公共财政管理,它将加强对公共开支和公共财政管理的分析研究,评估预算的后果,支持改革地方政府间财政关系,设计和实施财政分散化,强化地方政府自身的财政能力。

从其所公布的海外项目数量而言(1987 年至 2013 年),可以发现其海外拓展基本集中在前苏联和东欧国家,如俄罗斯就有 27 次,匈牙利 15 次,阿尔巴尼亚 12 次,波兰 11 次,亚美尼亚 10 次,罗马尼亚和格鲁吉亚各 9 次,保加利亚 7 次,乌克兰 6 次,吉尔吉斯斯坦 6 次,哈萨克斯坦 4 次,塔吉克斯坦和乌兹别克斯坦各 3 次,土库曼斯坦 2 次,阿塞拜疆 2 次,波斯尼亚 6 次。这些大体上占据了其总项目数的 70%。亚洲国家中,印尼有 15 次,印度 8 次,孟加拉国 6 次,中国 5 次,巴基斯坦 3 次,阿富汗 2 次,伊拉克 1 次。非洲则集中在坦桑尼亚(8 次)、塞拉利昂(4 次)、摩洛哥、肯尼亚和加纳(各 3 次)。美洲则集中于洪都拉斯和牙买加(各 5 次)、哥伦比亚(4 次)、智利(2 次)。从这个角度看,城市研究所与美国的外交机构并无二致。

第二大城市智库城市土地研究所①(Urban Land Institute,一译城市土地学会)成立于 1936 年,1939 年改成现名。开展海外业务在其使命中就昭然若

---

① 城市土地研究网的网址是 http://uli.org/。

揭了，"为在世界范围内负责任地使用土地以创造和维持繁荣的社区而提供领导"，其中，"在世界范围内"就凸显了其进军海外的勃勃雄心，而"提供领导"一词更是将其企图树立规范、确立规则的意愿表露无疑。它"承诺"：召集来自房地产和土地使用政策领域的专家学者来交流经验服务社区，通过指导、谈话和解决问题来促进会员内部及外部的协调合作，着力研究城市化、自然资源保护、再开发、土地使用、资本形成和可持续发展等问题，提高土地使用并设计出能尊重当地独特人文和自然环境的方案，通过教育、应用研究、出版和电子媒体来分享知识，维持一个基于地方实践的全球多样性网络并提供足以解决当前和未来挑战的咨询顾问服务。

城市土地研究所设立了欧洲版、美洲版和亚太版三种网页。为了细化对欧洲的研究，它苦心孤诣地建立了三种理事会，一种是针对单个国家的国家理事会，共有 13 个，这 13 个国家是比利时、法国、德国、希腊、土耳其、荷兰、瑞典、英国、爱尔兰、葡萄牙、西班牙、俄罗斯和意大利；另一种是专业的欧洲理事会，共有五个：旅馆和度假地理事会、办公室和混合使用理事会、零售业和娱乐业理事会、可持续性理事会和城市再开发理事会；第三种是青年领导人理事会，旨在为 35 岁以下的房地产界青年才俊提供交流和进步的机会。在欧洲，它侧重研究资本市场、城市、基础建设、可持续性、房地产业新趋势、咨询服务。以城市研究为例，它的目的是思考如何设计城市中心区及其运作。自 2010 年以来，每年 1 月份它都发布一份《欧洲房地产业新趋势》报告，展望未来一年欧洲的房地产业发展趋势。这些报告都是汲取 500 多位与房地产业紧密相关的人士的意见而形成的，内容覆盖房地产业的投资和开发，融资和资本市场，整个房地产业发展趋势及地区差异。为了扩大影响，它还开展了巴黎年度大会、房地产业趋势大会和城市土地研究所慈善信托年度晚宴等活动。

美洲版的设置与欧洲版大不相同。在项目设置上，一是设立了名目繁多的各种奖项；二是注重教育，提供在线学习教材，开办房地产学校，试图建立房地产开发认证制度；三是注重领导能力塑造，甚至开立了一个女子领导能力项目；四是一些针对地方的项目。在研究议题上，侧重经济与资本、住房、基础建设和轨道交通、气候和能源、领导能力、规划和设计。在研究中心或动议上，则建立了健康社区中心，资本市场和房地产中心，气候、土地使用和能源动议，特维格住房中心，罗斯公共领导能力中心。

城市土地研究所 2007 年在香港设立了办公室，后又在东京和新加坡建立了分部,目前在亚洲拥有 1200 名会员,集中在中国大陆、日本、澳大利亚和菲律宾。其活动遵循的原则主要是与各大高校、政府机构以及同类组织开展合作,不断增强并传播城市土地研究所的专业知识;因地制宜地处理当地土地问题;通过高品质项目提升研究所的声誉;吸收不同专业背景的优秀会员。它在亚太的活动大体上可以分为三类,首先是"中国城市调查"(China Cities Suvery),自 2007 年开始运作,现已成为一个由在中国或活跃于中国的房地产专家执行的年度调查。调查的目标和总结报告旨在为服务于中国境内和未来将参与中国房地产市场的人群打造一个分享他们对中国房地产的理解及展望的平台,服务于中国境内和未来将参与中国市场的人群。其研究方法是集中于 28 个城市,通过采访、问卷调查等方式,凭借一线的地产开发商所提供的信息,分析其投资和开发的前景,最后进行排名。其次是 2007 年以来每年发布的《亚太地区房地产市场新趋势》,分析地产市场的机遇与挑战,剖析各大都市区的兴衰,指出社会、经济变化对地产业的影响,探讨地产业内部各行业的沉浮,研究人们的住址选择对地产业的影响。最后是以"可持续性"为名开展的委托项目,自 2010 年以来,它已经接受三亚、澳门、香港、马尼拉、新加坡等城市相关部门的委托,对这些城市的发展提供了研究报告。

第三大城市智库林肯土地政策研究院[①](Lincoln Institute for Land Policy)起源于 1946 年实业家约翰·林肯在凤凰城建立的林肯基金会,其目的是响应著名学者亨利·乔治在《进步和贫穷》中对土地拥有与税收之间关联的思考,支持其他研究机构传播、研究、讲授乔治的思想,1966 年在哈特福德大学建立了约翰·林肯研究所,1968 年甚至支持台湾地区建立了土地改革培训研究所(1998 年改为土地政策研究和培训国际中心)。林肯基金会 1974 年建立了林肯土地政策研究院,用以开展关于土地政策的多学科教育、研究和出版。现在位于马萨诸塞州坎布里奇市,有 33 名研究人员。在项目设置上,林肯土地政策研究院设有规划和城市形态部、评估和税收部和国际研究部。规划和城市形态部主要研究不同规模的地区性或空间性规划,财产权和公私围绕土地使用产生的紧张关系,以及土地使用、保护与环境之间的关系。评估和税收部侧重研究房产税、财产税和评估过程。

林肯土地政策研究院于 2003 年正式成立中国部,由格里高利·英拉姆

---

① 林肯土地政策研究院的网址是 http://www.lincolninst.edu/。

(Gregory K. Ingram)博士全面负责和领导,其宗旨是促使林肯土地政策研究院在中国土地和税收政策研究领域成为一流的国际研究和教育机构,为快速城市化带来的、并与深刻的土地和税收改革相关的问题和挑战,提供科学的依据、理论基础、国际经验。中国部的活动有三类:共享林肯土地政策研究院在土地、规划和税收方面的丰富的知识财富;研究并为研究提供支持;为决策者和学者提供培训机会。中国部的战略之一是建立长期的合作伙伴。中国部已先后与中国国土资源部、国务院发展研究中心、国家税务总局等签署了中长期合作备忘录,先后与世界银行、中国开发银行、财政部、建设部、北京市、广州市等很多政府部门和大学在研究、国际会议、培训等方面合作。2007 年 12 月,由北京大学与林肯土地政策研究院共同创办的城市发展与土地政策研究中心[①]在北京大学正式成立。中心的主要任务是通过研究、奖学金/研究基金、培训等不同形式,促进中国在土地政策和城市发展规划方面的发展。中心的研究领域是:房地产税和公共财政,土地政策,住房政策,城市规划与发展,环境与可持续发展,近年来发布了众多文件。

美洲部始建于 1993 年,侧重研究三个方向:正式和非正式土地市场的功能,财产和土地使用制度的法律基础;恢复因地方公共投资和行政变革而损害的土地价值,探寻提高财产税的潜能;分析对基础建设和服务的投资以及监管活动如何影响了城市的人文环境,探究如何更加有效和包容性地使用土地。十多年来,拉美部已发布了大量有关拉美的报告,还有上述的一个专门针对拉美税收的数据库。

四

追根究底,美国一贯具有向外宣传自身优越性的传统,"所有的民族都宣扬本民族的优越性,但美国则使其成为一种宗教"[②],这种做法根源于国内民主政治的实践,最终发扬于外,"美国自开国以来始终自诩与众不同,在外交上形成两种相互矛盾的态度:一是在美国在国内使民主政治更趋于完美,为其他人民做榜样,以此作为证明美国价值观优越性的最佳方法;二是美国的价值

---

① 城市发展与土地政策研究中心的网址是 http://www.plc.pku.edu.cn/。
② 杰里尔·罗塞蒂:《美国对外政策的政治学》,周启明等译,世界知识出版社 2005 年,第 379 页。

观使美国人自认为有义务向全世界推广这些价值"。① 具体到城市治理,自 19
世纪末进步运动以来,美国市政体制见证了理事会-经理制、理事会-市长制和
委员会制的博弈,至今日则形成了交汇,专业化管理和民主得到了有效的融
合。② 在地方治理上,美国形成了颇具特色、伸缩自如的专区政府,最大程度
上彰显了地方自治的魅力。③ 当然,众多美国机构和智库能够到海外从事推
广城市治理经验的工作,肇端于其深厚的研究功力。比如,城市研究所就具有
细致周翔的研究布局和科学规范的研究方法。至今日,城市研究所设立了十
个研究中心,开展细致深入的研究。这十个中心是:教育政策中心,医疗政策
中心,国际开发和治理中心,司法政策中心,大都市区住房和社区政策中心,非
营利和慈善部门中心……最后一个是同布鲁金斯学会联合创立的城市-布鲁
金斯税收政策中心。每一个中心又俨然是一个微型智库,采用自创的数据库
采集相关数据,使用特殊的研究方法,定期发布相关简报,开展形式多样的
活动。

　　此番美国改革外交和开发的原因,从大背景而言,则诚如希拉里所言,过
往国际社会的权力为少数大国强国所把持,如今却被诸如非政府组织、跨国网
络等众多行为体所分享;从微观层面而言,则是美国经济拮据促使美国政府部
门"节衣缩食",思考如何最大程度上实现"事半功倍",正如国际开发署署长拉
贾夫·沙拉奇(Rajiv J. Shah)在《在快速城市化的世界提供可持续性的服务》
前言里提到的,"通过与私人部门、政府和其他组织的协调合作,我们能够更好
地利用本已稀少的资源。这些伙伴关系至关重要,因为仅凭我们自己的资源
或努力是无法成功的。"因此,我们看到,美国的开发已经由援助向投资倾斜,
越来越趋向"结果导向"型思维,在这种企图一本万利的思想指导下,借助美国
的非政府组织来推行各种各样的项目,必将是一种趋势。因此也不难理解,布
鲁金斯学会与清华大学公共管理学院 2006 年就联合创办了清华-布鲁金斯公
共政策研究中心,研究中美关系、经济转型、社会保障、城市化、清洁能源和环
境保护,实际上将布鲁金斯学会的研究领域克隆到了该中心。全球发展中心

---

① 亨利·基辛格:《大外交》,顾淑馨、林添贵译,海南出版社 1998 年,第 10 页。

② H. George Frederickson and Gary Alan Johnson, "The Adapted American City: A Study of Institutional Dynamics", *Urban Affairs Review*, Vol. 36, No. 6,2001, pp. 871－884.

③ 王旭:《专区:美国地方政府体系中的"隐形巨人"》,《吉林大学学报》2005 年第 5 期,第 72—79 页。

2011 年在欧洲设立了分部,米尔肯研究所 2006 年在新加坡设立亚洲办事处。可见,美国的外交和开发工作,已经向官民协同、公私联动转变,而且非政府组织所占的比重将越来越大。希拉里通过民事部门来实现美国的领导权的预想步入正轨,正如第一版《四年外交和开发评估报告》中所宣扬的:"保证美国国务院、全球开发署和民事力量的每一个分子处在全球领导权的风口。美国应抢抓机遇,为美国在未来几十年继续领导世界奠定基础"。还有一个因素就是奥巴马政府十分重视城市,2010 年即设立了白宫城市事务办公室,企图以大都市区拉动美国经济。这是自 1968 年美国建立住房与城市发展部以来联邦政府在城市问题上的较大举措。

美国开发工作表现了高度的精致性。一是贯彻了国际开发署 2010 年《政策框架 2011—2015》中"精挑细选"原则,在选择具体合作国家、合作部门、合作领域时都是煞费苦心。比如,国际市县管理协会选择印度的艾哈迈达巴德作为在南亚的活动基地,林肯土地政策研究院选择中国著名高校北京大学作为合作方,布鲁金斯学会与清华大学合作,无一不是深谋远虑的抉择。这也切合其接触"方案持有者"的指导思想,因为北大清华这样的高校在中国的学术研究和社会影响上具有举足轻重的地位。二是转变思维,强调提高地方制度的能力。此前美国注重拉拢、培养第三世界国家的持不同政见者、叛乱分子,如今却改弦更张,呼吁要提高城市社区的自我治理能力,这样一来,美国的智库和机构就能直接影响到那些关系当地居民切身利益的事务,当地居民可能会对美国心有戚戚。换言之,美国是与合作国在地方治理层面直接交锋辩难。比如,在中国所开展的几个项目中,城市研究所都根据自身的研究提出了相应的建议。在 2001 年就湖南长沙、株洲、湘潭和贵州贵阳等四个城市的发展战略研究中,城市研究所学者乔治·彼得森就提出,长沙、株洲和湘潭应该统筹发展,破除各自为政的陋习,从一个大都市区的角度来审视和制定未来发展战略。它还发动了一个工作坊,邀请所涉城市的市官员、当地学者、工商业领袖、社区代表和小商业代表等利益相关者参加,进行培训。

这印证了中国学者李峥的判断,"美国尤其看重城市和中产阶级的作用,认为在未来国际社会中,城市的作用将更为突出,城市化所带来的问题将成为社会矛盾的焦点。只要美国能在城市治理上掌握一些领先世界的'绝活',那么美国就仍然能够居高临下地'指挥'他国。"①

　　但是,美国的城市治理是否是灵丹妙药? 一个例证是,近年来美国地方政府危机频现,比如 2011 年阿拉巴马州杰斐逊县破产,2013 年底特律市破产,都说明美国自身还有许多需要完善的地方,那些在国外纵横驰骋的机构和智库或许更应该多多思考如何解决美国国内的问题。另一个例证是,美国根深蒂固的种族问题在大都市区时代又有了新的表现,这就是二战后不断涌现的封闭社区——居住区协会(Residential Community Associations,简称 RCAs)。据有关资料,2010 年美国有 30.9 万个居住区协会,涵盖 24.80 万套住房,拥有 6200 万人口,②则让美国学者都惆怅满怀。③ 而美国地方治理中对民主对地方自治最大的讽刺则是,美国地方政府之间各自为政,甚或互为仇敌,以至于一些美国学者认为此种状态无异于国家间尔虞我诈之势。④ 因应这种尴尬,美国百年来不断摸索建立统一性大都市区政府,其中一个例证是美国百年来发生了 42 起成功的市县合并,建立了实体性的统一政府;另一个尝试是建立了虚体性的政府间理事会(Councils of Governments),芝加哥大都市区理事会就是典型。⑤ 这就说明,在美国众多机构到海外宣扬民主、自治的同时,美国国内业已在地方自治的传统上开辟了区域统筹这条新路。现实表明,在全球化的今天,城市问题涉及面十分广泛,绝非美国沾沾自喜的地方自治所能药到病除的。

　　总而言之,随着美国颁布有关开发的总统指令,随着美国第一版《四年外交和开发评论》的出台,随着国际开发署日益重视城市的效用,美国必将强化在全球推广城市治理经验的做法,这客观上代表了美国 2010 年以来外交和开发工作的深刻转型,主观上也表明了美国的处心积虑和自高自大,与此同时也提醒我们要提高警惕,注重防范,更重要的是,要采取拿来主义的精神,提高中国的城市学研究水平,探索适合中国国情的城市化道路。

---

① 李峥:《"温柔"的背后——警惕美国新一轮民主输出》,《世界知识》2014 年第 3 期,第 47 页。

② 社区协会研究所,http://www.caionline.org/info/research/Pages/default.aspx.

③ Elena Vesselinov, "Segregation by Design: Mechanisms of Selection of Latinos and Whites into Gated Communities", *Urban Affairs Review*, Vol. 48, No. 3, 2012, pp. 417 – 454.

④ Matthwe Holden Jr., "The Governance of Metropolis as a Problem of Diplomacy", *The Journal of Politics*, Vol. 26, No. 3, 1964, pp. 627 – 647.

⑤ Bonnie Lindsrtom, "The Metropolitan Mayors Caucus: Institution Building in a Political Fragmented Metropolitian Region", *Urban Affairs Review*, Vol. 46, No. 1, 2010, pp. 37 – 67.

The Course of American's Spreading its wisdom on Urban Governance to the Global

Abstract：U. S Agency of International Development has always regarded the urban as one tool. U. S published two important acts to improve the development work in 2010, especially the Congress passed *Sustainable Urban Development Act of* 2010, So U. S Agency of International Development also passed *Sustainable Service Delivery in An Increasingly Urbanized World* , maked the spreading the urban governance abroad as one institution. ICMA clinged to the principal of the USAID through the CityLink, carried out many projects in the developing world, and other Amercian think tanks also do the same. Finally, American International Development saw great transformation, depends on the urban as the entrance. In the end, American governments and nongovernments cooperate to extend American Creed to the world in a very effective way.

Key Words：urbanization, urban governance, U. S, international development, the developing world.

作者：曹升生,安徽师范大学历史与社会学院副教授;本文为国家社科基金重大项目"多卷本《西方城市史》"(批准号：17ZDA229)阶段性研究成果

现代旅游者观看方式的
三种"理想类型"

郝　强

摘　要：现代旅游活动已成为当下最流行的大众文化之一，而旅游活动一般是通过视觉体验而展开。通过视觉角度的切入，把旁观旅游者、参与（体验）旅游者、虚拟旅游者和再现、表现、阐释等范畴相联系，讨论不同观看方式背后的认识论转变。并结合相关文本和审美体验来阐释主体观看从单向的窥视、双向的凝视到去身体化的触觉性凝视的演变过程，从而进一步分析现代旅游者观看活动的发生机制及主体身份的构建路径。

关键词：观看方式　旁观者　参与者　虚拟旅游者　发生机制　身份建构

自工业革命之后，旅游与现代人的关系越来越密切，旅游者不仅仅指实际的某个人或者作为某一群体的游客，同时还可以作为现代人或都市人的另一种描述。对现代游客而言，旅游更多是通过观看这一视觉活动来展开，观看不仅是一种瞬间的视觉动作，还是形成自我身份认同的方式，是一种社会建构的行为。

弗洛伊德在《本能及其变化》一文中把本能的目的归为"看别人和展示自己"，并在此基础上提出了视觉经验的三个阶段："1.'看'作为一种指向外在对象的行为；2.放弃外在对象，将窥视本能转向自己身体的一部分，于是，在转向被动的同时建立了新目的——被别人看；3. 引进新主体，展示自己以让他看。"①在弗洛伊德的文本中，观看行为的过程会产生一系列的颠倒，这种颠倒的结果就是主体与视觉客体处于相互结合的状态，同时这种主客关系也会不断变化。而现代旅游者的观看方式恰好与此类似，借用马克斯·韦伯的分类方式，现代旅游者可以分为旁观旅游者、（参与）体验旅游者和虚拟旅游者三种"理想类型"②，根据这三类旅游者群体观看过程中主客体位置的变换，我们可以把旅游主体的观看方式归纳为旁观式窥视（单向）、参与性凝视（对视）与技术性虚拟观看（第三种维度）三种类型，这些不同观看模式的背后其实就是主观感情的介入程度。

一　旁观旅游者的观看方式——窥视与再现

旁观旅游者是旅游者的主要类型之一，一般而言，旅游者又可以称为观光客，这有些类似于波德莱尔笔下的浪荡子（闲逛者），他们是现代都市的反叛者，是城市资产阶级中的游手好闲者，是"一个闲逛、懒散、漫不经心、凝视着城市奇观的从容休闲的混合物——只有在工业化欧洲大城市的社会条件中才可能出现"。③ 大多数现代旅游者在出行的时候正是以浪荡子（闲逛者）的形象示人，他们在景观与景观间徘徊，以旁观者的姿态去浏览，去"泛泛而看"。观看主体（旅游者）通过视觉器官（眼睛）或者视觉器官的延伸（相机、望远镜等）去观看景观。从视觉文化角度来看景观有两层含义：一是旅游地现实的自然或人文景观，如山川、草木、江河、建筑、雕塑等具体的实在物；二是这些景观符号化或平面化的再现，如屏幕或者印刷物上的风景和人们活动场景。这里的景观也就是旅游者的观看对象，对于匆忙一瞥的旅游者来说，景观或者观看对象只是一种物化的产物。那么，为什么要把这种旅游者的观看称为旁观者的观看呢？或者说，旅游观看活动中的旁观者有什么样的特征呢？

一般而言，旅游的本质就是一种空间位移过程中的视觉经验，视觉经验的一个主要特征就是距离的存在，而这种距离不仅仅指向空间距离，还应该包括

---

① 弗洛伊德：《弗洛伊德文集》第 3 卷，车文博主编，长春出版社 2004 年，第 693 页。
② 理想类型：韦伯主要的方法论工具。他在《新教伦理与资本主义精神》里为一系列群体创造了"理想类型"。每个理想类型在强调其独特性的同时，也力求把握对一个群体来说最实质的东西，也可以指不是存在于现实中而是存在于理论分析中的事物或者人的类型。
③ 阿雷恩·鲍尔德温等：《文化研究导论》，陶东风等译，高等教育出版社 2004 年，第 383 页。

时间距离和心理距离。当然,我们一般所说的距离就是指牛顿经典力学里的空间距离,这种距离不仅使感知者(即旁观者)和对象分离,还否定了感知者与对象交互影响的可能性,游客与景观由此出现了一种骤然的断裂,而游客因此成为旁观旅游者才成为可能。另一方面,距离还包括时间距离。在旅游观看活动中,旅游者与对象的时间距离更多体现为历史文化景观,如古建筑、古遗址、古陵墓、历史纪念碑、博物馆等(观看照片时也是时间距离的体现)。这时,相对于历史文化景观而言旅游者不仅仅是空间距离上的旁观者,更多的应该是一种时间距离的旁观者。历史文化景观往往是历史事件的见证者,现代旅游者通过观看这种遗迹来再现其中延续至今的历史信息,时间在此不像空间一样给人以骤然的断裂感,而是一种绵延的过程,是连续的,所以旅游者和景观的时间距离更为不确定,旅游者会同时看到不同时间段时间在景观身上的烙印,而主体旁观的则是这绵延连续的时间段上不同印记的集合。空间距离和时间距离更多的是从观看对象出发,而心理距离则是从主体心理来进行讨论。为了使旅游者成为理想的审美主体,他(她)就必须采取一种无功利的态度,所以这种心理距离没有具体的度量单位,它就是主体的心理状态或者"态度"。例如在大雾弥漫的海面上,如果旅游者一直担心航船安危,就必然无法欣赏海上朦胧雾色之美。总而言之,空间距离、时间距离和心理距离是旅游者作为旁观者重要条件,三者可以同时并存也可以单独存在,这种距离一旦消失,旅游者就会"进入对象世界",他也就不在是旁观旅游者而是参与(体验)旅游者了。

除了距离的影响之外,旁观者的目光背后的知识理念其实是经验主义的"旁观者知识模式"。在杜威看来,旁观者的目光实际上折射出一种仿照假设中的视觉动作的模式而构成的认识论:"对象把光线反射到眼上,于是这个对象便被看见了。这使得研究和使得使用光学仪器的人发生了变化,但并不使得被看见的事物发生任何变化。实在对象固定不变,高高在上,好像是任何观光的心灵都可以瞻仰的帝王一样。结果就不可避免地产生了一种旁观者的认识论。"[①]这种认识论本质上就是主体的"静观",是其不计利害地审视对象,在这一审视过程中,主体"是在直观中沉浸,是在客体中自失,是一切个体性的忘怀,是遵循根据律的和只把握关系的那种认识方式之取消……这样,人们或是

---

① 约翰·杜威:《确定性的寻求》,傅统先译,上海人民出版社 2005 年,第 16 页。

从狱室中，或是从王宫中观看日落，就没有什么区别了"。① 叔本华所说的"个体性的忘怀"就是挣脱意志的束缚成为纯粹的主体（作为客体的镜子而存在），以一种无功利的态度去旁观对象。于是，在这种"静观"的态度下，主体就获得了一种与所观看世界相疏离的旁观者注视的形式。所以，旁观者的观看也可以理解为一种借助"机械之眼"、没有主观情感的观看。

旁观者的眼光在旅游活动中最典型的视觉运用就是摄影，可以说摄影与旅游在历史进程中是并肩发展的，照片有时甚至成了人们旅游的证明。的确，如果没有十九世纪四十年代摄影技术的发明和后来柯达相机甚至数码相机的出现与大众化（特别是手机出现摄像功能后），现代旅游观光方式将会彻底不同。苏珊·桑塔格就发现摄影和旅游活动间存在一种有趣的关系，"事实上，摄影首先是作为中产阶级闲逛者的眼睛的延伸而发挥功能的，闲逛者的感受力是如此准确地被波德莱尔描述过。摄影师是侦查、跟踪、巡游城市地狱的孤独漫步者的武装版，这位窥视狂式的闲逛者发现城市是一种由众多骄奢淫逸的极端所构成的风景。"②摄影与闲逛者这种暧昧共生的关系的根源就在于他们采取了一种旁观者式的视角去感知对象世界，相机的出现与应用更加强化了旅游者这种旁观视角位置的确立。无论是相机还是旁观者，其看到对象世界的视觉原理都是由于"物理对象本身通过光线的光学和化学作用使自己的形象表现出来"，③这种对象本身光线的展现到其成为具体图像（摄影照片或者大脑中呈现的图像）必然需要一定的距离，距离的变动会带来视网膜上物体映像的大小变化，对于相机来说，这种距离的变化主要体现在相机距离对象物的远近以及焦距的不同。进一步来看，"视觉世界在许多重要方面都不同于物质世界。物质世界在各个方向上包围着你——三百六十度——可是视觉世界在任何给定的距离仅仅是一个卵形、水平伸展约180°，垂直伸展约150°。物质世界无中心焦点，而视觉世界在中央敏锐、清晰，愈近边缘就越变越模糊。"④对应摄影的话则体现为一种"虚焦"的拍摄手法，"英国艺术家彼得·亨利·艾默生就建议拍摄照片应当如人眼所见一般，只聚焦于中心区域，周围其他元素

① 叔本华：《作为意志和表象的世界》，石冲白译，商务印书馆1995年，第274页。
② 苏珊·桑塔格：《论摄影》，黄灿然译，上海译文出版社2010年，第93页。
③ 顾铮：《西方摄影文论选》，浙江摄影出版社2007年，第44页。
④ 布鲁墨：《视觉原理》，张功钤译，北京大学出版社1987年，第80页。

则进行模糊处理,正如人类视觉对于周围边缘区域模糊的反映一样。"①无论是人的视网膜还是其使用的相机,对象世界的图像化都是由于主体在观看的时候有一个确定的"视觉边界",这个"视觉边界"是随观察者目光位置的变化而变化的。旅游观看者可能对同一景观采取不同的观看方式,当其与对象保持一定距离,带着无功利、静观的态度观看时,观看者的身体是在景观之外的,身体与精神距离景观有着明晰的边界。而一旦"当身体在时空中移动时,关于身体的经验创造了一种功能性的知觉秩序"②,这就使旅游者以旁观者的身份介入到景观中从而成为参与者,形成了参与者的体验式观看模式。

这种旁观者的观看本质上来说就是主体对外在物象的认知性的观看,"这种认知性的观看一方面最大程度地剔除身体的作用,使作为认知工具的视觉越来越脱离肉体的影响;另一方面极力追求对外在物象的'镜式'反映,创造出一种与原物几乎相同的幻觉,也就是追求逼真性的认知理想"。③ 为什么说这种旁观者的观看是一种"去身体化"的观看呢?身体一般被人们理解为身体感受,如果没有身体感受,身体虽然可能在这里但是其并没有出场,只是一个自然存在着的事物,所以从本质上来看身体是"缺席"着的。而要摆脱这种不在场的状态,身体必须有自身的感受或感发,但如果没有他者的触及,自身的感受或者感发也不会存在。由于没有他者的"反观",身体成为一种"缺席"的状态,作为认识者的主体只能扮演旁观者的角色,其目光必然是一种单向的向外扫射模式,这种模式背后的心理机制其实就是弗洛伊德所谓的"窥视癖",而"窥视"只是主体视觉经验的一部分,也是视觉经验三个阶段最初也是最受限的一个,是"达到对某一客体进行支配、视觉'占有'或把握的姿势。它是抽象的而且不具备任何相互反应,是僵止的行为"。④ 旁观旅游者的观看就可以理解为这种"窥视",他(她)是单向地"瞥视"⑤景观或作为"景观"的人(如具有异

---

① 玛丽・华纳・玛瑞恩:《100个改变摄影的伟大观念》,唐小佳译,中国摄影出版社2013年,第103页。
② 阿诺德・贝林特:《艺术与介入》,李媛媛译,商务印书馆2013年,第100页。
③ 肖伟胜:《视觉文化与图像意识研究》,北京大学出版社2011年,第129页。
④ 罗伯特・康・威廉斯:《拉康、坡与叙事抑制》,载王逢振等编:《最新西方文论选》,漓江出版社1991年,第233页。
⑤ 沙拉特提出了四种主要的观看模式:瞥视、凝视、扫视和瞟。瞥视是"神圣之物、权力、甚至性的可见性的难以捉摸的、不完整的——即使并不必然是飘忽不定的——特征"。转引自阿雷恩・鲍尔德温等:《文化研究导论(修订版)》,陶东风等译,高等教育出版社2004年,第397页。

域特色的民族人群），又同时在这种禁忌式的偷窥中获得快感。无论是"窥视"还是"瞥视"，这时的旅游者会忘记自我身体的存在，对象成为了其欲望的对象，眼睛或者眼睛的延伸（相机）成为权力的再现手段（例如：在巴黎，参观疯子曾一直是波希米亚区资产阶级周末娱乐的固定项目之一①），疯子和现代社会中的旅游景观中的原住居民类似，他（她）只是被旅游者符号化或者影像化了的产物，旅游者宰控了对象。另一方面，旅游者极力追求外在物象的"镜式"反映其实也就是在追求旅游景观的真实性。对于现代旅游者而言，"一个人在日常生活中陷得越深，他就越会想起存在于他处的现实和本真"②，这是其旅行的意义所在。而要达到这一目的旅游者就必须在旅行中创造出一种真实的幻觉，也就是外在物象的"镜式"反映。

那么为什么称这种逼真性的幻觉是外在物象的"镜式"反映呢？柏拉图借苏格拉底之口谈到工匠制造一张床或者桌子时是根据头脑中的理式，而艺术家在创作艺术作品时有一种更容易的办法："拿一面镜子四面八方旋转，你就会马上造出太阳，星辰，大地，你自己，其他动物，器具，草木。"③柏拉图用镜子的譬喻阐释了艺术活动的本质，其实在旅游活动中，人的视觉器官——眼睛或者视觉器官的延伸——相机等媒介工具就起到了"镜子"的作用，外在世界通过这面"镜子"被主体感知，追求物象的逼真性则是其本质要求。摄影就是再现逼真性的最好手段之一，是摄影提供了世界的真实片段，旅游者凭借一部照相机就可以获得一幅现实的缩影。

一般旅游者的摄影方式可以理解为纪实摄影，纪实摄影的发展从某种程度来说是受实证主义影响的，因为实证主义大多采取一种不带偏见和理性的探索方法，它假设存在着一个外部世界，可由超然的观察者——旁观者站在中立的立场上去观察，这也可以理解为是杜威所说的"旁观者的只是模式"。所以，对于旅游者（甚至是非旅游者）来说，相机是不会说谎的，只是把外在景观事物以"镜式"的方式映射在头脑中或者图像上。旅游者的拍照与获得与获得"镜式"映射似乎是同时发生的，但其实根本不可能。因为旅游者在观察被拍摄者的同时就已经提前预测到了再现的影响是怎样的，而在拍摄的一刹

---

① 米歇尔·福柯：《疯癫与文明》，刘北成译，生活·读书·新知三联书店 2003 年，第 62 页。
② 麦克奈尔（MacCannell）：《旅游者：休闲阶层新论》，张晓萍译，广西师范大学出版社 2008 年，第 181 页。
③ 柏拉图：《柏拉图文艺对话集》，朱光潜译，人民文学出版社 1980 年，第 69 页。

那——被拍摄者再现到相纸或者底片上时,他(它)就已经呈现一种"扁平的死亡"状态了。所以巴特认为"摄影要表达的不(必须)是已经不存在的,而仅仅是且一定是存在过的"。① 这就是说虽然我们观看照片的行为是发生在现在,但摄影却是"过去式"的,与现在无关。这样,旅游者在面对现实三维景观对象和平面化的二维影像时其实就是典型的旁观式观看,三维景观主要是由于空间距离,而影像则是时间距离。这种影像虽然与拍摄者观看拍摄对象的时间不是共时的,但我们仍知道它是真实可靠的,因为影像其实是再现了当时观看者所看到的拍摄场景及拍摄方式。所以,现代旅游者如果在出行的时候没带相机,似乎是一桩极其不正常的事情,相机能帮助旅游者把其观看经验真实化,并且使再现这种瞬时的观看经验的再现成为可能。

大部分情况下,相对于景观而言旅游者只是一个暂时性的、中立的、没有利害冲突和情感介入的理性的"闲逛者",所以其大多也是站在旁观者的立场去观看,这种观看是一种单向度的扫射或者窥视,这一视觉过程中旅游者是没有意识到自我存在的,他只会看到物化了的对象。而摄影术在此大大强化了旅游者旁观时的视觉经验,使观看动作由瞬时到可再现成为可能。

二 参与(体验)旅游者的观看方式——凝视与表现

早期的旅游者可以说是一种旁观的旅游者,他们以相对静止、放松、有距离感(特别是情感距离)地去浏览景观,但随着旅游业的发展,大众成为了旅游的主体,人们在旅游活动中更加主动地去参与,去体验,即穿越了传统的欣赏距离,从观照性的欣赏变为了积极的参与(情感参与),成为体验式的旅游者。根据梅洛·庞蒂的观点,体验是人的主体意识"内在地与世界、身体和他人建立联系,和他们在一起,而不是在他们旁边"。② 所以,与旁观旅游者不同,以体验为导向的旅游者在旅游活动中总能遇到"他者性"的东西,而其观看方式也不再是以往旁观者的眼光,而是成为一种参与者的眼光。这种参与者的眼光"通过凝神观照或亲历参与情感活动而创造出审美概念或美的意向,进而获得生命的意义"③,也就是说这种视觉模式主要通过"凝视观照"和"亲历参与

---

① 罗兰·巴尔特:《明室:摄影札记》,赵克非译,中国人民大学出版社 2011 年,第 35 页。
② 莫里斯·梅洛-庞蒂:《知觉现象学》,姜志辉译,商务印书馆 2001 年,第 134 页。
③ 肖伟胜:《视觉文化与图像意识研究》,北京大学出版社 2011 年,第 205 页。

活动"两种主要途径来实现的。

首先是"凝神观照",这种观看模式不同于旁观旅游者的静观或者直观,而是和弗洛伊德视觉经验的第二个阶段——"将窥视本能转向自己身体的一部分,在转向被动的同时建立了新目的——被别人看"有些类似,这也就意味着参与者的眼光不再是单向的"窥视",其中还有他者的一个"回视",也就是他人对我的"凝视",在拉康那里,"凝视乃客体(画面)上的一个点位,正在观看的主体从那里被凝视。也就是说,我观看客体,客体也在凝视我。"①这样,视觉主体与视觉客体间就处于一种转换关系之中,他们的界限被不断模糊了。

进一步而言,体验旅游者的"凝神观照"其实包含两层含义:一方面,主体与对象间的视觉互动关系,我在看对象,对象也在看我;现代旅游者为了摆脱日常生活的无聊通常会选择一些具有"差异性"的地域或景观,例如去古镇体验少数民族风情文化,去艺术博物馆参观艺术展品等。旅游者观看或者拍摄具有异域风情的少数民族活动或者展馆的艺术品时,他(她)可能也正在被当地居民或者其他旅游者所看,也就是说旅游观看主体从某种程度上沦为了他人凝视的对象或者他者。另一方面,我不仅仅在看对象,这种看本身又包含了自视的可能性。随着相机的发展和手机自拍功能的出现,旅游中的自拍现象也越来越普遍。如果说旁观旅游者的观看对应弗洛伊德的窥视癖的话,体验旅游者中的自拍行为则可以对应裸露癖,也就是把自身作为对象被他人所看,二者是一组矛盾现象。其实,作为"凝神观照"的对象——无论是"我"在看的对象还是自己,其实都是一种"他者",所以说"凝视揭示了他人的存在对于'我'的结构性能指,或者说我的'为他结构'……表明我是一个为他的存在,我在他人的凝视中发现了自己,我即是他人。"②而作为体验旅游者的主体正是通过他者的介入才形成主体意识,也可以说自我是"他者"的镜像(不同于旁观者目光的所追求的镜式反映)。这里的镜像不是单纯意义的镜子,自拍时的镜头屏幕或者他人的回视目光都可以理解为"镜子",是心理意义上的镜式映射,主体在这一镜像阶段产生了不同的自我认同。现代旅游者出行的目的一般是为了摆脱工作、生活世界强加于他的种种规则和压制,是为了摆脱单调、重复、无聊的生活状态,旅游目的地的选择必然符合其对自由、新鲜世界的想象,这

---

① 齐泽克:《斜目而视:透过通俗文化看拉康》,浙江大学出版社 2011 年,第 216 页。
② 吴琼:《雅克·拉康:阅读你的症状》,中国人民大学出版社 2011 年,第 548 页。

个想象的世界必然不受象征秩序的束缚,所以,与其说体验旅游者喜欢的是目的地的景观,还不如说是景观(风景、展品、当地居民等等)作为旅游者的镜像对象的"自我完形",他(她)在新奇景观的身上看到的是自己的自由、丰富、充满热情与美好的性格特质和生活方式。但这种想象的认同本身是一种虚幻的、镜像式的、自恋式的误认,它随时有可能被"实在界"拆穿,例如旅游者正沉醉于大好河山的美色时,同伴突然说明天就要交论文了,观看者会立刻意识到自己所观看的只是一个不完满的、有"剩余"的他者。这样,主体通过他者建构自身并有反思,这在旁观者的目光中是不可能实现的。

除了"凝神观照","亲历参与活动"也是实现参与者眼光的一个重要途径。随着现代旅游业的发展,旅游本身并不只是为了单纯的、旁观式的观看。游客被导游领到预先挑选的景观旁,在固定的时间下车拍拍照,然后又上车奔赴下一个景点,这种状态已越来越不能满足旅游者的现实要求了。"游客真正想要的似乎是亲身参与'文化交往',而不是简单地注视景点。"①通过这种"亲身参与"式的观看,视觉主体正逐渐从旁观旅游者成为参与体验式的旅游者。人们在游览"原始"的自然风景或古往今来的人造建筑,甚至是滑雪、登山之类的"游戏"时,都越来越希望能介入景观之中或者与景观发生互动行为。当我们靠近景观时,它包围着我们占据着我们的视觉边界,这也就意味着我们进入了景观所处的时空之中,这个空间不是外在于观察者,或者与观察者相对立,而是延伸出来,将观看者作为一个参与者纳入进来。人们并不是对这样一种风景进行静观,而是进入它。例如我们在观看世博会中国馆中的动态《清明上河图》时,远看一眼望尽图像的时候是旁观者,靠近一点绘画包围了观看者时,我们好像沿着前景中的河岸行走,脚边的流水正如画中的汴河,而自己也成为眼前城乡活动的一部分,成为此一景观的参与者。当旅游者随着"流水"移动时,我们就不再把对象看成一个整体,而是向《清明上河图》里看,并与它的空间相融合,这样,关于身体的经验创造了一种功能性的知觉秩序,它使参与者与环境融为一体,类似的视觉经验在游览自然景观、园林建筑时也会经常发生。

另一方面,诸如滑雪、登山、农家乐等旅游项目也是参与景观的典型表现形式,但这些活动的参与过程中,视觉不再是唯一或者最主要的,此时肌肉运

---

① 贝拉·迪克斯:《被展示的文化:当代"可参观性"的生产》,冯悦译,北京大学出版社 2012 年,第 46 页。

动知觉、触觉等感官层面以与视觉同等的程度参与进来。以农家乐旅游为例，现代旅游者为了摆脱机械、单调、污染严重的都市生活，于是想去远离城市的乡村去观看、体验真实的、自然的、和城市不同的"异域"景观，农家自然而然成为满足游客需求的旅游场所。而游客在农家乐的体验背后其实就是一个从"前台"到"后台"的过程。一般来说，在前台，东道主（当地人）的社会生活已经舞台化了，他们所表演的具有民族风情的舞蹈或者所穿的民族节日盛装都是满足游客的观看需求而存在的，这并不是当地人的日常生活状态，甚至部分游客会换上当地人的服装去扮演一回"当地人"；另一方面，当下越来越多的游客已不满足于观看"前台"的表演，他们更希望去"后台"，因为后台生活更为真实，所以有些游客会去当地人生活的地方和他们同吃同住甚至参与当地人的活动。（游客的参与从某种程度上也意味着后台已经是舞台化了的后台）在这个体验的舞台上，旅游者通过"扮演"当地人使自己的身份完成了一个暂时性的转换，进而旅游者的目光也由旁观变为参与式的观看甚至是对自我身份（旅游者）的回视，而这一舞台也可以说是旅游者"凝视"民族文化的场域，即游客在凝视的过程中对自我身份形成了双重认同（一重是游客身份，一重是当地人的身份），在这种身份认同的过程中参与旅游者获得了作为一个旁观者时难以获得的体验和感受。

如果说旁观者的目光背后是经验主义的唯理性至上的"旁观者知识模式"，那么参与（体验）者目光更多是从一种存在论现象学出发。海德格尔认为人的存在首先是存在于世界中的，这种在世存在首先是在与作为用具上手的各种存在之物打交道，这种打交道不是像旁观者式的静观，如果"仅仅对物的具有这种那种属性的'外观'做一番'观察'，无论这种'观察'多么敏锐，都不能揭示上手的东西。只对物做'理论上的'观察的那种眼光（即旁观者眼光）缺乏对上手状态的领会。……同用具打交道的活动使自己从属于那个'为了作'的形形色色的指引。这样一种顺应于事的视乃是寻视（在此可以理解为参与（体验）式的观看）。"[1]正如锤子对于我首先是一把拿来用作捶打的工具，而不是静观的认识活动的意向对象。在旅游活动中，当旅游者成为参与者或者体验者时，他正是介入到景观的功能关系中去"用"它，即不再是旁观地去看，而是与景观"打交道"。人们要认识世界就必须以一种知觉式的观看去把握，并可

---

[1] 马丁·海德格尔：《存在与时间》，陈嘉映译，生活·读书·新知三联书店 2012 年，第 81 页。

以把这种视觉活动理解为一种人类精神的创造性活动。旅游者所处的世界就可以理解为这样的一个现实的知觉场，在这一缠绕着主体的知觉场中，"我同我的目光采取一致行动，我通过我的目光置身于景象：于是，视觉场的各个部分在一种能认识和辨认出它们结构中连接在一起"。① 而一旦我们打破了这种视觉的整体结构，即我们不再是一个参与（体验）者，不再介入到景观时，知觉主体就从对象世界中分离出来，成为了旁观者。参与（体验）者这种知觉的观看必然要调动身体，自我身体的建构需要主要通过两种方式，一是他者对我的凝视，这种视觉中蕴含了对主体的反思，未被反思的意识活动是没有自我的（如旁观者）；另一种方式就是身体的替换，旅游者"亲历参与活动"的过程其实就是一个主体介入对象甚至替换对象的过程，他扮演着平时难以尝试的角色与身份，主体进入这种表演状态时其实就成为了相对于"自我"而言的"他者"。所以主体身份的构建本质都是由于他者的凝视，只不过他者也可能是"作为他者的自身"而已。

当旅游者作为旁观者时，他的视觉活动的本质就是对景观对象的真实、客观的再现，那么，当旅游者成为参与（体验）者时，其视觉经验的本质又是什么呢？参与（体验）旅游者在旅游活动中的观看是一种知觉性的观看，是调动身体各个感官介入、参与到景观对象世界中的观看，是一种"直觉性"的观看，克罗齐把这样的直觉和表现联系起来，并且强调"直觉是表现，而且只是表现"②。所以也可以说参与（体验）旅游者的观看更多的是其内在情感的表现，而不是像旁观旅游者那样追求外在对象的再现，在旅游活动中他更多的是作为介入景观对象的创造者而不仅仅是风景的旁观欣赏者。甚至从广义来说，表现就包括了我们的行动本身。还是以旅游摄影为例，随着人们旅游观念和相机生产技术的革新，很多人在旅行中并不仅仅满足于以往那种单纯的对风景再现式的拍照（写实摄影），而是希望通过拍照来表现自我情感甚至身份（写意摄影③）。在单反相机出现后（现在大部分数码相机和手机其实都有单反相

---

① 莫里斯·梅洛-庞蒂：《知觉现象学》，姜志辉译，商务印书馆 2001 年，第 290 页。

② 克罗齐：《美学原理·美学纲要》，韩邦凯、罗芃译，外国文学出版社 1983 年，第 18 页。

③ 写意摄影也可以理解为画意摄影，最早是指对绘画的模仿或是带有绘画审美倾向的摄影形式，现在是一种更广泛意义上的摄影创造。"画意摄影强化了瞬间的形式，利用生理快感对审美感受的心理作用，使生理与心理的活动上升为一种审美愉悦。"张钢：《画意摄影》，浙江摄影出版社 1999 年，第 14 页。

机的功能),人们可以在拍照时根据自我需要调节镜头的焦距、视角、光线,从某种程度来说旅游时的摄影已经从"照相"成为了"造相",同一个风景对于不同拍摄者而言其表现是不同的,因为其对景观的参与体验程度或者感受是不同的。同时,很多旅游者还通过写意摄影的方式来确认自我身份,例如很多年轻旅行者喜欢用 LEMO 相机,姿势是 45 度仰望天空,此时他们其实是在借拍照来确认(或让别人确认)自己的"文艺青年"身份。除了写意摄影的方式,还有一些徒步背包自助游的驴友,他们也是希望通过更全面、更真实地介入当地风景、生活来表现自己独特的人生态度和经验。

奈保尔在《自由国度》的最后一部分《卢克索的杂技团》中讲述了这样一个故事:在埃及卢克索一家游客旅馆里,一些周围沙漠里的孩子会为了三明治和苹果而靠近游客休息室,这是不允许的,于是"配着骆驼鞭的侍者便会如骆驼那般大喝一声,有时候会奔到孩子们中间,用皮鞭抽打他们,他们便四下逃窜,沙子般柔滑的小腿在飘舞的长衫下拼命地摆动……一个穿鲜红运动衫的高个子意大利男人站起来,拿出相机……一个穿白色西装、个子稍矮、年纪稍长的游客站起来,开始调整相机镜头……坐在我身边的德国人还是无动于衷;休息室里的学生们仍在高谈阔论"。[①] 不同的旅游者把侍者鞭打小孩子的场景看作一个有意思的景观,他们此时没有任何情感的代入,受鞭打的小孩和沙漠里的沙子对他们来说并有没任何区别,他们只是一个旁观者。但是,作者本人却无法忍受,于是"冲到了那个举着骆驼鞭的服务员身边,头脑清醒,情绪焦灼。我大喝一声,夺过鞭子扔到地上"。[②] 在夺过鞭子之前,作者和其他游客一样只是这一戏剧性场景的一个旁观者,但是在这一动作发生的刹那,作者眼前的场景和其他游客不同了,他带着愤怒的情感,于是从一个旁观者成为了参与者。

所以,当旅游者由旁观者成为参与(体验)者时,其观看方式更为丰富,一方面表现为主体和对象之间的视觉互动,另一方面则是在亲历参与活动中主体调动身体感官和情感的知觉性的观看。在这种参与(体验者)的目光下,主体通过他者的凝视反思并完成自我身份建构,观看时与对象的关系也由再现成为表现。

---

① V. S. 奈保尔:《自由国度》,吴正译,南海出版公司 2013 年,第 293—294 页。
② 同上书,第 294 页。

三　虚拟旅游者的观看方式——技术性的观看与诠释

伴随着 21 世纪计算机与信息技术的迅速发展,"赛博空间"这一概念成为了现实,这种空间不是传统意义上三维的地理空间,而应理解为虚拟空间或者是超空间,"从纯粹技术的视野来看,可以把虚拟现实(赛博空间)简单地描述为人——机界面发展的最新分支。可以把它界说为'一种三维的、电脑生成拟像环境,它根据用户的行为在实时中呈现'"。① 这空间中的主体自然也只是虚拟的符码,所以新的旅游者身份与过去不再相同,成为了一种"虚拟"的旅游者,贵族精英、普通大众、男性白人、妇女儿童甚至是肢体残疾的人在"赛博空间"中都是平等的,"虚拟"符码就是其身份。如果从广义来说,虚拟旅游者也可以理解为弗洛伊德视觉经验第三阶段的"新主体",这种新的主体的观看方式也是与旁观旅游者和参与(体验)旅游者不同的。

虚拟旅游的视觉发生过程是旅游者(现实中的)直接或者使用其他设备间接观看屏幕或与屏幕类似之物所呈现的虚拟场景,在虚拟环境中,旅游者还可以扮演各种角色与其他参与者交流或者操作该环境中的物体(如山水、建筑、生命等物体),当虚拟旅游结束(或者旅游者想要结束)时,旅游者可以自主地从虚拟环境退回到现实环境中。从某种程度来说,虚拟旅游者这种借助现代技术工具的观看方式中既包含有旁观者的窥视与参与(体验)者的凝视,同时又是对两种观看方式的超越。

当旅游者成为虚拟旅游者时,他所处的空间世界就不再是现实世界,而是虚拟的赛博空间,这种空间本质上就是德勒兹所说的"平滑空间",在德勒兹看来,空间总是混杂着光滑与条纹两种力量。"平滑空间意味着强度过程和装配空间,无中心化的组织机构,无高潮,无终点,处于不断变化和生成状态,与科层化和静态系统的条纹空间迥异其趣。"②这种空间对虚拟的主体是完全开放的,是没有边界的,并且"为事件和个别体所占据,远甚于成形的、被感知的物体所占据。它是一个情状的空间,远甚于一个属性的空间。它是一种触觉的

---

① 约斯·德·穆尔:《赛博空间的奥德赛:走向虚拟本体论与人类学》,麦永雄译,广西师范大学出版社 2007 年,第 140 页。
② 麦永雄:《后现代多维空间与文学间性》,清华大学学报(哲学社会科学版)2007 年第 3 期。

感知,而非视觉的感知"①。与平滑空间(游牧空间)相对的条纹空间(定居空间)则是一种视觉性的空间。然而,这种"平滑——纹理化"的对立并不是绝对的,我们可以在草原上以纹理化的形式生存,也可以做城市中的游牧民,甚至身体不动也可以进行旅行,如今天的 3D、4D 虚拟体验,"在纽约的帝国大厦里,每天等候观赏虚拟的纽约空中之旅的队伍比排队等候电梯登上观景平台的队伍还要长得多"。②

　　一般来说,虚拟旅游者的观看同时具备了现实世界中旁观旅游者和参与(体验)旅游者的观看特征。首先,真实和虚拟旅游者之间是以屏幕(可以包括电脑、手机、影院屏幕)为中介的,屏幕前的旅游者首先是作为旁观者式的欣赏观众在场的,他们只能去看屏幕所提供的内容和场景而不能选择怎样去看那些被展示的场景。例如在看一些旅游宣传片时我们只能看到拍摄者让我们看的景观,而不能根据自我意愿去选择景观,或者是观看影像时,当我们没有投入情感时为旁观者,反之则成为参与者,就像观看电视时主体"可以被逐出屏幕——因此被逐出世界——当他们不再能使人发笑时"③,这里的"被逐出世界"从某种程度来说就是观看者从参与者沦为旁观者的视觉过程。同时,屏幕意味着我们可以放肆地窥视陌生人看而不用担心被客体凝视,因为我们和他们其实是分属真实与虚拟两重世界的;其次,虚拟旅游者更多的是沉浸于虚拟世界中与虚拟场景发生互动的参与(体验)式的观看。这种互动的观看一方面体现为主体面对虚拟场景时由于其逼真性而下意识做出的被动反应,例如游客在游览"方特欢乐世界"中的"太空半岛""恐龙世界"等项目或者类似世博会沙特馆等景观时,会感觉马上要掉出飞船而心跳加速握紧座椅、会不自觉地伸手阻挡向自己迎面而来的恐龙,这都是由于虚拟景观的真实性使游客有身临其境之感,虽然这些影像本身都是虚假的。另一方面,虚拟主体的观看还表现为主动参与中,这种主动参与多体现为一种角色扮演式的代入,它与现实世界中的角色扮演不同,是代入的虚拟角色,也就是说游客扮演的是数字化的虚拟人物,通常这种虚拟游客的视角是第一人称视角。例如游客在网上游览"虚拟

---

① 德勒兹,加塔利:《资本主义与精神分裂:千高原》,姜宇辉译,上海书店出版社 2006 年,第 690 页。

② Gillian Rose, *Visual Methodologies*: *an introduction to the interpretation of visual materials*, London: Sage, 2001, p. 4.

③ 齐格蒙特·鲍曼:《后现代伦理学》,张成岗译,江苏人民出版社 2003 年,第 210 页。

故宫博物馆"时,可以自主选择不同的观看路线和视角,只要移动鼠标,访客就可以"转身"观看博物馆的墙壁,向上移动观看天空或者屋顶,向下选择观看地板。如果相邻的房间可见,只要点击鼠标就可进入参观。此时旅游者是可以自由选择景观的,甚至可以说旅游者是在创造景观,因为他所看到的与其他人所看到的是不完全相同的。除了第一人称视角外,这种虚拟角色扮演中的观看还可以在第一人称视角缺席的情况下进行,即以第三人称视角或是上帝视角来进行观看。例如在网游《悠游苏州》①中,现实世界的"游客"既能看到自己控制的游戏主角的活动,又能像上帝般全知全能地看到周围的所有场景。这种视觉过程就包含了旁观者和参与者两种观看模式,电脑前的旅游者(游戏者)以上帝的视角旁观游戏场景,同时又可以控制游戏角色与场景发生互动,主体在观看时不再有视觉盲点(旁观者和参与者的目光都是有盲点的)。

　　游客这种借助现代数码产品的观看是超越于旁观者和参与者的观看的,他可以同时看到屏幕中作为观看的主体与客体,而这一视觉过程的发生更多强调身体到虚拟身体的感受,是一种"触觉化观看","因为视觉本身在自己身上发现一种它所具有的触摸功能,而且这一功能与它的视觉功能分开,只属于它自己"。② 旅游者通过佩戴专业眼镜(或者通过鼠标与电脑屏幕)进入"赛博空间"(也就是平滑空间或者游牧空间),所观看到的景象就如身临其境所见一般,甚至让人有一种去触摸的感觉,这种感觉当然不是传统旅游者身体的触摸,而是一种视觉的触摸,所以我们也可以把旅游者在赛博空间中的视觉体验称为触觉式的观看。一般来说,视觉经验要成立,先决条件是看与被看之间一定要存在一个特定的距离,就如旁观者的观看,当其与都市人群的距离消失,也就是丧失了作为浪荡子(闲逛者)的主体性时,他也就成为了人群而不再是他自己;在观看森林风光时必须从远处静观,若身处森林之中就无法体验到森林的美好风景,森林也就失去了作为森林的本质属性。相对而言,触觉经验则不需要保持这种距离。如迪士尼主题公园通过对诸多景观进行"微缩、再现式的模拟",让游客有身临其境之感,旅游者的这种认知体验就是建立在自我意

---

① 《悠游苏州》是国内首款以丰富旅游景点为内容的网络游戏,网友注册登录游戏后就能进入显示苏州旅游版图的界面,随意选择苏州世博体验之旅路线后,就能游览该路线上著名景点的多幅美图和文字介绍。玩家的任务是移动景点图片实现与景点名称的一一对应,通关后可以赢得道具,然后就可以凭借道具来抽取奖品,通过的关数越多,获奖的几率就越高。

② 德勒兹:《弗兰西斯·培根:感觉的逻辑》,董强译,广西师范大学出版社 2007 年,第 157 页。

识幻想式的触摸之下。沃夫林在分析丢勒和伦勃朗的艺术风格时曾用"触觉绘画"和"视觉绘画"来形容二者差异,他认为"在丢勒的作品中,到处都展现着为了得到充实触觉所做的努力……而在伦勃朗的作品中,则是尽可能地让画作不受触觉的影响"。① 与丢勒的作品给人的感觉相似,虚拟旅游者在观看时也有这样一种想要触摸之感。这样,在观看者与观看之物之间的距离如此紧缩、观看者仿若遭致观看物的攻击的状况下,触觉经验突破进入了旧有的视觉经验,让整个视觉经验注定无法如静思一般被动安详,反倒成为一个在无预警也毫无防备的情况下,因为外界过度的触觉式的刺激的撞击而转化成的一种创痛经验。

进一步来看,3D 眼镜或者电脑屏幕其实就起到了一个区隔中介的作用——区隔现实世界与虚拟世界,对处于虚拟体验中的游客来说,外部现实不是主体在虚拟世界中所体验到的"现实",而是被悬置的实在界,(这有些类似于齐泽克的"车窗隐喻"②)从某种程度来说,处于实在界的我们是看不到屏幕虚拟世界内部的。例如沙特馆之外的游客是看不到博物馆内部的,他们与处于沙特馆内部的游客被墙壁区隔开来,所看到的景观也是不一样的,对于馆内的游客来说,他们是感觉处于真实中的,而博物馆之外的世界是被悬置的。或者,一个不懂网络游戏的旁观者和正在操作游戏的玩家所看到的同一电脑屏幕的内容是不同的,游戏玩家的观看主体其实是进入象征界的虚拟的、符号化了的主体,而不懂游戏的旁观者则是处于实在界之中。这种虚拟、符号化了的象征界与实在界是不连续、不均衡的,"好像一旦我们围住某个既定的空间,其内部总是多于从外部看到的。连续性和均衡是不可能的,因为这种不均衡,这种内部对外部的剩余,是划分内外的必然的结构性结果;只有通过拆除屏障,

① 沃夫林:《艺术史的基本原理》,杨蓬勃译,金城出版社 2011 年,第 20 页。沃夫林的意思是丢勒的绘画是通过对细节进行线描式的处理,如他的《祈祷之手》和所画的兔子,而伦勃朗的绘画更注重表现光影效果下的整体图绘,如《夜巡》就是通过光线表示细节。这样,在同等的距离观看两人的作品,丢勒的绘画会让人信以为真想要去触摸,而伦勃朗的绘画则只产生"视觉外观"。触觉图画变成视觉图画这一艺术史上的革命在赛博空间其实是被逆转了,触觉性的观看成为了虚拟旅游者看画的主要特征。

② 车窗隐喻:小说《乔纳森·霍格的倒霉职业》中的主人公在开车返程的过程中,被告知无论发生什么都不要打开车窗。但是,当看到外面一个孩子被汽车碾过时,起初他们保持冷静,但是当看到巡警时,责任感占了上风,他们准备打开车窗,向巡警报告事故。但是在打开了的车窗外面什么都没有(阳光、警察、小孩、声音都没有),当他们把窗户关闭时,又看到了阳光、街道和人群。按照齐泽克的解释,车窗外面的就是实在界,它被车窗与车内的人隔离开来。

让外部毁灭内部,才能消灭这种内部对外部的剩余。"①但是,随着这种不连续、不均衡性的打破,或者说是屏障的去除,实在界完成了其入侵,游客在虚拟世界(象征界)的真实感就丧失了。虚拟空间的角色身份是具有无限可能性的,一个人甚至可以在虚拟空间中扮演多个角色,但这些角色与真实的主体是有差异的,一旦主体意识到这种差异,或者虚拟世界完美的形象被创伤,他就会从虚拟世界中脱离出来。(例如在主题乐园虚拟体验中游客是可以瞬移到任何地方的,但一旦他妄图在现实中瞬移就会发现其不可能,这一发现自我能力缺失的过程就是从虚拟世界(〔象征界〕)跌落回现实(〔实在界〕)的过程。

如果说旁观旅游者的观看是一种泛泛而看、浏览式的看,参与(体验)旅游者的观看是一种调动身体经验参与性的看,那么虚拟旅游者就是去身体化的看。在虚拟世界中,主体身份是虚拟的幻象,是符码化了的数据,是德勒兹"无器官身体"的最好诠释,自此,眼睛拥有了一种非视觉的功能,在这种触觉化的视觉过程中,主体身份和视点都不再是单一固定的,而是可以随意转换、游离,单一身体可以在虚拟空间中同时扮演多个角色,或者可以在不同的视觉场景间随意切换,是一种"反中心化的视觉"。旅游者在虚拟世界这样一个无中心、无高潮、无终点不断变化和生成状态的平滑空间之中,成为一种"去中心化的主体",这有些类似拉康所说的"划杠的主体＄"(意为被分裂的主体;杠即语言、文化、规则),"它破坏了关于'一个身体中一个人'的标准道德——法律规范",②而这种"反中心化视觉"的背后其实就是后现代主义对中心、主体和本质的消解,或者说是对二元对立逻辑的批判。在这种视觉中心传统下,视觉模式长久以来一直依赖于一种镜像隐喻(例如旁观者和参与者的眼光就对应柏拉图和拉康的镜像),但是后现代视觉模式更多的是一种块茎状(Rhizome)的、触觉化的感知,这种感知模式中观看者的视点不再是受限的(例如传统的观看中旅游者会受限与相机的镜头,相机的视点不可避免地会成为我们的视点)或者难以自由转换的,而赛博空间中的旅游者的视点则是可以随意切换的。甚至在虚拟环境中还可以与对象互动,调整他/她所发现的新的环境。这种可操作的虚拟现实就超越了传统的静态的"纹理空间(定

---

① 齐泽克:《斜目而视:透过通俗文化看拉康》,季广茂译,浙江大学出版社 2011 年,第 25 页。
② 齐泽克:《幻想的瘟疫》,胡雨谭译,江苏人民出版社 2006 年,第 173 页。

居空间)"。

此时，虚拟旅游者的视觉不再仅仅是旁观者对对象再现式窥视，也不只是参与者情感表现式、互动化了的知觉性眼光，而是通过技术手段在虚拟空间中调动整个身体的触觉化的观看。这种触觉化的观看本质上是一种诠释性的观看方式，桑塔格把这种诠释理解为"文本清晰明了的原意与（后来的）读者的要求之间预先假定了某种不一致"①，诠释就是为了解决这种不一致。在屏幕内的赛博空间中，观看者和观看对象本质上都是虚拟符号，此时，观者的视点通过触觉化的感知模式由固定走向滑动，能指（被看到的东西）和所指（所意指的东西）链条是滑动的。如游乐场 3D 屏幕中的虚拟恐龙被用来指涉恐龙，并非因为它和真的恐龙一样（像恐龙），而是因为观看者承认它是再现恐龙。因此，景观对象的再现模式随着技术等手段的发展发生了变化，简而言之，"看并不是相信，而是阐释"。②

当旅游者的观看方式由单向旁观的窥视和互动双向的窥视走向超越于两者的虚拟的诠释性的观看时，观看的方式和观看本身其实也就成为了一种主观意向性的活动。（在旁观者和参与者的观看时偶尔也带有诠释性的目光）在意向性层面，"三维影像将模仿实境，并随游戏者（虚拟旅游者）的视角变化而变化，这样游戏者（虚拟旅游者）就会感觉自己的一举一动是在独立真实的世界中运动。它与我们进入赛博空间前所熟悉的那个物理世界在经验上是等同的。"③而对于虚拟旅游者来说，人们一般不再通过相机来进行观看（相机的单一视点无法实现虚拟空间的触觉化的观看），而是观看屏幕上投射的类似"摄影"的影像，这种影像不是传统的底片，而是经过电脑软件处理过的"虚像"。"用三维电脑制图软件虚拟制作出来的摄影式影像中，真实世界中的'事物'与视觉的关系已经被那些关于它们的物理特征和摄影光学的知识所取代，而这些知识被储存在电脑和软件里。"④所以虚拟旅游者的观看对象其实也可以理解为是符码化的影像，观看这种影像的视觉过程简化了"真实世界中的视觉关

---

① 苏珊·桑塔格：《反对阐释》，程巍译，上海译文出版社 2003 年，第 7 页。在《反对阐释》一文中，桑塔格其实只是反对不合理的、个人臆断的、强加意义的阐释，并把"合理的阐释"置换为"诠释"，所以本文采用诠释一词。
② 尼古拉斯·米尔佐夫：《视觉文化导论》，倪伟译，江苏人民出版社 2006 年，第 16 页。
③ 翟振明：《有无之间：虚拟实在的哲学探险》，孙红艳译，北京大学出版社 2007 年，第 40 页。
④ 莉兹·威尔斯(Liz Wells)：《摄影批判导论》，李际等译，人民邮电出版社 2012 年，第 345 页。

系",所以所有的影像——甚至是最为简单的影像——都需要通过诠释才能被充分理解和欣赏。我们观看影像时那种贡布里希所说的"纯真之眼"是不存在的,"不仅它(眼睛)如何去看,而且它所看到的东西,都要受到需要和偏见的制约。它会进行选择、拒斥、组织、甄别、联系、分类、分析、构造。"[1]这种主体受到需要和偏见制约的过程就是对虚拟符码诠释的过程,布尔迪厄把这一诠释性的观看的能力称之为"知识或概念的功能,也就是词语的功能,即可以命名可见之物,就好像是感知的编程",[2]若缺少诠释性的能力,屏幕前的旅游者必然会迷失于声音、色彩和线条的混乱之中。

四　结语

通过上述阐释我们发现,尽管旅游者的观看是一种再正常不过的日常生活行为,尽管就客观事实而言其观看的方式在同一阶段或同一视觉过程中是并列存在着的,但不同的观看方式也会造成不同的身份感知与认同。概而言之,就观看主体而言,有着旁观者—参与者—虚拟旅游者的变化,也可以说是欣赏者—创作者—诠释者的变化;就主体与观看对象的距离而言,呈现为逐渐减缩的状态;就观看背后的认识论而言,大概以经验主义的旁观者知识模式、存在论意义上的现象学以及后现代反中心主义为背景(也可以对应为一种理性、感性到对这种二分关系的反叛);就观看与身体关系而言,有着去身体化—知觉化—触觉化观看的区别;就观看视点而言,旁观者是一种单向的扫视,参与者是一种双向的凝视与视觉介入,前两者基本遵循透视原则都有着视觉盲点,但是虚拟者的观看可以同时成为旁观者与参与者,视点是多重的、游移变换没有盲点的;就主体(包括主体的行动、情感)与客体的内在关系而言,视觉呈现为一种再现——表现——诠释的变化;结合旅游摄影本身而言,有着"照相""造相"到"虚相"的演变。这种对旅游者观看方式的多重演变研究,有助于以后我们对旅游者多重可能之行为与体验有更为深刻的理解。

---

① 古德曼:《艺术的语言——通往符号理论的道路》,彭锋译,北京大学出版社 2013 年,第 9 页。
② 布尔迪厄:《区隔:趣味判断的社会批判力》,朱国华译,载《文化研究》第 4 辑,中央编译出版社 2003 年,第 9 页。

Three Ideal Type of Modern Tourists' Viewing Pattern
HAO Qiang

Abstract：At present，modern travel，which is more like a viewing activity，has become one of the most important popular culture. Discussing from relation among spectator，participant and virtual tourist，vision has the change of "reappearance—performance—interpretation". The thesis，from related texts and tourists' aesthetic experience，by analyzing evolution of different viewing patterns（one-way glance to two-way stare and then to haptic vision without body ），illustrates the occurrence mechanism and identity construction in the process of modern tourists' viewing activity.

Keywords：Viewing pattern，Spectator，Participant，Virtual tourist，Occurrence mechanism，Identity construction

作者：郝强，首都师范大学文学院文化研究专业博士研究生，北京师范大学文艺学研究中心兼职研究员。本文为教育部人文社会科学重点研究基地重大项目（批准号：16JJD750010）研究成果

试论网络媒介影响下文学
创作中的"虚拟真实"性的产生

王　涛

摘　要: 在网络新媒介的催生下,新世纪文学创作中,产生出了一种新的"真实性原则":"虚拟真实"的文学真实性追求。本文以"80后"早期的文学创作环境以及文本分析为个案,对"虚拟真实性"进行了源头式的追溯,指出正是消费主义和大众文化的盛行使得历史和形而上参照系统崩溃,加之网络新媒介时代下对现实生活的去敏感化,网络的闭合式空间,带来的想象的自我满足,共同催生了新世纪文学创作中的"虚拟真实性"。

关键词: 虚拟真实　"本色"写作

一、网络媒介下"虚拟真实性"的出现

文学创造作为一种认识、反映和阐释对象世界的活动,"真实性原则"一直都是它的重要原则之一。当然,文学创作所要求的"真实性"是一种既不同于生活真实又不同于科学真实的一种特殊的审美化的艺术真实。它要求以假定性情境表现对社会生活内蕴的认识和感悟,具有主观性和诗艺性。以文学史上典型的现实主义文学、浪漫主义文学、现代主义文学三种文学形态来看,其对艺术的真实的追求各有侧重。现实主义文学侧重以现实的方式再现客观现实。从现实生活实际出发,描写生活里本来就有的事物,从社会生活中汲取创作材料,反映客观存在,表现作者真切的现实感受。浪漫主义文学尽管是侧重以直接抒情的方式表现主观理想,但是它要求即使使用了大量的夸张、变形、虚构的方法,也必须严格遵循主体的情感逻辑,必须符合事理逻辑。现代主义追求

一种主观真实。尽管它门下的大多数作品充满荒诞、怪异色彩，但是即使在各种荒诞性的情景中，必须凝聚着作者对事物的必然性与或然性的主观真实的把握和理解，蕴涵着作者企图建构起从属于人的目的和意义的世界，负载了人的精神旨趣和人性的价值诉求。综上观之，无论是现实主义对客观真实的追求，还是浪漫主义对精神真实的追求，还是现代主义对主观真实的追求，实际上都是深深地植根于现实土壤中的，是在一个自然历史和社会历史给定的时空条件下产生的，均是基于对人类认知能力、科技水平和生产力发展的限制使人类常常难以超越广延性逻辑时空局限的自知。因此，他们在观察世界、探索世界、构想世界时不断拓展着人类的精神边界的同时，历史感和形而上的思索一直都是它们固守的重要纬度。但是随着新媒介时代的来临，上述的客观真实、精神真实、主观真实都处于日渐消解和边缘化中，一种新的真实性追求正在悄然兴起。一种新型的"虚拟真实"正在产生，他们的代表性作品——目前实际上也主要是集中在新世纪文学中的"80后"这批青少年写手上，开始逐渐消解了"实"与"虚"、"物质"与"精神"、"现实性"与"可能性"的原有界限，创造了既异于现实实在的，又不同于想象可能性的虚拟空间。它追求的是文本自身营造的虚拟世界，以及对这个世界的真实表达，关注对这个虚拟世界的真实感受。因此，笔者在这亦将这类创作所追求的真实性原则称为"虚拟真实"。在他们的创作中表现为更直率以及更真诚地表达自我的追求，他们忽略故事的逻辑结构、情节的合理性、人物形象的真实性甚至生活场景都可以变形，而只求真实表达一己的情感和情绪。80后的代表作家之一，张悦然自己就曾这样说过："说到情感，我觉得所有的情感都是两个人之间的东西，你能够把两个人的感情写好了，其他的东西并不重要。"①当然这也与80后生长的空间密切关联。因此，我们看到在"80后"写手的具体创作中，他们在社会题材的书写中却总会在自己的情绪支配下展开着对自我生活的想象，和真实的生活有着不同程度的疏离；又在集体对想象空间营造的偏好中，将情绪本身视为它们唯一的主人公。

这种现象的产生首先缘于"80后"所生活时期，消费主义和大众文化带来的原有的历史和形而上的参照系统的崩溃，而以自我的历史和经验为核心的新的参照系的浮出水面。市场成功转型后，我国的大众社会和消费社会正在逐渐形成中。市场的指挥棒不仅将人们的视线从理想的英雄主义激情指向了

---

① 张悦然等，《琥珀》，新世界出版社2005年版，第105页。

物质的祭坛,而且在深层次上促使着人们逐渐放弃了对历史和形而上的探索,逐步转为对人的现世享乐的追求,使得历史感迅速被个人自我的欲望感觉取而代之。这在"80后"身上最为明显。"80后"的青年身份,他们表面的背叛实际上却从众心理。他们在思维方式上,想象方式上更容易受文化环境影响。作为与市场同步生长起来的新一代人,其现实生活的安稳及物质的富裕和精神的匮乏的鲜明对比,实际上与传统的知识分子的历史感和形而上发生了大规模的断裂,进入了一种与其自我历史和经验本能的对话中。

新媒介时代的来临给人们的生活带来了极大的影响,甚至冲击到了文学层面上对真实性的理解。以网络为代表的这类新资源的虚拟性是很显而易见的。但在这里,笔者特别要说明的是,尽管从表面上来看,这类新资源是与早先的传媒电视电影这类影像媒介类似,都以其不真实性,促进了它们同时代文学创作中想象力的生长。但若细究下去,我们会发现它们却是在根本上代表着两种不同的媒介,并给文学创作带来了不同的想象方式。以电视电影为代表的影像媒介,使得人们能够想象性地圆梦,从而进一步促进了创作者想象的生长。但是其单向传递和对现实的逼真模拟的特点,却使它们带来的想象方式仍和传统保持高度一致,仍然是以尊重现实的逻辑为重,强调的是在现实的基础上的假想。其涵义与阿列克塞·托尔斯泰在他的《感觉·视点·结构》中谈到的传统想象法则"对待想象必须很谨慎——在占有材料的情况下才能进行想象"是并行不悖的。而在网络为代表的媒介,却表现出了极大的主动参与性和虚拟性。马克·波斯特在《第二媒介时代》中曾言:"在电脑行话中,'虚拟'这一术语指接近于替代作用的情境。"其意在于说明在网络中,由于人们可以拟仿实践,直接摆弄现实,现实可能是多重的,或者说是现实可以呈现为多种形式,而它所处的位置就永远地改变了自我身份赖以形成的条件。正是在网络实践中,人们不仅仅是可以假想一个故事,而更多的是具有了高度的自由支配世界的能力。他们按照自己的喜好,虚拟身份,虚拟性别,虚拟社区,在"虚拟现实"中使自己情绪得到最大满足。通过网络这种技术媒介在物质生活和精神生活空间之外重新开辟虚拟空间,用虚拟真实弥补现存世界的不足和在尚未发现的环节探询人的创造力的可能性,来丰富人性不完备的东西突破生存时空对人的局限性,使不可能的东西成为真实的可能。而事实上,以网络为代表的这一类新的文化资源,目前已构成了80后这批年轻人的共同的生存空间。一方面,80后是对在70后手里将网络当作一个能够自由发表文章的零文学门槛场所的技术手段来利用的承续。现在赫赫有名的 80 后写手,几乎都是早几年就在网上驰骋天涯的。张佳玮是从 2002 年,在网上发些作为纯粹搞笑的小段子开始他的文学生涯的;李傻傻的散文先是在网易文学论坛、著名的"他们"文学网站以及"原散文"网站引起轰动的。而另一方面,网络对于 80 后的独特之处,更在于 80 后是和网络这种新技术一起生长起来的,这使得那些原本仅仅是作为技术产物的新资源,在这一代人身上,却具有了能改变他们的生存方式和对世界的看法的人文社会内涵。他们在网络的影响下,开始以一种新方式来看待和处理他们与外部自然、社会和他人的关系,同时,自己的生活和行为方式也在改变。网络不再是工具,也不再是方式,而已经成了与 80 后自身融为一体的生命空间。

二、社会题材中对真实生活的疏离:"生冷怪酷"的工具

尽管在"80 后"的作品中仍然有相当多的作品是取材于社会题材,但是又多以作者本人经验的匮乏和对想象的偏好,而仍然呈现出对真实生活不同程度的偏离,以自我情绪为中心的想象成分占据了相当大的比例。特别是目前已经引起文坛注意的对"生冷怪酷"细节的偏好,正是充分说明了这一点。

邵燕君在她的论文《由"玉女忧伤"到"生冷怪酷"——从张悦然的"发展"看文坛对"80 后"的"引导"》中不无担忧地指出,张悦然的近期作品在文坛对纯文学的标准"是否取材于社会题材"的引导下,走向了生冷怪酷。其实邵燕君很敏锐地发现了在"80 后"的部分创作中有着对非常态情感、场面和人物偏好的事实,但是她把问题的症结归之于文坛的引导,却不免有失偏颇。事实上,在笔者看来,这倒是与"80 后"的新文化资源环境密切相关。新文化资源以其虚拟性刺激了"80 后"想象的膨胀,这当是首要的原因。再加上我们目前所处的高度"现代"的时代里,网络传媒快速有效地向我们传递着这个世界上发生的各种事件,特别是很多看上去很离奇、很恐怖、很不可思议的具有新闻价值的事情,它们会连同细节在内为人们详知。而在网络游戏中,游戏者可以随心所欲的虚拟性参与"烧杀掠夺"。这些都会导致人们对那些非常态事件和非常态人物的习以为常。其直接的后果,套用社会学的术语来说,导致了人们的"现实去敏感化",也就是说,那些本来是非常态的事件开始在人们眼里变得正常化起来。对人们来说,它们只不过是类似于新闻之类的东西,是在遥远的地方发生的和人们当下的日常生活毫不相干的事情,事件本身具有的悲惨性再也打动不了人们善感的心灵了。所以当我们看见"80 后"作品中对"生冷

怪酷"的偏好也就不会以之为奇了。当他们漠然地对待笔下正在演绎和即将展开的生老病死、流离失所的时候,"生冷怪酷"在他们的笔下被处理为一个自我情绪宣泄的道具,那些悲惨的事件只是在他们想象空间中的一个工具而已。

张悦然的《红鞋》讲述的是一个职业杀手和一个变态的"穿红鞋的女孩"之间虐恋的故事。男人不断地杀人,女孩不断地虐杀动物并拍照为乐。随处可见的是此类让人看了不寒而栗的场景:

> 两只鞋子掉下来的时候,重重地砸在女孩的身上。女孩的肚皮不断地涌出血,血迅速浸染了鞋子,红色鞋子变得有了生命般的活泼生动。①

然而如此残忍的画面,却不过是作者追逐着"红鞋"情结的偏执情感的倾泻。作者在题为《红鞋的内里或背后》的后记中说:"我们把红鞋放在各种场景里,拍摄下来。这本身就像一个一个故事。我开始迷恋如此的过程,看着那些红红绿绿的照片便感到对生活的满足",无非是十足的小资情调渲染。②

小饭笔下的人物也多为非常态人物,如《三刀》中的傻子,《毒药神童》中的那个天资聪慧不倦地尝试研制各种毒药的孩子。他们的出场和行事,使得小说看上去荒诞不经。前者仅仅是为了满足一个傻子喜欢上老俞家的床的欲望,"我"家和老俞家弄得两败俱伤,最后老俞一刀砍死"我"爸爸,一刀砍死傻子叔叔,第三刀砍死自己的老婆。后者,那个神童只是为了把自己毒死好去见已经死去了的爸爸。

这些血腥的场面和暴力故事的讲述让人看得怵目惊心。从表面看,他们对暴力和血腥的展示很容易让人联想到莫言笔下《红高粱》中的"活剥人皮"以及余华笔下的《鲜血梅花》《现实一种》中的自残和虐杀。但在先锋派的血腥和暴力中让人见出的是情感的厚度,生命的沉重,引起的是人们对生命本身价值和意义的反思。对历史和形而上的探索是他们的创作主旨所在,而在"80后"那里,却犹如一则新闻报道,人的非理性行为,只是负载着作者自我情绪体验的一个工具而已。

张佳玮在谈到他的《加州女郎》中通过在主人公在想象中以电影的画面形式展开与主人公本人真实而实在的现实生活毫无关系的故事时说:"我描述的

---

① 张悦然:《红鞋》,上海译文出版社 2004 年,第 5 页。

② 同上书,第 124 页。

这个人不会因为他身周的事感动。这个人应该是一个有轻度自闭的人,他只会因为自己世界的事情而或喜或悲。"①对现实生活如此漠然,而专注于自己的情绪营造的幻想中,几乎已到登峰造极的地步了。

三、想象题材偏好中的真情流露

就一个创作群体而言,是少有像"80后"这样集体表现出对想象题材偏好的。而在他们的想象世界中,没有老舍的《猫城记》那类以社会讽喻性为目的的教育意义,也不同于那种对科学的发展进行预测的科学幻想性文学,而是沉浸在自己情绪营造的幻想世界中,背对真实的现实生活。他们中的大部分故事情节有的本身就是对童话、网络游戏、传说等一次直接改编。张悦然的《葵花走失在1890》,就是安徒生童话《海的女儿》的现代版制造;戴月行的《朔夷》是在屈原《天问》的基础上对传说中后羿射日的一次完美想象;周嘉宁的《超级玛里奥在哭泣》,其灵感无疑直接来源于"右键是跳,左键是扔炸弹,玛里奥过五关斩六将,吃了蘑菇就长了尾巴"的游戏……他们由于自身经验的缺乏,多求助于对间接经验的想象元素的借用,将原有的逻辑打断,变成一个释放自我情绪的新世界:他们站在现实的岸边努力营造一个又一个虚拟空间时,我们深刻感受到的是他们在拟想的一次又一次精神恋爱漫游中的情绪倾泻。

还有的故事本身就是一次想象之花的盛放。旨在创造出一个既和当下世界完全不同又不同于我们现存的历史世界的幻想空间,是一种类似于电子游戏的凭空想象,完全抽空了历史和社会,在超越性的时空中展开的以自我情绪体验为中心的几乎随心所欲的想象,着力于对玄幻场景"异界"的制造。追求一个个异常的时空,如周嘉宁的短篇《杜撰记》,颜歌的《异兽志》。他们或是沉迷于对内心虚构出的幻城中不可自拔,或是幻听出一支又一支由历史缝隙中伸展出的爱情微茫的歌声,或是在倒影中捕捉面目模糊的情感镜像。郭敬明的《幻城》充满奇幻色彩,它在整体的背景构架上延续了《圣传》对天界诸神构架的挪用,同时张开了想象的翅膀虚构了一个飘着樱花的白雪帝国和一个拥有能烧毁一切的邪恶火焰(红莲之火)之族。那里面的人们有着倾城的容貌,千年的寿命和奇妙诡谲的幻术。在对美丽而悲情的故事的臆想中,郭敬明刻

---

① 唐朝晖、张佳玮:《"加州女郎"里的细微情绪与感情》,http://www。qingyun。com/column/qianxian/zhangjw2。htm。

意渲染罗曼蒂克氛围和情调,编造出关于爱情、友情、亲情的美丽忧伤的童话,作为自己感情的寄托之地。被誉为"不是一个贴着地面走路的人,写着写着文字就会飞离现实"的张悦然,她的《残食》中鱼和鱼之间的残杀,《毁》中的天使之死,《葵花走失在1890》中借助女巫的力量而有了双脚毅然奔赴所爱的向日葵……都是对现实生活中实实在在的人间友情、亲情和爱情视而不见,而把对爱情、友情、亲情的渴求都寄放在了想象的王国里。

而以胡坚为代表的一类写手,将现实文本和历史文本并置,在他的《乱世岳飞》和《RPG杨家将》之类的作品中,步入历史场景,肆意篡改历史人物的遭际,和现实形成互文结构,其潜在的主要目的也并不是单一的以现代思维对历史进行戏拟和反讽,以此消解历史的神圣性和历史伟人的崇高。他在想象的层面对历史进行解构,与其说是旨在对现实进行抨击和批评,不如说倾泻的是对自己身处的现实生活的不满情绪。

从以上的分析中我们看到"80后"的创作无论是在对想象题材本身的偏好,还是在"社会化题材"基础上进行的创作。他们与前辈作家要么以现实为逻辑起点,要么以现实为关怀目的而展开的文学创作截然不同的是:他们是脱离了现实生活本身,是把现实完全抛在了一边的。较以往而言,即从对现实自我、想象性自我的塑造向虚拟性自我的表达,从社会空间、私人空间的营造向想象性的虚拟性空间的建构,追求一种虚拟真实,强调的是对自我情绪的满足。这带来了"80后"创作的繁荣,并使之在文学的进程中展示出了自己独特的面貌,但与之同时,在某种程度上这也是他们作品显得单薄和局促的原因之一。而更让笔者深为担忧的是以他们为代表的在新世纪文学中存在的这类积极构建"真空"世界而对现实几乎完全背弃的创作姿态。如果新世纪文学都进入自己编造的美丽童话故事,沉湎于自我的情绪满足之中,这种对现实生活几乎完全持否定指向的做法,给人们的精神带来的无异于是麻醉后更深地痛苦?作为作家,恐怕是他们对自身应该具有的使命感和责任感的逃避,当他们背向藏污纳垢的现实生活本身而建立起一个虚拟的海市蜃楼时,问题是有谁可以入住那个美好的虚幻世界之中。生活本身绝对不是童话故事,情绪满足也绝对不能替代生活本身,将现实弃置脑后的生活,失去了历史和形而上的维度,人们能够向何而生呢?这恐怕是我们身在数字人文时代,需要不断反思和持续探讨的一个问题。

城市与社会

论中国历史文化名城保护的法制建设

温江斌

摘　要：自1980年启动名城保护以来，我国名城保护法制进程走过了初创、发展和完善三个时期。初创之际，1982年历史文化名城概念的提出和《文物保护法》保护范畴的明确，我国文物遗产保护制度逐渐进入到文物保护与名城保护的"双元"结构，为名城保护提供了一定可依据的法律规范。发展时期，历史文化名城定义逐渐明晰，内涵演绎成单体文物、历史文化保护区、历史文化名城等三个层级的保护体系。完善时期，名城保护三个层级更加明确，文物、历史文化名城、历史文化街区、历史建筑、"非遗"等有了比较系统的法律法规体系。至2015年，我国已基本建立富有中国特色的名城保护法律框架，为名城保护和管理提供了重要的法律依据。在现行名城保护体系中，一些法律法规依然并不完善甚至相互抵牾，进一步建构内涵清晰、体例协调的名城保护法律体系迫在眉睫。

关键词：历史文化名城　保护　法律　建设

历史文化名城（以下简称"名城"）是我国重要的文化遗产，名城保护是历史文化遗产保护事业的重要组成部分。自新中国成立以来，经过几十年的理论研究和实践探索，我国已经形成了较为完整的名城保护制度，积累了较为丰富的名城保护规划编制经验，为推动名城保护、管理和建设起到了积极的作用。与此同时，在城市化改造大潮中，我国名城保护总体面临着"局部状况有所改善和整体环境持续恶化"①的尴尬局面。面对新情况新问题,系统梳理名城保护制度建设的历史进程,对于启发当前和今后我国名城保护工作具有重要的理论与实践意义。

　　早在晚清和民国之际,我国就对文物保护予以一定的重视;由于种种原因,其中提出的一些保护制度大多没有很好施行,更遑论对名城的整体保护了。新中国建立后的五六十年代,中央人民政府为加强对文物古迹的保护,通过颁布一系列的法令、办法和指示,使得文物保护工作逐渐有规可循。尽管因"文革"冲击文物保护工作一度中止,然而所确立的文物保护的基本方针、原则以及主要保护对象,文物古迹修缮保持原状的准则,为后来名城保护制度进行了初步的探索。1980年代以来,我国启动名城保护的制度建设,至今已有三十多年。为了研究方便,使得对发展有清晰地了解,我们根据名城保护制度和保护实施情况的不同特点,将三十多年的名城保护法制进程予以分为初创、发展和完善等三个时期。

一、名城保护制度初创时期(1980—1985)

　　1978年十一届三中全会以来,城市建设速度加快,而人们对历史文化遗产价值缺乏普遍认识,全国各地的古城建筑、文物古迹遭到了不同程度地破坏。为使人们提高对文物认识和加强保护管理,1980年5月,国务院批转原文物局、原基建委《关于加强古建筑和文物古迹保护管理工作的请示报告》。报告指出当前存在古建筑被侵占、文物古迹周域随意新建、古建筑"改旧创新"等主要问题,建议"任何单位在古建筑和文物古迹附近修建建筑物,都必须事先与文物部门协商并经城市规划部门批准","重要古建筑必须坚持原地保存的原则"②,这一报告有力地启动了新时期文物保护工作的开展。

　　面对旧城改造浪潮,1981年12月,在侯仁之、郑孝燮、单士元等专家的倡导下,国家建委、文物局和城建总局向国务院提交了《关于保护我国历史文化名城的请示》。1982年2月国务院批转了该请示,公布北京等24座城市为首批国家历史文化名城。文件特别指出了名城保护的重要性和迫切性:"许多历

---

① 单霁翔:《城市化进程中的文化遗产保护》,《求是》2006年第14期。
② 《国务院批转国家文物事业管理局、国家基本建设委员会〈关于加强古建筑和文物古迹保护管理工作的请示报告〉的通知》(国发[1980]120号),1980年5月15日。

史文化名城是我国古代政治、经济、文化的中心,或者是近当代革命运动和发生重大历史事件的重要城市。这些名城保存了大量历史文物和革命文物,体现了中华民族的悠久历史,光荣的革命传统与光辉灿烂的文化。……若不及时予以保护,这些优秀的历史文化遗产将消失殆尽。"①文件虽然没有明确"历史文化名城"定义,但首次在官方文件出现"历史文化名城"概念,标志着我国名城保护进入了有计划的保护阶段,意义重大。

1982 年 11 月,全国人大通过并公布实施《文物保护法》,成为新中国成立以来历史遗产保护方面的最高法律。《文物保护法》将历史文化名城以文物遗产内容列入保护范畴,其中明确规定"历史文化名城""是指保存文物特别丰富,具有重大历史文化价值和革命意义的城市"。该定义强调了历史文化名城的两个特点:有重要历史价值或革命意义,保存有大量文物。作为文物保护领域的第一部法律和文化领域的第一部法律的《文物保护法》,它以国家法律层面形式首次给历史文化名城赋予明确定义,标志着我国历史文化名城保护制度的正式启动。

1983 年城乡建设环境保护部发布《关于加强历史文化名城规划工作的通知》,并随同印发《关于加强历史文化名城保护规划的几点意见》,这是我国第一次对名城保护规划内容和编制方法提出了要求,明确了名城保护规划的概念、内容及一些方法。名城保护规划是技术性文件,是名城保护的主要依据,通知的发布实际是对名城保护深入操作问题的初步厘清。文件指出名城保护规划的重点是保护文物古迹和风景名胜及其环境,广义上也包括合理布局和传统文化的内容;要对名城宏观控制以协调保护与发展的关系,要从整体上对保护提出要求。这个通知对第一批名城保护规划的编制影响较大。1984 年 1 月国务院颁布的《城市规划条例》进一步规定:"历史文化名城的规划,应当继承与发扬其优秀的历史文化特点和传统风貌,并根据确定的保护对象的历史意义、文化艺术和科学价值,划定保护区和一定范围的建设控制地带,制定保护规划和保护措施,作为城市总体规划的重要内容。"条例还要求:"旧城区的改建,必须采取有效措施,切实保护具有重要历史意义、革命纪念意义、文化艺术和科学价值的文物古迹和风景名胜;要有计划、有选择地保护一定数量的代

---

① 《国务院批转国家建委等部门关于保护我国历史文化名城的请示的通知》(国发[1982]26 号),1982 年 2 月 8 日。

表城市传统风貌的街区和建筑物、构筑物。"①从以上规定看出,《城市规划条例》首次将名城和街区纳入城市总体规划之中,有助于城市建设与名城保护的相互协调。

1950 年代到 1970 年代,我国的历史文化遗产保护制度一直是以文物保护为核心的单一结构。随着 1982 年提出的历史文化名城概念和 1982 年《文物保护法》所明确定义和列入保护范畴,无疑使得我国遗产保护制度逐渐过渡到文物保护和名城保护的"双元"结构。尽管名城保护还是以文物的内容纳入管理,然而《城市规划条例》将"历史文化名城"的纳入,为名城保护提供了一定可依据的法律规范,这些都可看出名城保护一步一步走向具体实践。这一时期,国家提出保护历史文化名城,并在摸索中建立起若干宏观制度,但是没有相应的具体保护制度,显然名城保护制度还很不健全,包括名城保护内容、保护办法等重要问题都不明晰,这需要以后在保护实践和理论认识中进一步推动和发展。

二、名城保护制度发展时期(1986—1997)

1986 年 12 月,国务院确定公布了第二批历史文化名城,至此全国共有 62 座历史文化名城。与第一次不同的是,这一次确定历史文化名城,国家采用自下而上推荐,再由专家共同审议的方式,确定公布了上海等 38 座历史文化名城。在《关于请公布第二批国家历史文化名城名单的报告的通知》中,国务院对名城设置等级、"历史文化名城"的定义和审定原则、保护规划的主要内容以及审批程序等提出了明确的意见。文件规定历史文化名城分为两级,省级行政区域(含自治区、直辖市)也可以根据需要公布省(含自治区、直辖市)一级的历史文化名城。文件认定名城审定的三个方面标准:"①保存有丰富的有价值的历史遗产;②古城格局和风貌保存有历史的特色,并有成片历史街区;③文物古迹主要分布在市区和近郊区,保护它们对城市建设方针、发展方向有重大影响。"②这三个审定标准较好地弥补了 1982 年《文物保护法》"历史文化名城"原有抽象、宏观的范畴,提出了古城格局、传统风貌和城市街区等区别于历史

① 《城市规划条例》(国发[1984]3 号),1984 年 1 月 5 日。
② 《国务院批转建设部、文化部〈关于请公布第二批国家历史文化名城名单报告〉的通知》(国发[1986]104 号),1986 年 4 月 24 日。

文物的重要差异内容,为以后评定历史文化名城提供了较为明晰和标准的内涵。文件还提出"保护历史文化名城需要一定资金,各有关地方人民政府和城市规划、文物保护等有关部门应给以积极支持",这一规定反映了长期以来名城保护中保护资金匮乏的难题——长期以来,相当多的名城囿于保护资金的缺乏而难以推动工作开展。

1991 年,建设部和文物局发出了《关于印发近代优秀建筑评议会纪要的通知》,提出要加强优秀近代建筑的普查和管理工作,要求在城市规划中采取措施保护外貌。随后,上海、武汉等相继颁布了保护近代建筑和历史建筑的法规文件。历史建筑的提出,扩展了文物保护单位的内涵,丰富了名城保护的内容,使大量尚未定为文物保护单位而又具有重要价值的建筑得到保护。1991 年 10 月,中国城市规划学会历史文化名城规划学术委员会在四川都江堰召开了主题为"历史地段保护与更新"的学术研讨会,会议形成了《关于历史地段保护的几点建议》,建议认为"历史保护地段应以保护为主,采取保护、整治和进行必要的改造更新相结合的原则。要避免在历史保护地段范围内大拆大建和不顾历史环境特点的以新换旧、以假代真(以仿古建筑取代古建筑)、损毁历史文化信息的真迹、破坏原有历史文化环境特征的做法。"①这是对历史地段保护的高度重视,有效地扩充了名城保护的内容。

1992 年建设部、国家文物局再次发布《关于进一步加强历史文化名城保护的通知》。文件针对"在旧城改造特别是引进外资进行开发建设中,片面追求一时的经济效益或现代气派,任意选址定点,盲目建设高层建筑,损害了风景名胜和文物古迹的环境风貌"②等问题,要求各地要提高对名城保护的认识,坚决遵循 1991 年中央指示"保护为主、抢救第一"的方针,保证规划的法律地位,严格依法行政、加强管理。从这个通知可以看出,这一时期城市发展与名城保护矛盾突出,大规模的旧城改造和商品房开发对名城历史格局、风貌破坏严重,而名城保护的法律依据明显不足。确实,当时《城市规划法》和《文物保护法》中"只言片语"的原则性制度对名城保护工作"杯水车薪",对一些保护意识薄弱及无视名城价值的地方政府几乎没有硬性的约束力。

---

① 中国城市规划学会历史文化名城规划学术委员会年会:《关于历史地段保护的几点建议》,《城市规划》1992 年第 2 期。
② 《关于进一步加强历史文化名城保护的通知》(建规[1992]704 号),1992 年。

　　1993 年在湖北襄樊召开了第一次全国历史文化名城工作会议,住建部副部长叶如棠到会讲话,会议发布了《全国历史文化名城保护工作会议纪要》。会议总结了当时名城保护的"'建设性'破坏日趋严重、法制建设薄弱、名城保护规划深度不够、保护资金匮乏"等四个主要问题,并提出了"提高名城保护认识、加强法制建设、完善名城规划和做好历史文化保护区"等工作方向,其时建设部与文物局已经启动了《历史文化名城保护条例》的草拟。这次会议指出了名城保护要保护好文物古迹、历史地段、古城格局与风貌、传统文化四方面的内容,其中特别提出要抓住名城保护的重点——历史文化保护区①的保护,为此后的历史文化街区的保护工作奠定基础。

　　1994 年 1 月国务院公布了哈尔滨等 37 座第三批国家历史文化名城,至此,全国共有名城 99 个。随着这次名城的公布,我国结束了大批量申报名城的审批,注定了未来的名城保护将从数量的增长转向质量的提升。也就是,名城保护逐渐从抽象、宏观深入到具体、微观的层面。因此,1994 年国务院批转建设部、国家文物局在《关于审批第三批国家历史文化名城和加强保护管理的请示的通知》中认为:有些文物古迹集中,并有反映某历史时期传统风貌和体现民族地方特色的街区、建筑群等地方,虽未定为国家历史文化名城,但这些地方的文物、街区、建筑群等也是重要的历史文化遗产,同样具有珍贵的保护价值,各地要注意重点保护好它们的传统建筑风格和环境风貌。但由于各种原因,1990 年代初期的历史文化保护区保护工作进展缓慢,直到中后期,历史文化保护区的保护工作才真正得以正式启动。

　　1994 年,建设部和国家文物局牵头成立了全国历史文化名城保护专家委员会,同年 9 月在北京召开了全国历史文化名城保护专家委员会第一次会议,重新明确了专家委员会的任务和职责。会议认为名城保护理论研究比较薄弱,亟待加强。会上还对《历史文化名城保护条例(草案)》进行了讨论。应该说,专家委员会的成立,使科学性和民主性纳入到名城保护的决策中,一改以往单纯由政府官员决策的行政方式,为后来名城保护工作健康发展起着积极的作用。

　　1996 年,建设部城市规划司、中国城市规划学会、中国建筑学会在安徽省

---

① 2002 年修订的《文物保护法》将"历史文化保护区""历史街区"统一为"历史文化街区",它们与此前的历史保护地段,其内涵和外延基本一致。

黄山市联合召开了街区保护（国际）研讨会。"黄山会议"指出，"历史街区的保护已经成为保护历史文化遗产的重要一环"①，并以建设部确定的历史街区保护规划、管理综合试点黄山市屯溪老街为例探讨了历史文化保护区的设立、保护规划的制定和实施、与保护规划相配套的管理法规的制定、资金筹措等方面的理论和实践经验。次年 8 月，建设部转发《黄山市屯溪老街历史文化保护区保护管理暂行办法》的通知，明确了历史文化保护区的保护原则与方法，指出"历史文化保护区是我国文化遗产的重要组成部分，是保护单体文物、历史文化保护区、历史文化名城这一完整体系中不可缺少的一个层次，也是我国历史文化名城保护工作的重点之一。"②1996 年的这个会议拉开了全面开展历史文化保护区工作的帷幕。

这一时期，在改革开放深入和西方历史文化遗产保护思潮影响下，政府、专家、公众的文化保护意识逐步增强，名城保护工作逐渐有序展开，保护要求越来越严。其中，历史文化名城定义逐渐具体明晰，内涵也逐渐从前一阶段的"双元"保护结构演绎成单体文物、历史文化保护区、历史文化名城的三个层级的保护体系。历史文化保护区逐渐成为我国文化遗产保护的重要环节，1996年我国设立了用于"重点历史街区的保护规划、维修、整治"的历史文化名城保护专项资金，先后为丽江、平遥等 40 多个历史街区提供了资助，资助总金额达到 1.2 亿元人民币，为加快历史文化街区保护起到了积极作用。但从全国来讲，历史文化保护区的保护工作刚刚起步，各地进展不平衡。

三、历史名城保护制度完善时期（1998 至今）

1998 年开始，名城保护事业快速发展，全社会的保护意识普遍增强，文物遗产保护的国际交流更加频繁，相关的名城保护制度和理论研究也逐渐丰富起来，并形成了比较完善的名城保护法律体系。1999 年，建设部和文化部发布《关于审批和保护国家历史文化名城工作的请示》，文件认为为已公布的 99 座名城从地域和民族特性等方面基本反映了需要保存的城市文化遗产，建议"不再成批审批新的国家历史文化名城，对今后申报的个别文化遗产特别丰富的

---

① 傅爽：《历史街区保护（国际）研讨会在黄山市召开》，《建筑学报》1996 年第 9 期。
② 《建设部转发〈黄山市屯溪老街历史文化保护区保护管理暂行办法〉的通知》（建规[1997]18 号），1997 年 8 月 8 日。

城市,仍按 1986 年提出的审定标准进行审批"①。此后,我国历史文化名城的公布基本采用陆续、个别方式发布。到 2015 年 10 月,全国共有 128 座历史文化名城,除去此前三批,1995 年至 2015 年间共新增 37 座。

2002 年 10 月,全国人大常委会对《文物保护法》(1991 年修订)进行了再次修订、补充和调整。新《文物保护法》重新确立了"保护为主,抢救第一,加强管理,合理利用"十六字文物工作方针,这是对 1960 年代提出的文物保护"两重""两利"方针②的重要发展;《文物保护法》要求在完善文物保护单位制度的同时,文保单位以外的不可移动文物也有了一定的法律地位,如历史文化名城、历史文化街区和村镇的保护,就被确立了与文保单位同等重要的地位;这一切都使文物保护工作进入一个新阶段。该法还严格规定"历史文化名城的布局、环境、历史风貌等遭到破坏的,由国务院撤销其历史文化名城称号……对负有责任的主管人员和其他直接责任人员依法给予行政处分"③。2003 年通过的《中华人民共和国文物保护法实施条例》是对《文物保护法》的具体充实,使得文物保护工作具有更为详细实施办法的操作性。

2003 年建设部颁布的《城市紫线管理办法》是名城保护工作的重要法规,对历史文化街区的保护和管理提供了有效的法律依据。《城市紫线管理办法》从城市规划管理层面强化了对历史文化街区和历史建筑的保护规定,凸显对名城整体风貌的保护要求。办法要求:编制城市规划时应当划定保护历史文化街区和历史建筑的紫线;历史文化街区的保护范围应当包括历史建筑物、构筑物和其风貌环境所组成的核心地段,以及为确保该地段的风貌、特色完整性而必须进行建设控制的地区;历史建筑的保护范围应当包括历史建筑本身和必要的风貌协调区。《城市紫线管理办法》对名城保护工作中最大的难题——历史文化街区的保护和管理提供了有效的法律依据,同时里面提到的划定紫线和制定保护措施等原则对编制历史文化街区保护规划产生了直接影响。

2004 年 3 月,建设部发布了《关于加强对城市优秀近现代建筑规划保护工作的指导意见》,呼吁切实加强对城市优秀近现代建筑的保护工作,这是继

---

① 《关于审批和保护国家历史文化名城工作的请示》(建规[1999]174 号),1999 年。
② 20 世纪 50 年代末和 60 年代初的文物保护方针是"两重两利",具体是指重点保护,重点发掘;对文物有利,对经济建设有利。
③ 《中华人民共和国文物保护法》(2002 年修订)(中华人民共和国主席令第 76 号),2002 年 10 月 28 日。

1991年建设部和文物局发出《关于印发近代优秀建筑评议会纪要的通知》后的第二次专门关注历史建筑的规章。该意见对优秀近现代建筑作了基本的界定,即"十九世纪中期至二十世纪五十年代建设的,能够反映城市发展历史、具有较高历史文化价值的建筑物和构筑物"①。该意见要求各地积极推动专项立法工作,确立有针对性的城市近现代建筑保护工作机制,并规定了严格的执行措施。至此,历史建筑的保护作为城市文化遗产保护的重要部分开始成为独立的制度。

2005年建设部公布了《历史文化名城保护规划规范》(GB50357 - 2005)。该规范对名城保护原则、内容、要求、界限划定等保护规划技术层面上的问题达成共识,使得保护具有更多操作的普遍性。该规范明确名城保护包括历史文化名城、历史文化街区、文物保护单位的保护等三部分内容,建立三个部分的保护体系。规范对三部分的保护界线划定、建筑高度控制、道路交通、防灾和环境保护等问题作了比较明晰的确定。该规范是一次对以往经验的总结和改进,对于统一认识、规范编制名城保护规划有着积极的作用。2005年12月,国务院发布《关于加强文化遗产保护的通知》,针对出现的文化遗产和历史风貌遭到破坏的问题,要求加强历史文化遗产保护;关于加强历史文化名城(街区、村镇)保护方面,通知提出要进一步完善历史文化名城(街区、村镇)的申报、评审工作。通知又一次明确了历史文化名城(街区、村镇)保护的相关要求,并特别指出要积极推进非物质文化遗产的保护工作,国家对历史文化遗产的高度重视有力地推动了遗产保护事业的蓬勃发展。2007年在对原《城市规划法》修改完善为《城乡规划法》,表述虽一字之差,但是内容更加多样,规划对象从城市扩展到城乡,从而将原来的城乡二元法律体系转变为城乡统筹的法律体系。

2008年4月,国务院颁布了《历史文化名城名镇名村保护条例》。至此,自1991年开始起草的名城保护最高法律,历经16年之久的探索终于出台。该条例的出台是国家加强历史文化名城、名镇、名村保护的一项重要举措,它对保护原则、申报与批准、保护规划、保护措施等有着具体而明确的规定。条例针对名城保护有法不依、执法不严和法人违法等问题,明确规定政府及其有

---

① 《建设部关于印发〈关于加强对城市优秀近现代建筑规划保护的指导意见〉的通知》(建规[2004]36号),2004年3月6日。

关主管部门的法律责任,对破坏传统格局和历史风貌的行为设定了严格的法律处罚。要求在对有关违法行为规定行政处罚的同时,明确违法者要承担民事责任,以增加其违法成本。针对名城保护的资金问题,该条例在总则中确定国家对名城、名镇、名村的保护给予必要的资金支持;名城、名镇、名村所在地的县级以上地方人民政府,根据本地实际情况安排保护资金,列入本级财政预算。该条例强化了国家的管理责任和地方政府的责任,强化公众参与保护。该条例的颁布标志着文物保护的理念在发生深刻的变化,即由以往重视保护文物保护单点到立体保护历史文化遗产,使得历史文化名城的"整体保护"有了明确的法律依据,是一次名城保护发展经验的总结,加大了地方政府的规划、编制和保护的责任,改变了过去名城保护无法可依的局面,为解决名城、名镇、名村保护中的危机问题提供了强有力的法律支撑,有着重大的意义。

2015 年 4 月,住房城乡建设部、国家文物局公布第一批 30 个全国性的历史文化街区,通知各地"要积极改善历史文化街区基础设施和人居环境,激发街区活力,延续街区风貌,坚决杜绝违反保护规划的建设行为"[①]。这种对历史文化街区的高度重视,缘由历史文化街区的严重破坏情势。在 2012 年 11 月住建部、文物局公布的名城大检查结果显示,全国 438 处历史文化街区中,其中有 13 个城市已经没有历史文化街区,18 个城市只保留一个历史文化街区。

1998 年以来,名城保护法制建设得到进一步完善,名城保护的三个层级更加明确,文物、历史文化名城、历史文化街区、历史建筑、非物质文化遗产等法律法规有了比较系统的体系,历史文化名城、历史街区和历史建筑的保护管理机制予以强化,历史文化街区的保护工作继续推进,保护规划向多层次发展,保护资金形成国家、地方专项资金和社会渠道资金相结合的多元体系。至2015 年,经过几十年的实践和理论探索,我国已基本建立起富有中国特色的历史文化名城保护法律框架体系(如图 1),它们以《文物保护法》《城乡规划法》等法律为基础,以《历史文化名城名镇名村保护条例》和一系列的部门规章为重要组成,名城保护法律制度更加突出其宏观性和法定性,并且向实施、管理、立法的目标努力,为全国历史文化名城保护和管理提供了重要的法律

[①]《住房城乡建设部、国家文物局关于公布第一批中国历史文化街区的通知》(建规〔2015〕51 号),2015 年 4 月 3 日。

依据。

随着国家名城保护法律法规的不断出台和修订,一些省市以此为依据或基础,制定了相应的地方性名城保护法规。这种由法律、行政法规、部门规章和地方性法规所构成的保护体系不可谓不严密。然而,在现行名城保护体系中,其所涉及的管理体系、保护原则、内容构成分类以及具体操作等方面还存在这样或那样的问题,如名城保护违法界定不明晰、"惩罚约束机制不健全"①,名城资格退出机制和名城保护管理机制的设置,"保护对象内涵和分级的明确规定"②,名城保护法律法规与地方立法之间的冲突,名城保护法律法规与城乡规划、名胜区管理等政府行为之间的职权交叉和内容重合等等。其中一些法律法规的不完善、相互抵牾和彼此冲突诱发人们思想认识上的分歧和混乱,以致不少规划、文物行政主管部门无所适从,操作层面面临着诸多困难,难以达到保护名城的预期目的。因而,在未来的名城保护法制建设中必须进一步厘清现有名城保护法律法规体系,通过整合、协调、衔接、细化相关保护法规,建构出内容更全面、内涵更清晰、体例更协调的名城保护法律体系。

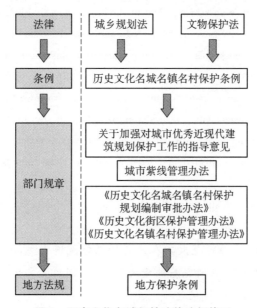

图1　历史文化名城保护法律法规体系

---

① 杨剑龙:《中国历史文化名城保护的危机与困境》,《上海师范大学学报(哲社版)》2012年第2期。
② 曹昌智:《论历史文化街区和历史建筑的概念界定》,《城市发展研究》2012年第8期。

The research of Chinese historical and cultural city's protected and legal system

Wen Jiangbin

Abstract: Since its launch of city protection in 1980, our country city's protected legal system have processed through a start-up, development and improvement of three periods. In the start-up time, the concept of historical and cultural city Put forward in 1982 and the protection category about "the law of Protection in cultural relics" cleared, cultural heritage protection system in China had gradually entered into the protection of cultural relics protection and city "dual structure", for which the city protection provides a certain basis of legal norms. In the development period, the concept of historical and cultural cities had gradually cleared definitedly, which its connotation transformed into monomer, history and culture protection of cultural relics, historical and cultural city of the three levels of protection system. And in the improvement period, the three level of Historical and cultural city have more cleared, and there have had systematic laws and regulation in cultural relics, historical and cultural city, historical and cultural blocks, historical buildings , "the intangible" and so on. In 2015, our country has basically established a Chinese characteristics of city protection legal framework, and for which the city protection and management provides important legal basis. In these, becase some related laws and regulations are still not perfect and have contradicted each other today, the construction of city protected and legal system in clear connotation and style is imminent today.

Key words: Historical and cultural city; protection; the law; construction

作者：温江斌，上海师范大学人文与传播学院博士生，本文为 2011 年度教育部人文社会科学重点研究基地重大项目"中国历史文化名城保护与文化建设研究"(11JD750020)成果之一

霍夫斯泰德文化维度下
我国纳税遵从问题研究
——基于中国 WVS 数据分析

王　晨　黄凤羽

摘　要：本文运用霍夫斯泰德文化维度理论和世界价值观调查数据，对我国纳税遵从领域中的文化现象和我国纳税人文化-心理特质进行分析，总结我国纳税人税收价值观现状和影响我国纳税遵从水平的因素。在此基础上提出以坚持税收法治和开展纳税人教育为手段的治理措施。

关键字：霍夫斯泰德文化维度理论　世界价值观调查　纳税遵从

　　文化渗透到社会的方方面面，生活在一定社会文化环境中的个体，其行为往往带有一定的文化烙印。部分学者将文化因素纳入到税收遵从研究中，并取得一定进展。国外学者在对欧洲纳税遵从问题的研究中，发现一个有趣的现象——欧洲税收流失情况呈现地域特点。欧洲南部和北部地区，有着完全相同的税收体系、税收机构、再分配规则以及稽查审计率，但相比欧洲南部，北部地区纳税遵从度较高。究其原因，有学者将其归纳为两个地区文化规范和价值观（cultural norms and values）的差异。2015 年，经合组织税收和发展问题专案组①发布了《培育税收文化、纳税意识和公民权：全球性纳税人教育资料》，就亚非拉等 28 个发展中国家和地区在打造税收文化提高遵从水平方面

---

① 该组织成立于 2010 年，旨在反映加强国内资源调动作为各国界定自身发展议程的重要性。专案组向经合组织通报如何改善发展中国家的税收环境促使其能公平有效地征税。

取得的经验进行介绍。

　　文化是一个社会实际存在的主流价值观念和行为、处事规则所组成的道德传统，①其对个体认知方式和行为表现观的形成具有重要的影响。文化是无形的，需要借助社会道德、风俗习惯以及文艺作品等载体发挥作用，而文化对遵从行为的影响源于不同社会规范和道德价值对税收遵从产生不同的激励效应。

一、我国纳税遵从中的文化因子

　　本部分借助荷兰学者霍夫斯泰德文化维度理论，就我国纳税遵从中的文化现象进行分析。

（一）霍夫斯泰德文化维度理论

　　霍夫斯泰德（Hofstede）在 1980 年提出了文化维度这个概念，该理论是建立在大规模抽样调查基础上的文化价值观对比研究，被广泛运用在跨学科理论研究和跨文化交际实践中。自 1980 年问世起，该理论作为跨文化研究的主导理论，为了解不同文化的价值观和行为规范提供了有价值的参考。

　　霍夫斯泰德把文化定义为"在一个环境中的人们共同的心理程序，不是一种个体特征，而是具有相同的教育和生活经验的许多人所共有的心理程序。这种心理程序形成了某一国家或地区的人们以某种特别的方式思考、感觉和行动的心理定式"。他认为价值观是文化的核心部分，是早已在人们头脑中生根的不被意识到的假设、价值、信仰等，具有行为规范性维度，是社会行为的决定性因素。它们解释并直接影响人们的信仰、思想、观念、行动以及社会行为。该理论提出了衡量价值观的五个维度分别是层级（Hierarchy）、身份（Identity）、性别（Gender）、真理（Truth）和美德（Virtue），分别衡量各国居民对权力、集体、性别、不确定性和未来等议题的倾向性态度。本文选取其中 3 个维度——权力差距、不确定性规避、个人主义与集体主义对纳税遵从领域中的文化现象进行归类、分析。

――――――――――

① 文化从广义上讲包括人类活动所形成的一切物质和精神的成果，本文是狭义的文化概念。

表1　中国文化维度数值统计及与他国比较

维度 ＼ 国别	中国	美国	日本
权力差距指数（PDI）	80	40	54
个人主义指数（IDV）	20	91	46
不确定规避指数（UAI）	30	46	92

资料来源：Geert Hofstede, Gert Jan Hofestede, Michael Minkov. Cultures and Organizations——Software of the Mind，McGraw Hill，2010.

（二）纳税遵从之文化现象分析

1. 权力距离维度（Power Distance）

权力距离用来测量人们对组织中权力分配不平等的接受程度和对组织层级和等级的尊重程度。我国属于权力距离较高的国家,意味着我国倾向于集权而不是授权。追述历史,中国古代,"法自君出""朕即法律",凸显皇帝的权威,形成了我国古代封建官僚制度和中央集权体制。计划经济时期,中国的全能主义政府涉入社会经济生活的各个方面。改革开放以后,虽然简政放权,但中国政府依然保持着巨大权能,寻租和腐败就是明证。

高权力距离在我国纳税遵从领域最直接的表现是纳税人权利保障不足,如政府意志主导税收规则制定和税款支出、税务工作者"居高临下"的工作姿态。对广大纳税人而言,政府就是高高在上的管理者,其以"主权者"身份命令人民必须纳税,导致个体视纳税为一项强制性义务,易于产生抵触心理。

2. 不确定性规避（Uncertainty Avoidance index）

不确定性规避指一个社会受到不确定事件和非常规环境威胁时,通过正式途径规避和控制不确定性的程度。强不确定性规避社会往往借助技术、法律和宗教等方式应对不确定性带来的威胁。中国属于弱不确定性规避社会,表现为重"人情"轻"法治",人们往往通过拉关系、送人情,使自己不受法律约束。税款意味着个人可支配收入的减少,为实现效用最大化,理性纳税人会通过低报收入以逃避纳税义务。逃税行为一旦被发现,将会受到严厉的惩罚,于是纳税人在偷逃税收益和违法被处罚预期成本之间进行权衡。但在我国,高稽查、高处罚难以产生震慑效应。因为纳税人会主动与税务部门建立"关系",

降低被稽查、被处罚风险,我们将这一行为称为"关系努力"。值得一提的是,"关系努力"会引发道德风险,因为个体花费在建立"关系"的时间、金钱越多,逃税动机越强,这对同样实际收入的纳税人而言是不公平的。一旦个体普遍感到诚实纳税反而牺牲过重,其对遵从行为的认可度便会降低。

3. 个人主义与集体主义(Individualism and Collectivism)

该维度用于测量个人对群体的依赖程度。中国是一个以集体主义为主要文化特征的国家,个人视集体为实现自身价值最重要的支持力量。于是人们非常注重自身在集体中的形象(面子),用社会普遍认可的道德规范与行为准则来约束自己的言行,努力维持与集体其他成员的关系。税收之目的在于为纳税人共同的集体——国家提供资金,用于个人生存必不可少的公共产品和公共服务的生产,如果人们纷纷偷逃税款——资金不足导致集体生产效率下降,个人效用降低,必然引起社会成员对"搭便车"者的"排斥"。我国当前的税收环境,难以促使纳税人关注自身税收形象,感知不遵从行为对个人生存发展以及与社会其他成员关系的影响。

根据霍夫斯泰德文化理论,中国属于高权力距离、弱不确定性规避和集体主义倾向社会。通过上述分析高权力距离和弱不确定性规避不利于纳税遵从行为的实现,而具有正向激励效应的高集体主义倾向在实践中作用发挥不足。

二、纳税人文化-心理特质分析

文化通过价值观影响个体行为,本文运用世界价值观调查(World Values Survey,WVS)数据获取我国纳税人对高权力距离、弱不确定性规避和集体主义倾向三个文化维度的认知情况,分析我国纳税人文化-心理特质,了解我国纳税人价值观现状。

霍夫斯泰德教授在国际商务学会 2013 年年会上,做了题为"如果我重新做我的研究,我将运用世界价值观调查"的主旨演讲。演讲中他就世界价值观调查数据概况以及利用该数据进行研究取得的成果进行了介绍。世界价值观调查自 1981 年开展以来,已在世界范围进行过六轮,调查内容包括政治价值观、社会规范、社会问题、社会距离、政治态度、国家民主等。该调查的重要贡献在于开发了稳定且可重复测量的价值观指标,为社会文化和政治变迁研究等领域提供了大量丰富的信息资料。由于第一轮调查中未涉及中国大陆地区,本文选取第二轮到第六轮数据。

表 2 权力差距维度分析

二级维度概括	问题	持肯定态度的比例	指标解释
纳税人对权力机关的信任度	V115. 您对中央政府的信任程度	88%	该题目分为"很信任""信任""不太信任""根本不信任"不知道"五个选项，本文选取"很信任"和"信任"两个选项之和数据为参考，且取第 2—6 轮数据的均值。
	V116. 您对政党的信任程度	81%	
	V117. 您对人民代表大会的信任程度	76%	
	V118. 您对行政机关的信任程度	63%	
纳税人对民主政治体制、民主社会的态度	V130. 实行民主政治体制的态度	67%	该题目分为"非常好""好""不好""非常不好""不知道"五个选项，本文选取"非常好"和"好"两个选项之和作为参考，且取第 2—6 轮数据的均值。
	V140. 对您个人来说，生活在一个民主的国家有多重要	68%	该题目用数字 1 到 10 表示从"一点也不重要"到"非常重要"，且取第 5—6 轮数据的均值。
	V133. 人们通过自由选举来选领导人	69%	该题目用数字 1 到 10 表示从"不是民主的基本要素"到"民主的基本要素"的不同程度，本文选取 8—10 选项之和作为参考，且取第 5—6 轮数据的均值。
	V136. 人们的自由不受侵犯是受宪法保护的公民权利	65%	
	V138. 民众服从他们的统治者	36%	
	V127. 有一个不受人大选举干扰的强有力的领袖	24%	该题目分为"非常好""好""不好""非常不好""不知道"五个选项，本文选取"非常好"和"好"两个选项之和作为参考，且取第 3—6 轮数据的均值。

续　表

二级维度概括	问题	持肯定态度的比例	指标解释
	V141. 您觉得我国的民主程度如何？	20%	该题目用数字 1 到 10 表示从"一点也不民主"到"非常民主"的不同程度，本文选取 8—10 选项之和作为参考，且取第 5—6 轮数据的均值。
纳税人对我国民主现状的感知	V226. 在过去历届选举中，您是都投了票、有时投票，还是从未投过票（地方一级）	48%	该题目分为"都投了票""有时投票""从未投票""不知道"四个选项，本文选取第 6 轮数据第 1 个选项之和。
	V127. 在过去历届选举中，您是都投了票、有时投票，还是从未投过票（国家一级）	12%	该题目分为"都投了票""有时投票"和"有时投票"两个选项之和。

1. 权力距离维度。本文对世界价值观调查中涉及"权力距离"的题目按照纳税人对权力机关的信任度、纳税人对民主政治体制、民主社会的态度以及纳税人对我国民主现状的感知三方面分类。通过归类分析,反映出我国纳税人对政府的信任和对民主生活的向往,同时也反映出我国民主质量还需进一步提高。也正因纳税人对自身民主权利保障感知不足,故对政治的关注度、兴趣度持续降低。

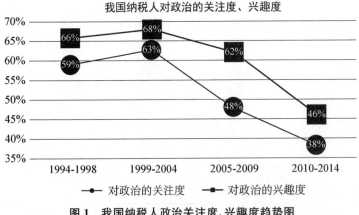

图1 我国纳税人政治关注度、兴趣度趋势图

2. 不确定性规避。本文选取问卷第201题"有机会就逃税"和202题"接受贿赂"作为"不确定性规避"的测量指标,反映纳税人对逃税、贿赂行为的态度。题目要求受访者用数字1到10表示从"完全不能接受"到"完全能接受"的程度。为便于统计,本文将受访者回答分为四个等级即"完全不接受"(问卷1—3之和)、"可以接受"(问卷4—7之和)、"完全接受"(问卷8—10之和)、"模棱两可"(问卷"不知道"、未回答情况之和),而后对上述两题进行分析。

表3 我国纳税人对逃税、贿赂容忍度情况及其变动趋势

指标			1989—1993	1994—1998	1999—2004	2005—2009	2010—2014
完全不接受	偷逃税容忍度	调查数据	92%	91%	92%	78%	68%
		变动比率	—	−1.09%	1.10%	−15.22%	12.82%
	贿赂容忍度	调查数据	94%	97%	93%	80%	72%
		变动比率	—	3.19%	−4.12%	−13.98%	10.00%

指标			1989—1993	1994—1998	1999—2004	2005—2009	2010—2014
可以接受	偷逃税容忍度	调查数据	5%	6%	6%	7%	10%
		变动比率	—	20.00%	0.00%	16.67%	42.85%
	贿赂容忍度	调查数据	5%	2%	3%	6%	9%
		变动比率	—	−60.00%	50.00%	100.00%	50.00%
完全接受	偷逃税容忍度	调查数据	1%	2%	1%	4%	3%
		变动比率	—	100.00%	−50.00%	300.00%	−25.00%
	贿赂容忍度	调查数据	0%	0%	0%	2%	1%
		变动比率	—	—	—	*	−50.00%
模棱两可	偷逃税容忍度	调查数据	0%	1%	2%	9%	18%
		变动比率	—	*	100.00%	350.00%	100.00%
	贿赂容忍度	调查数据	0%	1%	3%	11%	17%
		变动比率	—	*	200.00%	266.67%	54.55%

注：表格中＊指分母为0时，计算变动率无数学意义，但反映出相关指标从"无"到"有"再到"逐渐加剧"的过程。

　　通过分析，我国纳税人对偷逃税、贿赂行为的态度非常明确，但同时发现，人们对偷逃税、贿赂行为越发包容。本文对四个等级变化率进行计算，结果显示对偷逃税、贿赂行为持肯定态度的人数比例不断减少，且下降幅度均超过10%。而其他等级，特别是持"模棱两可"态度的比例不断增加，近五分之一的受访者对偷逃税和贿赂行为"不置可否"。众所周知，态度是人们在自身道德观、价值观基础上对事物的评价和倾向。当个体对某一社会现象态度明确时，便会给出肯定或否定答案。而受访者的"模棱两可"反映出个体价值观、道德观出现偏差。这源于根深蒂固的"人情文化"，当偷逃税被发现时，纳税人可以依靠"关系"降低被处罚成本，且这一违背法律规定、公众价值取向的行为未遭禁止时，就会促使更多人效仿。当反社会价值观现象得到社会"默许"甚至是"鼓励"时，会对个体价值观形成极大冲击，这就导致受访者对自己"何去何从"不知所措，也更加说明个体价值观已经产生动摇，心理矛盾加剧，本文将这一现象概括为"价值观的错位"。同时，"模棱两可"态度也反映出受访者的"无可奈何",在高权力距离、弱不确定性规避社会中,繁琐的行政审批和过重的行贿成本,给纳税人带来沉重的负担,于是不得不转入"地下",偷逃税也是无奈之举。① 数据显示,相对行贿行为,受访者对偷逃税更包容。

与此同时,本文还就 2010—2014 世界价值观调查数据中美国、日本、香港、巴西、印度五个国家和地区上述两题持"模棱两可"态度的比例进行统计,得出巴西受访者对偷逃税和贿赂持"模棱两可"态度的比例分别为 1% 和 0%,香港都为 0%,日本都为 4%,印度、美国都为 1%。通过国际间比较,我们发现中国(对偷逃税和贿赂持"模棱两可"态度的比例分别为 18% 和 17%)远高于这些国家和地区,说明"价值观错位"的严重。如不及时纠正,个体价值观演变成群体价值观时,将严重制约我国公民纳税意识的提高和遵从水平的提升。这是因为社会价值观对社会风气具有决定作用,其强烈的粘性效应,表现为一旦形成一种坏的风气或潮流,往往需要巨大的社会成本与努力才能挽回。

3. 个人主义与集体主义。本文通过归属感和群体意识两方面测量我国纳税的集体主义倾向。通过分析,我国纳税人有着强烈的国家归属感、荣耀感和作为社会成员的群体意识利他心理。

表 4　个人主义与集体主义维度分析

	V221.作为一个中国人,您在多大程度上感到骄傲	80%	该题目分为"非常骄傲""骄傲""不太骄傲""根本不骄傲"四个选项,本文选取"非常骄傲""骄傲"两个选项,第5—6轮数据。
归属感	V212.我把自己看作是本社区/村的一个成员	84%	该题目分为"非常同意""同意""不同意""非常不同意""不知道"五个选项,本文选取"非常同意""同意"两个选项,且取第5—6轮数据的均值。
	V214.我把自己看作是中国公民	85%	该题目分为"非常同意""同意""不同意""非常不同意""不知道"五个选项,本文选取"非常同意""同意"两个选项之和作为参考,且取第5—6轮数据的均值。

① Rose-Ackermann(1997)认为有的公司为了避免行贿,而不得不将企业转入"地下",Friedman 等(1999)也认为转入影子经济,可能不是为了逃避税收,而是因为行贿和官僚机构负担太重。

| 群体意识 | V74. 做有利于社会的事情 | 75% | 该题目分为"很像""有些像""只有一点像""不像""完全不像"五个选项,本文选取"很像""像""有些像"三个选项第5—6轮数据之和。 |
| | V75. 关心和帮助周围的人 | 76% | 该题目分为"很像""像""有些像""只有一点像""不像""完全不像"六个选项,本文选取"很像""像""有些像"三个选项之和作为参考,且取第5—6轮数据的均值。 |

综上所述,我国纳税人视自己为国家公民,有着强烈的国家归属感和自豪感,他们尊重、信任权威,希望国家以更加民主的方式运行,确保公民有权参与到国家治理中,并且纳税人有着强烈的群体意识,愿意为社会和他人服务。问卷也暴露出纳税人心理-文化特质中矛盾冲突的一面,即纳税人痛恨偷逃税、贿赂等反社会价值观行为,但仍积极效仿;渴望民主,但认为与其关注政治谋求权利保障,不如凭借"关系"获取实惠。这说明我国纳税人民主感知不足,我国民主化程度还需加强。

三、影响我国纳税人行为的文化因素分析及其解决思路

借助霍夫斯泰德文化理论,本文从权力差距、不确定性规避、个人主义与集体主义三个维度对我国纳税遵从现状及纳税人文化心理特质进行分析,归纳出引发我国纳税不遵从的三个原因:一是权力距离使纳税人对税收民主感知不足。尽管我国属于高权力维度社会,但随着民主法治观念的深入人心,纳税人表现出既尊重权威也渴望被尊重——保障纳税人权利,以此提升纳税人群体的话语权、参与权,改变"被动纳税"的局面。二是法治化建设刚性不足。当前税收执法领域,有法不依、执法不严、违法不究现象比较严重,执法司法不规范、不文明现象较为突出,导致"人情"泛滥,这不仅严重破坏国家法律威严和公民尊法信法守法用法意识,更破坏社会公平与和谐。三是社会信用体系建设不健全,尚未形成"惩恶扬善"的社会风气,导致纳税人信用意识淡薄,忽略对自身税收形象的关注,更感知不到偷逃税行为对个人生存发展以及个人与社会其他成员关系的影响,集体主义文化品质被"侵蚀"。

鉴于上述分析,本文认为提升我国纳税遵从水平的关键在于引导纳税人

树立正确的价值观,本文从以下两方面进行论述:

(一) 加强税收法治建设

法治作为法律工具和价值功能的统一体,其主要功能在于规范和引导社会行为。在我国以"人情关系"为突出特点的社会文化背景下,唯有通过法治才能有效遏制这一势头,营造"风清气正"的社会环境,坚持税收法治也是发扬民主、保障纳税人权利的有效途径。就我国税收法治现状而言,应从以下几方面入手:

1. 加强税收立法。税收法治应贯穿于立法、执法、司法以及税收法律监督各个环节,从宪法对税收最基本事项的规定到完备的税收法律再到补充法律的税收行政法规、税收部门规章等,建立一整套完善的税收法律体系,以此作为规范国家、政府以及纳税人行为的准则,实现有法可依,这对提高政府机关办事效率具有重要作用。

2. 坚持税收民主。法治与民主有着天然的联系,坚持税收民主的重点是发挥人大及其常委会在税收立法中的主导作用,立法过程要充分尊重民意,认真听取公民意见;确保纳税人享有对税收收入管理、支配、预算的知情权、监督权和在税收征收过程中应享有的被服务、受尊重的权利,以此缩短"权力距离"。

3. 严抓税收征管。价值观调查数据显示,相对于中央政府、政党、人民代表大会,公民对行政机关的信任度最低,反映出政府职能部门公信力遭到民众质疑。而广大公务人员作为政府职能部门的形象代言人,其言行影响纳税人对政府部门的评价。税务人员也是追求个体利益最大化的理性"经济人",在执法过程会利用职权谋取私利,这为纳税人"关系努力"提供方便。因此,强化税务人员法治观念,加大对公务人员违法、违规行为的处置力度。同时进一步明确、细化税收征管相关法律、制度,提高执法的规范性,加大对自由裁量权的管理,这既是转变政府部门工作作风、改善政府形象的关键,也是制约人情关系的有效举措。

坚持税收法治就是要做到"有法可依、有法必依、执法必严、违法必究",保证法律的严肃性,培养公民崇法信法用法意识,纠正人们思维观念中的"不正之风"。同时,配合纳税人信用制度建设,形成守信激励、失信惩戒的社会氛围,引导社会群体自觉依法依规办事,实现社会公平、民主。

（二）开展纳税人教育

针对当前我国纳税人价值观已"错位"的严峻形势,提高我国纳税遵从水平既需要法律的硬约束,也需要借助教育手段实现对个人行为的软约束。纵观世界各国,开展纳税人教育特别是针对潜在纳税人——青少年群体的税收教育已成为各国提高税收遵从的基础性工作,长期开展并取得实效。青少年处于价值观、人生观确立的关键时期,作为未来社会的纳税人,他们对公民身份的认同和对税收知识的理解、运用,决定了未来社会的纳税遵从水平。有研究表明,人们对待纳税的态度和个人价值观在青少年时期开始形成并随着时间推移不断发展,所以加强我国青少年税收教育势在必行。2015年,经合组织税收和发展问题专案组发布了《培育税收文化、纳税意识和公民权:全球性纳税人教育资料》,介绍了亚非拉等28个发展中国家和地区开展青少年税收教育的情况,其实美国、英国、日本等发达国家早已启动潜在纳税人教育项目,让学生从小明确自身权利和责任,知晓税收作用,树立正确的税收态度,这对国家税收事业的发展有着重要的意义。借鉴国外经验,我国开展青少年税收教育应从以下几方面入手:

1. 明确青少年税收教育的目的。开展青少年税收教育的目的是有针对性、有目的、系统地向青少年传授税收相关知识,加强学生对税收经济价值、社会价值的认知,引导青少年确立税收责任观,不断提高学生群体的纳税意识。

2. 科学设置课程。课堂是开展青少年税收教育的主阵地,在课程设置上要根据各年龄阶段认知特点合理安排;教学内容上注重与历史、思想道德、经济、法律等相关课程的融合;授课形式上要注重贴近生活,用大家熟悉的生活场景和经济、社会现象引入税收话题,增加课程的真实性;采取角色扮演、现场教学等形式增加授课形式的多样性,目的是以更加生动有趣的方式帮助学生掌握税收理论知识。与此同时,加强对学生社会群体价值理念的灌输和道德意识的培养,帮助学生树立正确的税收态度。

3. 开辟网络学习阵地。我国可利用先进的信息网络技术建立全国性网上税收博物馆,将其作为学生自学的第二课堂,也作为面向社会宣传普及税收知识的重要途径。笔者就我国网上税收博物馆建设情况进行调研,目前中国财税博物馆、北京税务博物馆、山西税收博物馆三家开辟网上博物馆,仅中国财税博物馆设置网上虚拟展馆实现3D参观外,其余两家仅对展馆内容进行简要概述。本文认为网上博物馆建设在注重对税收历史、税收文化介绍的同时,应遵循"税收征收-政府分配使用-社会福利"这一主线,并突出网站的互动性和趣味性。例如开辟游戏专区,模拟城市建设、企业运转、个人日常生活等场景,通过互动体验,增加受教育者对税收全方位的了解和其重要性的认知;增加税款被用于教育医疗、社会保障、社会治安等民生热点领域的介绍,强化受教育者集体主义观念,即对自己在税收缴纳过程的不诚实导致国家税款减少,进而影响社会整体福利水平下降这一错误行为的"自我否定"。此外,还可就应税行为税款计算和缴纳、纳税申报和行政复议具体流程、企业(个人)纳税信用等进行实践操作,让受教育者积累相关经验、关注税收形象。

开展青少年群体纳税教育,目的是迎合学生群体的喜好、吸引更多潜在纳税人学习税收知识,了解国家税收建设情况,增强其对国家税收与居民现实生活紧密联系的认知和对自身在税收领域作用、价值的感知,使学生能够理解和支持国家税收,以此推动我国纳税遵从水平不断提升。

Study on Tax Compliance in China under Hofstede Culture dimension-Based on China WVS data analysis

Wang Chen   Huang Fengyu

Abstract:This article uses Hofstede's cultural dimension theory and the world value survey data to analyze the cultural phenomenon in China's tax compliance and the psychological and cultural characteristics of taxpayers in China. Based on this,this article summarizes the status quo of taxpayers' taxation values in our country and the factors that affect the level of tax compliance in our country. In the end,this article puts forward the measures of governance by insisting on tax law and taxpayer education.

Key word:Hofstede's cultural dimensions theory; World Values Survey; tax compliance

作者:王辰,天津财经大学博士研究生;黄凤羽,天津市经济发展研究所所长,天津财经大学经济学院教授

城市的边疆:
文明化进程"悖论"中的志愿者
——以上海市随迁子女的志愿服务为例

乔　纲

摘　要：文化上的"边疆"呈现于不同文化交汇之际。全球化与现代性的影响下,城市成为多元文化交汇之处,构建出城市的"边疆"。城市精神文明建设背景下,"舶来"的志愿文化被誉为文明的"代言",志愿者却在本土实践的情境中遭遇不同文化逻辑所带来的悖论与困惑。城市志愿者的民族志中,可以看到当前城市中多元文化混杂,人们处于观念变迁与情境实践的交错之中,是文化转译实践的过程性展演。现代性塑造了文明进程的方向,进而在本体论上制造"断裂",处于文化"间隙"中的志愿者成为了城市"边疆"意象的重要载体。

关键词：城市边疆　文明化进程　城市志愿者

拉图尔(Bruno Latour)宣称"我们从未现代过",指出由现代性在本体论上制造出前现代与现代、非西方与西方之间的虚假的时空断裂。[①] 当前城市生活中的人们实际上处于多元文化交汇的"间隙"(in-between)之中。[②] 城市化与现代化进程中,人的流动带来的是不同文化的"遭遇",这些跨文化的空间

---

① 刘鹏：《现代性的本体论审视——拉图尔"非现代性"哲学的理论架构》,《南京社会科学》2014年第6期,第44页。

② Homi Bhabha, *The Location of Culture*, London and New York：Routledge, 1994, p. 1.

呈现出文化的隐喻,被称作"边疆"。"边疆和边地不仅存在于民族国家的边缘,而且存在于文化相遇的任何地方。"①城市作为多元文化交汇的空间,不同的群体和文化也正在实体空间的基础上缔造出许多文化意义上的"边疆",即城市的边疆。

城市精神文明建设的背景下,西方"舶来"的志愿文化备受推崇,成为了文明的"代言"。然而,志愿文化的发展,离不开志愿者的本土化实践。在这一文化的转译实践过程中,不同的文化相互接触,呈现出了文化的差异,看到了关于"边疆"的意象。大部分志愿者有感于志愿文化所宣称的"文明"与"现代"而选择参与其中,但是在实践中却表示同自己最初的预设大相径庭。以上海市随迁子女的志愿服务为例,志愿者人数与规模日益扩大,反观随迁子女因返乡读书而人数减少,民办学校纷纷关停,志愿服务中呈现出"僧多粥少"的现象。另一方面,随迁子女及其家庭对于志愿文化并不理解,甚至很多时候将其视作"献爱心"。他们在乎的是志愿者的随堂礼物,反而对志愿文化与公益理念不甚在意,令很多志愿者因此感到困惑。

在郝瑞教授(Stevan Harrell)有关"文明化工程"(Civilizing Projects)的研究中,可以看到文明化是中心与边缘不同人群之间的一种互动。一个"现代""文明"的中心对于一个所谓的"落后"的边缘产生影响,呈现出不平等的二元结构。在城市精神文明建设的语境中,志愿者往往怀有崇高的理想,在实践中自然的带入到文明"中心"的位置,而将随迁子女视作被文明化的"边缘"。但是,在实践的过程中,由于失去所谓的"边缘"的认同,文明的"中心"也显得无所适从,文化意义与文化逻辑之间所呈现的"断裂",揭示出文化上的"边疆"意象。

一、作为文化隐喻的"城市边疆"

"边疆"的词义从地理范畴说起,一般被解读为"边缘"地域,或所谓的文野之别。面对全球化带来的流动性与不确定性时,"边疆"的三大要素在流动性中面临变化,人们需要从认识论层面转变对"边疆"概念的认知。范可教授借

---

① R. Rosaldo, *Culture and Truth*: *The Remaking of Social Analysis*, Boston: Beacon Press, MA, 1989. [英]黑斯廷斯·唐南(Hastings Donnan):《边疆人类学概述》,袁剑、刘玺鸿译,《民族学刊》2018 年第 1 期,第 43 页。

巴斯(Fredrik Barth)的"族群边界论"的启示,指出"边疆"除了物理性之外还可以具有其他的引申意义和象征意义,"如同族群边界浮现是在'遭遇'他者之际,主权也因为他者的存在而存在"。[①] 巴斯(Fredrik Barth)在族群边界的研究中,也尝试舍弃文化作为有限实体与族群性中的原生性,以群体间的接触来思考族群的互联性、边界以及文化认同等问题[②]。在阿诺德·范盖内普(Arnold VanGennep)的过渡礼仪研究中,谈及地域过渡问题之时提出了阈限性的思考,"这种精神上和地域上的边缘会以不同程度和形式出现于所有伴随从一个向另一个巫术——宗教性和社会性地位过渡之仪式中"。[③] 列斐伏尔(Henri Lefebvre)强调空间实践对于沟通人和城市之间所具有的重要意义,而一系列的边界意象:边界、边缘、中心、门槛、流动等等都透露出主体自我建构同差异之间的界限,通过空间进行了表达。[④] 霍米·巴巴(Homi K. Bhabha)关于"第三空间"的思考中,将其称为不同文化相交的"间隙"(in-between)。在当前的研究中,"边疆"不再仅作为实体空间的边缘意象,而是在文化的接触中,成为了文化之间的"中间地带"。

19世纪现代大都市的出现,成为乡村延续至今衰败的标志。有人说城市即现代本身,是非自然化的乡村,它不是一个封闭的空间构造以及人口聚集地,也不能仅强调自身独特的城市气质。"城市主要是作为一个文明类型而被看待的,它涉及到人类生活方式的总体:现代社会的决定性要素(无论你如何评论它)都是在城市中发生的"。[⑤] 都市文化的研究是关于人的研究,而不是单纯对城市景观变迁的思考,文化与城市现代化的进程息息相关。[⑥] 城市化进程中,多元文化的流动日益频繁地"嵌入"到城市空间之中。城市化的概念经由工业化发展而来,最初体现的是农村人口向城市人口迁移的过程。因户籍制度的原因,我国城市化率在1958—1978年的增幅从16.3%提高到

---

① 范可:《何以"边"为:巴特"族群边界"理论的启迪》,《学术月刊》2017年第7期,第105页。
② 马成俊:《弗雷德里克·巴斯与族群边界理论(代序言)》,《西北民族研究》2014年第3期,第169页。
③ [法]阿诺尔德·范热内普:《过渡礼仪》,张举文译,商务印书馆2010年,第15页。
④ 吴宁:《列斐伏尔的城市空间社会学理论及其中国意义》,《社会》2008年第28卷,第115页。
⑤ 汪民安、陈永国、马海良:《城市文化读本》,北京大学出版社2008年,第6页。
⑥ 刘爽:《新世纪以来我国的都市文化研究综述》,《江南大学学报》(人文社会科学版)2011年第4期,第60页。

17.9%,20 年的时间内仅上升了 1.6 个百分点,增长缓慢。① 改革开放以来则出现迅猛增长,城市化水平从 20 世纪 80 年代的 20%左右提升到 2013 年的53.7%。② 据 2011 年统计局的数据显示,上海的外来常住人口达到了 935.36万人,占常住总人口的四成。民办学校的随迁子女正是农民城市化的产物,而志愿者则成为了国家现代化与文明化进程的重要标志。

阿帕杜莱指出不应将区域视作土地和文化的永久性结合,而应看作人类的各种行为、运动等沉淀的结果。③ 城市中的文化“杂合”现象日益增长,说明城市同样处于一个不断变化的过程中。“世界的许多构成通过人们统合进其生命活动的规则性模式而具有意义”④,许多陌生的、外来的文化要素都被统合到人们的日常生活之中,被人们进行着转译实践。城市作为文化类型而言,霍米(Homi K. Bhabha)所述的这种边疆特有的“阈限性”“混杂性”日益在城市中出现,呈现出文化的混杂与转译实践正在进行中。志愿者“披上”了志愿文化的外衣,但是在本土情境的实践中,他们依然是文化隐喻中的“边疆”的载体。志愿服务的活动中,不同文化逻辑与意义之间接触,没有呈现出预定调和的态势,反而是多元文化混杂之中,不同主体间相互“协商”所达成的共识。在文明化的语境中,志愿者所感受到的不是作为文明中心,而是为调和文化意义与实践逻辑的“悖论”而不断“妥协”的存在,成为了“边疆”意象的载体。

二、志愿者与文明化进程的“悖论”

恩格斯(Friedrich Engels)指出:“国家是文明社会的概括。”⑤有学者提出:“‘文明’意指那些大规模的、复杂的、都市化的(通常是有文字的)文化。”⑥文明的概念中可见一定的价值尺度存在其中。对于文明化工程的相关研究中,郝瑞教授(Stevan Harrell)提出的“儒家文明化”工程、莎拉·弗里德曼

---

① 朱宝树:《转型时期的农村人口城市化与非农化滞后问题分析》,《中国人口科学》2000 年第 4 期,第 32 页
② 颜咏华:《人口流动对城市化进程的影响:理论分析与实证研究》,博士学位论文,兰州大学 2016 年。
③ [美]阿尔君·阿帕杜莱:《全球化》,韩许高等译,江苏人民出版社 2016 年,第 7—8 页。
④ 参见:朱晓阳:《地势、民族志和“本体论转向”的人类学》,《思想战线》2015 年第 5 期,第 6 页。
  Tim Ingold, *The Perception of the Environment: Essays on Livelihood*, Dwelling and Skill, New York: Routledge, 2003, p.154.
⑤ [德]恩格斯:《家庭、私有制和国家的起源》,人民出版社 1972 年,第 174 页。
⑥ [美]菲利普·巴格比:《文化:历史的投影》,夏克等译,上海人民出版社 1987 年,第 25—26 页。

(Friedman S L)有关惠安女在文明化进程中的服饰变化,以及张丽(Zhang L)有关城市空间现代化的改造研究中,都能够看到不同文化之间的"接触"所产生的"边疆"意象。在权力关系的结构中,文明的"中心"往往对于"边缘"具有深刻的影响,在"中心—边缘"的二元结构中,呈现出来文明化的进程。比如20世纪50年代,国家对于所谓的"直过民族"的扶植;还有在志愿文化传入中国之前,雷锋精神对于人们道德文明建设发挥的作用等等。然而,在志愿文化的文明化进程中,志愿者在实践中却呈现出关于文明化的诸多"悖论"。

现代制度中,时间观念可以区别自然与文化、事实与价值,而现代人则是通过科学概念摆脱文化的纠缠,从而获得了超越性,塑造了时间的方向,现代成为了进步的代名词。[①] 城市作为一个所谓的文明与现代的"中心",它的空间参照物可以是乡村、不发达地区、边境地区等等。"因而一个富裕、发达、文明、现代的'中心'与一个贫穷、落后、野蛮、传统的'边疆'就成为一种共生的、相辅相成的文化关系。失去'边疆'这个他者,'中心'也将失去意义"。[②] 在文明化的图景中,志愿者会自然将自己带入到文明的"中心"的语境中,将服务对象,那些在民办学校就读的随迁子女视作文明化所要改变的"边缘"人群。然而,志愿服务与公益事业却不是简单的文明"制作"和个人的参与。志愿文化有着自身的发展源流和背景。

志愿服务早在19世纪初产生于西方国家,直接源于宗教性的慈善服务。[③] 有学者指出:"志愿者是指那些具有志愿精神,能够主动承担社会责任而不关心报酬的人,或者说不为报酬而主动承担社会责任的人。"[④]公益参与不是一般意义上的做好事,不是简单的左邻右舍相互帮助,而是进入整个社会,或其一部分在需求的层面上,进入陌生人的生活世界中。[⑤] 1987年,以"学雷锋、做好事"的口号为鉴,"志愿服务"的萌芽在广东和深圳等地率先出现。1990年,深圳市诞生全国第一个正式注册的志愿者社团。[⑥] 作为经济特区的深圳,成

---

① 刘鹏:《现代性的本体论审视——拉图尔"非现代性"哲学的理论架构》,《南京社会科学》2014年第6期,第45页。
② 关凯:《反思"边疆"概念:文化想象的政治意涵》,《学术月刊》2013年第6期,第140页。
③ 张敏杰:《欧美志愿服务工作考察》,《青年研究》1997年第4期,第46页。
④ 丁元竹、江汛清:《志愿活动研究:类型、评价与管理》,天津人民出版社2001年,第78页。
⑤ 赵荣、卢玮静、陶传进、赵小平:《从政府公益到社会化公益》,社会科学文献出版社2011年,第96页。
⑥ 谭建光:《中国广东志愿服务发展报告》,广东人民出版社2005年,第3、10页。

为了海外风尚的窗口平台,将西方"现代"的元素引入国内,志愿服务由此引入国内。2008 年以来,上海市的城市志愿者人数极速增长,据《上海志愿服务发展报告(2015)》提供的数据显示,超过九成的志愿者于 2008 年之后注册。志愿者与志愿文化的存在与发展,离不开服务对象的需求和需要。

然而,戏剧性的情况是,志愿者人数在快速增长的同时,随迁子女返乡读书人数却不断增加,上海市的许多民办学校面临关停。《中国流动儿童教育发展报告(2016)》指出,截至 2016 年 6 月,上海市受教育阶段的流动儿童和青少年人数达到了 103 万人,占全市学龄儿童总数量的 67.31%。然而,受 2013 年流动人口控制的要求影响,2015 年时的儿童数量比 2012 年减少 3.74 万人,同时"纳民学校"由 2010 年峰值的 162 所减少到 148 所。[①] 从上述的数据来看,随迁子女群体一直面临着流动的现实。城市化进程中的人口迁移现实与制度管理等方面的因素导致当下的现状。依据《上海市居住证管理办法》规定,许多外来务工人员的子女如果无法满足相关条件,需要在义务教育阶段结束之前返回自己的故乡参加中考和高考,面临同自己父母与家人分离的情况。

在志愿服务过程中,笔者从志愿者口中听到最多的是"帮助"和"有意义"这类说法。在城市精神文明建设的语境下,许多志愿者选择参与到公益事业是因为觉得有意义,认为能够帮助到那些随迁子女。然而,很多志愿者在后期也会选择离开。一些志愿者曾经向笔者倾诉,他们离开的原因是由于现实与他们理想中的图景相差太远。从笔者的经历来看,在随迁子女的眼中,志愿者只是介入他们生活中的"外人",而非一个"真"的老师。没有布尔迪厄所描述的"符号暴力"和教师的权威,在志愿服务的过程中,时间一长就会有这样明显的感受。随堂礼物是连接志愿者和随迁子女的"契约",如果没有了随堂礼物,笔者进行的志愿服务显得极其脆弱不堪。在一次上课过程中,笔者由于疏忽忘记带礼物,在"意外"泄露了这个事情之后,课堂顿时一片混乱。笔者在嘈杂的人声中提出了自己的疑惑,难道上课仅仅是为了礼物?几个孩子大声地回应道:"是!"甚至有个孩子大声说:"没有礼物,你的课还有什么意义?"笔者没有想到一个小学四年级的孩子会质问所谓的"意义"。在笔者看来,志愿服务可能会对这些孩子的未来成长有所助益,但是实际上,在这些随迁子女的眼中,志愿服务实际上只需要用一个随堂礼物就能够取代。礼物的交换具有直

---

① 杨东平:《中国流动儿童教育发展报告(2016)》,社会科学文献出版社 2017 年,第 124、128 页。

接的约束效果,接受礼物即接受与赠与者的结合。① 很多志愿者初时怀着崇高的理想前来,实践中却发现所谓的公益的价值和意义在服务对象的眼中,远不及随堂礼物来得重要。一些志愿者的疑惑在于,如果他们的帮助真的不及这些礼品,那么他们的价值意义是否意味着被否定?

当志愿者提出志愿服务"有意义"、能够"帮助"别人的时候,笔者认为应当去深究的一个问题是:他们是从何做出这样的判断? 许多志愿者在初见民办学校与随迁子女的时候,他们会自然地将服务对象置于"弱者"的地位中,面对不曾见过的景象,志愿者甚至拿出手机不断拍照,仿佛置身于异文化的环境之中。此时,很多志愿者根据公益组织的服务内容,主观上判断随迁子女需要的是这样的"帮助",并没有思考"他者"的诉求。例如,随迁子女面临升学的问题而离开家人,甚至民办学校即将面临关停的情境下,公益机构的很多服务在随迁子女及其家庭看来都显得"华而不实"。志愿者虽然看到了这些问题,但是他们表示这些不是志愿者应该思考的问题,志愿者要完成的任务是公益机构安排下来的任务,服务对象的境况并不是他们能够思考的范畴。如前文所述,志愿文化不是简单的做好人好事,而是参与陌生人的日常。显然,当前人们虽然有着志愿者的"外衣",但是从实践来看,其文化逻辑依然与志愿精神有所出入。

城市精神文明建设的语境中,"舶来"的志愿文化被推崇为文明化的象征。国家文明化工程的建设中,例如对于"直过民族"的帮助中,在边远地区进行的现代化建设改善了当地人的生活,显示出文明化工程的意义。反观当前的城市精神文明建设中,志愿者却在文明化进程中遭遇到许多的"悖论"。他们不仅没有被随迁子女视作一个文明的"中心",他们所推崇的公益理念与志愿精神也"不敌"随堂礼物,以至于有的志愿者开始质疑自己的行为服务是否具有意义。埃利亚斯在提到关于文明化的问题时指出:"在社会发展的某个阶段,总会有某个阶层成为社会结构的中心,他们不仅形塑着自己的行为模式,并且这种行为模式有意或者无意地成为其他阶层行为的典范。"② 从志愿者人数逐年增长的势头来看,国家的文明化工程正在进行时,而志愿者遭遇的文明化进

---

① [法]阿诺尔德·范热内普:《过渡礼仪》,张举文译,商务印书馆2010年,第24页。
② 胡晓红:《文明的进程:埃利亚斯历史社会学的核心议题》,《长安大学学报》2016年第3期,第95页。

程的"悖论"则是揭示出志愿者在不同文化逻辑之间的困境。从整体而言,志愿者是志愿文化的重要载体,是精神文明建设的重要对象,换而言之,志愿者才是文明化的"对象"。但是在实践中,志愿者却将文明化的"中心—边缘"的二元逻辑进行了再生产,将自我置于文明的"中心",而将随迁子女和服务对象视作一个文明化的"边缘"。这样一来,志愿者自己被置于所谓的文明化"悖论"中,遭受来自文化逻辑与实践情境中各式各样的困境。

现代化或者城市化若说是经济层面的"因",那么现代性呈现的则是审视现代文明变迁的"果"①。文化相对主义指出不同文化间不存在所谓的"高低"区别,但是"文明"却通过现代性带来的"断裂"而塑造出文明进程的方向。当志愿文化被推崇为文明的标志时,志愿者本身是文化的转译实践载体,而不是文明的"中心"。当志愿者主观地再生产出文明化工程的二元结构之时,现代性所制造的"断裂"则进一步加大,处于本土文化情境与"舶来"的文化之间的志愿者则成为了"文野"之间的存在,他们的当前的境况呈现出文化隐喻中的"边疆"意象,成为了"城市边疆"的载体。

三、城市"边疆"中的志愿者

按照马克思所言"现代的历史是乡村城市化",芒福德(Lewis Mumford)说,"城市文化归根到底是人类文化的高级体现","人类所有伟大文化都是由城市产生的",②城市不仅是生产生活的空间,也是文化的空间。全球化与现代性的影响伴随着城市化进程的加速,城市关于"现代""中心"的意象不断地被再建构出来。志愿服务作为一种文明与现代想象的制品,在面对实践中不断生产出的"悖论"而备受困惑,甚至受到外界的质疑。事实上,这是对现代与进步提出的时间指向性的一种思考。多元文化的运动和交汇,处于文化"间隙"中的人们通过实践生产出有关"城市边疆"的隐喻。

文化的"间隙"与城市志愿者

面对文化的交汇与杂合以及人们不断的迁移流动,霍米·巴巴(Homi K. Bhabha)提出了关于文化的"间隙"(in-between)的思考,呈现出的是边疆的意

① 陈嘉明:《"现代性"与"现代化"》,《厦门大学学报》2003年第5期,第15页。
② [美]刘易斯·芒福德:《城市发展史——起源、演变和前景》,宋俊岭等译,中国建筑工业出版社1989年,第74—75页。

象。特纳(Frederick Turner)的边疆进化论的观点指出边疆是文明所开拓的蛮荒之地,而拉铁摩尔(Owen Lattimore)的"长城学说"则把边疆视作游牧文化和农耕文化的交汇之地。当前,文化的流动与人的迁移正在不断地构建出新的边疆意象,因而,"边疆"也在城市的空间中存在,所谓的"传统"与"现代"、"落后"与"文明"的杂合现象正是这样的体现。

现代化与文明化的进程,更多地将人们卷入其中。据 2013 年的数据显示,全国注册的志愿者总人数约为 7345 万,《中国国民经济和社会发展第十三个五年规划纲要》提及"注册志愿者人数占居民人口比例达到 13%"。在笔者做志愿者期间,一位年长的老人认为组织还不"规范"。因为笔者所在的公益组织尚未把每一个成员的名录放到志愿者的系统中,很多志愿者都有不同的看法。一些人认为做公益不是为了能够成为系统中的名字,录入系统和是不是做公益不是一个概念。但是,老人认为,如果没有注册自己的名字,怎么能够证明自己是一个志愿者呢? 进而引申出的一个思考在于,如何证明我们"现代"了呢? 成为志愿者是否证明已经"文明化"或者"现代化"?

目前很多公益组织的志愿者非常在意注册问题。根据其他公益机构的志愿者的反馈,很多志愿活动是可以"加分"的,因此也会看到其他公益组织的志愿者来民办学校服务。如前文所述,中国注册的志愿者人数非常多,但是这些人当中,做志愿活动的出发点却是不同的。以笔者在民办学校的观察为例,曾经在一个学期碰到过许多不同公益组织的活动,这些活动一般服务时间短,周期较长,而且志愿者人数多于服务对象人数。曾有民办学校的老师感慨"僧多粥少",这群志愿者人数之多,几乎占据了整个教室。活动中,志愿者拿着手机和学生合影,贴出他们的标语,这样的志愿活动究竟是为了公益还是为了宣传,难以进行区分。城市的发展中不尽然都是所谓的"现代",同时也有"本土"逻辑的嵌入。笔者认为"舶来"的志愿文化如何在本土"生根发芽"是一个有趣的思考。彭兆荣教授曾提出所谓的"我者的他性"①,在此,笔者认为城市志愿者正是在一个"我者"与"他者"文化之间的存在。

志愿者注册与志愿服务中"僧多粥少"的个案,可以看到对于现代性的反思。如何证明人们"现代"了? 有的志愿者选择相信国家"认证"的制度,然而制度上的认证真的可以确认么? 如此众多的志愿者注册,是否标志我们进入

---

① 参见彭兆荣:《我者的他性:人类学"写文化"的方法问题》,《百色学院学报》2009 年第 5 期。

了一个志愿文明蓬勃发展的"现代"？"如果将现代制度所塑造的这种前现代与现代的区分,运用到对非西方人的分析上,时间的断裂就会进一步塑造一种空间的割裂。"①然而,作为一个实在的人,人们无法割裂我们同文化之间的联系,理论上的纯化与生活中的杂合是同样存在的。

在访谈中,大多志愿者认为自己参与志愿活动即是一种奉献,便是有价值的。然而,从对流动人口家庭的访谈来看,很多人把志愿者当做"献爱心"。志愿服务是否等于"献爱心"？默许的志愿者认为自己就是来送礼物的,开心就好。持反对意见的志愿者认为礼物不是"白送",而是通过礼物的交换把自己所要灌输给孩子的内容得以实现,绝对不是"献爱心"。"城市边疆"作为一种文化隐喻,这样一个"中间"之地,可以呈现含混性、阈限性与协商性等特质。当下志愿者对于志愿文化的诸多"解释"中,可以看到一种解释的含混性与协商性的存在,即人们无法完全认同志愿服务等于"献爱心",但是从实践逻辑上,他们又无法加以否定,于是在这样模糊的认知中进行实践。志愿者的服务实践中,他们通过自身的参与去体验和阐释"他者"的文化,进而在"舶来"的文化与"本土"的情境中,看到了文化之间的差异与混杂。志愿服务的实践中并没有看到理论的纯化,更多的是文化转译实践的"杂合"——"城市边疆"的呈现。

志愿者的想象与"主位诉求"的缺失

有学者在相关研究中提出了志愿服务中"主位诉求"的思考。在人类学的研究中存在"主位""客位"的不同视角,需要从"主位"视角,站在"他者"的视野来思考问题。在志愿服务的过程中,笔者感受到了一种"主位"视角的缺失。在公益服务的眼中,预先假定了志愿服务对象的诉求,提供了某种预设的需要来进行志愿服务。但是这样一来,实际上是从文明化工程的"中心—边缘"的视角将服务对象置于一种"边缘"的位置。忽视了随迁子女的真正诉求。

志愿服务的过程中事实上存在服务对象和志愿者的不平等关系,"主位诉求"的缺失正是这种体现。在现代化与文明化的进程中,自下而上的农民城市化运动自开始便被打上"落后"的印记。大部分志愿者口中所述的"帮助",恰恰体现了这样的一种自我中心主义的观点。从"进步"与"落后"的二元视角把随迁子女定义为需要帮助的一群人,通过志愿服务实现他们的社会融合。根

---

① 刘鹏:《现代性的本体论审视——拉图尔"非现代性"哲学的理论架构》,《南京社会科学》2014年第6期,第45页。

据前文所述,随迁子女因为不满足条件无法升学,不能和父母在一起,只能回到生源地读书的现实问题一直困扰着随迁子女及其家庭。但是志愿服务显然无法真正做到急人所需,也无法去改变现状。很多志愿者在了解到随迁子女所面对的境况时,他们给出的说法是,这个问题是国家和有关部门的问题,不是志愿者的问题。一些志愿者表示自己力所能及地让这些随迁子女留下"快乐"的记忆。实际上,笔者作为志愿者所教授的课程也是由公益组织编排的课程,以素质教育为主,同应试教育截然不同,因此也遭遇很多学校任课老师的质疑。

在进行电话访谈的时候,一位乡村志愿者老师提出了自己的疑惑。她承认公益组织的课程对于孩子的全面发展有所帮助,但是这些返乡的孩子需要考试升学才能够到父母所在的城市,他们更加急切的需求是应试教育可以给予的。所谓的素质教育要实现的"全人教育"。在这位老师看来是一个关于未来的设想,她困惑的是如果没办法解决当下的问题,如何能够许诺孩子们未来。另外一位不再从事志愿服务的志愿者表示,在接触到马斯洛关于需求层次的研究时,她认为在孩子们连最基本的要求都无法获得满足的情况下,目前我们开展的志愿服务没有意义。离开笔者所在的公益组织之后,这位老师选择了其他的公益活动来"帮助"随迁子女,但是她认为当前自己从事的志愿服务活动虽然有所改善,但是仍然无法令她满意。

黑格尔(G. W. F. Hegel)指出,没有他者的承认,人类的意识无法认识到自身。因而在日常生活的世界中,道德主体无法单独证明自己的合理性,无法检验自己的合法性。[①] 因而,志愿者的自圆其说与寻求制度认证的做法中,都显示出传统的贡赋制逻辑的痕迹,他们也并未真正地参与到服务对象的生活中。志愿者在文明化工程的"中心—边缘"的二元模式中,无视了服务对象的诉求,成为了没有"边缘"的"中心",他们因而感到关于文明化的"悖论"。然而,从实际上看来,当前公益事业的发展以及志愿者人数的增长,都表明国家的城市文明建设正在有条不紊的进行中。志愿者在文明化的"悖论"中,揭示的是在不同文化在接触时所产生的关于"边疆"的意象。

文化隐喻中"边疆"具有的阈限性、混杂性等特质。一方面,志愿者希望成为文明的"中心",但是在实践中,他们却没有所谓的"边缘"可以支持。另一方面,志愿者怀揣某种崇高的道德理想,希望以志愿服务的形式为服务对象带来

[①] 参见罗红光:《常人民族志——利他行动的道德分析》,《世界民族》2012 年第 5 期。

改变,但是在本土情境的实践中,他们却又不得不一次次地妥协,甚至不被服务对象理解。因而志愿者视作"现代"与"文明"的服务实践,又会被他们所理解的"传统"的文化逻辑所重新"支配"。

四、结语

城市志愿者的服务实践中所呈现出来的有关文明化的"悖论",实质上揭示的是志愿者处于不同文化混杂的情境中,正面临的文化"转译"实践的困境。多元文化在城市空间中的遭遇,呈现出关于"边疆"的文化隐喻。所谓的"城市边疆"正是一种文化隐喻同空间实践交互的探索路径。面对全球化与现代性带来的不确定性以及在本体论上制造的"断裂",可以通过文化研究为基础的民族志描述性实践来捕捉城市文化变迁的轨迹。

当前的城市志愿者在城市精神文明建设的背景下,将志愿文化视作文明的代表,将自身置于文明的"中心"位置。但是在面临本土化的实践的情境之时,又遭遇不同文化逻辑所带来的"边疆"意象,使自身置于城市的"边疆"之中。通过志愿者的个案,可以看到现代性与全球化带来的文化流动正在城市中制造出文化意义上的"边疆"。"现代"与"文明"在理论的纯化实践中缔造出文明的"方向",然而生活在现实中的人们却要时刻"警惕"这种现代性在本体论上所制造的"断裂"。正如"城市边疆"作为一种过程性的表述,当前生活在多元文化交汇"间隙"中的人们亦是处于文化转译的过程性当中。作为志愿文化载体的志愿者处于文明化的进程之中,是文化转译实践的载体,而不能代表文明化的结果。

The city boundary: Volunteers in the "paradox" of the civilizing project
Taking the volunteer service of the Migrant Workers' Children in Shanghai as an example

Qiao Gang

(*School of Sociology and Political Science, Shanghai University*)

Abstract: Cultural "boundary" is presented at the intersection of different cultures. Under the influence of globalization and modernity, cities become the intersection of multiculturalism and the city's "boundary". Under the background of the construction of urban spiritual civilization, the volunteer culture of "imported" is known as the "endorsement" of civilization. However, volunteers have encountered the paradox and confusion brought by different cultural logic in the situation of local practice. In the ethnography of urban volunteers, the multiculturalism in the city can be seen in the current city. People are in the Interlace of concept change and situation practice, which is the process of cultural translation practice. Modernity has shaped the direction of the process of civilization, and then makes "fracture" in ontology, and the volunteers in the "gap" of culture have become an important carrier of the image of the "boundary" of the city.

Key words: City boundaries; Civilizing Projects; City volunteers

作者：乔纲，上海大学社会学院 15 级博士研究生，主要研究方向为边疆人类学、都市人类学

写给城市的一曲挽歌

——解读卡尔维诺《看不见的城市》的空间诗学

刘　海

摘　要：这是一部关于城市问题最具灵性思考的神奇之作。黄昏的御花园里，暮年的蒙古大帝忽必烈汗凝神倾听来自威尼斯的使节马可·波罗——青年商人旅行家——讲述他所到访过的城市：那些记忆中的城市、欲望化的城市、贸易中的城市、被符号化的城市等一系列沉重的或轻盈的城市。这本书最大的魅力，就是在一种互动性的对话式阅读中，通过激活读者的想象与思考，尽情地释放读者关于城市记忆、历史与现实问题的无尽遐想，从而将读者带回到他自身所生活的时代，由此引发我们阅读"城市"的兴致与对城市问题的持续关注。

关键词：《看不见的城市》　城市文本　现代性悖论　城市现代性

就近十多年中西学术界关于城市问题的研究来看，都市空间与城市文化的研究越来越热，与此相伴的一个热点问题就是"城市危机论"，甚至促使了一种更为有趣的文艺现象：在《未来水世界》《后天》《2012》《流感》等西方影像文本中，"世界末日"主题与人类灾难片已经将"城市"作为灾难片展现的核心场域，或者直接成为灾害袭击的主要对象。美国芝加哥学派的著名学者之一罗伯特·帕克曾说，城市是人类最持久的也是最成功的将世界按照他所想的来改变的尝试。城市，是人类创造出来的世界，也是被迫居住的世界。因此，许多时候人类在不清楚这项工程的本质的情况下，他们在重建城市的同时也重塑着自身。那么，我们需要追问的是，为什么"城市"已成为当今灾难片中直接或主要的攻击对象？又或者再进一步追问到：为什么许多人在"看到熟悉的城市在银幕上毁灭，会感到一种不可思议的震撼"？[①] 事实上，关于城市问题及其"城市危机论"的思考，曾引来哲学、政治学、社会学、人类学、文化学、地理学、经济学、管理学、文学等人文社会科学各领域学者的参与。就如麻省理工学院都市研究与计划系曾应两位阿拉伯人的资助研究耶路撒冷的和平问题与2050年之后耶路撒冷的城市建设，希望借助麻省理工学院的政治科学、城市研究、建筑规划等专业或院系的专家学者寻求某种和平的新途径解决耶路撒冷地区的冲突与矛盾，构想50年后耶路撒冷在政府机构、空间布置、社会风俗、经济体制等方面可以促使城市的和平与发展。参与这个团队的学者有政治法律理论家、城市学家、历史学家、人类学家、政治哲学家以及其他方面的专家，他们希望借助多学科知识的介入与合作，共同探讨从城市面貌——城市的过去与未来——研究耶路撒冷的政治与社会问题。[②] 在这里，我们试图通过对一位意大利文学家——卡尔维诺——关于城市问题的探寻与反思，通过对他的一部著作——《看不见的城市》——关于城市历史与未来的遐想，再次将关注的话题聚焦"城市"自身，并以此解读卡尔维诺的空间诗学给城市问题带来的诸多启示。

一、阅读城市文本

德国文化学者本雅明曾说："清晨，我驱车穿过马赛去火车站，当我在路上经过熟悉的和新的、不熟悉的，或者只是依稀记得的地方时，这座城市成了我手中的一本书。在它从眼前消逝之前，我匆匆向它扫了几眼，谁知道什么时候这本书将被扔进储藏室的纸箱里。"[③]阅读一座座城市，如本雅明就像阅读一本书[④]；而阅读一本书，又如卡尔维诺就像阅读一座座城市，这就是卡尔维诺

---

① 刘海：《现代性的生存焦虑与文化重建——从〈后天〉到〈2012〉电影中的"世界末日"景观》，《电影文学》2010年第14期，第33页。

② 麻省理工学院公开课视频资料：《城市面貌——过去和未来》，http://open.163.com/special/opencourse/cityvisions.html。

③ 瓦尔特·本雅明：《单行道》，王才勇译，江苏人民出版社2005年，第116页。

④ 也如卡尔维诺所言："你放眼打量街巷，就像翻阅写满字迹的纸页：城市告诉你所有应该思索的东西，让你重复她的话，而你虽以为在游览塔玛拉，却不过是记录下她为自己和她的各部分所定下的名称。"一座城市，犹如一本打开的书。人们在书写它的同时，又在试图阅读它。因此，阅读城市就像阅读一本书。见伊塔洛·卡尔维诺：《看不见的城市》，张宓译，译林出版社2006年，第13页。

的《看不见的城市》所具有的魅力。它是一本耐读的书,亦是一座座耐看的城市,需要漫步者耐心地去观赏、品味。它又是一本适宜游荡于城市的远行者阅读的书,且最适宜阅读的场地是火车上。随着来来往往往返于不同城市的旅行,也如这本书一页一页被翻阅,从这座城市到那座城市,一座城市一座城市地漂泊;从书的前言到书的结尾,一页又一页地阅读。观看与阅读,让这本书伴随着你的旅行。

首先,这是一部关于城市问题最具灵性思考的神奇之作。黄昏的御花园里,暮年的蒙古大帝忽必烈汗凝神倾听来自威尼斯的使节马可·波罗——青年商人旅行家——讲述他所到访过的城市:那些记忆中的城市、欲望化的城市、贸易中的城市、被符号化的城市等一系列沉重或轻盈的城市,所有忽必烈汗"地图册"上或他的帝国疆域中亦真亦幻的城市。这本书采用的文体是一种混杂的文学样式:它是一种散文化的小说,又是小说式的游记;而在游记中又充满着传奇,传奇里都是故事,故事中沉浸着寓言,寓言里包裹了诗意。也正是这种不确定的混杂文体为这本书所探讨的问题增添了无穷的魅力,使其成为 20 世纪欧美文学中关于城市问题的最具灵性的作品,也被视为后现代的经典文本。① 伊塔洛·卡尔维诺就曾说道:"人们像读诗、散文或至多是像读短篇小说一样读这本书",称其是自己"献给城市的最后一首爱情诗"。在这本书里,既有关于城市的童话,又是对城市往事的追忆;既有忧伤的故事,又是关于城市未来的寓言;既像小说般具备编造与讲述故事的魅力,又如诗歌那般赋予空灵的遐想与思维的跳跃;既如欲望的眼那般沉重,又似翱翔的飞翼那么轻盈。因此,它虽不是诗,却尽显诗的灵性,而它最值得称道的是:它能将"城市危机"这样一个沉重的问题写得如此轻盈、赋有诗意,是任何有志于从事文学写作的人都应该读一读的书。

其次,它以马可·波罗向忽必烈汗描述所有他所到访过的城市以及他们之间的对话为构架,支撑着这部著作的全部。全书的内容是以马可·波罗的游历与讲述展开文本叙事,并在这种叙述模式下将一座座似曾游历过的城市——它们的名字、特性、结构等——淋漓尽致地展现出来。忽必烈汗又是以聆听者的角色在闭目遐想中将马可·波罗的"语言之城""虚拟之城"转换成一

---

① 厄勒·缪萨拉:《重复与增殖:伊塔落·卡尔维诺小说中的后现代手法》,见佛克马、伯顿斯编:《走向后现代主义》,王宁等译,北京大学出版社 1991 年,第 159 页。

座座"影像之城""现实之城"。在这个对话中,言说是一种无形的力量,它使忽必烈汗凭借铁骑与权力的法杖获得的帝国的疆域由沉寂中被唤醒。从马可·波罗踏入迪奥米拉城开始,伊西多拉、多罗泰亚、扎伊拉、阿纳斯塔西亚、塔玛拉、左拉、苔斯皮那、吉尔玛、伊萨乌拉、莫利里亚、菲朵拉、佐艾、珍诺比亚、欧菲米亚、佐贝伊德、伊帕奇亚等等,55座城市相继随着马可·波罗的讲述而渐次复活。而且,每一座城市都是流动着的或者多样化的,就像多罗泰亚城,既具有属于自身的独特之处,又在不同的旅行者与居住者心理展现出不一样的姿态,又如珍茹德,是由"观看者的心情赋予珍茹德这座城市形状"。与此同时,在马可·波罗与忽必烈汗之间的对话,具有一种奇妙的默契。这不仅仅是因为马可·波罗认真而谨慎的讲述与忽必烈汗仔细地聆听相互配合,还有他们之间借助各种"叙述语言"所产生的奇妙效果:在马可·波罗还不能熟练使用东方语言讲述所到访过的诸多城市时,他往往会借助来自这些不同城市的物品,如"从行囊里掏出的物件":鸵鸟毛、投石枪、石英等等,还有"手势、跳跃、惊异或惊恐的喊声、或模仿豺狼和猫头鹰的叫声"。而且作为聆听者,忽必烈汗如马可·波罗所说:"你可以在思想中漫游、迷失,停下来乘凉,或者径自离开。"[①]这就为聆听者提供了一种较为自由、主动、随意的想象空间。如书中所说,"这位口齿不清的报告人所提供的每件事情或每个信息,令忽必烈最感兴趣的是它的周围的空间,一个未用语言充填过的空间。"[②]而正是这一点促使忽必烈汗对马可·波罗关于每一座城市的汇报并不感到厌倦。这种"未用语言充填过的空间"有助于他们二者之间形成一种互动性的对话关系,而不是单纯的报告者与被动的聆听者,这是一个可以随意展开联想、想象的空间,一种诗意化的自由空间,以致"双方对采用语言对话的兴致逐渐在减少",或者有时候"他们的对话大部分时间是在沉默与静止状态下进行"。更有趣的是,作为汇报者的马可·波罗与作为聆听者的忽必烈汗有时候会进行角色的互换。由忽必烈汗讲述一个想象之中虚拟的城市,然后再让马可·波罗去印证这样的城市是否存在? 它在哪里? 叫什么名字? 在一定意义上,这也是卡尔维诺与读者之间达成的一种较自由的、开放性的对话关系,又是一种理想状态下作者或作品与读者之间的关系。所以,在这本书的阅读过程中,阅读者正是以忽

---

① 伊塔洛·卡尔维诺:《看不见的城市》,张宓译,译林出版社 2006 年,第 39 页。

② 同上。

必烈汗的角色与其共同游历于马可·波罗（抑或卡尔维诺）所讲述的这些亦真亦幻的城市迷宫，并参与对现今"城市"问题的探讨与城市现状的反思。

最后，就这部著作的情感基调而言，其忧虑多于诗意。如卡尔维诺所说："它就像是在越来越难以把城市当作城市来生活的时刻，献给城市的最后一首爱情诗。也许我们正在接近城市生活的一个危机时刻，而《看不见的城市》则是从这些不可生活的城市的心中生出来的一个梦想。"①这无疑是一种忧虑的心态，在当今城市生活的危机中引发他对城市历史的反思与对城市未来的设想。

二、寻找城市的灵魂

马可·波罗一块石头一块石头地描述一座桥。

"可是，支撑桥梁的石头是哪一块呢？"忽必烈汗问。

"整座桥梁不是由这块或者那块石头，而是由石块形成的桥拱支撑的。"马可回答。

"你为什么总跟我讲石头？对我来说只有桥拱最重要。"忽必烈汗默默地沉思了一阵，然后又问。

马可·波罗回答："没有石头，就不会有桥拱了。"②

在这一则颇具哲理意味的对话中，所谓的"石头""桥拱""桥梁"都是一种特定的象征符号，它们分别指向"一座城市""城市的结构""城市的本质"。在这本书里，当马可·波罗通过对自己所游历的城市的描述向忽必烈汗讲述一座又一座城市的过程中，忽必烈汗提出了这样的问题："你为什么总跟我讲石头？对我来说只有桥拱最重要。"实际上，当马可·波罗为我们提供了关于城市各种各样风貌的蓝本之后，我们就会发现：他所讲述的每一座城市都是不一样的，甚至同一座城市因到访者的路线、心情等因素的影响而呈现出不同的面貌，如苔斯皮那城，在高原上"赶骆驼的人"与在迷雾缭绕的海岸的"水手"看到的是不一样的苔斯皮那。与此同时，即就是同一座城市，它也是在流动中不

---

① 《看不见的城市》，前言第 7 页。
② 同上书，第 82 页。

断变化,如其所说,"同一地点同一名字下的不同城市,有时会在无人察觉之中悄然而生,或者默默死去,虽是相继出现,却彼此互不相识,不可能相互交流沟通。"①因此,每一位游历者几乎是无法获知一座城市的全貌,更不可能把握所有城市的面貌或者关于"城市的本质"。所以,这就构成一个悖论,即在"个别"与"类属"之间,似乎永远存在一个无法克服的距离,即就是你游览尽所有的城市。

又或者说,在这本书里,马可·波罗与忽必烈汗之间关于城市的对话又像是他们之间的一场对弈,每一座讲出来的城市(即马可·波罗到访过的城市)就像一枚棋子,而全书最具有吸引力的,则是隐匿在这场对弈背后的规则,或许,它就是解读"城市"的密码。无论是忽必烈汗还是卡尔维诺,都希望在尝试了对城市诸面相的想象与描述之后,能够触及城市的灵魂,以期认识城市的本质。然而,马可·波罗所能做到的,就是通过对一座又一座城市的描述,尽可能多地呈现各类城市的面貌。在这个过程中,马可·波罗通过对"某一座城市"的模板做一些微调来演绎另一座具体的城市的面貌。如他以"威尼斯"为"样板城市":"只要我剔除我的样板模式中的一些例外"或者"只需减少一点不正常的成分"就可以"由此而演变出其他所有城市来"。而忽必烈汗之所以能耐着性子认真地聆听,就是因为他想:"假如每个城市就是一局棋,我掌握各种规则的那天,就是我终于掌握整个帝国之日,即使我还没有能认识它所包含的所有城市。"②所以,无论是想象之中虚设的忽必烈可汗对于帝国疆域的认知,还是现实之中卡尔维诺对于城市本质的探寻,他们都在"考虑着维系城市的无形的秩序,思量着它们形成、崛起、昌盛的规律,以及如何适应季节的转换,怎样从衰落到变成废墟。"③由此,为了获知"城市的密码",就只能采取通过对一座又一座城市的描述来展现它的状态。"实际上,作者是把这些具体的城市作为一般意义上的'城市'的例证,分别从不同的角度来加以观察,试图从中把握到构成城市的基本要素以及这些要素之间的组合规律……这部作品几乎可以说为我们揭示了一切城市所蕴涵的秘密。"④

---

① 伊塔洛·卡尔维诺:《看不见的城市》,张宓译,译林出版社 2006 年,第 30 页。
② 同上书,第 121 页。
③ 同上书,第 122 页。
④ 苏宏斌:《〈看不见的城市〉与卡尔维诺的叙事艺术》,《外国文学研究》2005 年第 4 期,第 64—65 页。

与此同时,我们又似乎看到无论是马可·波罗所游历的现实之城,还是卡尔维诺所幻想的各种风貌的虚拟之城,它们都是以"威尼斯"为蓝本想象各种各样的城市,而书中所未出现的那座"看不见的城市"既是历史又是未来。从表面上看,这仅仅只是一个传统哲学命题的悖论,早在柏拉图关于"美的事物"与"美的本质"问题的探讨中已经出现。其实,并不尽然如此。

卡尔维诺用故事、对话、传说、寓言、散文、游记、故事中的故事等各种叙述方式,讲述关于城市问题的思考,以期触摸城市的灵魂:它是"当下",又是"过去"抑或"未来",而它本身就是"历史",即一个聚集了城市的"过去"与"未来"的历史。总之,它是关于"城市"一切的生,又是一切的死。它是"眼睛"用于观看"城市",它是"名字"用于呼唤"城市",它是"符号"用于标记"城市",它是天空用于映现"城市",它是一切轻盈的存在;与此同时,它又是"记忆"用于怀念"城市",它是"欲望"用于塑造"城市",它是贸易用于交换"城市",它是"死者"用于祭奠"城市",它又是一切沉重的存在。它是我们曾经站立而今已经隐蔽的坚实又沉重的大地,又是我们如今憎恨而后又依恋的连绵的希望之乡。于是,过去与未来、沉重与轻盈、真实与虚幻、丑陋与唯美、苦难与幸福等两极矛盾交织在一起,编织了这本书的城市之网:其中一条是历史的虚设式对话,即马可·波罗与忽必烈汗之间关于"城市"的游记与对话;另一条是行走于现实中城市危机边缘的真切感悟,即卡尔维诺立足于现实问题的追问与反思。然而,两条线却共有一个主脉,那就是"城市"的历史与未来。所以,卡尔维诺说道:"在《看不见的城市》里人们找不到能认得出的城市。所有的城市都是虚构的;我给它们每一个都起了一个女人的名字。这本书是由一些短小的章节构成的,每个章节都应提供机会,让我们对某个城市或泛指意义上的城市进行反思。"[1]为此,我们所能做的,就是在现代性的城市危机之中透过城市的记忆、历史与被展览的遗址来反观它的历史与未来。

三、城市的记忆、历史与被展览的遗址

在 20 世纪初期关于现代性及城市问题的思考,最早的研究者当属德国文化研究的先驱者本雅明。当然,他是一个接力者,从 19 世纪法国诗人波德莱尔的手里接过了对于现代城市生活与现代艺术问题的思考。之后,西方学者

---

[1] 伊塔洛·卡尔维诺:《看不见的城市》,张宓译,译林出版社 2006 年,前言第 2 页。

中凡是要研究这一领域的人都会或多或少地谈及本雅明,甚至受到他的影响。而在《看不见的城市》中,卡尔维诺又以一个关于城市问题进行研究的"接力者"出现。卡尔维诺在序言中开宗明义,直接说道:"我相信这本书所唤起的并不仅仅是一个与时间无关的城市概念,而是在书中展开了一种时而含蓄、时而清晰的关于现代城市的讨论。"①

无论是波德莱尔在给《快报》主编阿尔塞纳·乌萨耶的诗集题辞中所表露的:"我们中有谁不曾在某个雄心勃勃的时刻梦想过去创作一部伟大的散文诗? 这样的作品必须离开节奏和韵律去显出它的律动;它必须充分地轻快流畅,充分地灵活多样,以适应灵魂那奔放不羁的骚动,适应梦境那此起彼伏的波浪和思想那突如其来的紧张。这种能够激发灵感的理想主要地来自于这种大城市的体验。"②还是本雅明透过波德莱尔的诗歌看到一个游荡者穿行于巴黎的各个街道、商铺、拱廊街,在历史的废墟与现代生活的碎片中观看都市空间所呈现出的现代性景观,并纵情于那瞬间的一眸和惊颤体验所带来的快感。抑或卡尔维诺透过马可·波罗在历史之中对于诸多城市的游历和描述或自己在实际的现实生活中关于城市诸多经验的感悟。他们作为身临其境的"休闲逛街者",在感受自身所生活的城市空间与现代性体验的同时,又保持着一位知识分子应有的敏感与睿智。在融于城市人流之中又独出其内的同时,成为现代都市生活中的先知先觉者或者精神上的"异乡人"③。因此,无论是在过去的历史之中游历了诸多城市的马可·波罗,还是在实际的现实生活中写下关于城市经验的诸多碎片的卡尔维诺,他们的身上都有城市里的"休闲逛街者"或"浪荡游民"(本雅明语)的影子,记录并反思当今城市生活带给人们的种种体验是他们共同的使命。

首先,他们对于城市生活的深切感受,是一种"流动的""易逝的""瞬间的"

---

① 伊塔洛·卡尔维诺:《看不见的城市》,张宓译,译林出版社 2006 年,前言第 6 页。
② 瓦尔特·本雅明:《发达资本主义时代的抒情诗人》,王才勇译,江苏人民出版社 2005 年,第 68 页。
③ 这种精神上的异乡人,这正如本雅明对"休闲逛街者"所做的分析:"如果他屈从于人群展现的那种力量而被拉进他们中去,并像一个休闲逛街者那样完全成为其中的一员,那么他就摆脱不了对人群那种非人性的感觉。他使自己成为他们的同类人,但几乎在同一瞬间又将自己同他们区分开来。他使自己与他人保持一定距离地走进人群中,只是为了用轻蔑的一眼把他们突然忘却。他谨慎地承认了这种矛盾心理,其中有某种强迫性的东西。"见瓦尔特·本雅明:《发达资本主义时代的抒情诗人》,王才勇译,江苏人民出版社 2005 年,第 129—130 页。

"支离破碎的"生存体验。其实,无论是关于城市的两面性而言,还是关于某一座城市与城市本质问题的思考,它都不仅只是哲学命题的悖论,也是现代性以及城市问题本身的悖论性存在。而我们要说的是,城市是现代文明的产物,现代社会城市化进程离不开技术推动下工业化的发展,正是在生产力发展与技术革新中推进了现代城市生活及文化的产生。尤其是工业文明发展到 20 世纪,社会的发展进程已经进入了一种高速运转的历史时期,它直接造成了一切事物稍纵即逝和人们无法把握现实的幻灭感,似乎任何东西都在偶然性的瞬间流动过程中逝去。这正如爱尔兰诗人叶芝所揭示的:"一切都四散了,再也保不住中心,世界上到处弥漫着一片混乱。"①因此,19 世纪中叶法国诗人波德莱尔将现代性定义为:"现代性就是过渡、短暂、偶然……另一半是永恒与不变。"②所以,现代性的城市是瞬间与永恒的并置。

如今,漫步于大都市的人流之中,每一个人都会产生自我迷失的感觉。昨天你曾到访过的地方今日已经变成别的模样,这就是我们生活于今天的城市。当一切都在急速的变动中趋于流逝的时候,让你无法获知自身此时的方位。迷失,就成为一种普遍的状态,这就是今天居于城市的人们的深切感受。因此,久居城市的人们,往往在这种急速流逝的变动中很难确认自己的所处。而路标于你却是那么的陌生,因为它也是不久才树立的。此刻,我们每一位都成了这座城市的过客或"异乡人",只能在那遥远的过去依靠曾经的记忆、历史或被展览的遗址获知自己曾经的存在。也正是在这种意义上,卡尔维诺借助马可·波罗所描述的那些城市:它不但因到访者的路线、心情等因素的影响而呈现出不同的面貌,也因为城市的流动不居而无法把握,就像"莱奥尼亚每天都在更新自己"。仿佛它们是有生命的:一旦静止,就会死亡。故当左拉城"为了让人更容易记住,左拉被迫永远静止不变,于是就萧条了,崩溃了,消失了。大地已经把她忘却了。"③

其次,这种现代性的悖论,既呈现出瞬间与永恒的两面性,又体现出城市是一个将现实与虚幻、圣洁与欲望、丑陋与唯美、繁华与破败、沉重与轻盈等多重因素并置的矛盾综合体。如瓦尔德拉达城,既有真实的一面,又存在虚幻中

---

① 袁可嘉:《外国现代派作品选·第一册(上)》,上海文艺出版社 1980 年,第 64 页。
② 波德莱尔:《波德莱尔美学论文选》,郭宏安译,人民文学出版社 2008 年,第 439—440 页。
③ 伊塔洛·卡尔维诺:《看不见的城市》,张宓译,译林出版社 2006 年,第 15 页。

的倒影:"来到此地的游人便能看到两座城市:一座临湖而坐,一座是湖中倒影"①:一个是真实的城市主体,一个是呈现于湖面的颠倒的影子;一个是交合、凶杀等现实生活中的城市,一个是审美化的幻境。又像克洛艾,"这座最贞洁的城市,时刻都被肉欲推动着"。于是,在这些城市的现状中,现实与虚幻、丑陋与唯美、沉重与轻盈等诸多二元因素的矛盾性并置,展现出城市生活的复杂性。因此,面对当今城市生活的诸多问题:拥挤的、肥硕的、肮脏的、混乱的、实利的、灾难丛生的等沉重的一面,卡尔维诺又寄希望于"一个新的纪元的开始",如马洛奇亚告别鼠类般的沉重的城市生活,在旧城厚重的墙缝里显现出一座轻盈的新城。但是,无论是地面上的生者的城市与地下的死者之城的混合体(如埃乌萨皮娅),还是地面上的城市与天上的城市的混合体(如贝尔萨贝阿),抑或新城与旧城的混合体(如莱奥尼亚),又或者是悲伤的城市与快乐的城市混合体(如莱萨城),公正的城市与不公正的城市的混合体(如贝莱尼切),在马可·波罗所到访过的城市或称卡尔维诺所描述的城市,无论是哪一座城市,还是整个城市自身,它都带有这种不可剥离的矛盾的两面性:一面是现实的,一面是虚幻的;一面是过去,一面是未来;但是,每一面又都是另一个的另一面,甚至这两个面又时常可以互换。就像莫里亚纳,"从这面到那面,城市的各种形象在不断翻番,但是却没有厚度,只有正反两面:就像一张两面都有画的纸,两幅画既不能分开,也不能对看。"②其实,真实生活中的城市亦如此,就像被评为世界上最浪漫的城市巴黎,如学者秦兆基所说:"让我们窥见巴黎的全部的底蕴:典丽风华的,热情浪漫的,也许每一个民族,每一个城市都是一样的,它们总是有许多层面,很难简单地用一个词,或者一句话来概括。我想起了法国象征派诗人波特莱尔的一句话:'巴黎,万恶之都,我爱你!'在历史书中,特别是在文学作品之中,我见到过巴黎的种种,光荣与梦想的一面,血腥与暴力的一面,法国大革命中的、巴黎公社中的,狄更斯笔下的、雨果笔下的、左拉笔下的、巴尔扎克笔下的、爱伦堡笔下的,街垒、断头台、地下水道、教堂、贫民窟、咖啡馆、文人沙龙、贵族客厅。"③正因为如此,我们获知:"城市是一系列双重的存在:它有官方和隐藏的文化,它是个真实的地方同时又是想

---

① 《看不见的城市》,第 53 页。

② 同上书,第 105 页。

③ 秦兆基:《抹不掉的记忆年轮——巴黎协和广场随想》,《三角洲》2008 年第 3 期,第 39 页。

象的场所。它拥有街道、住宅、公共建筑、交通系统、公园和商店组成的复杂网络,同时也是态度、习俗、期望及其内在于作为城市主体的我们心中的希望的综合体。我们发现,都市'现实'不是单一而是多重的,城市之中总有另外一个城市存在。"①

最后,这种现代性的悖论,也体现在卡尔维诺的故事叙述与文字情绪之中。面对当下的城市问题与城市危机论,卡尔维诺表现出对过去的怀旧与对未来的展望两重矛盾的心态。尽管"城市不会泄露自己的过去,只会把它像手纹一样藏起来,它被写在街巷的角落、窗格的护栏、楼梯的扶手、避雷的天线和旗杆上,每一道印记都是抓挠、锯锉、刻凿、猛击留下的痕迹。"②但是,当遗忘与迷失成为现代人的一种普遍化的城市生活体验之后,怀旧的人们将会重新拾起这些关于历史的记忆。因此,怀旧也就成为现代都市里的一种流行病。如在一则对话中,当忽必烈汗反问马可·波罗:"我知道,我的帝国像一具沼泽地里的尸体一样在腐烂,它的病毒都已经传染给啄食它的乌鸦和把它当做肥料的竹子。你为什么不跟我谈这些呢?"③马可·波罗回答道:"我探察的目的在于:搜寻尚可依稀见到的幸福欢乐的踪迹,测量它缺失的程度。如果你想知道周围有多么黑暗,你就得留意远处的微弱光线。"④忽必烈汗又问:"为什么你总是在不必要的忧伤中流连?为什么你要对皇帝隐瞒他的辉煌的命运。"马可·波罗又进一步回答道:"陛下,只要你做一个手势,就会筑起一座美轮美奂、独一无二的城市,然而我得去收集其他那些为让位于她而消失了的城市的灰烬,那些城市既不可能重建,也不会被人记起。只有当你辨认出任何宝石都无法补偿的不幸的废墟时,你才会准确计算出最后的金刚石该有多少重量,才不会在开始时估计失误。"⑤由此可以看出,每一座城市在流动不居的过程中,一方面在每日更新,另一方面"在把一切都保存于唯一一种形态中:昨日的废物堆积在前天以及更久远的过去的废物之上"⑥。这种矛盾而又合理的现象也必然影响到卡尔维诺的矛盾心态:这既促使卡尔维诺面对城市的记忆、历

① 钱伯斯:《流行文化:大都市经验》,转引自 Edward W. Soja:《后大都市——城市和区域的批判性研究》,李钧等译,上海教育出版社 2006 年,第 437—438 页。
② 伊塔洛·卡尔维诺:《看不见的城市》,张宓译,译林出版社 2006 年,第 9 页。
③ 同上书,第 59 页。
④ 同上书,第 59—60 页。
⑤ 同上书,第 60 页。
⑥ 同上书,第 114 页。

史与被展览的遗址油然而生的怀旧情绪。当然,又构成卡尔维诺关于城市生活另一维度的憧憬。因此,在这部书的最后,忽必烈汗向马可·波罗询问:"你去过周围许多地方,见过很多标志,能不能告诉我,和风会把我们吹向未来的哪片乐土?"[①]所以,忽必烈汗的帝国疆域或"地图册"里"尚未发现或建设的"应该是一座理想的乌托邦之城。但是,寻找人间乐土或"理想城市"之所在,无疑是忽必烈汗,也是卡尔维诺的夙愿。

因此,正是以上诸多因素促成了文本符码体系的双重性矛盾。如图例所示:

（游历者的寻找与守望:马可·波罗与忽必烈汗的对话）

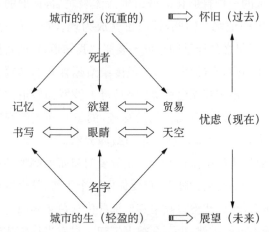

（书写者的忧思与展望:卡尔维诺的城市反思）

结语

然而,以上所列出的现代性悖论,既体现在每一座城市之中,又是所有城市的共性。所以,在这一点上,每一座城市既是唯一的,又是普遍的,就像忽必烈汗在借助马可·波罗的语言于想象之中到访过诸多城市之后,不动声色地说,"还有一个你从未讲过的城市",那就是"威尼斯"。而马可·波罗的回答是,"每次描述一座城市时,我其实都会讲一些关于威尼斯的事……为了区分其他城市的特点,我必须总是从一座总隐于其后的首要的城市出发。对于我,

---

① 《看不见的城市》,第165页。

那座城市就是威尼斯。"①因此,在马可·波罗所讲述的诸多城市中,"威尼斯"无疑是被作为"样板城市":"它是由各种例外、障碍、矛盾、不合逻辑与自相冲突构成的。"马可·波罗所要做的就是"只要我剔除我的样板模式中的一些例外"或者"只需减少一点不正常的成分"就可以"由此而演变出其他所有城市来"。因此,在这本书中,我们借助马可·波罗的讲述游历了诸多城市,且每一座城市都具有不可复制的个性,又都体现出所有城市的共性。所以,"一"与"多"是相通的。这是卡尔维诺对现代性的城市所产生的诸多悖论的解答。

与此同时,我们又可以看出:卡尔维诺对过去的怀旧与对未来的展望交织在一起。因此才会有"每到一个新城市,旅行者就会发现一段自己未曾经历的过去:已经不复存在的故我和不再拥有的事物的陌生感,在你所陌生的不属于你的异地等待着你。"②这是一种时间意义上的回归与往复,但它又是在未来将"已经不复存在的故我"唤醒,它既是记忆的绵延,又是"现在"的两个维度。因此,可汗问马可·波罗"你是为了回到你的过去而旅行吗?"这句话又可换成"你是为了找回你的未来而旅行吗?"当然,被重新唤醒的关于过去的记忆已经不再是历史,而是现在抑或未来。正是它们二者的结合,才是卡尔维诺真实的情绪。站在当下的现实境况中,面对未来,缅怀历史,他是一个行走在历史废墟与未来之间的沉思者。在承受着现实的苦难的同时,又担当起拯救的使命。当然,这种探寻也可能毫无收获,抑或"最后的目的地只能是地狱城"。但是,忽必烈汗抑或卡尔维诺并没有丧失探索的勇气,如马可·波罗所说,"生者的地狱是不会出现的;如果真有,那就是这里已经有的,是我们天天生活在其中的,是我们在一起集结而形成的。免遭痛苦的办法有两种,对于许多人,第一种很容易:接受地狱,成为它的一部分,直至感觉不到它的存在;第二种有风险,要求持久的警惕和学习:在地狱里寻找非地狱的人和物,学会辨别他们,使他们存在下去,赋予他们空间。"③显然,在关于现代城市危机问题上,尽管卡尔维诺以他特有的感悟与认知表达了自己"对某个城市或泛指意义上的城市进行反思",且这种担忧弥漫在这本书的字里行间。但是,"卡尔维诺创作

① 伊塔洛·卡尔维诺:《看不见的城市》,张宓译,译林出版社 2006 年,第 86—87 页。
② 同上书,第 26—27 页。
③ 同上书,第 166 页。

的意图,并不仅仅是有关城市危机的警示,而是力图在危机的缝隙中,探询城市可以让人幸福生活的可能。"①而这正是作者撰写此书的意图与目的。也正因为如此,他的字里行间必不可免地流溢出一种忧虑抑或伤感的情绪,如当忽必烈汗试图通过对一座座城市的观察与参悟来认识帝国的疆域时,他得到的最极端的运算:"帝国国库里的珍奇异宝不过是虚幻的表象,最终的胜利被化约为棋盘上的一块方格'虚无'"。② 所以,当马可·波罗向忽必烈汗描述完所有他所到访过的城市之后,可汗将关注的视角与希望寄托在他的"地图册"上那些"看不见的城市"。而那些"看不见的"或正在建设抑或还未诞生的城市,正是可汗抑或卡尔维诺对未来城市所寄托的希望。当然,任何尚未实现的计划、理想或者蓝图,我们都可以将其简单而粗暴地称为"乌托邦",又或者将社会中的那些温和的改良抑或微调视为政治上的保守与妥协,似乎凡是没有流血的牺牲与死亡的暴力都不能算作是"革命"。但是,我们还应该关注一种力量,它在实现之前的各种努力尝试或许就是革命的另一种方式,即在利用周围一切现存事物及经验推进变革的进程抑或引发它的革命。这一点似乎极适合对卡尔维诺的《看不见的城市》作出评价。因此,我们应该将这本著作看作是卡尔维诺关于城市现状的反思与城市未来的探寻之旅。正是这种寻找"我城"的冲动,促动了卡尔维诺写作《看不见的城市》。

最后,我们要说的是:无论是马可·波罗向忽必烈汗描述的那些旅行见闻,还是卡尔维诺关于城市经验的书写,这里仅有关于城市生活的碎片,无论是想象的虚拟之物,还是实存的城市经验,真正完美城市的构想只能存在在每一个阅读者的积极建构之中。所以,这本书最大的魅力,就是在一种互动性的对话式阅读中,尽情地释放着阅读者关于城市记忆、历史与现实问题的无尽遐想。通过激活阅读者的想象与思考,并将阅读者带回到他所生活的时代,由此引发我们阅读"城市"的兴致与对城市问题的持续关注,而不是让阅读者陷入文本所编制的虚妄的城市迷宫之中无法自拔。

① 张莉:《卡尔维诺的城市诗学》,《建筑学报》2012年第5期,第105页。
② 伊塔洛·卡尔维诺:《看不见的城市》,张宓译,译林出版社2006年,第123页。

An elegy for the city

——Calvino's space Poetics

Liu   Hai

Abstract：This is a magic works of the most spiritual thinking about the city. Imperial Garden in the evening, old Mongolia emperor Kublai Khan listened from Venice envoy Marco Polo talk about the city he visited：Those memories of the city, the desire of the city, the trade city, a series of symbolic city, such as a series of heavy or light cities. And the greatest charm of this works is in an interactive reading, through the activation of the reader's imagination and thinking, to release reader's imagination about the city memory, it's history and reality of the endless daydream, so as to bring the reader back to the time of his own life, arouse people's interest of the city and the continuing concern.

Keywords：The invisible city; The text of city; Paradox of modernity ; Urban modernity

作者：刘海,博士,贵州师范大学文学院副教授,主要从事艺术学理论、文化诗学与城市文化研究。本文为教育部人文社会科学研究青年基金(13YJC760057)项目研究成果之一

艺术中的都市文化

上海古庭院与都市文化建设

杨剑龙

摘　要：大都市上海拥有享誉世界的五大古庭院，如何充分发挥古庭院的作用，加快与加强都市文化建设。必须努力修复和保护古庭院的历史文化遗产，发掘和宣传古庭院的历史文化意蕴，研究和欣赏古庭院的审美布局结构，注重开发和拓展古庭院的都市文化建设。在都市文化建设和发展中，让古庭院焕发出新的活力。

关键词：大都市　古庭院　上海　都市文化

与皇家园林颐和园、御花园的金碧辉煌的皇家气派不同，与寺庙园林寒山寺、灵隐寺的香烟袅袅的宗教气息迥异，江南私家庭院以其悠久的历史、独特的格局、精致的审美，构成了江南文化重要的组成部分，甚至成为历史古镇的重要名片。且不说苏州、扬州的庭院，就看江南的诸多古镇就有着名闻遐迩的著名庭院：同里的退思园，锦溪的柿园，周庄的沈厅、张厅，角直的萧宅、沈宅，南浔的小莲庄，太仓的南园……古镇由庭院而生辉，庭院在古镇而扬名，共同构成了具有深邃历史底蕴和鲜明文化色彩的庭院文化传统，传承与推动着历史与文化的发展与繁荣。

作为现代大都市的上海，也有享誉世界的五大古庭院：城隍庙的豫园、南翔的古猗园、松江的醉白池、青浦的曲水园、嘉定的秋霞圃，这些大多始建于明代的私家庭院已经成为都市景观的重要组成部分，成为都市人消闲聚会的重要场所。在繁荣发展文化充分尊重民众文化权益的今天，如何充分发挥古庭院的作用，加快与加强都市文化建设，是本文思考的初衷。

一

在中国社会走向现代化的进程中,在不断加快城市化的步伐中,诸多城市都经历了大拆大建的历史过程,诸多具有年代与文化的历史文化遗产遭到破坏,主事者在政绩工程的诱惑中成为了历史的罪人。① 在城市文化的建设和发展中,必须努力修复和保护古庭院的历史文化遗产,只有珍惜和保护先辈留下的历史文化遗产,才有可能将历史文化遗产发扬光大。

在上海的五大古庭院中,位于上海市老城厢2万余平方米的豫园被誉为"奇秀甲于江南""江南名园之冠"②,这座建成于明朝嘉靖三十八年(1559)的私家庭院,历经鸦片战争、小刀会起义、太平军战事、"八·一三"抗战等历史风云,庭院多次被破坏,甚至导致"园亭风光如洗,泉石无色"③。新中国建立后,从1956年下半年起政府拨巨款进行全面修缮,于1961年9月对外正式开放。1982年3月,经国务院批准公布为全国重点文物保护单位。1986年至1988年,豫园又进行东部的重建工程,完全按明代豫园的布局全面恢复。2003年豫园内又建成涵碧楼、听涛阁两幢建筑及积玉水廊。如今的豫园已与老城隍庙、豫园商城构成蜚声中外的豫园旅游区,豫园的花会、灯会、书画会已成为市民们城市生活的重要组成部分。始建于明嘉靖年间位于嘉定区南翔镇的古猗园,经历了太平军同清军及"洋枪队"多次在南翔激战、"一·二八"事变日军占领南翔、"八·一三"事变南翔再遭战火等破坏。1957年、1958年政府先后两次集资和拨款,对于古猗园进行较大规模的整修和扩建,于1959年10月1日重新对外开放。"文革"中古猗园遭到破坏,1977年、1979年、1985年政府先后三次拨款予以整修,全园面积增至97333平方米,2006年古猗园被评为国家AAAA级旅游景区。位于松江的5万余平方米的醉白池,前身为宋代松江进士朱之纯的私家宅园,明朝末年公元1644年礼部尚书董其昌在此处建造"四面厅"等建筑,清朝康熙年间,工部主事、画家顾大申将此处列为私人别墅重加修建,命名为醉白池。醉白池后来数易其主,曾经被辟为育婴堂。抗战期间为日本军队占据,解放战争期间为国民党交通警察总队占据。1959年人民

---

① 见杨剑龙:《论中国城市化进程中的文化遗产保护》,《中国名城》2010年第10期。

② 陈业伟:《豫园》,上海文化出版社2009年,第1页。

③ 同上书,第3页。

政府拨款加以修缮,改名为松江公园。"文革"结束后,恢复"醉白池"旧名,1981 年人民政府拨款 70 万元进行大规模修缮。位于上海市青浦城厢镇 2 万余平方米的曲水园,初建于清乾隆十年(1745),原是县城邑庙的园林,称灵园,又因向每个居民捐募一文钱用作维修经费,故又有"一文园"之称。咸丰十年(1860),太平天国军队占领青浦。同治元年(1862),清军与英法联军联合攻城,园毁于炮火①,光绪十年(1884)开始重建,前后经历 27 年。1937 年遭到日机轰炸,部分庭院遭到破坏。十年浩劫期间,遭到严重破坏。白云坞、仪门以及园内多数碑刻、匾额被毁。② 1984 年至 1986 年间.上海市政府拨款 93 万元进行全面修缮。2005 年至 2007 年间,市、区两级政府拨款 1500 万元,再次进行全面整修。位于嘉定区嘉定镇 33156 平方米的秋霞圃包括龚氏园、沈氏园、金氏园和邑庙大殿,最初系明朝工部尚书龚弘辞官返乡后所建的龚氏园,龚弘曾孙龚敏卿败落,公元 1555 年把花园售给徽州盐商汪某,公元 1645 年嘉定惨遭清军屠戮,庭院宅第仅剩两堵危墙。宅基地与后园由汪某后裔辟为秋霞圃,后多次遭破坏。1980 年开始,市人民政府先后拨款 295.28 万元修复秋霞圃。第一期工程修复原龚氏园,1983 年 2 月 13 日对外开放。第二期工程修复沈氏园、金氏园和邑庙大殿,1987 年 10 月 1 日全园对外开放。

在上海五大古庭院的历史变迁中,可以看到人民政府对于历史文化遗产的重视和保护,在努力修复和保护古庭院历史文化遗产过程中,让古庭院焕发出新的时代气息,成为现代都市文化建设和发展的重要组成部分,在成为都市市民游览休闲重要场所时,也推进了都市文化的繁荣与发展。

二

庭院是中国文化重要的载体和空间,有学者谈庭院时说:"庭院是中国一种历史性的建筑空间,同时又作为文化载体融合于传统的各个侧面:从浩瀚的古典诗词到尘封的画像砖,从曹雪芹的红楼梦到张择端的妙笔丹青,无不可以窥到它的踪迹。"③在现代都市生活中,古庭院成为都市市民休闲游览的重要去处。在当代都市文化建设和发展中,必须努力发掘和宣传古庭院的历史

① 上海市青浦区绿化管理署编《曲水园》,上海文化出版社 2009 年,第 3 页。
② 同上书,第 4 页。
③ 任军《文化视野下的中国传统庭院》,天津大学出版社 2005 年,第 3 页。

文化意蕴,在深入细致了解古庭院的内涵时,传承和弘扬民族文化传统,让古庭院焕发出新的生机和活力。

　　具有悠久历史年代的古庭院,大多有着丰富的历史内涵,这是与古庭院发展和中国社会的历史相关。在当代都市文化建设和发展中,应该注重古庭院历史内涵的梳理与发掘,从而让其历史内涵在当代发扬光大。有学者在谈到古庭院豫园时说:"在园林中,不仅看到的是形和质,更是经数千年历史和文化熏陶及天与地哺育的中国传统东方艺术和中国古典园林的精、气、神。故云:走进豫园,就是走进历史。"①任四川布政史的潘允端,为让其任兵部尚书的父亲潘恩安享晚年,用了十余年时间建造庭院。在豫园四百多年的历史中,豫园成为我们民族苦难历史的写照。1842 年外国侵略者入侵上海,英国军队强占豫园大肆蹂躏。1853 年小刀会起义失败,清兵在城内烧杀抢掠,豫园被严重破坏。1860 年太平军进军上海,满清政府把城隍庙和豫园作为驻扎士兵场所,弄得园景面目全非。1937 年"八·一三"抗战中,大量难民涌入豫园避难,任意搭建棚屋,园景被毁无遗。南翔镇的古猗园中,浮筠阁后的竹枝山顶有一方亭,名为"补阙亭",俗称"缺角亭",与一般的亭阁不同,亭子东北无角,其余三角均塑一只握拳手臂。1931 年东北大片国土沦陷,南翔人民造了这座缺少东北角的亭子,表示决心收复失土。醉白池为明朝末年礼部尚书董其昌在谷阳园基础上扩建而成,"华亭画派"和书法家杰出代表的董其昌常常会聚了一批诗、书、画的友朋,雅集在醉白池,结社唱和,泼墨觞咏,成一时之风尚。后世园主顾大申、顾思照一脉相承,聚会诗人墨客在园中结社唱和。青浦城厢镇的曲水园始建于清代,历经乾隆、嘉庆、道光、咸丰、同治、光绪、宣统七朝,至今已有 270 余年,屡遭兵火,数遇动乱,建了又毁,毁了又建,改革开放后曲水园旧貌换新颜。"曲水园的历史验证了一个结论:天下乱,则园林废;天下治,则园林兴。"②始建于明朝弘治十五年的秋霞圃,"承载了当时大户人家对于'避世''隐世''结交知己'的心理需求","形成了一种普世的默契,躲避官场辛累、战乱纷争,自在逍遥、自得其乐为妙"。③ 古庭院承载着厚重的历史,通过对于上海古庭院历史的回溯与探究,让历史的声音在当代社会回响,让蕴含着丰富历

---

① 陈业伟《豫园》,上海文化出版社 2009 年,第 3 页。
② 上海市青浦区绿化管理署编:《曲水园》,上海文化出版社 2009 年,第 1 页。
③ 吴斐儿:《秋霞圃:尘封的上海"造园史"》,《瞭望东方周刊》2016 年第 39 期。

史内涵的古庭院给人以启迪。

　　具有悠久历史年代的古庭院，大多有着丰富的文化底蕴，这与古庭院呈现出的中国传统文化精髓相关。在当代都市文化建设和发展中，应该注重古庭院文化意蕴的探究与宣传，从而让其文化意蕴在当代传承弘扬。豫园最初是四川布政史潘允端为其告老还乡的年迈父亲安享晚年而建，取名为"豫园"的园名出于《诗经》"逸豫无期"，安乐之意，有愉悦老亲之意，"豫"有"平安""安泰"之意，"愉"与"豫"在古汉语中相通，呈现出中国传统孝文化的内涵。古猗园为明万历年间河南通判闵士籍所建，原名"猗园"，园内多竹，取自《诗经》"瞻彼淇奥，绿竹猗猗"。闵士籍嘉定南翔人，因长年在外不能照顾寡居的母亲，决定扩建自家住宅，让母亲颐养天年。古猗园内，精心设计栽培了方竹、紫竹、佛肚竹、罗汉竹、龟甲竹、凤尾竹、金镶碧玉竹、小琴丝竹等 10 多个品种竹子。醉白池之名源于画家王时敏所题匾额"醉白池"，因园主董其昌崇敬白居易，号思白，池名一语双关，思念白居易和董思白。清顺治年间，松江人、工部主事顾大申购得董园，同样仰慕白居易取园名为醉白池。曲水园原名为灵园。嘉庆三年（1798），江苏学使刘云房莅临青浦，应知县杨东屏之邀在园中宴饮。刘见一溪贯园、两池绕山，因王羲之《兰亭集序》中有"曲水流觞"之句，遂将灵园更名为曲水园。始建于明弘治十五年的秋霞圃，是由三座明代私家园林和邑庙合并而成的经典园林，邑庙则可以上溯至宋代，可以说是五大园林中最古老的园林，秋霞圃是上海的赏枫胜地，让人联想唐朝王勃的诗句"落霞与孤鹜齐飞，秋水共长天一色"。古庭院丰富的文化底蕴让游人在徜徉中，感受文化遗韵体悟文化内涵。

　　古庭院中的匾额和楹联具有丰富的文化蕴含，豫园中的匾额有祝枝山的"溪山清赏"、何绍基的"幽赏不已"、左宗棠的"灵木披芳"、苏曼殊的"人境壶天"等；楹联有三穗堂的"山墅深藏峰高树古，湖亭遥对桥面波皱"、小戏台的"大地春回看处处柳眠兰笑，小园宛住听声声燕语莺歌"等，生动绘出了豫园的美景。古猗园的匾额有唐云的"逸野堂"、董其昌的"华岩墨海"、胡问遂的"缺角亭"等；楹联有清人廖寿丰的"十分春水双檐影，百叶莲花千里香"、翁闿运的"名园饶古意，猗竹寓幽情"、叶长春的"月来满地水，云起一天山"等，勾画出庭院的诗意。醉白池匾额有董其昌的"疑舫"、郑为书的"宝成楼"、朱孔阳的"雪海堂"、胡问遂的"半山半水半书窗"等；楹联有董其昌的"临世濯足，希古振缨"、佚名的"有情芍药含春泪，无力蔷薇卧晓枝"等，呈现出文人的心境。曲水园的匾额有方传鑫的"凝和堂"、程振旅的"听橹阁"、冷泉的"镜心庐"等；楹联有戈贞本的"青松寄志民安国泰，丹桂传情人寿年丰"、唐金海的"马鹿永怜鸣硕树，鲤鲂同乐游清流"、赵熹的"野草闲花留春几日，苍藤古木着意千年"等，描绘出古庭院的内蕴。秋霞圃的匾额有董其昌的"十亩之间"、魏文伯的"秋霞圃"、陈从周的"含芳凝露"等；楹联有王明珍的"涉趣溪边，枕流漱石，过砚室即山，松风岭僻通幽径；碧光亭畔，延绿归云，沿草堂花树，丛桂轩昂对曲桥"、佚名的"春色满园，中有洞天，蓄极则泄；幽亭枕水，下临天地，游以忘归"等，展现出天人合一美景。

在努力发掘和宣传古庭院的历史文化意蕴中，让游人了解古庭院的历史、探究古庭院的文化，在江南古庭院的徜徉中既感受大自然美景，又在亭台楼阁小桥流水中感悟历史文化，从而获得美景的濡染和文化的熏陶。

三

古庭院有着独特的美学追求，这在江南古庭院建筑中尤其明显。有学者在研究古庭院时指出："园林充满了诗情画意的意境，浓浓释放着迷人的东方艺术的含蓄婉曲之美。这园林精心的构思和营造，达到了'虽由人作，宛自天开'的境界，小小园林却给人一种深邃无尽的时空感，人既能享受到城市的生活，又能有回归自然的山水风光的游憩之处。"①在上海古庭院的游览中，必须努力研究和欣赏古庭院的审美布局结构，从而真正获得美的欣赏与感受。

有学者将魏晋南北朝时期出现的私家庭院称为文人园林，他们指出："这种园林不同两汉包罗万象的帝王花园，也不同于贵戚富豪为了斗富炫耀而建成的宏大华丽的府第园林，它们的目的主要是创造一个清谈读书、觞咏娱情的美好环境，让生活更接近自然，因此园中景色多自然而少人工，风格清新朴实。"②上海五大古庭院基本延续了文人园林的传统。

"豫园用墙分隔成六大景区，各景区的大小、形状、方位都不一样。每个景区都是一个独立的观赏景区，各有自己的个性、特征、主题和形态；各有自己的布局、组合、结构和意境。"③三穗堂景区以三穗堂、卷雨楼、仰山堂建筑联成一

---

① 陈业伟：《豫园》上海文化出版社 2009 年，第 3 页。
② 阮仪三主编：《江南古典私家园林》，译林出版社 2009 年，第 7 页。
③ 陈业伟：《豫园》，上海文化出版社 2009 年，第 7 页。

个整体,与黄石大假山、荷花池等组成曲径通幽典雅深邃的境界。万花楼景区以会心不远亭、复廊、鱼乐榭、万花楼等,形成疏密有致、动静相生的境界。点春堂景区以抱云岩和水池为中心,形成北、中、南三个空间,北以藏宝楼为主,中以点春堂、小戏台为主,南以和煦堂为主,构成景区的错落有致、跌宕自然的风格。会景楼景区是以水为主体,用两座桥将三个水域连成一片,三个水景各以会景楼、流觞亭、九狮轩为主体建筑,形成灵秀活泼淡雅幽静的境界。玉华堂景区以玉玲珑、玉华堂、积玉池为中心,舒展的水面和秀丽的山石为骨架,与涵碧楼、听涛阁、藏宝楼等建筑呼应,形成了刚柔相济、曲直融汇的境界。内园景区以厅堂楼观、亭榭舫廊、古戏台及假山、水池、名木古树等,形成幽雅深邃秀丽古朴的境界。古猗园内有逸野堂、戏鹅池、松鹤园、青清园、鸳鸯湖、南翔壁6个景区,三分之一是竹园,以绿竹猗猗、幽静曲水、明清建筑、花石小路、楹联诗词等,成为江南古典名园。醉白池以一泓池水为中心,池周古树参天、楼堂亭榭、曲廊相接,以古朴清雅闻名中外。曲水园的布局以湖区为中心,小飞来峰分隔成荷花池和睡莲池南北两池,环两池置亭阁楼榭,各个景区皆环湖而营,自然成趣、别具匠心。秋霞圃以清水池塘为中心,分为桃花潭、凝霞阁、清镜塘、邑庙四个景区,布局紧凑,独具匠心,有亭台楼阁、华池曲径、茂林修竹、假山奇洞,被誉为"步步有景、处处藏诗"[①]。

有学者指出:"江南园林是'立体的画、形象的诗'。它需要在虚与实、隔与透的矛盾关系上,构成平衡、和谐的美,具有明丽、幽深的色彩与节奏……江南园林中的古典建筑是与山光潭影、乔木幽篁不可分割的一部分,壮观的门楼,开敞的厅堂,幽静的书斋,高耸的楼阁,优美的亭榭,蜿蜒的曲廊……"[②]上海古庭院大多融会了江南文化含蓄婉曲之美,在古庭院的漫步中应该研究和欣赏古庭院的审美布局结构,在立体的画、形象的诗的欣赏中获得审美的感受心情的愉悦。

四

古庭院在当代都市生活中具有十分重要的意义,对于传承文化传统形成城市风貌具有不容忽视的价值,在当代都市文化的繁荣与发展中,在保护具有

---

① 张家伟:《江南园林漫步》,上海书店出版社 1999 年,第 159 页。
② 同上书,第 18 页。

历史文化内涵的古庭院时,必须注重开发和拓展古庭院的都市文化建设,将古庭院的保护和建设纳入都市文化建设的视阈中,让古庭院焕发出新时代的光彩。古庭院的开发和拓展可以考虑如下几方面:

1. 努力在修旧如旧的保护中形成古庭院古典的氛围。具有历史年代的古庭院常常需要维修保护,在古庭院的保护过程中必须坚持"修旧如旧"的原则,这是一种"延年益寿",绝非是"返老还童"。英国学者 W. 鲍尔认为:"所谓保存(Preservation)是指对建筑物或建筑群保持它们原来的样子,而保护(Conservation)主要是指对现有的美好的城市环境予以保护,但在保持其原有特点和规模的条件下,可以对它作些修改、重建或使其现代化。"[①]在古庭院的维护和发展中,以保存为基本,努力保持它们原来的样子,适当地予以保护,在保持其原有特点和规模的条件下,进行适当的修缮或修建。在古庭院修旧如旧的保护中,尤其应该注重保持古庭院的古典氛围,而不能掺入过多的现代意识时尚色彩,在保持江南古庭院的古典诗意风格中,形成与突出古庭院古典的氛围。

2. 努力在古庭院文化保持中形成历史文化遗产街区。作为具有历史年代的古庭院,已经成为当代市民生活的重要组成部分,进入古庭院游览休闲成为市民生活的一种方式。在当代城市建设中,常常刻意建造一些仿古街区,被开发成商业风情街,以拓展商业商贸活动,力图吸引顾客吸引商户,甚至将"真"的古街区拆毁而建造"假"的古街区,甚至形成了千街一面的窘况,著名作家冯骥才批评为粗鄙化的"仿古造假"热。[②] 在古庭院的保护和发展中,应该绝对避免拆"旧"造"新"、拆"真"造"假"的状况,努力在古庭院文化保持中形成历史文化遗产街区,以古庭院为核心延展周边的街区,在注重周边街区与古庭院保持相似格调和形态中,形成古庭院的历史文化街区。在上海的五大古庭院的发展中,豫园与老城隍庙、豫园商城构成了园、庙、市三位一体的豫园旅游区,成为上海都市蜚声中外的一张名片。坐落在老镇的古庭院应该努力将其发展融入古镇的发展与建设中,在江南古镇建设与发展中应该避免千镇一面缺少个性,在突出古镇建设的个性中,将古庭院的发展融入古镇建设中,充分

---

① 张松:《历史城市保护学导论:文化遗产和历史环境保护的一种整体性方法》,上海科学技术出版社,2001年,第9页。

② 杜浩:《为何热衷建造仿古一条街?》,《福建日报》2015年12月1日。

发挥古庭院的声誉和影响,在与古镇的共同发展中,促进都市文化的发展与建设。

3. 努力在现代雅文化融入中形成古庭院文化的活力。古庭院已经成为都市文化有机的组成部分,在古庭院中适当地融入当代市民的文化活动,有助于发挥古庭院的生机和活力,诸如豫园举办的花会、灯会、书画展等活动,传承了历史悠久的游艺活动,为古老的庭院增添了活力。如古猗园的新春灯谜会,"上海古猗园新春灯谜会是近年来申城逐渐形成的文化名片之一"①。现代都市社会的快速发展,都市文化建设与发展的成就,让都市市民的生活环境和生活质量都不断提高,由于都市人口不断扩大与都市交通日益拥挤,市民们的活动场域受到了限制,尤其是缺少雅活动的策划和场所。古庭院可以成为都市人现代雅文化的活动之地。由于古庭院古典的风格和典雅的环境,应该绝对避免过于喧闹和低俗的活动在其中开展,而将花会、灯会、书画展、篆刻展、猜灯谜、摄影展、棋类赛、朗诵会等雅文化活动融进古庭院中,努力在现代雅文化融入中形成古庭院文化的活力。

上海五大古庭院已经形成了品牌和声誉,在古庭院的保护与发展中,应该根据每个古庭院的历史和特点,将古庭院的发展融入到周边环境的营造中,在新时代都市文化建设和发展中,让古庭院焕发出新的活力。

Ancient Courtyard and Urban Cultural Construction in Shanghai

Yang Jianglong

Abstract:Metropolis Shanghai has five world-famous ancient courtyards, how to make full use of the ancient courtyard, accelerate and strengthen the construction of urban culture. We must repair and protect the historical and cultural heritage of ancient courtyards, excavate and promote the historical and cultural implications of ancient courtyards, study and appreciate the aesthetic layout of ancient courtyards, focus on the development and expansion of urban culture in ancient courtyards. In the construction and

---

① 吉琴主编:《古猗园灯谜雅集》,上海社会科学院出版社 2014 年,第 3 页。

development of urban culture, let the ancient courtyard glow with new vitality.

Key words: metropolis; ancient courtyard; Shanghai; urban cultural

作者：杨剑龙，上海师范大学人文与传播学院二级教授；本文为教育部人文社会科学基地重大项目"中国历史文化名城保护与文化建设研究"阶段性成果

贾樟柯电影中城市空间的建构

张　丹

摘　要：贾樟柯作为中国"城市的一代"第六代导演代表人物之一,对于小城镇、城市的关注是区别于中国第五代导演那种充满人文关怀的城市意识的。如果说第五代导演的城市书写是挖掘以现代文明为表征的城市对人的压制的实质内容,那么作为第六代导演代表人物的贾樟柯则是从个体经验出发,将目光对准现实生活中的边缘群体,以一种独特的、个人化的表现方式来反映现代城市生活中人们普遍存在的生存困境。而这种独特的方式就在于贾樟柯对城市空间的建构,用捕捉"街道"上"偶然因素"的方式还原城市的现实空间,用开放多元化的个体经验建构城市的历史空间,用集体共同文化想象的方式建构城市的想象空间。

关键词：贾樟柯　城市空间　现实空间　历史空间　想象空间

在讲述影片《公共场所》的拍摄时贾樟柯说道:"我特别喜欢安东尼奥尼说的一句话,他说你进入一个空间里面,要先沉浸十分钟,听这个空间跟你诉说,然后你跟它对话。这几乎是一直以来我创作的一个信条,我只有站在真实的实景空间里面,才能知道如何拍这场戏,我的分镜头差不多也是这样形成的,它对我的帮助真是特别大。在空间里面,你能找到一种东西,感觉到它,然后信赖它。"[1]可以说,贾樟柯对空间的感知是非常敏感的,我们从他的作品中可以看到空间的对位与叠加,对立与疏离,用个体经验在作品中建构出城市的现

---

① 贾樟柯:《贾想. I,贾樟柯电影手记 1996—2008》,台海出版社 2017 年,第 110 页。

实空间、历史空间与想象空间。

一

受意大利新现实主义电影的影响,贾樟柯的作品极力展现现实生活中的人们在城市空间中的生存状态,充满了纪实的美学风格,特别是长镜头的运用,可以说是贾樟柯对巴赞"摄影上严守空间的统一"观点的切实呼应。意大利新现实主义提出:把摄影机扛到大街上去。贾樟柯在他的作品中也切实做到了这一点,他的许多作品都是在街道上拍摄的。原来我们熟悉的街道在导演的摄影机前一一展现,许多我们不曾注意的景象、人物、事件在影片中被放大,摄影机代替观众的眼睛,建构出一个真实的物质空间。

德国著名电影理论家齐格弗里德·克拉考尔在《电影的本性》一书中提到:"电影对'街道'的永不衰竭的兴趣最鲜明地证实了它对偶然事物的近亲性。'街道'一词在这里不仅是指街道——特别是城市街道——本身,而且还包括它的各种延伸部分如火车站、舞场、会堂、酒馆、旅馆过厅、飞机场,等等。……就现代街道的内容来说(我曾把现代街道称之为倏忽即逝的景象的集散地),它引人兴趣的地方在于那里的意外事件要多于注定的事件,而属于偶然事故性质的事件更是司空见惯。"[①]贾樟柯电影最大的特点就在于善于捕捉"街道"上的偶然事物,而这里的"街道"当然也包括齐格弗里德·克拉考尔所说的延伸部分,在导演的作品中主要表现为火车站、地铁、公共汽车站等等。电影作品中一个城市的现实空间也在这些偶然事物的展现中逐渐凸显,原本强烈的个体生命体验也延伸为一种强烈的集体体验,带给观众直面现实的快感。

在电影《小山回家》中,导演采用了很多长镜头的拍摄手法,其中比较突出的是小山陪老乡王霞逛西单市场,小山和老乡王东平在火车站寻找回家的火车票这两段长镜头。虽然受当时条件的限制,拍摄的影像有些粗糙,但并不妨碍电影语言对北京城市空间及文化记忆的表现。上世纪九十年代的北京正处于文化古都与现代化都市建设的冲撞中,一面是象征老北京文化的四合院、老胡同、大宅门,另一面是代表现代都市文化的高楼大厦、高速公路、高档住宅。老北京城在现代化的标志性建筑中被分割,个体生命在现实空间的转换中显

---

① 齐格弗里德·克拉考尔:《电影的本性》,邵牧君译,江苏教育出版社 2006 年,第 87 页。

得迷茫、伤感。当小山在公交站牌下等待王霞的时候,导演采用固定长镜头,将摄影机固定在马路的另一边进行拍摄,时而拉近焦距对小山的面部进行特写。这种拍摄方式将小山置于一个完全开放的公共空间,在将近一分钟的等待中小山几乎淹没在周遭嘈杂的环境里,除了摄影机和观众,没有人注意到小山。王霞来了之后,两人一同步行去公交站,在公交站牌下交谈,在存车处争吵,在西单市场里逛街最后分开。这些场景中摄影机基本跟随人物运动进行拍摄,从人物活动的空间中我们基本可以看出上世纪九十年代北京街头的风貌。当小山和王霞在北京街头穿梭,路边的门市、出租车、公交车、人流,还有市场的商贩,在人物的行走中一带而过。我们看到老北京的元素逐渐被现代化的商品所覆盖,现实空间中有无数个像小山一样的个体迷茫地游走在北京的街头。在与王霞分别后,导演以小山的视角拍摄了一个长达两分钟多的主观长镜头。从街头到地铁,伴随着《糊涂的爱》这首流行歌曲,镜头带着观众漫无目的地行走、摇晃,偶尔有几次特写镜头,如吹口琴的盲人、有奖募捐的广告牌、《北京青年报》、甩卖广告的标语,但都是匆匆掠过。正如齐格弗里德·克拉考尔所说:"偶然的事物,作为摄影机面前的现实所特有的一个元素,它对电影的吸引力并不亚于对照相的吸引力。"[1]因此,导演没有采取特别镜头化、电影化的语言,而是捕捉现实生活中的常态进行展示,利用"街道"中的偶然因素建构城市的现实空间。

纪录片《公共场所》是贾樟柯第一次尝试用 DV 拍摄的作品。在这部作品中,导演有意将一些情节性、戏剧性的东西拿掉,只留下一些简单的状态,用漫游式、探险式的拍摄方式打破了电影工业带来的束缚。大同这个城市在贾樟柯的 DV 里彰显出自由的一面,却又封闭在自己独立的空间中。影片中出现了很多空间,火车站、矿区的公共汽车站、候车室、台球厅、舞厅等等。这些地点除了表现出一个城市的空间分布,还反映出现实空间的内在联系。影片后面出现的汽车站候车室有着很有意思的空间分布,卖票的前厅是一个台球厅,墙上挂着"坚决贯彻落实江总书记对安全工作的重要指示"的横幅,还有大同市区示意图、名胜古迹旅游地图、公交汽车线路图。另一边一道布帘的后面是一个舞厅,许多人随着快四版的《走进新时代》跳着交谊舞。从这样的空间布局中我们可以看出,原本是一个汽车站候车室,现在被人为地分成三个不同的

---

[1]《电影的本性》,第 86 页。

空间,承担着不同的功能。列斐伏尔提出的空间生产理论认为"空间生产不是在指空间内部的物质生产,而是指空间本身的生产,也就是说,空间自身直接和生产相关,生产,是将空间作为对象。即是说,空间中的生产(production in space)现在转变为空间生产(production of space)。"①现代资本主义经济倾向于对空间的争夺,城市及其各种设施都成为资本的一部分,从这个角度来看,影片中汽车站的候车室就明显成为一个空间生产现象。在原有的空间内部,人们又重新生产出带有强烈目的和意图的两个新空间,供人们娱乐和消费。"空间既是生产的工具,也是消费的工具;既是统治的工具,也是抵抗的工具。显然,它处在各类势力的较量之下,并在各类势力的较量中获得自身的现实。"②作为一个拥有丰富煤矿资源和众多名胜古迹的城市,经济政治文化构建的空间在此发生碰撞,主流意识形态的空间生产与大众的空间生产发生错位,折射出一个纵深复杂的社会现实。

二

如果说贾樟柯多采用纪实的方式拍摄剧情片,还原给观众一个城市的现实空间,那么他拍摄的纪录片反而更加注重作品的文学性和戏剧性,刻意采用一些电影技巧表现一个城市的历史空间,揭开人们共同的历史记忆。《海上传奇》是贾樟柯花费近三年的时间创作的一部反映上海传奇历史的纪录片。该片一反之前的小人物叙事,选取了 17 位与上海有关的知名人士进行访谈,以口述历史的叙事方式讲述了大时代背景下个体的生存状态。上海自 1843 年鸦片战争结束后成为通商口岸,逐渐发展成国际大都市,在百年变迁的历史过程中可谓是整个中国的缩影。影片采访的都是极具代表性的人物,从共产党员、民主人士、资本家、黑帮、工人、艺术家的后代,到现在的画家、导演、作家等等,从上海到香港,到台湾,通过老中青三代人的讲述,跨越海峡两岸的空间穿梭,百年上海的浮沉景象在观众眼中渐渐清晰。

新历史主义创始人斯蒂芬·格林布拉特(Stephen Greeblate)曾提出"历史的文本性",否定历史的客观性,强调"原状历史"的无意义性。他认为历史有两种:"一种是'单数大写的历史'(History),即过去曾经发生过的真实的历

---

① 汪民安:《身体、空间与后现代性》,江苏人民出版社 2015 年,第 101 页。
② 同上书,第 103 页。

史。但是这是一种'非叙述的'、'不可再现的'历史。……另一种是'复数小写的历史'(histories),它们是历史学家编写的各种书面的历史。"①后一种历史并不是历史学家毫无根据的杜撰,而是有依据的,如当时人的记录、回忆,留存的文物等等。"但是这些依据或证据都具有文本性,即它们都是开放的、多元的,随读者的不同解读而变化的。"②新历史主义另一个重要代表人物海登·怀德(Hayden White)也强调"历史的叙述不是对过去实在的重视。历史不是透明地反映过去的玻璃镇纸,而是人们从任意角度、不同爱好来观赏过去的观景台。它是历史学家根据自己的观点或见解对零散的历史材料作情节化、故事化或意义化的整合与建构,因而文本的意义不是来自历史故事的表层的分散的历史材料,而是来自历史故事的深层性结构的整合。"③且不论新历史主义的走向可能是历史相对主义还是历史虚无主义,单从其强调历史与文本的关系层面来看,确实为我们提供了另一种看待历史的方式。从这个意义上来说,《海上传奇》是带有新历史主义策略的电影文本,特别是贾樟柯对上海历史空间结构的安排,表现出其意义的开放性与多元性,让我们从时间性的历史认知中转向对空间性的历史感知。

《海上传奇》不同于以往历史纪录片表现的宏大叙事,而是选择几个关键的时间点和访谈人物,选择"那些被政治打扰的个人和被时光遗忘的生命细节"④。从个体经验出发,在建构每一个私人化空间的同时架构起上海百年的历史空间。影片中几个重要的时间节点并不是按照历史的时间顺序出现的,2009年、1842年、1949年、2010年,导演刻意打破了线性的逻辑因果关系,"这种共时性的空间并置化叙事形态,使得影片呈现出散点透视的叙事结构,在这种由纵向延绵向横向并置的结构转换中因为失去了霸权的领导作用,表现为意义表征的开放性和多元性。"⑤因此,导演对历史空间的建构并不是直接还原给观众一个完整的历史,而是将历史撕成碎片展现给观众。这一点从影片的影像表达中就可以看出,现代化、城市化的车流将大量的城市废墟和高楼大厦进行分割,代表上海历史记忆的景象以碎片化的方式出现在画面中,其间还

---

① 夏基松:《简明现代西方哲学》,上海人民出版社2015年,第251页。
② 同上书,第251页。
③ 同上书,第252页。
④ 贾樟柯:《海上传奇》,山东画报出版社2010年,第13页。
⑤ 张欣:"非历史化的历史书写——贾樟柯《海上传奇》解读",《电影评介》2014年第7期,第27页。

穿插一些老电影片段，如《苏州河》《红柿子》《海上花》等等，将过去、现在和未来共同叠加在上海现在的时空里。贾樟柯曾说过："空间气氛本身是一个重要的方向，另一方面最重要的就是空间里面的联系。在这些空间里面，我觉得很有意思的是，过去的空间和现在的空间往往是叠加的。"[①]影片历史意义表征的开放性和多元性还体现在 17 位讲述者的身上，每一位讲述者都有着一个自主空间的叙述主体地位，导演通过多重的叙事结构和叙事策略接近历史，打破历史的单向叙事和意识形态束缚。这里"历史是一个延伸的文本，文本是一段压缩的历史，历史和文本构成了现实生活的一个政治隐喻，是历时态和共时态统一的存在体。历史不再是矢量的时间延伸，而是一个无穷的中断、并置、逆转和重新命名的断片。"[②]这种新历史主义的实践方法将文本化的历史置于同时代的社会语境中，与其他文本产生一种"互文本"的关系，建构出上海立体式、多向度的历史空间。另外，导演安排演员赵涛在影片中出演一个"游走者"，这一虚构人物的出现将历史的叙述方式拉向剧情化的一面。导演试图采用虚构的方式去建构真实的历史经验，让一个与历史无关的"他者"游走在过去、现在和未来的间隙中，弥补一种想象的空白，其实也是当下人们的共同体验。在对历史的倾听，当下的凝视和未来的想象中，导演建构出一个完全开放的、个人化的体验空间，同时也给观众一个参与电影文本意义生成，体验并重建历史真实的机会，使观众也成为作品中的隐性体验者。

《二十四城记》是贾樟柯在 2008 年创作的一部剧情片，但这部剧情片却借用纪录片的拍摄手法和策略，讲述了从东北内迁至西南的一家军工企业几十年的荣辱兴衰，以及厂内几代人的生存命运。因此，从这个角度来看，《二十四城记》旨在通过个体经验展现一个时代、一个民族生存的历史空间和集体记忆。影片将讲述者的亲身经历和演员的虚构故事相结合，采用记录和虚构两种方式构建出中国从 1958 年到 2008 年五十年的历史，正如导演所说，"历史就是由事实和想象同时构筑的"。同往常拍摄剧情片的风格一样，贾樟柯在《二十四城记》中依旧采用意大利新现实主义的拍摄手法，坚持实景拍摄。从成都 420 厂的旧厂废墟到成都的街景、人流，这些建构现实空间的偶然因素随处可见，但对于历史空间的建构，我们看到了导演更富于诗性的想象表达。影

---

① 贾樟柯：《贾想.Ⅰ，贾樟柯电影手记 1996—2008》，台海出版社 2017 年，第 111 页。
② 王岳川：《中国镜像》，甘肃人民美术出版社 2014 年，第 273 - 274 页。

片采用访谈的形式让历史在"口述"中呈现,除了八位受采访者绘声绘色的讲述外,影片中还多次出现了古今中外的诗句。当讲述者的声音作为言语同银幕上的诗歌语言一同出现在作品中时,历史的"严肃性"便随着个人化的叙述和诗性的表达逐渐消解,导演建构的历史空间已然成为一个表达个体经验的场域。

　　除了引用诗句,影片中的影像表现也充满诗性风格。在受访者的讲述中,片中多次出现机械生产的过程,高大的厂房,轰鸣的机器声,象征着那个时代的中国正急于实现国富民强,实现工业现代化的心理。而导演刻意安排的几个对准受访人或工人的固定镜头,没有声音,没有语言,只有人和摄影机相互的凝视,似乎是在暗示一种历史的诘问,历史让我们逝去了什么? 历史又给我们留下了什么? 关于《二十四城记》,贾樟柯曾这样说过:"越老的工人越在维护这个体制,绝不是他对这个体制没有反省,没有批判,而是他很难背叛他过去青春的选择。"[①]因此,影片中厂里老工人的生活环境还停留在当年的历史记忆中。这个昔日让人引以为豪的军工厂在经历了后现代式的支离破碎后,在许多个人经验的表达中升华为一种共同的民族国家记忆。正如导演所说:"无论是最好的时代,还是最坏的时代,经历这个时代的个人是不能被忽略的,《二十四城记》里有八个中国工人,当然这里面也一定会有你自己。"[②]在《二十四城记》中,历史空间的建构是对现实的剥离,也是对现实的还原,导演试图用诗性的想象弥合历史与现实的缝隙,在历史与现实的空间对位中揭露出时代留给人们的阵痛。

三

　　贾樟柯影片创作的纪实风格可以说从他的"故乡三部曲"(《小武》《站台》《任逍遥》)开始就已经形成,随后的作品《世界》《三峡好人》《二十四城记》《海上传奇》《天注定》《山河故人》也一直在延续这种风格。从这些作品中我们能够看出,导演对城市空间和历史空间的建构并不是单纯的还原现实、追溯历史,而是有着极具个人化的体验的,这种体验就表现在导演对作品想象空间的

---

① 周斌、厉震林:《新世纪国产影视戏剧创作发展的新现象与新问题》,中国电影出版社 2016 年,第227 页。

② 贾樟柯:《贾想. Ⅰ,贾樟柯电影手记 1996—2008》,台海出版社 2017 年,第 269 页。

建构中。

文化地理学家爱德华·索亚(Edward W. Soja)在阐释空间本体论意义时曾说道:"空间既是真实的存在,也是想象的建构;既是主观的,也是客观的;既是自然的,也是文化的;作为中介的空间同时也是作为目标的空间。"①从这个角度来看,贾樟柯的每部作品都有着对城市空间的想象性建构,而且更多体现在创作者的主体性一面。虽然贾樟柯鲜明的纪实风格与新历史主义实践下的历史建构似乎已经淡化了创作主体对城市的想象性建构,但实际上这种想象空间并没有消失,反而以更强大的势力包围在城市的现实空间和历史空间周围,这才是贾樟柯个人化风格鲜明的主要原因。另外,索亚又将空间分为三个层次:"第一空间,指空间的具体形象及其物质属性,可以根据经验来描述。具体到城市,包括街道、大厦、消费场所、城镇、都市、全球都市等。把这一概念延伸及媒介,则可以把此类内容相应地称为媒介对城市表述的第一空间,它更偏于记录城市物理空间及其客观性和物质性。……第二空间是想象的或构想的空间。把这一概念运用于媒介,则可以把此类内容相应地称为媒介的第二空间——多以想象性建构为主,如城市形象片,都市言情剧,网络媒体的城市宣传等。第二空间缘于精神活动和想象性创造,其想象性和表征性明显,索亚把这种空间称为透明幻象……第三空间,既是对第一和第二认识论的解构又是对其重构,它是'三元组合概念:空间实践、空间的再现与再现的空间。'"②按照索亚对空间的分类来看,贾樟柯作品中所表现的想象空间应该属于"比较主观的偏于城市想象空间的媒介表征",而这一点正表明了创作主体对空间进行想象性建构的现实。

《世界》是贾樟柯在拍完《任逍遥》后回到家乡看望表弟时萌发的一个创作想法。导演看到家乡的年轻人都出去打工,村里只留下老人、小孩和残疾人,这让他想起北京喧闹和拥挤的街头,觉得应该拍一部关于北京的电影向表弟解释城市的一切,于是便有了《世界》这部作品。影片讲述了在北京世界公园里跳舞的赵小桃与公园保安队长成太生的情感纠葛故事,以及北京外来打工人员的生存状态。作品的纪实风格很明显,导演极力保持一种旁观者、纪录者

---

① 徐国源:《空间性、媒介化与城市造像:文化诗学与城市审美》,上海人民出版社 2015 年,第 224 页。

② 同上书,第 224—225 页。

的客观立场。从赵小桃找创可贴的长达三分十五秒的长镜头中,我们看到了琐碎的生活场景和人物的平庸状态。同时,在这真实的生活背后导演展现给我们一个充满矛盾和冲突的世界。高楼林立的现代化都市中,一个衣衫褴褛的拾荒老人走过。这种现代与落后、富裕与贫穷的对立,似乎带有了福柯所说的空间的政治性意义,而这种象征知识和权力的空间在影片中随处可见。

贾樟柯在谈论关于《世界》的创作时曾说:"作为人造的景观,'世界公园'一方面说明人们了解世界的巨大热情,另一方面又表明一种误读。当人们面对这些精心描绘的风景名胜时,世界离他们更加遥远。我想生活在其中的那些人物,表面上可以在毫无疆界的世界中自由行走,实际上处于一种巨大的封闭之中……人们能复制一种建筑,但不能复制一种生活,一种社会制度,或者文化传统。生活其中的人们仍然要面对自己的问题。从这个角度讲,享受全球化的成果,并不能解决历史造就的时差。后现代的景观也无法遮掩我们尚存太多启蒙时期的问题。"[1]这又印证了福柯在《另类空间》中表达的"异托邦"思想,"虽然存在于某个真实的空间之中,但它又超出了这个真实空间,而表现出了性质迥异的另一个空间的特性。"[2]也许正是因为现实空间无法弥合这些边缘人的认知和想象,导演才选择用 flash 动画来建构人物的想象空间或者说是导演自己的想象空间。在这种想象空间里,赵小桃内心的矛盾、茫然、失望的以特殊的方式展现出来,导演借助形式的转变给观众带来一种跳跃感,让观众在现实空间与想象空间中穿行。从另一个层面来说,也许这正是导演对后现代文化语境中边缘群体生存状态的隐性表达,用代表当时传媒技术的 flash 来实现人物对现代社会的一种想象性表达,他们渴望融入现代社会,却又显得如此格格不入。因此,导演放弃了对人物现实空间身份的建构,转而借助想象的空间隐晦地完成对人物现实困境的书写。

电影对城市空间的建构本身会呈现出许多复杂的视觉形态,不管是从共时性的角度还是从历时性的角度,导演们都想以个人化叙事的方式对城市空间进行主体性的表现,以求带给观众不一样的认知感受和审美体验。贾樟柯对城市空间的建构、表达和想象可以说已经形成了自己独特的风格,在剧情片中采用纪录片式的表达方式,还原城市的现实空间;在纪录片中结合剧情片的

---

① 贾樟柯:《贾想.Ⅰ,贾樟柯电影手记 1996—2008》,台海出版社 2017 年,第 154 页。
② 龙迪勇:《空间叙事研究》,生活·读书·新知三联书店 2014 年,第 287 页。

虚构方法,建构出一个与现实叠加的历史空间;在所有的作品中用想象弥合城市空间的裂缝,在过去、现在和未来的空间碰撞与叠加中建构主体的想象空间。因此,贾樟柯建构的城市空间并不是单纯的影像再现,而是指涉着现实社会的政治、经济、社会、文化因素的个体经验,而这种个体经验又能扩展为一种集体经验,代表一个时代、一个民族、一个国家的共同记忆。

The Construction of Urban Space in Jia Zhangke's Film

Zhang Dan

Abstract: As one of the representatives of the sixth generation director of the "urban generation" in China, Jia Zhangke is different from the fifth generation director, whose city consciousness is full of humanistic care. If the city writing of the fifth generation director is to dig for the substance of the oppression to people by a city characterized by modern civilization, so as the representative of the sixth generation directors, Jia Zhangke starts from the individual experience and focus on the marginalized groups in real life, and reflects the existence dilemma of the people who live in the modern urban with a unique and personal way. That way is the construction of the urban space in Jia Zhangke's film, which is restoring the realistic space of the city by capturing the "accidental factors" in the "street", constructing the historical space of the city with an open pluralistic individual experience, constructing the imaginary space of the city by means of collective common cultural imagination.

Keywords: Jia Zhangke, Urban space, Real space, Historical space, Imaginary space

作者:张丹,山西师范大学戏剧与影视学院博士研究生。本文为 2018 年山西省研究生教育创新项目"中国小城镇电影"阶段性成果

《西都赋》和《西京赋》中的
长安意象与都市理想

张　雨

　　摘　要：城市意象是对城市审美解读的成果，是由城市观念、城市想象与城市建设共同浇铸起来的产物。《西都赋》和《西京赋》中的长安意象也正是辞赋作家对汉都长安的美学解读。二赋从实体空间、城市活动这时空两方面塑造了奢华壮丽物欲横流的长安意象，体现了一个典型的欲望都市。但是这欲望都市的意象是通过辞赋作家的有意筛选和突出而格外鲜明起来的，是由特定都市理想反向建构的产物。班固、张衡所持的都市理想是基于礼制和德性政治的，他们认为理想的都市应该是德性政治的匹配物，都市美学的原则应该是秩序和节制，从而对欲望长安持根本的否定态度。在都市理想中，映射的正是当时的思想文化和哲学观念，这也是城市意象解读背后更为深层的理论支持。

　　关键词：《西都赋》《西京赋》　长安　都市意象　都市理想

　　城市作为一个巨大的人工作品，城市意象是对这个人工作品进行解读的审美成果，是由城市观念、城市想象与城市建设共同浇铸起来的产物，它徘徊在实存、想象和理念之间。这种审美成果通常通过文学艺术的形式展现出来。本文所要谈论的长安意象也就正是在汉赋中所体现的对于汉都长安的美学解读。汉赋中描写长安山水、建筑、宫殿、苑囿的作品非常多，但是全面描写长安的还是班固《两都赋》之《西都赋》和张衡《二京赋》之《西京赋》。这两篇大赋虽然创作时间不同，但是结构、内容和主旨相似。张衡写《二京赋》的动机就是：

"永元中,举孝廉不行,连辟公府不就。时天下承平日久,自王侯以下莫不逾侈。衡乃拟班固《两都》,作《二京赋》,因以讽谏。"(《后汉书·张衡传》)故而将这二赋并举,探讨二赋中的长安意象。《西都赋》和《西京赋》中表现的长安实体景观恢弘巨丽,宫殿壮制丽饰,苑囿山水绵延,展现君主的威仪,更满足君主的享乐。二赋中所表现的都市活动主要是畋猎活动和商业娱乐活动,从君主到民间俱是纵情声色奢豪骄侈之态。空间上的静态表现与城市活动的动态表现,已经塑造出一个作者心目中的长安,即长安意象。在班、张二人这里,这样的长安就是一个奢华巨丽、物欲横流的长安。但是这一塑造,其实是在这样一种都市理想下完成的:都市应该与德性政治相匹配,应该处处体现礼制的节制与秩序。这样的都市理想直接影响着材料的取舍和定位,班、张二人就对长安的礼制建筑和典礼制度闭口不谈,也对长安的壮制丽饰从"壮丽以重威"更倾向于向着生活享乐空间滑动。这样的都市理想也决定着对于长安意象持一种什么样的价值评判,班、张二人显然不认为奢华的欲望长安是理想的都市,所以他们越是突出长安奢华欲望这一标签,越体现出对于这一标签的否定,而对更符合礼制都市之理想的洛阳愈加推崇。虽然班、张二人的礼制都市理想并不代表汉代所有时期所有人的都市理想,但是这一理想自西汉中后期一直到东汉,确实构成一种主流。

一　从人间到自然的空间架构

《西都赋》和《西京赋》中对于长安意象的铸造,首先离不开对城市空间的建构。城市空间首先是一种物质性的存在,班固与张衡又都有长期生活于都市的切身经验,所以对于长安的空间建构是立足于写实的。但是这种写实,仍然是带有选择性与倾向性,是理解性的空间,而并不是纯粹考古意义上的空间。正如林奇所言:"城市如同建筑,是一种空间的结构,只是尺度更巨大,需要用更长的时间去感知。"①这个巨大空间本身是存在于漫长的时间之中,对这个巨大空间的把握也跨越时间。在时间之中,长安本身在发生着变化,班、张二人的长安空间则是一个静态的标本。这个标本剔除了礼制建筑等构成元素,塑造的是一个从宫殿到苑囿,从人间到自然的空间;一个政治秩序不断松弛,享乐愿望不断强化的空间。

---

① 凯文·林奇:《城市意象》,方益萍、何晓军译,华夏出版社2001年,第1页。

对于城市内部空间，班固和张衡是以宫殿群为支架建构起来的。当然，事实也是如此，豪华的宫殿群是长安城的中心和主要部分。公元前202年，高祖刘邦在秦兴乐宫的基础上营建长乐宫。公元前199年，丞相萧何营建未央宫。武帝太初四年又在长乐宫北建明光宫。武帝时期还修建了桂宫和增修了北宫。仅是未央宫和长乐宫就占去了长安城中一半以上的面积。武帝太初元年，又在城西上林苑修筑建章宫。而未央、长乐、明光、建章诸宫本身就是由若干宫殿组合起来的宫殿群落，再加上长安外上林苑中诸多的离宫别馆，大大小小的宫殿和宫殿群成为此时帝都最主要的建筑形态。森严堂皇的宫殿群落显示出了威严的政治美学意象。以未央宫为切入点，从未央宫的朝堂到后宫，再从未央宫到其他宫室如建章宫，形成一个从政治中心向生活场所蔓延的序列。

《西都赋》在描绘了“观其四郊”的地形地貌之后写道：“其宫室也，体象乎天地，经纬乎阴阳。据坤灵之正位，仿太紫之圆方。……于是左墄右平，重轩三阶。闺房周通，门闼洞开。列钟虡于中庭，立金人于端闱。仍增崖而衡阈，临峻路而启扉。徇以离宫别寝，承以崇台闲馆。焕若列宿，紫宫是环。”（《西都赋》）《西京赋》中对于这样的宫城结构渲染得更为详备。在叙说了“正紫宫于未央，表峣阙于阊阖。疏龙首以抗殿，状巍峨以岌嶪”之后，有一大段描绘：“朝堂承东，温调延北。西有玉台，联以昆德。……次有天禄石渠，校文之处。……后宫则昭阳、飞翔、增成、合驩、兰林、批香、凤皇、鸳鸾。”（《西京赋》）[①]整个未央宫作为一个宫殿群，以朝堂正殿为中心，其他宫殿众星拱月般围绕在大朝正殿周围。错落有致又等级分明的宫殿群落表达出这样一种景象：朝堂巍峨庄严，是政权运行的核心场地，体现着君权的神圣；其他的政府机构办公场所以及后宫则像众星环绕天极一样分布，既分享了权力的庄严感，也烘托出权力金字塔尖的不可侵犯。

京都大赋中对大朝正殿的具体形制作了细致刻画，处处体现出“壮丽以重威”[②]的帝都美学风格。譬如对于高台峻基的描写：“仍增崖而衡阈，临峻路而启扉”，“疏龙首以抗殿，状巍峨以岌嶪”（《西都赋》），“刊层平堂，设切厓隒。坻

① 本文所引《西都赋》、《西京赋》均采自龚克昌：《两汉赋评注》，花山文艺出版社2003年。
② “非壮丽无以重威”，出自萧何与刘邦之间的对话。史载“萧丞相营作未央宫，立东阙、北阙、前殿、武库、太仓。高祖还，见宫阙壮甚，怒，谓萧何曰：‘天下匈匈苦战数岁，成败未可知，是何治宫室过度也？’萧何曰：‘天下方未定，故可因遂就宫室。且夫天子四海为家，非壮丽无以重威，且无令后世有以加也。’高祖乃说。”（《史记·高祖本纪》）

嶒鳞眴,栈齴巘崄。襄岸夷涂,修路陵险"(《西京赋》)等等。考古事实也证明,汉长安城建筑的基址均有几米甚至十几米的高度,宫殿建筑普遍体量庞大。

以前殿为核心的大朝正殿不仅体量庞大,而且建制瑰丽,其华美的建筑和装饰细节在班固和张衡笔下得以永生。从垂直立面的台基、屋身、屋顶,到水平布局的门、堂、廊,再到装饰性元素的彩绘和金石装饰以及雕刻装饰,无一不备。从这些具体的物象中,可以看到"壮丽以重威"这一美学追求生动的物化表现。在这些巍峨巨丽的宫室建筑中,皇帝的权威得到了极大的放大和满足。

当以巨丽的宫室建筑和城池来体现权威的时候,弥漫着的是一种崇高严肃的氛围,既对观审者造成巨大的吸引,也以一种强大的让人畏惧的力量对观审者造成压迫。这种意象和黑格尔所说的"象征型艺术"确实有不少互通之处。黑格尔在论述象征型艺术时认为,象征型艺术是"一方面拿绝对意义强加于最平凡的对象,另一方面又勉强要自然现象成为它的世界观的表现",认为这种类型的艺术充满了"神秘色彩和崇高风格"①。长安的宫殿以其宏大的形制和森立的排布,象征出了皇权的无比威严,构成一种强烈的紧张感。

这种由权力而来的紧张感,也有一个逐渐松懈的过程。这种松懈也是通过空间的转移来完成的。这个空间的转移,在班、张二人的京都赋里都是通过从朝堂到后宫,再到苑囿的逐渐铺陈而获得。从壮丽以重威的庄严肃穆的政治空间,到华美奢靡的生活空间,到弥合于自然的游娱空间,也就是由权力中心向着自然的发散过程。

后宫作为君王的生活之处,相对于朝堂,这里更多一些靡丽,少一些板正。对于后宫装饰、陈设的瑰异,辞赋作家尽其华美之词。班固和张衡不约而同地都提到了昭阳殿:"昭阳特盛,隆乎孝成。屋不呈材,墙不露形。裛以藻绣,络以纶连。随侯明月,错落其间。"(《西都赋》)史书记载赵飞燕赵合德姐妹受宠于汉成帝,赵合德居于昭阳殿,"其中庭彤硃而殿上髹漆;切皆铜沓,黄金涂;白玉阶;壁带往往为黄金釭,函蓝田璧、明珠、翠羽饰之。自后宫未尝有焉。"(《资治通鉴·卷三十一》)美丽的女人,美丽的宫殿,在这样的空间当中,紧绷的神经得到松弛,欢娱成为基调,以至于"后宫不移,乐不徙悬"(《西京赋》)。

筑于城西的建章宫作为上林苑中最有名的离宫别馆,更具有和城中宫殿不一样的风神。在描写朝堂的时候,聚焦于升腾的阶梯,威严的重门和金人;

---

① 黑格尔:《美学》(第1卷),朱光潜译,商务印书馆1979年,第96—97页。

描写后宫的时候多聚焦于美玉珊瑚等装饰的流光溢彩；在描写建章宫的时候则聚焦于神明台、井干楼、迎风欲翔的风标等这样一些带给人目眩而意迷的具有明显求仙意味的高大建筑。如："神明郁其特起，遂偃蹇而上跻。轶云雨于太半，虹霓回带于棼楣。虽轻迅与飘狡，犹愕眙而不能阶。攀井干而未半，目眴转而意迷，舍棂槛而却倚，若颠坠而复稽，魂悗悗以失度，巡回涂而下低，既惶惧于登望，降周流以彷徨。"（《西都赋》）在攀缘升腾中，"瞰宛虹之长鬐，察云师之所凭。上飞闼而仰眺，正睹瑶光与玉绳"（《西京赋》）。在视觉攀升的过程中，体现的是对仙境的接引，整个建章宫的空间感也在随之变化，最突出的特点就是对仙境的再造与模拟。这个模拟不仅仅依靠千门万户的宫室，更重要的是象征仙境和自然的池山与园林。山是渐台，亦称蓬莱山，池是太液池，亦称蓬莱池。这些元素在辞赋作家那里同样得到了强调："前开唐中，弥望广潒。顾临太液，沧池漭沆。渐台立于中央，赫昈昈以弘敞。清渊洋洋，神山峨峨。列瀛洲与方丈，夹蓬莱而骈罗。"（《西京赋》）从蓬莱、太液之名也可想见这些池山所要幻化出的氛围，班固由衷叹道："实列仙之攸馆，非吾人之所宁。"（《西都赋》）人造的自然池山幻化出有别于人间的另类空间感，在这里不再强调政治秩序，而是推崇一种自然的宁静与神秘。

建章宫的池山毕竟还只是象征意义的自然，当进一步曼衍到上林苑的时候，辞赋作家的视线彻彻底底地投入到了山林池沼、木植兽禽的真自然之中。幅员辽阔的上林苑"跨谷弥阜。东至鼎湖，邪界细柳。掩长杨而联五柞，绕黄山而款牛首。缭垣绵联，四百余里"（《西京赋》）。上林苑中充满珍禽异兽奇花异木，别馆离宫错落其间，上林苑不仅仅是对仙境的模拟，它甚至已经成为一个微缩的宇宙。上林苑作为一个弥散的自然环境，围抱长安，成为长安城的大背景，也正是在这个自然背景中，畋猎活动和游娱活动得以丰富。

至此，京都赋中对长安的空间建构终于完成：向着中心凝固，是人间的世界，其核心部分就是权力中心的朝堂；由中心向外发散，则呈现出从政治空间向生活空间的转移，最终从人间世界蔓延到自然世界。

二 都市活动的想象性再现

班固和张衡以实体为基础，发挥想象，取舍材料，完成了对长安从地貌到布局到宫殿到苑囿的静态摹写。但是仅仅这样摹写出来的城市还不是活的城市。城市意象不仅是空间的建构，还必须有城市活动赋予城市空间以性格和意义。城市不只是一个实体,还是"一种心理状态,是各种礼俗和传统构成的整体。换言之,城市绝非简单的人工构筑物。城市已同其居民的各种重要活动密切地联系在一起,它是自然的产物,而尤其是人类属性的产物。"①长安意象同样如此,需要用长安城的活动来昭示长安的都市风格。长安不只是建筑物的累积,那些华丽的宫殿和开阔的苑囿池山作为固态物,当然呈现出长安城的大气和奢华,但是如果没有人的活动,再壮丽的建筑,也难以真正唤起人们心中情感的激荡。空间的架构需要一种跳出都市本身的俯瞰旁观的视角,而对于时间维度而言的都市活动则更需要投身于其中的想象力和同情心。

《西都赋》和《西京赋》中所表现的都市活动,以帝王活动为主导。

武帝酷爱两项活动:封禅和畋猎,均是炫耀权势的浮夸之举。《西都赋》和《西京赋》中都用了大量的笔墨描写上林苑中帝王畋猎的仪仗声势,勇士们追赶捕杀禽兽的热烈喧腾以及畋猎之后如何志满意得地分赐战利品和举行盛大的宴饮聚会。在畋猎中,人获得了对自然予取予求的自信,在仓皇逃生的动物面前,人获得了对自己力量的崇拜。当然,这种激情和崇拜,在士人看来并不合适,事实上,对于畋猎的批评和讽谏从未停息。贾谊就曾上书:"夫射猎之娱,与安危之机孰急?……今不猎猛敌而猎田彘,不搏反寇而搏畜菟,玩细娱而不图大患,非所以为安也。"(《汉书·贾谊传》)当武帝畋猎于长杨的时候,司马相如也曾作赋讽谏。班固和张衡的价值判断也是一致的,他们越极力渲染出畋猎的威风,越表现了作者本人对于以此项活动为代表的帝王穷奢极欲的否定态度。

但是士人的批评并不能阻止帝王们的寻欢作乐。且上行下效,从帝王到权贵乃至于到民间,奢杂之俗蔚然成风。《史记·平准书》记载:"至今上即位数岁……当此之时,网疏而民富,役财骄溢,……宗室有土公卿大夫以下,争于奢侈,室庐舆服膺于上,无限度。"《汉书·地理志》也载:"汉兴,立都长安,徙齐诸田,楚昭、屈、景及诸功臣家于长陵。后世世徙吏二千石、高訾富人及豪桀并兼之家于诸陵。盖亦以强干弱支,非独为奉山园也。是故五方杂厝,风俗不纯。其世家则好礼文,富人则商贾为利,豪桀则游侠通奸。濒南山,近夏阳,多阻险轻薄,易为盗贼,常为天下剧。又郡国辐凑,浮食者多,民去本就末,列侯

---

① R.E.帕克、E.N.伯吉斯、R.D.麦肯齐:《城市社会学——芝加哥学派城市研究文集》,宋俊岭、吴建华、王登斌译,华夏出版社 1987 年,第 1 页。

贵人车服僭上,众庶放效,羞不相及,嫁娶尤崇侈靡,送死过度。"

在这样一种社会风气下,长安乃四方辐凑之地,各色人等充斥其中,表现更为集中和突出。整个都市都呈现出在欲望刺激下的斑驳色彩,纵情奢豪俨然已成都市时尚。《西都赋》和《西京赋》中对这样一个欲望长安有着生动的镜像反映:"尔乃廓开九市,通阓带阛。旗亭五重,俯察百隧。周制大胥,今也惟尉。瓌货方至,鸟集鳞萃。鬻者兼赢,求者不匮。"(《西京赋》)虽然汉代对商人有诸多的限制,但是事实上到后来已难严格执行。商贸的集中和旺盛,产生了财富,也产生了奸邪,"何必昏于作劳,邪赢优而足恃"(《西京赋》)。繁荣的商业带来浮夸,还助长了从战国以及秦一直延续下来的游侠之风:"都邑游侠,张赵之伦,齐志无忌,拟迹田文。轻死重气,结党连群,寔蕃有徒,其从如云。茂陵之原,阳陵之朱。趫悍虓豁,如虎如貙。睚眦蚤芥,尸僵路隅。"(《西京赋》)这与史记中游侠的记录可相互印证。何谓游侠,荀悦这样解释:"立气齐,作威福,结私交,以立强于世者";司马迁也说:"游侠,其行虽不轨于正义,然其言必信,其行必果,已诺必诚,不爱其躯,赴士之阨困。"(《史记·游侠列传》)游侠任性狂放的作风,可以说和长安的开阔张扬的都市风尚相一致。更因为商业繁荣带来的财富,使那些有富无位的人容易僭越:"彼肆人之男女,丽美奢乎许史。若夫翁伯浊质,张里之家,击钟鼎食,连骑相过。"(《西京赋》)这从礼制上讲是非常恶劣的,被认为是败坏社会风气,破坏伦理纲常。

《西京赋》中还生动地展现了一场文娱演出。这也是帝王之乐、长安之盛的一部分。其表演的内容也是充满了对力量的崇拜:"乌获扛鼎,都卢寻橦。冲狭燕濯,胸突铦锋。跳丸剑之挥霍,走索上而相逢。"(《西京赋》)其乐舞也极为诞妙,变化无穷:"白虎鼓瑟,苍龙吹箎。女娥坐而长歌,声清畅而蜲蛇,洪涯立而指麾,被毛羽之襳褷。度曲未终,云起雪飞。初若飘飘,后遂霏霏。复陆重阁,转石成雷。礔砺激而增响,磅盖象乎天威。巨兽百寻,是为曼延。神山崔巍,欻从背见。"(《西京赋》)从音乐、到舞蹈到舞台背景,均充分体现出了魔幻和迷狂,这和以周礼为代表的"以礼节乐"、"以乐弘礼"的节制而和谐的美学风格全然不同。

可见,在京都大赋中,对长安都市活动的表现主要在:畋猎、商业、娱乐这三个方面。辞赋作家丰富的想象完美地再现了这些场景。而这三方面共同指向的都是一个作为欲望都市的长安:畋猎昭示出帝王的奢靡,商业与娱乐展现出民间也同样耽于物欲,纵情声色。

长安不再是庄严肃穆让人敬畏的帝国象征,而成了流光溢彩光怪陆离之地。这种奢豪让人不安,也招来了批评。班固和张衡正是持着批评的态度,这和他们的都市观念和都市理想直接相关。其实,帝都里的重要活动少不了各类典仪,包括朝堂上的仪式以及对于祖宗神灵的祭祀。这些典仪活动都一定是庄严有序,饱含神圣的。但是这等秩序井然的典仪无助于对长安喧哗而奢靡意象的铸造,于是被按下不提,而是在与西京长安唱反调的《东都赋》和《东京赋》中大谈特谈。可见,辞赋作家们的都市观念和都市理想在反向引导着长安意象的生成。

三　长安意象折射出的都市理想

《西都赋》和《西京赋》从长安的空间架构到都市活动的再现,完成了对于长安意象的塑造。这个长安意象中建筑巨制丽饰,苑囿山水绵延,帝都之中喧腾骄侈,声色犬马,是一个典型的欲望都市。但这个长安意象并不是实体的长安,而是游离于实体、想象和观念之间。尤其是都市理想,这在长安意象的塑造与批评中起着关键性的作用。

事实上,汉长安城在整个西汉历史中是在不断变化的。在兴建之初,追求"壮丽以重威"的美学风格。当然,被满足的不仅仅是权力的荣耀,还有欲望。当帝王的权力无限膨胀的时候,其欲望也必然无限膨胀。大治宫室苑囿,这在武帝时期达到了顶峰。但是对这种崇尚奢华壮丽的美学潮流一直以来都不乏批评。尤其到元帝时期,用史家的观点来看,"元帝的登基可以视为帝国发展过程的一个新阶段。……政治家们这时专门注意周代的而不是秦代的范例;他们选择节约和紧缩以取代挥霍和扩张。"①当然,元、成、平、哀诸帝在现实中也并未将节欲彻底落实,更多地还是一种政治路线的政治宣传而已:西汉武、宣时期采取王、霸兼杂的政治哲学,而自西汉中期以后,儒家礼制政治的呼声越来越强烈,政治路线开始变化,越来越推崇周制。正是在这种思潮中,开启了元帝和新莽时期的长安礼制化的改造运动。在改造过程中毁弃了一部分宫殿建筑,新建了一系列礼制建筑,并且还根据周礼改换了长安城的许多城门名和地名。

所以,并没有一个固定的西汉的长安,只有一个不断形成、改造之中的长

---

① 崔瑞德、鲁惟一:《剑桥中国秦汉史》,杨品泉等译,中国社会科学出版社 1992 年,第 181 页。

安。但是这个过程在《西都赋》和《西京赋》中是见不到的。班固和张衡所解读的长安事实上是追忆中的一个长安模型，是一个都城标本，在这个标本上最醒目的标签就是奢华和欲望。他们有意无意地夸张了长安的这一标志，力图把它塑造为一个反面的欲望都市的典型。京都大赋中的长安美轮美奂、物欲横流，但这欲望都市的意象却是通过辞赋作家们的有意筛选和突出而格外鲜明起来的。之所以要如此突出长安的此种意象，正是为了和洛阳来进行比较，认为这样一个长安城并没有实现理想都市的目标，反而是不如长安华美的洛阳更符合这个标准。在他们看来，奢华眩目的长安固然迷人，但是朴素和谐的洛阳却更能具有伦理和政治上的优势。正如班固自己所言，作《两都赋》是为了"以极众人之眩曜，折以今之法度"（《两都赋·序》），打消那些"西土耆老"对长安的不当怀念，张衡作《西京赋》也是抨击当时的逾侈之风。

无论是对长安意象的塑造还是这一意象的批评，其实都根植于这样一种政治哲学和都市理想：理想的政治局面是儒家的礼制政治，理想的都市则应该呼应礼制。这一理想并不是东汉时期所独有的，而是继承和发展了西周以来的政治哲学和都市美学。

自西周以来的礼乐政治，强调礼制在政治中的重要作用。所谓礼制，是由祖灵祭祀活动中所体现的尊卑亲疏秩序而来，进一步转化为日常生活和政治活动中的等级制度，再升华为立国之根本的政治哲学。而都市作为权力的中心，也就意味着都城必然围绕权力进行配置，而这个配置的原则就是要合于礼制。《周礼·考工记》中云："匠人营国。方九里，旁三门。国中九纬九经，经涂九轨。左祖右社，面朝后市，市朝一夫。"都城以王宫为中心，其他建筑则根据尊卑主次围绕着王宫布局，整个都市布局井井有条。又正如《周礼》开篇所讲，"惟王建国，辨方正位，体国经野，设官分职，以为民极"，建都最终体现的是圣王建国立邦的指导思想。都城的规划建设已经远远不是一个技术上的问题，具体操作制度运行的背后最为重要的则是"王"或者说"圣人"之意。在礼乐制度之下，城市也就成为礼制的配置物。基于礼制的都城最重要的美学要求就是秩序和节制。

正是出于这样一种都市理想，奢华的长安才会受到批评，给长安意象贴上奢华欲望的标签，正是为了否定这种都市美学。"壮丽以重威"的崇高感究其初衷固然是彰显政治权力的无上荣光，并非单纯的享乐满足。帝都宫殿的壮丽宏伟本来就应该是形势、心理与欲望在空间形式上的统一与实现。但在实际操作中,华丽的建筑在彰显权威的同时,却极大地刺激了物欲。当物欲不健康膨胀的时候就会导致许多政治、社会和文化的问题。从礼制上讲,容易带来僭越和对礼制的破坏;从美学的角度讲,则至少是败坏了人的品位。正因为如此,从先秦开始就有尚奢与崇俭的争论,一方弘扬君权故提倡积极地大规模修建,一方爱惜民力故反对铺张浪费。西汉时期的状况也是如此:一方面在现实状况中,从审美为政治服务向着欲望之都愈滑愈远,到武帝时期达到顶峰;另一方面在思想领域,尚俭崇礼之声从未平息,西汉中后期之后更加突出。

对于欲望都市的批评其实从其本质上是对"秦制"的批评,尤其是对武帝朝以来好大喜功的国家政策的批评。在这个批评潮流中,含着对"周制"的期待:认为国家都城首先应该是礼制的化身,而不应该是一个炫耀武力之地;国家的政治不应该穷兵黩武,而是应该诉之于德政。到了班固写作《两都赋》的时候,东汉政治已经深受儒家礼乐政治思想的影响,无论是德政观还是天命观都居于了舆论的主导地位,是时朝廷(章帝时期)尚德崇文,又开始了一场礼制复兴运动。班固的都市理想正是和这样一个思想潮流相一致的。所以,正如刘成纪教授所言:"班固在《东都赋》中极写洛阳的礼乐之美,内容涉及君臣'三雍'之礼、帝王四方巡狩、宫城苑囿、蒐狩讲武、大会诸侯及四夷之臣,体现出文质彬彬、俭奢有度、庄严肃穆又欢娱祥和的皇家气象。"①这样一个都城才可以成为德性政治的匹配物,才能够获得天命的眷顾。张衡作《西京赋》也是旨在斥奢崇俭,与班固异曲同工,而他本身的创作也是效仿模拟班固的成果,不过更为丰富细腻。

总之,辞赋作家从空间层面到时间层面,从固态的宫殿池山到动态的都市活动,完成了对长安意象的塑造。在空间架构上,从对自然地貌的渲染到针对城市内部结构所作的由宫殿向池山苑囿的滑动,长安的空间格局格外清楚而有层次的在《西都赋》和《西京赋》中展现。在对城市活体活动所作的描写中,则尤其关注于畋猎和游娱,与前面所铺陈开的空间结构相得益彰,更加深化了奢华这一都市意象。在感性上,他们深深为这个奢华壮丽的都城所吸引,但是他们的理想都市却不是这个充满诱惑的长安,而是洛阳。不过有意思的是,长安却并没有因为他们的批评而减色;恰恰相反,长安因为这样一些京都大赋的

---

① 刘成纪:《东汉时期的两都之争:以班固〈两都赋〉为例》,《河南大学学报(社会科学版)》2014 年第 5 期。

万字的小说中,大概占到近百分之二的比例;①另一方面,由于《金瓶梅》本身有着不可忽视的思想艺术价值,导致它在流传过程中,得到过一些文人颇高的赞誉。比如,袁中道在《游柿居录》中曾记载,他与董其昌谈及当时的小说佳作时,董其昌就极口赞誉,"近有一小说,名《金瓶梅》,极佳。"而袁中道也认为是"琐碎中有无限烟波,亦非慧人不能"②。另外,袁宏道在与董其昌的书信中,赞其"云霞满纸",也为大家所熟知。③ 这样,《金瓶梅》本身固有的思想艺术成就在加速其传播的同时,也把其"淫书"的恶名,一并传开了,相比之下,那些成就低下,除了淫秽的性行为描写,几乎无多少其他内容的真正淫书,因为流传有限、知名度低,反而没有成为"淫书"的代名词。

这样,谈及淫秽描写而把大家相对熟悉的《金瓶梅》作为一个靶子来攻击,就变得顺理成章了。特别是当明代四大奇书的说法在社会流传时,后出的一些小说序跋,为了抬高自己所推崇的小说之地位和价值,就往往会拿四大小说作为一种标杆来加以一并讨论。他们或者人为地把四大小说分为认可与不认可的两类,而《金瓶梅》则常常被视为不予认可的那一类来痛加诋毁,如明代烟霞外史的"韩湘子全传"叙所说的:

> 有《三国志》之森严、《水浒传》之奇变,无《西游记》之谑虐、《金瓶梅》之亵淫。④

或者如戏笔主人为《忠烈传》所序的:

> 若《三国》语句深挚质朴,无有伦比,至《西游》《金瓶梅》,专工虚妄,且妖艳靡曼之语,聒人耳目。⑤

也有一些人,从四大小说中分离出两面性,而以把分离出有价值的一面集聚于自己推崇的小说中,典型者如清代《林兰香》叙,称"近世小说,脍炙人口者,曰

---

① 此比例依据人民文学出版社 1985 年出版的戴鸿森点校的删节文字统计。
② 朱一玄编:《金瓶梅资料汇编》南开大学出版社 2002 年版,第 79 页。
③ 同上书,第 157 页。
④ 丁锡根编著:《中国历代小说序跋集》,人民文学出版社 1996 年版,第 1413 页。
⑤ 同上书,第 1300 页。

《三国志》、曰《水浒传》、曰《西游记》、曰《金瓶梅》,皆各擅其奇,以自成一家。"
而叙作者所推崇的《林兰香》则是:

> 有《三国》之计谋,而未邻于谲诡;有《水浒》之放浪,而未流于猖狂;有
> 《西游》之鬼神,而未出于荒诞;有《金瓶梅》之粉腻,而未及于妖淫。[1]

另外,署名为观鉴的《儿女英雄传》序,其所分离出的两面性,是从透过表
象以揭示内在本质着眼的,这样,在他看来:

> 求其旨少远、词近微、文可观,事足鉴者,亦不过世行之《西游记》《水
> 浒传》《金瓶梅》《红楼梦》数种……数书者虽立旨在诚正修齐平治,实托词
> 于怪力乱神,《西游记》其神也怪也,《水浒传》其力也,《金瓶梅》其乱也,
> 《红楼梦》其显托言情,隐欲弥盖其怪力乱神者也。[2]

虽然此序的真正用意在攻击《红楼梦》以抬高《儿女英雄传》的地位,但《金
瓶梅》作为怪力乱神的"乱"的典型,自然也在其贬斥中。

相对来说,闲斋老人在给《儒林外史》作序时,其对《金瓶梅》关于日常生活
内容描写的把握,还是比较精准的,并在此基础上作出了一些艺术方面的肯定
性评价,但对其基本思想价值,还是予以了坚决否定。把它与《水浒传》作为诲
淫诲盗之作而相提并论,大略谓:

> 古今稗官野史不下数百千种,而《三国志》、《西游记》、《水浒传》及《金
> 瓶梅演义》,世称四大奇书,人人乐得而观之。余窃有疑焉。
> 至《水浒》、《金瓶梅》诲盗诲淫,久干律禁,乃言者津津夸其章法之奇,
> 用笔之妙,且谓其摹写人物事故,即家常日用米盐琐屑,皆各穷神尽相,画
> 工化工合为一手,从来稗官无有出其右者。呜呼!其未见《儒林外史》一
> 书乎?
> 有《水浒》、《金瓶梅》之笔之才,而非若《水浒》、《金瓶梅)之致为风俗

---

① 丁锡根编著:《中国历代小说序跋集》,人民文学出版社 1996 年,第 1205 页。
② 同上书,第 1589 页。

人心之害也。则与其读《水浒》、《金瓶梅》，无宁读《儒林外史》。①

但令人感兴趣的不在于其他小说的序跋借贬斥《金瓶梅》以提高自身的价值，而是《金瓶梅》毕竟有了较广泛的流传，那么，当小说是一本淫书的恶名深入人心时，传统观念又是通过宣扬一种怎样的思想，来使得人们能够较为坦然接受这本小说呢？

二

就在《金瓶梅》流传不久，围绕着这部书的作者和其创作的动机问题，在社会上也流传开了。因为《金瓶梅》这部书署名是"兰陵笑笑生"，并没有署上真实姓名，就有人进行了种种猜测，其中有一种说法提到了嘉靖年间的大名士，并且集中到王世贞身上。然后是一个颇为离奇的创作动机跟王世贞联系了起来：王世贞的父亲右佥都御史王忬原收藏有一幅《清明上河图》，此事让当朝权贵严嵩、严世蕃父子知道后，就向王家索要，王忬不愿意，又不敢得罪严氏父子，就让画家临摹了一幅送去了，想不到临摹者百密一疏，画中画到的一只小雀，脚跨了两排屋瓦，所谓"试观麻雀，小脚而踏两瓦角，即此便知其伪矣。"②被严嵩身边人点穿，严嵩知道得了幅赝品，怀恨在心，后来就借着滦河失守事而指使人在皇帝面前进谗，把王忬给害死了。此后，王世贞一直寻找机会报仇，因为知道严世蕃喜欢读小说，也知道他读小说时有一个习惯，要用手指沾上唾沫掀书页，王就写了《金瓶梅》让人故意在严世蕃轿子经过的地方叫卖。书中夹杂些性行为的描写，根本的目的，就是为了让严世蕃读此书时欲罢不能，因为王在书的每一页上都涂了剧毒之药，这样，在严世蕃不断沾嘴角的唾沫翻书页时，无意中就把毒药送进了自己的嘴里，结果自然是毒发身亡。严世蕃一死，严嵩也跟着倒霉。因为严世蕃领悟力极强，对皇帝心思都能有透彻的理解，据此代为拟出的回复文字，或者呈上的青词，往往让皇帝称心满意，而严世蕃一死，严嵩失去了依靠，代拟的批文或者呈上的青词，都不够漂亮，无法合皇帝心意，也就渐渐失宠了。

类似的传说还有许多，只不过细节稍有差异而已，比如有的说严世蕃被毒

---

① 朱一玄编：《金瓶梅资料汇编》，人民文学出版社 1996 年，第 566 页。
② 同上书，第 86 页。

死并不是因为自己沾唾沫翻书,而是他看《金瓶梅》太专注,王世贞贿赂了为严世蕃修脚的人,在他边看书边修脚时把他的脚故意弄破一点,再暗暗涂上毒药,使其脚溃烂,不能入阁当差,对皇帝的应答、代拟的批文以及呈上的青词,只好由年老的严嵩自己或者一些领悟力不强的身边人代劳,才导致皇帝不满,严氏父子渐渐失去宠信的。

应该说,传说中的有些内容还是符合史实的,例如王忬之死与严氏父子的进谗确实有点关系,而严世蕃也确实比其父严嵩更能领悟到皇帝的旨意,这类细节在正史中就有记载。《明史》卷二○四王忬传,叙述其与严嵩父子的矛盾,说是"嵩雅不悦忬,而忬子世贞复用口语积失欢于嵩子世蕃,严氏客又数以世贞家琐事搆于嵩父子"等,另外,卷三○八"奸臣"类有严嵩严世蕃传,记严世蕃为严嵩代笔事颇为详细,文中记叙道:

> 嵩虽警敏,能先意揣帝指,然帝所下手诏,语多不可晓,惟世蕃一览了然,答语无不中。及嵩妻欧阳氏死,世蕃当护丧归,嵩请留侍京邸。帝许之,然自是不得入直所代嵩票拟,而日纵淫乐于家,嵩受诏多不能答,遣使持问世蕃,值其方耽女乐,不以时答。中使相继促嵩,嵩不得已自为之,往往失旨,所进青词,又多假手他人不能工,以此积失帝欢。[①]

不过,关于王世贞借写《金瓶梅》以报父仇这些内容却是无稽之谈。严世蕃是以勾结大盗、倭寇有谋逆的嫌疑被朝廷正法的,如此一个名流,关于其死因的记录言之凿凿,与毒发身亡那样富有传奇色彩的故事流传显然相抵牾。也许有这方面的考虑,传说的核心内容就有了不同版本,或者在流传中被修订,王世贞还是在为报父仇而创作,只不过其报复的对象不是严嵩父子了,而是严嵩身边看破那幅赝品的人,也是个有点名气的人,叫唐荆川,这样的修订似乎显示出对史料的"尊重"。一直到民国后,吴晗先生写下有关《金瓶梅》作者的考证文字,将《清明上河图》收藏的沿革做了仔细的比对,排出了收藏过此画的明代收藏家名单,发现并不能插进王世贞这一家,也就是说,王忬、王世贞这一家根本就没有收藏过《清明上河图》,因这幅图而引出的报父仇之说,就值

---

① 《明史》,中华书局 1974 年,第 7918 页。

得怀疑了。①

当然,吴晗先生写那篇文章,主要是为了探究《金瓶梅》的作者问题,是为了反驳作者是"嘉靖年大名士"的说法。但用反驳论据的方法未必能驳倒论点,这一逻辑问题,我们这里不予讨论,②其传说本身的可信度,也不是我们所要关注的。而这一传说内容本身,其关于小说创作的隐含动机的提出,倒是说明了一个非常有趣的现象,就是当小说以惊世骇俗的淫秽内容流传时,附加于小说背后的创作动机,给这一小说的诞生和流传附加了一个颇为正大光明、甚至近乎崇高的理由。然而这样的理由对于《金瓶梅》来说,毕竟是迂回而曲折的,它在用抽象的概念比如淫秽或者不淫秽来概括小说性质的同时,也在很大程度上回避了小说本身的内容。这样,以正面的态度应对小说的内容,让读者能接受它、理解它,就成了小说序跋需要直接回答的一个绕不过去的难题。而在多大程度上来解决这一难题,是《金瓶梅》相关序跋需要加以面对的,也是我们在下文中加以分析的。虽然在王猛的《明代艳情小说序跋探微》一文中,对《金瓶梅》相关问题已有过初步讨论,并且把序跋对其辩护概括为三个方面,即"否定淫书且引儒家经典为其辩护、强调作品描写的现实内容、对作品的艺术价值有所认识"③,类似的论述给本文的写作以一定启发,但毕竟讨论得比较简略,故给本文留下进一步思考的余地。

三

就我们现在所能见到的为数不多的有关《金瓶梅》早期流传的序跋,最通行的是欣欣子、东吴弄珠客的序,谢肇淛、廿公的跋等4篇(也有人把屠本畯的一段记述视为是《金瓶梅》跋语,但因为内容几乎没有涉及到对《金瓶梅》是否淫书的评价问题,故不予讨论),大都没有回避书中的淫秽描写,并以一种积极应对的态度,从各自立场出发,做出了解读和定位,而在这些应对序跋中,署名欣欣子的《金瓶梅词话》一篇序,是较为特殊的。

这种特殊,一方面是作序者与小说的作者关系相当贴近,不但欣欣子在序言中直接称笑笑生为"吾友",而且其署名的欣欣子,与笑笑生这样的名号有直

① 吴晗:《读史劄记》,生活·读书·新知三联书店1956年,第1—19页。
② 周钧韬:《吴晗对〈金瓶梅〉作者"王世贞说"的否定不能成立》,《江苏社会科学》1991年第1期。
③ 王猛、赵兴勤:《明代艳情小说序跋探微》,《明清小说研究》2012年第1期。

接对应性,以致有学者怀疑欣欣子是笑笑生的伪托,是作者借作序者的身份来夫子自道;另一方面,更重要的,从序言内容本身看,其在表述中形成的一种特有张力,显示了耐人寻味的意义,而那种张力在后人的选择性理解中,又增加了其复杂性。

当欣欣子序言开头直接点出:"窃谓兰陵笑笑生作《金瓶梅传》,寄意于世俗,盖有谓也",有人认为这是为了指出《金瓶梅》作为一部世情小说不同于历史演义和神魔小说,或者进一步,"也就是说作者通过描写现实社会中的平常人物和日常生活来表达一定的思想,这应该是现实主义小说的一个重要特征,这也是对以往小说理论较多地着眼于历史故事和神话传说的一种发展。要描绘时俗,作家就要罄平日所蕴者,要有长期的生活的积累。"①在这里,当"寄意于时俗"被简单解释成描绘"时俗"时,序言本身强调小说作者内心的情感性、那种写作的兴寄感发的力量,被无意遮蔽了。这样一来,紧接着说的人的情感寄托问题,就没有了着落。而这一问题,又恰恰是这篇序言的出发点,其大略是:

> 人有七情,忧郁为甚。上智之士,与化俱生,雾散而冰裂,是故不必言也。次焉者,亦知以理自排,不使为累。惟下者,既不出之于心胸,又无诗书道腴可以拨遣。然则,不致于坐病者几希!②

作序者提出人有七情问题,其实是延续了中国传统文论提出的,以文艺创作来达成兴寄目的的观点,只是当诗书作为文人兴寄的基本依托,而那种更为底层的人难以参与其间时,其内心郁积的焦虑,才会自然产生。所以,在我看来,提出"寄意于时俗",首先倒不是相对小说文体内部而言的,也不仅仅着意它所反映的外在的社会现实。而恰恰是为了强调一种传统的文学价值观,既使个人的情感有所寄托,也在客观上实现其社会价值,所以下文提出"无非明人伦,戒淫奔,分淑慝,化善恶,知盛衰消长之机,取报应轮回之事,如在目前",提出"《关雎》之作,乐而不淫,哀而不伤"等等,都有这样的意义在。有意思的是,传统指为诗人的"骚人",在这篇序言中取其更泛泛的文人的意味,罗列出

---

① 黄霖、韩同文选注:《中国历代小说论著选》,江西人民出版社 1982 年,第 195 页。
② 杨琳:《金瓶梅词话序跋释疑》,文载《文化学刊》2017 年第 3 期。

的,都是如《剪灯新话》《莺莺传》《效颦集》《水浒传》《锺情丽集》《怀春雅集》等小说,这样就模糊了诗书和小说的界限,而其具有的社会价值,也是与诗书等一脉相通的。所谓"其他关系世道风化,惩戒善恶,涤虑洗心,无不小补。"

据此,我们可以说,在作序者看来,关键不在于诗书与小说的文体区别,也不在于价值观的不同,而是有些作品语言过于文雅,才使得人的自然情感无法与之协调。而《金瓶梅》的语言,则能使三尺童子也晓畅理解,这样寄托情感的目的,就容易实现。但这仅仅是语言的问题吗?正是在序言的后部分,当他论及小说中比较引人关注的房中之事时,风格为之一变,直接用一个"观"的态度,引出了细腻的形象化描写:

> 观其高堂大厦,云窗雾阁,何深沉也;金屏绣褥,何美丽也;鬓云斜軃,春酥满胸,何婵娟也;雄凤雌凰迭舞,何殷勤也;锦衣玉食,何侈费也;佳人才子,嘲风咏月,何绸缪也;鸡舌含香,唾圆流玉,何溢度也;一双玉腕绾复绾,两只金莲颠倒颠,何猛浪也。既其乐矣,然乐极必悲生。如离别之机将兴,憔悴之容必见者,所不能免也。折梅逢驿使,尺素寄鱼书,所不能无也。患难迫切之中,颠沛流离之顷,所不能脱也。陷命于刀剑,所不能逃也。阳有王法,幽有鬼神,所不能逭也。

我们发现,以赋体骈文形式铺陈展现出沉溺于房事的感觉世界,在整体的两个层次中,形成乐与悲的逆转。而乐与悲的感觉与每组描写后的"何……也"和"所不能……也"的理性判断句式构成一组组并列关系,并以最终归结到"祸因恶积,福缘善庆. 种种皆不出循环之机。故天有春夏秋冬,人有悲欢离合,莫怪其然也"诸如此类的格言般教训。于是,语言之俗与雅的差异,就转化成感性与理性的张力,是沉浸在当下感觉世界还是拉开一段距离接受普遍教训的总结。就这一意义而言,欣欣子把笑笑生称为自己的友人,具有复义性:既可以理解为现实生活中的人际关系,也可以理解为是小说与小说序言风格的贴近。让读者即便是玩味外在于小说世界的序言时,也能通过这有限的文字约略感到小说世界表现的那种具体性、那种感官的冲击力,这是乐的感觉与悲的感觉之间的互相碰撞,也是在碰撞而来的教训中,形成理性的判断力。也是从这点上来说,序作者所谓的"时俗",如果聚焦于性描写问题,固然有当代一些学者提及的"世情"或者"现实主义"某些特征,但不可忽视的是,恰恰是对"时俗"超越,才成了小说的一种"寄意"、一种"有谓",这一内在于作者主体的所寄的"意"或者说"有谓",倒是序言作者并没有展开讨论的,而这一话题,在另外的序跋中则得到了稍稍延伸。

不同于欣欣子与笑笑生关系的贴近,不论是东吴弄珠客的序言,还是甘公、谢肇淛的跋,都和《金瓶梅》有一定的距离感。这种距离感,也把有关涉及性行为的感觉化的描写推远了,代之以是关于本事传说的概述和对此书定性为"淫秽"的直接判断和反驳,所谓"《金瓶梅》秽书也"(东吴弄珠客),[①]所谓"有嗤余诲淫者,余不敢知"(谢肇淛)。[②]

此外,这三篇序跋还有一个共同点是,就是除了为作者创作的刺与诫的深意竭力强调外,还把传播者和读者的用心一并纳入讨论的范畴,明确了对接受所谓"淫秽"之书的应有态度和立场。于是,欣欣子序言中所着眼于作者的那种主体性的"寄意",在其他序跋中是以读者的主体态度来加以呼应和进一步延伸的。这在甘公的跋中还仅仅是一笔带过的问题(因为甘公跋也就寥寥数语),如"不知者竟目为淫书,不惟不知作者之旨,并亦冤却流行者之心矣"[③],到了东吴弄珠客和谢肇淛的序跋里,就具体化为读者应采取立场的两种表现。

一种立场是如谢肇淛,把描写涉及的淫秽内容置于一个广阔的现实生活画面中,在一定程度淡化性描写本身的问题,如他所谓的"其中朝野之政务,官私之晋接,闺闼之媟语,市里之猥谈,与夫势交利合之态,心输背笑之局,桑中濮上之期,尊罍枕席之语,驵侩之机械意智,粉黛之自媚争妍,狎客之从臾逢迎,奴怡之稽唇淬语,穷极境象,駴意快心。譬之范公抟泥,妍媸老少,人鬼万殊,不徒肖其貌,且并其神传之。信稗官之上乘,炉锤之妙手也。"基于对象的丰富性,其中固然有不及《水浒传》的"猥琐淫媟"的描写,但也有超越它的"面目各别"的多样性和"意想不到"的复杂性。

其二,是如东吴弄珠客那样,把所涉人物的淫秽行为联系到他们各自最终的悲惨结局,所谓"盖金莲以奸死、瓶儿以孽死、春梅以淫死,较诸妇为更惨耳",使得对待书中人物采取怎样心态,也是对读者自身人格的一种检验。在这里,作序者鲜明亮出自己的观点说:"读《金瓶梅》而生怜悯心者,菩萨也;生

①③ 朱一玄编:《金瓶梅资料汇编》,人民文学出版社 1996 年,第 177 页。
② 同上书,第 179 页。

畏惧心者,君子也;生欢喜心者,小人也;生效法心者,乃禽兽耳。"虽然整篇序言都是出自作序者之笔,但是他还要特地点出"余尝曰",这是要把他的这一不容置疑的论断从整篇序言中凸显出来。

概而言之,对《金瓶梅》存有"淫秽"描写的洗刷,东吴弄珠客取的是空间广度的思维路径,而谢肇淛取的是时间长度的思维路径。但不论空间的拓展还是时间的延伸,都有着弱化性行为描写带来的生理快感和心理不洁的效果,而把本来是对小说本身的价值判断变而对读者正确立场和态度的要求,这种获取辩护的支撑理由,最终还是外在于小说的,或者说,是把着眼于小说对象的客观评判,移向了作者和读者的内心世界。

四

作为对《金瓶梅》"淫书"说反驳最用力的,是后起的清代评点家张竹坡。

他与此前序跋最不同的,是在不承认《金瓶梅》为"淫书"的前提下,再来考虑种种理由为其辩护。这一特点,鲜明表现于他写下的与序言具有相同性质的卷首语。在这篇卷首语中,他直接提出"第一奇书非淫书论"的论断。[①]

虽然初看该卷首语,他提出的一些观点,比如认为《金瓶梅》与传统经典并无本质的区别,其立意同样出于发人之善心,惩创人之逆志,即所谓"今夫《金瓶》一书,亦是将《褰裳》《风雨》《萚兮》《子衿》诸诗细为模仿耳。夫微言之而文人知徵,显言之而流俗皆知。"类似的意思,在欣欣子的序言中也有所提及。再比如,提出"所以目为淫书,不知淫者自见其为淫耳"的说法,似乎与其他序跋的基本观点非常一致,同样强调了在对《金瓶梅》是否"淫书"的定性中,依据读者自身立场来判断的重要性,但张竹坡强调这种重要性的同时,并没有忘记从小说本身来寻找貌似客观的依据。或者说,他是把小说本身的客观性与对读者的主观性要求结合起来分析,才使得其对《金瓶梅》"淫书"说的洗刷,变得雄辩起来。

就小说本身看,不论是以武松与武大兄弟重会而开头的词话本,还是以西门庆热结十兄弟而开头的崇祯本,他们似乎都含有对传统伦理价值观的强调,而小说结尾的第一百回,因为写西门庆和吴月娘的儿子孝哥被普净法师点

---

① 朱一玄编:《金瓶梅资料汇编》,人民文学出版社 1996 年,第 423 页。

化出世,有着"一佛出世七祖升天"的连锁效果,从而能把深陷于苦海中的西门庆超拔出去,转世为人。这样,在张竹坡看来,就小说整体结构言,从武大武松的亲兄弟或者西门庆与应伯爵的义兄弟关系写起,再以孝哥出家度脱西门庆冤业收尾,显然是有笼罩全局的命意的。所谓"以悌字起,孝字结,一片天命民彝,殷然慨恻,又以玉楼、杏庵照出作者学问经纶,使人一览,无复有前此之《金瓶》矣"。而他在评点《金瓶梅》过程中,也是紧扣这一点,要把"一部淫词艳语,悉批作起伏奇文"。如同他在第一百回评点时重申的那样:"一部奸淫情事,俱是孝子悌弟穷途之泪。夫以孝悌起结之书,谓之曰淫书,此人真是不孝悌。"由此,小说本身的客观内容,与读者应该具有的主观立场,就被合乎逻辑地衔接起来。

与揭示这一整体结构的大义相联系,张竹坡还写下更为细节化、具体化的"金瓶梅寓意说"以及渗透到全书内部的大量评点,努力通过揭示人名事件背后的寓意,来把小说呈现的一些艺术化的过眼烟云图像与一个更为久远的自然规律和道德规范联系起来,在相当意义上虚化了性行为的实际描写及其自身的本体性意义,从而或多或少实现了对《金瓶梅》淫秽之名的洗刷。

但是,问题倒不在于他提出的许多寓意,有着牵强附会处,而是其努力穿越这一涉及淫秽描写而揭示其实质的行为,让《金瓶梅》涉及的性行为描写必须成为一个客观分析对象的同时,又被分析者的眼光穿透了。于是,在张竹坡颇为雄辩地把传统认为的不道德予以道德化的逆转性论说中,作为涉及性行为描写的本体化的身体客观世界,人的欲望本身,仍然成了一个无从直视的透明化的对象。这,或许是传统社会为《金瓶梅》辩护所能到的最高限度了。因为在传统社会的思维模式中,人的欲望本身,尚是一个很难得到具体化处理的对象,更何况这种欲望是在扭曲的状态下得到释放的。

The Preface and Postscript of *Chin P'ing Mei* and a Review of the Controversy over Pornographic or Non-Pornographic Novel

Zhan Dan

Abstract：The popularity of the novel *The Plum in the Golden Vase* is boosted by its outstanding artistic merits, and the sex descriptions part, however, makes it a synonym of pornographic book. Although the authors who had written the preface and postscript of this novel endeavored to justify the theme, their efforts made to pursue the noble motive from the creative background or interpret the allegorical meanings between the lines, were not so much a justification as avoidance.

Key words: *Chin P'ing Mei*, "pornographic novel", justification, avoidance

作者：詹丹，上海师范大学人文与传播学院教授。本文为国家哲学社会科学基金一般项目"中国古代小说序跋整体研究"阶段性成果，项目编号：13BZW102

光启学术

独具一格追溯城市住房
开发模式差异的源流
——理查德·罗杰访谈录*

陆伟芳

  编者按：中国的城市化进程已经从初步城市化，向更高阶段的城市化发展。中国许多城市纷纷提出"全球城市"或"国际性大都市"规划与建设目标。此时总结梳理国际上的城市研究、城市史研究的成果显得尤为重要。为此教育部重点人文社科基地上海师范大学"都市文化研究中心"，推出世界一流的城市研究/城市史学者的学术访谈工作，计划在几年内对国际知名或有一定造诣的学者进行学术访谈，梳理研究脉络，畅谈研究心得，从而比较全面地总结国际学界的城市研究成果，也希望借此为我国的城市发展、规划和建设提供一些经验或启示。

  理查德·罗杰(Richard Rodger)是英国城市史研究的知名学者之一，先后担任英国莱斯特大学的城市史教授和爱丁堡大学的经济社会史教授，长期担任城市史研究领域的顶尖期刊《城市史》的编辑。2004年，主要因为对苏格兰与英格兰住宅模式差异渊源的出色探索，他获得英国人文社会科学领域的最高荣誉——成为英国社会科学院(Academy of Social Sciences)院士。[①] 他

---

* 本文受到上海高校高原学科建设计划上海师范大学世界史学科资助。

[①] 英国社会科学院是由英国社会科学学术研究团体及相关机构组成，其院士来自于在社会科学领域有较大影响的知名学者及专业人员，是英国社会科学领域最高的荣誉。英国社会科学院的建立旨在跨越社会科学学科和学派，促进社会科学的发展与创新，支持相关学术活动和会议，使社会科学的发展成为促进公众利益的有力手段，社会科学院现有700名左右院士。

著述甚丰,题材广泛;他提携后辈,老当益壮。本文是作者 2016 年 8 月 8 日在爱丁堡大学他办公室访谈的结果。

陆:就我所知,您是英国最知名的英国城市史学者之一。您已经进行了好几十年的英国城市史研究,出版了 16 部著作,发表了 100 多篇文章。能不能谈谈您在这个领域的工作成就? 您是如何走上今天的学术研究道路的?

罗杰教授:我开始是一个经济社会史研究者,我的兴趣始于经济、经济发展。当时的经济研究考虑历史维度,就是说我们要知道现在和未来,就必须要知道过去。我的本科学科训练就是这个方向,我研究生时对投资感兴趣,尤其是固定资本投资、各种重大资本投资——特别是,任何地方大型的单一元素投资是建筑,如住房、其他建筑等。对我而言,如果我们要把握当时经济发展的主要问题,我们就需要知道更多这种固定资本是如何投资的,是什么因素在影响它们。这是 20 世纪 70 年代我的博士论文考虑的问题。

我越研究就越明白地方性的重要。很明显,有着明显的重大地方性差异,如只考虑在伦敦与纽约、巴黎与其他城市间的关联就太简单化了。我对场所独特性考虑很多,我考虑大的小的场所、大城市,它们都有自身的独特性。从读博士开始,我研究了超过 13 个不同时间段的苏格兰城市,那才是我真正的兴趣所在。从那儿我开始发展出一些更理论性的解释,至少在我头脑里。虽然 20 世纪 80 年代我没有发表很多东西,但是如果想考虑英国城市发展的话,那么需要更全面地考虑地方性。这在那时是非常显而易见的。

把我的研究摆到大的历史背景中来看。人们应该记得,那时社会科学支配着英国大学,所以当时的知识氛围就是要寻找总体理论框架,但并不大关注地方性。同时,城市史研究开始成形。60 年代中叶,一些杰出学者全都对城市各个不同方面感兴趣,如维多利亚城市。19 世纪英国城市在某种意义上是那种发展的驱动力。我的研究兴趣和领域相对广泛,不仅是我,而且其他人也是,我是非常活跃的许多人中的一员。有些人研究阶级关系,有人研究经济活动,有人研究政治管理史。那时的英国,社会史是城市史的组成部分,所以有很多的学术会议。有 200 来人对城市史发展感兴趣,有些人更集中在社会方面,后来分出了社会文化史流派,从城市史中分离出来。我的研究路径与其他许多人一样,是考察各城市自己的特别活力,考察城市特别地贡献了什么东西。研究城市里的社会进程、教育活动。政治活动是不错,但并没有把城市放在研究中心,城市只是研究的附带品。如有人对城市里年轻人的教育感兴趣,那么他们会对其教育方面、其发展的社会背景感兴趣。但我的兴趣是,与许多人一样,城市是这个进程中的一个活跃要素,决定教育是如何提供的,或者教育是不是首要之事。我总是强调城市作为一个活跃中介的重要性,其进程影响其他许多活动,人们需要明白城市类型,明白您挑选研究的主题。我就是这样看我对城市史兴趣的发展历程,源于对经济社会史的兴趣,我更坚定地移向时间与城市的研究。

我最初研究苏格兰城镇和城市。因为我的训练是在苏格兰,研究手边的档案材料,我研究了 13 个不同时代的城镇的投资周期。然后我先到利物浦大学作经济史讲师。^① 那是 70 年代。接着我得到了莱斯特的教职。我得到这个工作对我是好事,但情况又是很悲哀的,即戴尔斯在 1978 年去世创造了一个教职空缺。^② 我设法得到了该职位,我不得不说是很低级的职位,但无论如何那是个开始,所以我很高兴得到了这个机会。我开始越来越多做英格兰主题方面的研究,不过我总是对苏格兰感兴趣的。这就是我几乎是非常偶然地到了莱斯特,开始做城市史方面的工作。

我几乎立即开始发展了与欧洲的一些联系,一些项目立即起步,莱斯特在这方面领了头。我们很快与莱登(Leiden)等其他 7 个地方的大学发展了教育、研究关系,发展了强烈的城市史网络联系。伯纳德·莱贝吉(Bernard Lepetit)、彼得·克拉克(Peter Clark)和赫尔曼·迪德里克斯(Herman Diederiks)三人,这三个来自不同国家的人促使欧洲城市史协会(European Association for Urban History, EAUH)的诞生,其间莱斯特的人起了重要作用。^③ 这是我的思路历程。

同时,我开始就不同话题发表文章。有些人看我的简历,会觉得有些看起来似乎关联不大。但事实上,至少在我心里,它们都是商业、结构研究。如企

---

① 利物浦大学(University of Liverpool)经济和社会史系(Department of Economic and Social History)。上世纪 90 年代末,该系并入历史系。

② 指莱斯特大学城市史中心的教职。戴尔斯(Harold James Dyos,1921 - 1978)是英国城市史研究的创立者,他在 1978 年突然去世,给莱斯特大学的城市史研究领域留下了一定的真空。参见张卫良:《"迪奥斯现象":英国的城市史研究》,《史学月刊》2015 年第 12 期,第 112 - 121 页。

③ 1989 年,英国莱斯特大学的 Peter Clark、法国的 Bernard Lepetit 和荷兰的 Herman Diederiks 三人共同创立了欧洲城市史协会。从 1992 年开始每两年举行一次国际会议,到 2016 年在赫尔辛基举行第 13 届会议,2018 年会议预定在罗马举行。

业的历史,特别对建筑业历史的兴趣,或考察租金价格变化对工资影响的方式,看住房的需求方面,而不仅仅是供应方面,这是当时的主导思想。我想把这些综合起来。我开始在心里更全面理解它们,如何把住房、建筑标准、福利、卫生这些东西综合起来。接着,我更多转向研究房地产、房地产关系研究,如详细研究"爱丁堡的变迁",重点讲19世纪的一本书。但实际上是从16世纪晚期和17世纪讲起。比如现在可以从我办公室窗口看到这个机构。这是一座学校,由一个基金购买建立。当时购买的大量土地,远远超出了当时的爱丁堡城市边界。后来的岁月里,用从这里收到的收益来做各种慈善事业。我那时研究地产和地产关系,认为这与金融体系有关,这个研究我做了一段时间,即爱丁堡的变迁。

这也导向我集中在城市的不同方面。现在我在做"构建爱丁堡社会史地图"的项目,我们有一个团队,5—6个助手,他们研究城市空间与空间关系在不同时代变化的方式。我们有一个了不起的城市史地图,我有信心说,这是目前英国城市地图中最详尽最好的。我们能用它记录精确的历史详情,因为我们知道所有房地产在哪里,如何追溯历史,我们可以用数据资料,追溯任何人、任何组织、任何组织成员、任何死亡率、种族、性别事宜……几乎是所有东西。只要有给定地址或给定空间区域,那么我们就能从最早的过去一直追溯到现在这里的变迁。

陆:那么您眼下的项目"构建爱丁堡的社会史地图",是关于如何把过去与现在联结起来,人们可以看现在的东西在过去是什么样的?

罗杰:从某种意义上说您是对的。但这样说可能比较容易理解,我们确切知道城市地形,知道道路、山坡、房子的位置,它们(在历史上)是如何变化的。它们或许名称改变了,但道路结构没有变。我们有目前城市的非常详尽的框架结构,基于实际步行测量,基于卫星图像,基于历史地理地图三个方面,来获取最为详尽的最新的城市地图。就是用数字化的历史地理地图、步行测绘丈量城市所有地产、用卫星图形来获得地产框架与边界,所以我们有详尽的城市地图及每个地产的详情,能告诉您任何地址的任何变化轨迹。如果苏格兰政府或他人感兴趣的话,我们可以提供最新最详尽的本地信息。

这种信息有助于了解过去,因为许多结构和边界可追寻,让我们考察历史资料与现在的关系。因此,我们并没有任何18世纪晚期前测绘过的地图。以前的地图,都是猜想的或印象主义的,但现在从我们所做的城市空间变化解释,可以看出街道在哪里,房地产在哪,相互的关系如何,所以我们开始发展出过去的更加明晰的概念。我们可以把 17—18 世纪的堂区放在地图上①,看它们人口变化方式,它们相互的关系,看空间是如何影响的。我们总是看到某个门牌号,现在我们知道它们在城市中空间的变化,边界在哪里。这样我们可以从地址上/区域/战争/卫生区/教育委员会等来考察,我们可以更自信地把它们放在地图上,明白它们是相互影响变化的、如何影响其他机构的。

陆:所以您所做的事是,历史学家可以用过去来影响现在。也有人说历史就是过去的事,与现在没有什么关系。当然,现在也有口述史学和公众史学,把过去与现在联结起来。那么您这个项目是政府资助还是其他机构资助的?

罗杰:这是英国研究机构资助的,是学术性研究,但有着巨大的当代意义。从这个地图及所有我们放置其中的资料。从眼下来看,例如,我们可以看到所有的药店在哪里?我们可以看到它们中夜间开放的在哪。不同的商店中,哪个是变化的。

上周六,在我绘制地图的地方,碰巧发生了一场火灾。消防车到了,但消防员找不到起火的房子,所以除非有烟冒出来,否则就不知道是哪。我问消防员,你用什么样的地图。消防员说:"我认为一般地图,是官方地图,我不敢肯定,您来看一下?"我们到了消防车,我看了一下显示屏。我说:"你的地图没有房子的门牌号,你只有箭头,你的控制中心送来的地方,但你不知道花园在哪,说不定有后门。看,我有智能手机,有街道地图和房子号码。你要的门牌号就在那儿。"因此就目前的用处来说,我们的地图非常有用。

过去对现在和将来是否有用?我觉得未来是过去的累积效果,因此如果我们不知道过去做得不好的事情,那么可能未来还会做得不好。因此我觉得对决策者而言,很近的过去——我不是说 16 世纪,对理解历史是必需的,但不同层面的历史对我们目前的文化活动兴趣有影响。今天我们(爱丁堡)有 50 万游客,几乎与住在这儿的居民一样多。他们为什么来?因为有文化事件,是的。但是游客整年都来,因为他们觉得这是个古城,有东西可看可理解,人们觉得如果我能理解这,那么就在某种意义上丰富了自己。他们认为时间与

---

① 堂区(parish)原是英国的教会基层组织,后来涉及世俗事务,如救济等,因此逐渐发展成世俗民政堂区,成为英国的某种地方基层单位。

城市是理解普遍价值的容器,去丰富人的精神,去丰富您我通过时间空间的个性化互动。比如您我的文化、背景不同,但我们发现彼此谈论的动力,如果我们没有某种共同认知,我想我们永远不会坐在一起谈论。不同的是,大机构的个人、团体能获得某种理解,但不能阻止误解,又确实给予个人能相互信任基础。我想在决策时不考虑过去会误入歧途,我想我已经研究城市足够久,明白错误举措、瞎子摸象、错误转向等一再重演。

我可以在屏幕上给您看,我有一系列数据组,其中一组涉及医疗者位置的数据,是1910年医生护士的空间位置。100年前,您可以从这种分布看出,有着医生相对集中的某些区域,有些区域则几乎没有。这正是考虑社会福利改善的时候1910年,您能从空间分布看出,药剂师分散在全城。所以,如在印度也许中国,或现在的其他文化一样。药剂师那时更为重要,因为他们向穷人提供了知识和治疗,而医疗设施则为富人的健康、健康保健购买力获得良好收益。所以,这里的图片、我的项目显示不同的健康职业空间分布,即1910年的健康保健的空间分布。我们可以做2015年的,我们可以对两者进行对比。我们说,我们以前(1910年)犯了错误,我们可以改变它。正是这种理解,我们不是说能改变政策,但我确实认为能改变人们的思想,人类在设计政策时可以不再陷入过去的错误陷阱里去。

陆:您研究城市已经有四十多年了,在这几十年里,您认为哪本著作是您最满意的最好的著作?最喜欢的著作?

罗杰:我到这里来面试工作的时候,他们确实已经问过我这个问题,我已经有这个问题的答案了。我现在给您的答复,就是我当时给他们的回答。

我的答复是(找出英格兰和苏格兰不同的住宅建筑模式的原因)。在英格兰,基本生活模式中的住房是低密度低层住宅,宽敞的,有联排房、半独立住宅,他们基本上是单个的地产。而在苏格兰却不然。这里城镇和城市的住房一直都是高层建筑,我现在可以带您去几个建筑,它们已经有2—3个世纪了,有11—13层高。这是当时的普遍状况。这是高层建筑城市,如欧洲大陆城市。那就需要考虑这个问题,(英格兰和苏格兰)有同样的文化、政治背景,为什么在边界两边有不同高度密度的住房?如何不同?我的回答是这更与法律史有关,即用来开发房地产的(苏格兰)法律方式,与英格兰不一样。因为,当1707年苏格兰成为联合王国组成部分时,允许苏格兰保留了自己的银行、教育、法律和金融制度。所以(苏格兰)有土地流转继承的不同规则和开发项目筹资的不同方式。我的解释，希望有助于理解为什么苏格兰社会本质上是一种高层建筑公寓住房，有共同区域；为什么英格兰基本上是低层联排住宅，其中每个单元每家有个前门。

当然到 20 世纪晚期和 21 世纪情况不同了，事情改变了。到处是高层建筑，如中国、迪拜或其他地方。这不是同样的标准。但这些是我们继承的情况，我们仍然可以看到。所以我的项目是把城市可视化。

我觉得理解这种差异是很重要的贡献，我担心没有多少人确实明白这个差异。因为这是相当复杂的解释，是土地拥有的本质影响了几个世纪的城市发展模式。

陆：您怎么看您自己的研究在英国城市史家中的地位，以及您与众不同的特殊性？您说自己更集中在苏格兰城市、住房、投资，就这些吗？我理解得对吗？

罗杰：您说的不错，我是做了这些事。但不是由我来判断这些事（价值）。在某些方面，我与其他人一样促进了城市史研究，但必须由别人来评判而不是我自评。在我的工作生涯中，我或者在城市史中心，或作为《城市史》期刊的编辑，我还组织了好几年城市史团体的会议。我想我们开始访谈前提到，口述史档案把所有的视频材料等汇集起来，我希望这些东西帮助了其他人。我对公众史学感兴趣，希望通过资源和途径促进人们理解时间与城市，这就是我在做的构建城市社会地图的项目。这是资源，不是别的东西。

陆：我能不能说，您的研究以前相对集中于更早的历史时段，而如今更集中在现在？

罗杰：不是，完全不是这样的。我用现在地图上的框架，其历史分析是过去的。部分地通过构建资料、口述史资料，空间史地图，尝试促进其他人来做是我的荣幸，我甚至有好几年帮助他们出版书籍。有好几年，我促进了城市史研究系列，由 Ashgate 出版的①，我想大概共计有 39 本，其中 2 本我也写了一点。我有幸很高兴推进年轻城市史研究者的著作得到出版。这在他们学术生涯的初期，这（对他们）是很有助的。

---

① Ashgate Publishing 是英国著名人文社会科学出版社，在萨里郡的 Farnham，并在伦敦和美国设有办事处。该出版社成立于 1967 年，出版社会科学、艺术、人文等方面的书籍。2015 年该出版社出售给了 Informa。

陆：如果用一个词来概括您和您的城市史研究的话，是哪一个？

罗杰：第一个最重要的是，我是一个教师，一个促进者，也是一个学者，当然也是著作者。每个人与公众有关联，他们不与当地历史学会讨论，与生意人或与市议会相关，但我是。我与市民社会有关，考虑城市环境，他们对我的历史维度很有兴趣。我想，所有这些综合起来，我作为教师和导师，希望是个学者。

陆：在我眼里，您当然是一位学者，特别是在城市史圈内的重要学者。在我看来，一方面，您是一个城市史学者；另一方面，您不仅在办公室做研究工作，而且试图与社会联结，试图为目前的社会做点什么。对么？

罗杰：是的。我把自己看成是公共雇员，是公仆，我最终要吸引政府（的注意力）。幸运的是，政府对我做什么没有多少发言权，但这是我的立场。我认为，如果我能涉足别人认为有用的其他事，我很乐意去做它们。我把它们看作是我工作的逻辑扩展。我是一个教育者，如果我能在某种细小方面贡献一点，那好。

陆：太好了。您在未来的城市史研究中有什么计划？

罗杰：去制定计划是非常危险的（我们受到许多因素的制约）。但我有几件正在考虑的事。我希望以后能够去做，其中之一重要的是，研究基金、基金的关系决定城市及其他方面的方式，我想做一些这个方面的事，我已经做了初步研究，如收集档案资料。

其中目前我感兴趣的是，情绪是理解城市的组成部分的方式。如您从我的窗户看出去，您喜欢那个建筑？您不喜欢那个建筑？您想重建它么？您想拆除这个建筑么？您是不是觉得那个建筑令人不快？我在讨论建筑，我也可能讨论游客，那是不是有维持游客的方式？有许多方式来讨论个人情绪的背景，当我接管《城市史》期刊编辑工作时，那时我写的其中一件事情，是理解城市的社会心理这个重要因素，这是一个非常容易被抛到一边的因素。

陆：如果我打算总结归纳您的研究，我应该怎么说？

罗杰：我很自豪我有莱斯特的"城市史教授"的头衔，没有其他人有过这个头衔，我是第一个，我很高兴做这个教授。在那个意义上，我对戴尔斯及其他人感激良多。但当我来爱丁堡这里时，我的职位是"经济社会史教授"，那是个固定职位，那可能是对我所做的事的最好描述。但在城市语境内，我是做经济社会史的。比如我一般不做国际贸易。从学科来说，我是一个在城市史领域工作的经济社会史家。

这种组合的最伟大处之一，是社会科学的方法、经济学与历史的方法结合起来，把人文的、不同文化结合起来，非常宽泛。能有这么大的余地，是我的荣幸和特权。我可以追寻广泛的领域，不受某个学科制约。在我们的体制中，人们一般被迫要在这个或那个期刊发文章，感到很多压力，有很大的限制。但对城镇和城市感兴趣时，我们就比较灵活。

陆：该领域的顶尖期刊是什么？《过去与现在》与《城市史》相比哪个更好更权威些？

罗杰：我得说，在城市史领域迄今为止最好的是《城市史》。在英语世界的城镇和城市研究中，它是迄今为止最好的。我不在这两个期刊中进行比较，因为它们各有所长。但在我的领域——城市史领域，则是《城市史》最好。这是获得学术界承认的最好途径。

（发表文章的）压力来自学术老板，来自学校当局，来自顶尖学校，校方希望尽可能多的学者能在顶尖期刊上发表文章。很多人认为这是非常重要的，它确实开始影响学术界。

陆：这种压力是历史上一直有的，还是新近的事？

罗杰：我会说，这种发展模式有 15—20 年了，发生在大多数学科。现在学校体制有强大的审计文化，即每 5—6 年评估审查一次。每个人都希望在这个评估审计体系中表现出来，但不是每个人能有足够时间来发表或出版的。这是非常强大的推动力，是我们学校在研究层面的功能。有些人颇有怨言，但我觉得非常有用。就像博弈，有博弈理论，这是可有责任的文化，尽管它并不完全是令人满意的。

陆：这可能是全球性的，我们也有在 C 刊发文的压力。您作城市研究 40多年了，在学术领域，人们常常谈及各种各样的研究"转向"，如文化转向、环境转向或空间转向。您怎么看？

罗杰：确实有一定的流行话题，但最终最重要的是，您研究做得有多好，您可以贴上一个标签。最终，好的历史就是好的历史，不管什么标签。

到现在为止，都是单向的讨论，您能不能告诉我一些你们中国的研究情况。

陆：我们有不少人做美国的城市史研究，有几个人研究英国城市史。有人从美国角度，说现在城市史就是城市环境史。前几天有人问我有没有一个叫做类似"城市医疗史"这样的术语。

　　罗杰：有城市环境史领域，医疗史倾向是城市的，但没有使用这样一个术语。我认为，城市史家或其他学派，还没有考虑公共管理，它们在现代发展出了许多专门的部门，越来越需要管理吃、住、照明、文化活动、教育等等，所以在爱丁堡、苏格兰、英国和西欧，大多数机构有大约 14 种不同种类的部门，因此变得高度官僚化，其中一个重大部门是公共卫生。这个领域是我的兴趣，因为我研究的住房，先是研究建筑，供应与需求，住房，职业，然后是生活标准。在住房内的生活质量、生命寿命等，导致关注卫生与公共卫生等其他话题，甚至在社会心理学中，我们居住的密度影响我们的福利和心情，会不会我们变得急躁是因为我们居住得太近？这些事情我想有着历史维度。我觉得很有趣有人写医疗史，更直接的是关于公共卫生史，因为医疗史更关注外科医生、医生等，但公共卫生史对我更有吸引力，因为考虑的是城市和人。我觉得这个术语对任何一个学科都不太好。

　　我会说，在城市史与城市研究间很可能日益融合。您亲切地提及我研究这个几十年了。因为，在 70—80 年代社会学界积极研究城镇与城市，那时研究新城/新镇是十分性感的事，我们在建设具体的东西，以前从没有这样做过。社会学家研究了 20 世纪。这是我的整个生命的部分、整个学术生涯。当回顾那时的研究时——那是 40 年前，当我在上学时，似乎是很久以前。所以我们讨论自大战结束后的 60—70 年，那是许多历史，我们将考虑城市史历史研究的常规部分。我觉得历史学家会感到十分震惊，因为就社会学理论而言，如那时流行的政治、经济等，那就超出了我们舒服领域，是宏观层面的分析，因此对城市史感兴趣的话，在前方有着有趣的挑战。

　　陆：您有一篇文章关于 21 世纪城市史研究的新方向，您提及某种城市史研究的新方向，那么您现在怎么认为？有没有城市史研究新方向？

　　罗杰：我不是非常肯定，但我得说，我认为分析时间、城市、空间的能力，这是我研究的重要维度。城市研究涉及政策实践、历史作用，如保护的话题将日益依赖于历史的理解，有涉及如城市设计的事宜中，关于城市空间里人民如何互动的知识是重要的。所以我认为有许多不同的方面，我只是挑了其中的一个方面。如果问文化史家，他们会生产不同的东西或者有同样的东西，但可能会有不同的关系。

　　陆：我记得您在哪篇文章中说，英国城市史下限只做到 20 世纪 50 年代，而极少有人做 50 年代以后的当代城市史研究。情况有变化了吗？

罗杰：这变了。从 50 年代到现在已经有近 70 年了，有许多人作这方面研究，有会议，有许多人做这方面的研究，这大为改变了。

陆：您能给中国学界提点建议吗？作为长期的《城市史》期刊编辑，您能不能给中国学界就如何写作，如何给英文期刊投稿提点建议。因为中国学界大多不太知道如何给英文期刊投稿写稿。

罗杰：第一，您提到的《城市史》等确实鼓励其他国家的学者投稿，如中国学者。在过去我们一直有给外国学者的文章文字润色。第二，我不想无礼或太个人化，您在这里，我认为这是学习、遇见不同的人的一个杰出方式。人们用不同的语言解释他们做什么，时机很重要。有机会旅游，遇见人是好事。第三，文化上来说，在非常不同的出版环境之间移动是很难的。我的经验，也可能是不正确的经验是，我们有不同的背景，如学校和大学。我们，这个国家总是有分析性的解释。研究是一回事，叙述描述是另一回事，第三件事、重要的是解释部分。我觉得，这对某些文化是非常困难的。我不一定是指中国学者。但我在做编辑时确实发现，非英语母语学者用外语争论是非常难的，而谈论一般东西比较直截了当。我认为真正起重大作用的一个关键是，学者得在积累资料和讨论这有多么重要之间要有个飞跃。这是我们花了一辈子在做的事，因此用外语快速来做是非常困难的。我为那些能做的人鼓掌喝彩，做到这点非常令人印象深刻。但很重要的是，最终去描述是重要的，但还要进一步，说清这是重要的、这是为什么我们应该感兴趣。这是最具挑战性的事，我要敦促您自己和同事来迎接这个挑战。

陆：谢谢。在学术研究和写作中，我们早已有了想法，有了足够信息。我们只需要用英语用你们的方式来写作。

罗杰：是的。不仅仅是让人明白，而是要说为什么我要努力做这个，它能有什么贡献？因为，这有点像您问我：为什么您要做？理查德，您做的有什么重要的？您当然不是这么直白地说的，但本质上是问"您做的有什么用？"如果不能作出贡献的话。那为什么您要花许多时间学习写作什么东西。学习关于话题、关于背景，那么您的研究对这个话题什么贡献、推进研究？这不仅仅是您的理解，这是重要的，但这最终看起来是自私的。不仅仅如此，而且推动话题前进，不管话题有多么微小，这就是为什么我没有那么不谦虚地回答您的问题，我是许多人中的一个，朝"我帮助其他这个领域人做了点什么"推进了一点点。但我确实认为,这是中国或其他国家学界的最大问题。同样的是,有几次我到了苏联/今天的俄国,那儿的历史学家有巨大的困难,因为他们不能接触到我们出版的东西,他们不能以他们的政治老板不赞成的方式对此进行评论。这更增加了问题,当他们到我们这儿时,他们从来不是真正的令人信服的历史学家,因为他们的历史研究落后了 20—30 年。现在,这些东西变化了。我想人们用外语做英国史研究需要克服巨大的困难,因此您和其他人所做的给我留下深刻印象。换过来,我就做不来。在另一种文化中用令人信服的方式写作确实是十分困难的。

陆:如只考虑城市史。一方面,我们有些学者是做外国的城市史研究,另一方面有人做中国城市史,他们有许多研究、著作、文章和期刊,但大多只用中文在中国出版,外面很少有人能读它们。现在中国有关部门有中文名著外译的巨大项目,但即使如此,如果我们翻译的书是用中文写的,而中文组织语言的方式与其他语言是不同的,如您所说争论的方式是不同。那么是不是我们需要用英文来书写中国城市史出版,那样是不是更有意义些?

罗杰:我觉得它们不是相互排斥的。我们有许多研究,有教学书籍,有些是在我开始前出版的,有些书历经时间,有些作为参考书,因为其中包含的信息。也许教育部应该考虑出版这些书。我想当代人需要更全面来考虑这些事。

陆:有没有什么重要的事宜我还没有问及,而您想对中国学者说的呢?

罗杰:您谈及出版著作的两种方式,但还有第三个战略。就是与你们有知识、文化和历史书写的人结成团队。让我们想象年轻的英国化了的学者,有中国历史知识,可能打算参与编码、编辑工作,你若想挑选正确的人与主题,那会是值得采取的举措,你会得到更多的研究成就出来。如果我们现在从这里下楼,会看到有 40 来个中国学生在喝茶或喝咖啡,因为他们在这儿学习英语,他们许多人是英语出色的年轻学子。所以要有创举,说"我们要使用你的语言技能和中国历史和中文知识,来出版某些东西",那会是杰出的某种合作方式。那些中国学生有良好的英语。当然我必须说,挑选这些人得特别小心谨慎。但是,会有成果。

陆:当我今年来英国时,除了我自己的研究,我想做的是进行中国城市史群体与英国城市史群体间的合作,我想我们现在所做的就是其中一个部分。

我跟 Roey 谈过①,想开展上海师范大学的都市文化研究中心与莱斯特大学城市史中心的合作。让我们的研究英国城市史的学生到英国来学习一段时间,我也希望这是一种双向流动,不仅仅是送学生到这儿来,而且对中国感兴趣的英国学生也能到中国去学习和研究,如果他们对中国感兴趣的话。这是我们正在谈论的。

罗杰:我想那是一个有意义的途径,但我想这不是唯一的途径,因为我们身处一个巨大的世界,而莱斯特是很小的,而且在最近的未来根本不可能变得更大。因为托比②在那儿,所以那儿有好的当代中国城市学者,但他是唯一的一个。但您也可以寻找英国学者、不一定是中国历史学者,到中国谈论英国历史,所以,我认为好的推进方式是与城市史群体的人有良好的个人关系,这是很重要的。您看在明年 3—4 月在伦敦的会议中会有 60—70 人,其中 20 个会是博士生,参加这两天的会议。每年在 3 月末或 4 月初有这样的会议,要看每年的日历而定。这是城市史研究者的大资源库,也许有人会为了自己的职业生涯而有兴趣到中国,有人的工作单位会有不同的安排,例如学习亚洲语言。所以,尽管您的策略是显明的一种,但可能最好在城市史环境中更加努力建立联系纽带,例如我们在伦敦的那个③,那是个很好的环境,许多人来,大家可以交谈,可以构建更好的关系,这就是英国的方式。这就是我如何在英国开始建立联结的。我们确实与有些学者有非常好的私人关系,一旦我们与我们信任的优秀的人建立了良好的关系,那么我们真的可以有严肃的研究和教学交流。谈到教学,总会涉及到研究,因为如果您去(国外)教学一周,那么就有机会浸透在那个文化中,有单位支持您。有单位支持你是很重要的。莱斯特处于困难时期,他们不会有许多新的举措。关于中国我可能完全错了,中国有许多新的因素。格拉斯哥与天津的大学建立起大型合作关系,他们有所有大学的基础设施,有学校的支持,而你考虑的是小型的。你不应该忽视莱斯特,但也要考虑伦敦大都市中心,重要的是不要太重视其中一个机构,而要扩大范围和群体,这也许需要花几年时间,来明白谁是值得依赖的。您的机构,重视合作,也

---

① Roey Sweet 教授是英国莱斯特大学城市史中心的现任的主任。
② Toby Lincoln 是莱斯特大学城市史中心的中国城市史讲师,曾在中国学习与生活过两年。
③ 指 2016 年 7 月 4 日伦敦大学的大都市中心举办的"现代城市史新人研讨会",主要参加者为年轻教师和研究生。我也参加了这次会议。会议邀请理查德·罗杰作了主旨演讲。正是在这次会议上,我与通信近 20 年的罗杰教授终于见了面。

许您的好主意未必是他们的好主意。

　　陆：非常感谢你分享你的研究，你的思考，也非常感谢你对中国学者提出的建议。谢谢。

图书在版编目(CIP)数据

世界转型中的城市与社会/苏智良,陈恒主编. —上海:上海
三联书店,2018.9
(都市文化研究)
ISBN 978 - 7 - 5426 - 6422 - 8

Ⅰ.①世… Ⅱ.①苏…②陈… Ⅲ.①城市文化—上海—文集
Ⅳ.①G127.51 - 53

中国版本图书馆 CIP 数据核字(2018)第 178355 号

世界转型中的城市与社会

主　　编 / 苏智良　陈　恒

责任编辑 / 黄　韬
装帧设计 / 徐　徐
监　　制 / 姚　军
责任校对 / 张大伟

出版发行 / 上海三联书店
　　　　(201199)中国上海市都市路 4855 号 2 座 10 楼
邮购电话 / 021 - 22895557
印　　刷 / 上海肖华印务有限公司

版　　次 / 2018 年 9 月第 1 版
印　　次 / 2018 年 9 月第 1 次印刷
开　　本 / 710×1000　1/16
字　　数 / 320 千字
印　　张 / 23
书　　号 / ISBN 978 - 7 - 5426 - 6422 - 8/C・577
定　　价 / 68.00 元

敬启读者,如发现本书有印装质量问题,请与印刷厂联系 021 - 66510725